昨日
的天空

Yesterday's
Sky

Astrology
and
Reincarnation

從南北月交點洞悉前世，
指引今生方向

史蒂芬·佛瑞斯特
Steven Forrest
——著

韓沁林——譯

目　錄

推薦序

　　本書是史蒂芬給我們的禮物。他運用自己的天賦、才智、情感、智慧、時間、理解、謙卑、幽默和熱情，完成這個作品。《昨日的天空》就像打開百寶箱的鑰匙，為生命的意義提出令人折服的詮釋。他的詮釋將會在歷史上駐足，與其他的精闢見解融合為一。本書就如同其他的藝術創作一樣，能為我們私領域及專業的見解提供指引，帶來激勵。它也影響了未來的思潮轉化，就像其創造的精華所在：演化占星學。

　　史蒂芬就像淘氣的復活節兔子，在書裡留下許多寶藏的線索。他在字裡行間藏了許多彩蛋，每一顆都漂亮、色彩繽紛、精緻又充滿生命力。他用最小的刷子替彩蛋上色，有技巧地揭露，然後轉眼間，他的足跡所到之處，遍地都是哲學真理。這些筆觸充滿規律的抑揚頓挫，縝密無失，完美融入在這部出色的作品中。

　　本書基本上是在探討廣泛意義的「關係」。我們都是一個完美機制的一部分，而史蒂芬率先幫助我們在許多層面上記起這件事，這種提醒不只對我們有幫助，而且相當崇高。他幫助我們記住與自己、與他人、與人類整體的關係。他鑽研傳統占星學，然後進入一個更浩瀚的領域。

　　他發現我們與周遭天體有一種關係，比他記憶中的、眼前所見的更加和諧。他運用自年輕時就已擅長的占星技巧，不斷實驗。他不斷觀察自己內在的

靈性探測器，在個案的眼神中尋找細微的差異、更深層的眞理，直到最後能清楚肯定，在傳統占星學的底層其實有一條浩瀚大河，川流不息。

史蒂芬除了根據對個案的觀察和經驗，還有什麼替他照亮這條道路？這就如同在問：「爲什麼有些動物和原住民，例如莫泰克族（Motecs），會早在二○○四年大海嘯發生前一刻知道要跑到山丘上，才能冤於一死？」這都是因爲某種記憶。這種記憶，跟我們與自然世界的關係息息相關：而忘記，當然會有後果。我們願意爲這段關係付出多少努力？能多尊敬它？把它視爲一種生存的共生體、一種繁衍的能力？而史蒂芬在此簡潔地指出一條路，一種憶起的方法。

如果要用另一種方式來介紹史蒂芬，那就是他會針對一些隱藏在表面下的事物，提出仔細的問題。如果沒有這麼做，我們就會錯失每段關係中的豐富寶藏，這遠比我們的想像更加錯綜複雜，而錯過將會是一大損失。史蒂芬就像導遊，用一種令人驚嘆不已的方式，帶領我們找回自己，找回生命的意義。

我的一位兒時玩伴嫁給一位高中生物老師。在二十年前，我曾經到愛荷華州拜訪他們。我們一起躺在他們家的草坪上，周遭景色壯闊，我們聊到萬物運作的模式。我永遠不會忘記，她的丈夫提到在課堂上，會不斷跟學生解釋萬物運作的細節，而不是告訴他們答案。這是一個多棒、多謙卑的觀點。這種觀點對任何的可能性開放。我不禁想，我們八年級的生物課完全沒有這種觀點。其實我非常害怕我的生物老師，她是個不快樂的女性，總在擤鼻子，對自己的過敏很心煩，用一種恐怖統治的方式來羞辱我們，要我們記住每個神經元的細節。這實在非常無趣，根本沒有任何意義，只讓我覺得非常挫折。

物理老師的教學風格則剛好相反。他的教法很有趣，會以廣泛的背景來看「萬物是如何運作」，充滿熱情，還有很多經驗談。

當我們用比較微觀的角度來看待萬物，就能培養出更多個人的哲學觀：這些細節如何構成一個整體？這可能代表什麼意義？史蒂芬的詮釋具有啓發性，又有深刻的情感，能結合這兩者實爲罕見。他運用這兩種特質，幫助我們把微觀和宏觀融爲一體，讓我們能後退一步，實實在在地轉一圈，環顧四周，看到萬物的整體樣貌。他正在爲復活節的彩蛋上色，讓事情不致於枯燥無味。而這本書，就像他拎著一個裝滿彩蛋的籃子。我想，這最後應該會被安穩地放置在肥沃的想像力裡。本書能讓占星同好更有想法，更有熱情，還能孕育更多這樣的人出現。

我和史蒂芬的友誼彌足珍貴。在閱讀本書時，我發現我們有一些共同點，讓這段友誼開啓新的視野。我們一致認爲錯綜複雜的關係都隱藏在表象之中。當我在試圖統合各種醫學系統時，我於二〇〇五年與人合創「整合醫學基金會」（Integrative Medicine Foundation）。這個基金會的使命之一就是支持傳統醫學的研究和發展。我們支持傳統醫學的醫者和他們的社群，跟他們合作，並向他們學習。我和我的夥伴們其實就像史蒂芬一樣，投入時間與心力，尋找一種簡單明瞭的方式，來尊重我們與大自然的關係，並把這種方式介紹給人們。

我們找出一些避免失去這段關係的方法，也提醒人們，這段關係其實與我們的生存及繁衍能力是共生共存的。我們也試圖修補，避免失去這種關係的療癒能力，而這種沒落在西方科學範例中是無所不在的。

傳統醫學能培養我們與大自然的關係，其中一部分就是對植物的理解。植物就像行星一樣，提供我們豐富的資源，這意味著尊重它們，照顧它們是我們的基本責任。在我與非洲的傳統醫學醫者合作之前，在我尚未運用自己內心的靈性探測器，以科學的方式來觀察萬物的細微之處時，我以爲照顧植物最棒的方式，就是大藥廠能「找到解方」，治療植物的疾病，製造相關藥物。我

認為如果去一家健康食品店，就能買到「天然」洗髮精或是「草本」配方洗髮精，這樣就很好了。但是一個驚人的真理，讓我重新看待這一切。完整的植物跟我們為了方便而切割的植物，是完全不同的，更遑論我們在裡面加了添加物，還認為這能具有獨創性，或能保持更久。以我們現在的衡量方法，根本無法判斷完整的植物的作用，而我們的科學也無法認同。如果就一位優秀的傳統醫學醫者的操作方式，完整植物的本質及效用的毒性，遠不及單獨使用植物的某一個部位。這揭露了一個真理，讓我們更加理解萬物之間的偉大和諧。而這個真理，正等待著忘記的人們想起，等待著還沒有被忘記的人們提起（而不是被偷走），而史蒂芬在此用占星學提醒我們，還有很多事情需要被發掘。

而這就變成一種「顯然的命運」，必須盡可能地控制自然界的態度，讓無窮無限的事物更有關聯性，更有趣。史蒂芬的書也化解了我們對行星的懷疑及冷漠，化解了我們與行星之間的隔絕，讓我們更清楚行星與我們生命的關聯性。若少了這分理解，我們會不禁想，行星到底有何價值？我們現在真的必須更珍惜自然環境嗎？我們如果能去體會大自然的禮物，就能不再去劃分、計較自己的投資與付出。

依我所見，傳統的對抗療法實在很令人挫敗，就像我的生物老師帶給我的感受，也或許是史蒂芬對傳統占星學的感受。對抗療法缺乏完整的哲學架構，而史蒂芬證明了在傳統占星學裡也有類似的不足。這種不足終究會導致某種斷層，如果處理得當，足以激發更高層的想法和作法。如果我們短視近利，將會因為這些不足和限制失去方向。

傳統醫學系統採取合乎道德的應用方式，其中鼓勵的古老智慧，跟史蒂芬鼓勵的智慧有些相似。他非常強調「自由意志」，這也能應用在任何形式的醫學上面。人們有權利先充分了解，然後選擇醫療方式，這是應該被鼓勵的方式。而這也是史蒂芬幫忙我們、鼓勵我們面對人生道路的方式。我希望我的基

金會也能像他一樣，提供人們完整且全觀的選擇。

　　他強調心靈的重要性，這是任何有智慧的占星師應該追求的方向。美國文化崇尚的心智，它的確能展現了不起的運作成果，但唯有心靈，才能為任何的療癒工作賦予人性，最終發揮作用。

　　史蒂芬提到一些在過去可能被守護、被視為神聖不可冒犯的知識，就如同一些傳統的醫學知識。而在演化占星學的輔助下，這些知識如此具有說服力！有些人在運用演化占星學時，可能會自負或笨拙地傷害個案，就像用錯方式，植物也是有毒的。醫者的運用方式如果錯誤、未經訓練或缺乏技巧，就像一個剛入門的演化占星學占星師，都會造成誤解，因此被斥為無稽之談。這將會導致人們與這些智慧疏遠，將其拋之腦後。

　　我們如果能保持開放的心態，仔細聆聽史蒂芬要告訴我們的事物，就會發現他顯然很努力地「避免造成傷害」，同時為我們指引一條路，紓解身而為人的挑戰。如此一來，我們的人生就會因為自然界的給予變得更豐富，我們還會懂得珍惜自己在這個完美系統裡的一席之地。就如同我們需要乾淨的水、營養的食物，以及沒有毒性的藥物，我們也需要意義。

　　《昨日的天空》為我們打開了一扇大門，這不僅通往一個有趣、動人、啟迪人心的意義花園，彷彿眼前有一頓美味的大餐等著我們享用，也讓我們有機會收割自己種下的果實，無論這果實是甜還是苦。占星師、哲學家，還有所有文化背景的人們，都能從這本革命性的傑作中獲得樂趣。它提醒了我們有如此豐富的差異性，如此多的共同點，還有我們共享的、充滿活力的關係。

　　　　佩奇‧魯安（Paige Ruane），整合醫學基金會主席暨共同創辦人

作者序

我的再次風起，出航

　　我是很幸運的人，在五十歲時還擁有許多可能性。我就像大部分的作家一樣，年輕時有如身處靈感樂園，所有的想像會憑空自動組織，藏身在意義非凡的感覺之下。想當然耳，我曾多次驕傲地推動這個靈感巨輪。而這些新點子，還有足以實現靈感的能量和興奮情緒，就像春天空氣裡的花粉一樣濃稠鮮美。我當時可說是鴻運當頭。

　　當時，宇宙用一種令人讚嘆的方式與我合作：我在三十歲出頭，就和矮腳雞圖書（Bantam Books）出版社簽約。我最受歡迎的「天空」三部曲作品，就是那段快樂時光的產物——《內在的天空》（*The Inner Sky*）、與茱蒂·佛瑞斯特（Jodie Forrest）合著的《變幻的天空》（*The Changing Sky*）和初版的《天空伴侶》（*Skymates*）。那時我已經替自己這一生其餘的作品奠定了基礎——至少我當時是這麼想的。

　　我內心一直比較傾向抽象的表達，而非我早期作品那般具體。我其實不太清楚這種傾向會把我帶往何處。在接下來我會提到，我在十二歲左右，曾接觸過知名靈媒艾德加·凱西（Edgar Cayce）[1] 的書。我還是青少年時，即使我

---

1. 艾德加·凱西（Edgar Cayce，1877-1945），美國知名預言家，對於亞特蘭提斯傳說曾經做出預言與敘述，據聞能夠在睡夢中回答治療疾病的方法而聲名大噪。

上的是新教徒的教堂，但他深信意識會經歷累世的演化。我寫第一本書《內在的天空》時，就是依循這種哲學觀。

不過麻煩的是，在當時紐約的出版界，靈性仍是很邊緣的主題。出版社告訴我，如果我無論如何都要提到「靈魂」這個字，請輕描淡寫帶過。我在那本書裡偷偷放了一些有關前世的參考書目，藏在兩百頁內容的最深處。我只能做到這個程度。

在接下來多年的美好歲月裡，我一直維持這個路線。我基本上就是一位心理占星師，特別強調**選擇的力量**和**個人責任**，與占星界的宿命論者們打了美好的一仗。我的書以靈魂演化的概念為背景，再模糊提到一些關於前世的內容加以點綴。不過我私底下替個案諮商的過程中，越來越能清楚感受到前世的趨力，與今生的挑戰和遭遇的關聯性。但我在占星界的公開形象，還是不敵天空三部曲，以及書中以心理學為主的觀點。

接下來，我遇到了占星師傑佛利・沃夫・格林（Jeffery Wolf Green），他就像一股推力，令我精神一振。他的技巧與我截然不同，過去如此，現在亦然。他比我更像異類，是難得一見的一號人物。不過，我們很快就知道，我們在問同樣的問題，也以同樣的假設為出發點。在《山嶽占星師》（二〇〇〇年／十二月——二〇〇一年／一月，第九十四期）的一篇訪談裡，占星師海德莉・費茲傑瑞（Hadley Fitzgerald）直截了當地問傑佛利，我跟他對於占星學的觀點差異。傑佛利回答：「沒有差異，我們只是用不同的方式說同樣一件事。我想不出兩者在本質上有什麼矛盾之處。」

我跟傑佛利都是占星學作家，在占星學的研討會上也享有高人氣，聽眾座無虛席。不過相較之下，他比較特立獨行，是打過越戰的海軍陸戰隊，而這段經歷在他的風格和社交本能上留下深刻印記。

我們出生星盤的月亮都是在四宮，可能很少人相信，我的月亮是牡羊座，而他的是雙魚座。傑佛利看似比較像戰士，我比較圓滑，但其實相反。不過當我們的觀點結合爲一時，傑佛利的書就像麵包裡的酵母。在我看來，我們手中各自拿了一半的牌。

《觀測夜晚》（*Measuring the Night*）上、下兩冊書是我們友誼的產物。書中內容是根據我們在一九九〇年代末期在加州和亞利桑那州進行一系列對談的紀錄文稿。對許多人而言，這些書的問世象徵演化占星學的出現，成爲現代占星學一個獨特的、公認的派別，而非只是個人的作品而已。

平心而論，占星師雷蒙‧梅利曼（Raymond Merriman）在數年前就已經出版過一本書，名爲《演化占星學：靈魂穿越意識狀態之旅》（*Evolutionary Astrology: The Journey of the Soul Through States of Consciousness*）。我跟傑佛利當時並不知道有這本書，它的初版只有限量一千四百四十本，是根據一九七七年的原始手稿。雷蒙也是把焦點放在輪迴轉世，不過他的技巧和我及傑佛利截然不同。據我所知，雷蒙應該是「演化占星學」這個用語的原創者。不過說來也怪，我跟傑佛利早從一九八〇年代初期，就開始各自使用同樣的說法。至於其他占星師，知名的像是史蒂芬‧阿若優（Stephen Arroyo）、艾倫‧歐肯（Alan Oken）、馬汀‧舒曼（Martin Shulman）、大衛‧瑞利（David Railley）和A. T. 曼恩（A. T. Mann）也在相似的哲學領域中努力耕耘。

簡而言之，當時有一股同步的潮流席捲了集體大眾，而我們當中有許多人都經歷其中。當我和傑佛利、雷蒙私下交流時，我很清楚地感受到，我們都想陳述眞理，沒有人覺得演化占星學這個用詞是專屬於自己的。我們都認爲，這遠勝過於我們任何一個人。我和傑佛利在《觀測夜晚》這本書裡，爲這個領域列出了明確的定義，至少是爲我們自己，或是我們的學生。

　　依我個人之見，任何人在自由意志的框架背景下，同時討論占星學，還有累世的意識演化，就可以稱得上是一位演化占星師。這是一個容納不同見解的大熔爐。

　　我從傑佛利・格林身上學到很多，不過大部分是來自靈魂的傳授，而非技術的交流。他很有智慧，比較像是先知而非學者。他送給我的禮物之一，就是他有本領大方地介紹這門占星學，完全不會扭扭捏捏，也不會想要贏得學術圈的友誼。就技術層面而言，我從他身上學到的是，對於和南北月交點形成相位的行星，還有與它們相關的主宰行星的重要性，有更深一層的體悟。不過如果你曾經涉獵傑佛利「冥王星學校」風格的占星學，就會發現我在這本書中介紹的技巧，跟他的完全不同。就一方面而言，在我的書中，冥王星並不是主角，雖然它也非常重要。就另一方面而言，我對於行星彼此之間的關係階段，以及行星與南北月交點的關係階段，並沒有太多研究。關於這些技巧，我跟傑佛利的意見並無不同，只是我的研究走上不同的道路。

　　雖然走的路不同，但終點都是一片閃閃發光、放眼看去無邊無際的金色原野！在我看來，爲基礎的心理占星學添加演化占星學的觀點，還有演化占星學的各種竅門，就像拋開食譜，改坐在法國普羅旺斯的五星級餐廳裡。這實在令我心醉神迷，彷彿讓我看到了占星學的本貌，一切不再只是「約莫正確」，而是神的旨意。

　　我光想到這個領域有很多未知需要探索，就會興奮不已，而這也成爲推動我再次向前的力量。演化占星學顯然是一種進行中的研究。現在有很多人在這個領域中努力，朝著不同的方向探索。這些不同的方向都成果斐然，更能互補，而非相互矛盾。不過還沒有人眞正將它們整合，這是下一個世代，或是接下來兩個世代的工作。

　　不過至今，我深感演化占星學是目前最正確的「心理」占星學。我深信未

解決的前世**趨**力在形塑成年人的心理上扮演重要的角色，遠勝過於在所謂童年「塑形期」訓練如廁時發生的倒楣事。

我非常重視心理占星學，其實我們可以把演化占星學視為一種結合形而上學的心理占星學。二十世紀的心理占星師會把重點放在童年的**趨**力，演化占星師則會重視**靈魂的童年期**，這代表了**前世**，還有前世留下的未解決的議題。換而言之，這是一門神聖的心理學。不過這仍是可以被證明的，而它是以今生可印證的現實為基礎，沒有任何作假，演化占星學就像一道犀利清晰的雷射光。如果你有像我一樣的經驗，一旦掌握了其中的基本概念，就絕對不會再用同樣的方式解讀一張星盤。

我如果沒有接觸過一些占星圈之外的老師，絕對無法參與演化占星學的發展。基本上，我在四十年前年少時學習的占星學，技巧很先進，卻完全沒有反映最重要的哲學架構或目的。當時的占星學其實只有描述。我必須往其他方向追尋，才能為占星學找到更宏觀的意義。我之前提過，我曾涉獵「沉睡中的先知」艾德加·凱西的作品。你如果沒聽過這號人物，接下來你馬上就能更了解他。

無論如何，我對輪迴轉世的認識都是受到佛陀的指引和教誨，還有他源源不絕的追隨者。這些人努力讓這些教誨延續至今。我在二十歲左右就開始走上這條路，試圖去理解箇中意涵，持續修行。而我也非常幸運，可以和這個領域中的眾多大師並肩而坐。《昨日的天空》並不是正式或公開的「佛教文獻」，但如果有人心照不宣地對我一笑，向我暗示，我也會很開心地使個眼色。一切盡在不言中。

佛教對於前世的概念非常複雜，也很細膩。我避免在書中推敲其中的豐富性，而是改用比較簡單、比較西方的「靈魂轉世」的概念。身為一個在基督

教傳統長大的西方人，我談到上帝時非常自在，但佛教徒會比較喜歡使用比較不個人化的法身（dharmakaya）概念。佛教常被形容成「無神論」宗教。不過更精準的說法應該是，佛教徒認爲終極現實遠超越所有具體的特質和描述。對於一位嚴謹的佛教徒而言，如果堅持法身具備「非人格」的特質，根本就形同賦予法身某種「人格」。

你當然可以用各種方式詮釋。若眞要論占星學的核心概念，莫過於**尊重每個人的個體性**。換言之，你還是可以有自己的神學觀點，我還是會欣然同意。你當然不必是佛教徒，就能讀懂這本書。你甚至不需要眞正相信輪迴轉世是眞實存在的。就如心理學家卡爾・榮格（Carl Jung）在一九三九年的一場演講中說過：「人們談到再生（rebirth）這件事的唯一事實……就是這個用詞賦予的精神性經驗的故事必須實際存在。」

這到底是現實，還是一種象徵，由你決定。

所以我已經告訴你，我從哪裡開始著手，但你不會在本書裡看到我在說教……好吧，只有一個例外！我會不顧一切地竭力鼓吹，**自由意志**在塑造個人經驗時的重要性。在某些比較「宿命論」的占星圈裡，這種看法根本是一種褻瀆。不過我個人堅信，人類可以改變自己，可以演化。沒有任何人會受限於行星位置拍板定案的「本質」。當我們改變自己時，我們就會做出不同的選擇，創造不同的未來。我在我第一本書開宗明義就說：「人可以改變一切。」

我猜想自己在這一世嚥下最後一口氣時，仍會深信人類有自我轉化的能力。尤有甚者，我認爲我們在這一世體驗到的大部分的現實，都是我們的自由意志，與廣大的、可能發生的占星原型碰撞的結果。我們都是在這個寬廣但仍能描述、仍有限制的背景中做出決定。這是我們面對占星背景時的「命運」，但我們在其中擁有「決定的自由」。

曾經讀過我其他作品的人，應該已經聽過我針對個人自由這個主題大放厥詞，我在本書裡不會再過度說明。我在這裡會再次提到，只是因為宿命決定論者常會認為前世和業力的概念，就代表最終的結果。例如，「你在一四九二年燒了一個人的房子，所以你的房子現在會被燒了」。業力的確可能如此呈現，但運作的機制通常更細微複雜。不過你要知道一件事，業力的確比任何事物更容易重複發生，你如果在一四九二年燒了一個人的房子，你現在還是可能燒了其他人的房子，只不過這一切都會記在你的業力信用卡帳單上！

再更一步討論的話，讓我向你介紹藏傳佛教上師竹慶本樂仁波切（Dzogchen Ponlop Rinpoche）。他在《轉向解脫：四個提醒》（*In Turning Towards Liberation: The Four Reminders*）裡引述巴楚仁波切（Patrul Rinpoche）的話：「我們的負面或正面業力的累積，與我們的想法和動機息息相關。我們的動機如果是純淨的，充滿慈悲的，那麼儘管我們做的事比較負面，這仍是正面的業力。如果我們的動機並非如此純淨，那麼即使我們看起來溫和又善良，這仍不是非常正面的業力。這意味著創造正面或負面的業力，多取決於我們內心的想法。」

換句話說，在占星學或業力相關的討論裡，**意識**是一個主要變數。畢竟轉世重生的並非肉身，而是意識。所以在這本書裡，當我們試圖理解前世的趨力時，重點還是放在我們在這一世能透過帶有覺知的努力，療癒並釋放自我。

而演化占星學的目的也非常簡單，就是**鼓勵人們做出有利演化的決定**。關於前世的剖析只是其中一部分，這只是要幫助我們釐清今生的問題。知名的一行禪師（Thich Nhat Hanh）在《般若之心》（*The Heart of Understanding*）曾說：「這是邀請你踏上一段旅程，認清你自己。你如果做得很好，就能看到自己的前世，也能看到自己的來生。」他還提到：「請記得我們不是在談哲學，我們談的是現實。」

我在此想清楚強調，所有的占星學談的都是象徵意義，而非寫實。演化占星師不可能看著一名女子的星盤，然後就篤定地告訴她，說她在一九三〇年代的那一世，名字叫做喬，住在費城，當時是一位重達兩百五十磅、暴牙的拳擊手，得過很多獎。

演化占星學談的不是這些事。我們就像所有在心理學領域努力的占星師一樣，可以看到**意象**，看到**象徵**，而且深信這兩者等同於前世的現實。我們如果不能理解這個非常簡單的概念，就會浪費很多力氣，在占星界裡掀起不必要的腥風血雨。一些誹謗我們的人會說：「每個人都可以侃侃而談前世發生過什麼事，誰能證明這是錯還對？」這種說法很合理，我也贊同，但是這種寫實主義的描述，並非演化占星學的立足點。我們的立場是今生，而我們的觀點可以與能體驗的現實相互比較。正如美國小說家威廉‧福克納（William Faulkner）曾經說過：「過去並非死的，其實，過去甚至還沒有過去。」我們的假設非常簡單，而且完全經得起驗證。概括而論，我們相信你會在今生感受到前世未解決的課題，而你接下來將學習一些技巧，揭露這些課題。

靜下來聆聽一下星盤告訴你的前世奧祕，然後再看看你的今生。如果兩者沒有環環相扣，你就把演化占星學拋到腦後吧！

我已在此感謝過艾德格‧凱西、傑佛利‧格林和佛教。我的受惠還不僅於此。在一九九八年，我感受到一陣風起，推動我再次出發，於是我推出「占星學徒計畫」（Astrological Apprenticeship Program），也就是占星師徒班，至今已有數百人參加，我對他們都心存感激。每一個小組每年會見面兩次，為期四天，並非很正式的形式，但交流的內容是很嚴謹正確的，而且情感豐沛。這是因為我們交流的本質就不是抽象的占星理論，而是談論內心的直接體驗。我們會研究自己的星盤，還有反映在人生的現實遭遇。對於所有參與過的人，我的言語不足以表達內心的感激。我對這本書的內容的清楚理解和信心，都

是他們給我的禮物。數百人的現實經驗，就如提供了一個很棒的查核資料庫，也不會讓我因為對某個想法的熱情，就偏離現實太遠。我希望能在此列出他們所有人的名字，因為他們值得。你可以在我的網站www.forrestastrology.com輸入關鍵字Astrologer Referrals，就可以查到誰曾經參加過這個計畫。

我也想感謝我的諮商個案。當我帶領他們改變方向，前往一個充滿想像的國度時，他們臉上的表情是無法言喻的。不過，我們無法對此進行有效的查核。

我最後想感謝整合醫學基金會的慷慨贊助，讓我完成這本書。在佩吉‧勞恩（Paige Raune）、哈帝‧阿里（Hadi Ali）和派崔克‧基爾尼（Patrick Kearney）的有力領導下，基金會致力探索非洲等地原住民的草本智慧，在這方面有了出色的成績，並能拯救世人。整合醫學強調的是身心靈三方面。佩吉三人認為演化占星學可以為身心靈的健康提供強大的支持，所以決定幫助我將這本書付梓。我要在此為他們的勇氣及慷慨喝采，萬分感謝。

所以，現在準備好繫緊安全帶吧。在你熟悉的出生星盤背後，還隱藏了一個一個完全不同的星盤在蠢蠢欲動，而你可能從未發現它的存在。它會帶來屬於你的寶藏還有傷痛。如果你覺得星盤的預測跟你現實生活的遭遇，並沒有十分吻合，那麼這張隱藏的星盤將能幫你找到原因。

我深感幸運，在邁入花甲之年的此刻，還有機會再遇到一陣風起，然後出航。這是一種觀看內在天空的方式，讓我重溫十九歲時對占星學的熱情。我希望你在接下來的閱讀中能跟感同身受，從中受惠。

史蒂芬‧佛瑞斯特，二〇〇八年春分

致謝

特別感謝佩吉‧勞恩（Paige Raune）和派崔克‧基爾尼（Patrick Kearney），以及「整合醫學基金會」的哈帝‧阿里（Hadi Ali）醫師同意讓這本書付梓出版。

第三章和第四章的部分內容，曾經刊登在《山嶽占星師》（*The Mountain Astrologer*）雜誌，非常感謝該單位過去多年的熱情支持，允許我在本書裡再度收錄這些特別的內容。

特別感謝藝術家蜜雪兒‧韋伯格‧康多斯（Michelle Valborg Kondos）為這本書設計意象壯闊的封面。欣賞她的網站（www.mvkondos.com）是人生一大樂事。關於這本書的封面，她寫道：「我在其中融入一些神聖幾何學的概念，包括黃金比例，對於這本書的主題，這似乎十分恰當。其中還有九座巨石（如果你能仔細看到所有的巨石，就會發現共有十二座），代表南北月交點一半的週期，以及數祕學的意義。前方被亮光映照的四座巨石則是代表四元素或四個基本點。」

我開設的占星師徒班從過去到現在約有四百名會員，我也要對他們獻上無限感激。謝謝他們提供了一個實驗室，幫助我去蕪存菁，免於讓一些錯誤的想法付梓。我還要特別感謝一些人，在我提出成立占星師徒班這種難搞的挑戰時挺身而出：凱倫‧戴維斯（Karen Davis）、英格麗‧柯芬（Ingrid

Coffin）、大衛・佛瑞德曼（David Friedman）、芭芭拉・金恩（Barbara King）、凱莉・納許（Carrie Nash）、溫妮莎・涅維拉（Vinessa Nevala）、克莉絲提納・史密斯（Cristina Smith）、范・荷恩（Van Horn）和寶拉・溫斯利（Paula Wansley）。

　　我還要感謝一些人和團體的支持和友誼：史考特・安斯禮（Scott Ainslie）、巴比・奧德里奇（Bobbie Aldrich）、威拉德・奧德里奇（Willard Aldrich）、琳・貝爾（Lynn Bell）、藍天農場協會（The Blue Sky Ranch Fellowship）、墨西哥市「占星師之家」（La Casa del Astrólogo）的賽西（Ceci）和契拉（Chella）、雪兒・庫柏（Cheryl Cooper）、貝絲・達納爾（Beth Darnall）、珍妮特・迪波洛西（Janette DeProsse）、小羅伯特・道尼（Robert Downey Jr.）、艾美・戴伊（Amy Dye）、羅娜・艾略特（Rona Elliot）、蜜雪兒・厄利溫（Michael Erlewine）、南茜・范托奇（Nancy Fantozzi）、羅伯特・費尼根（Robert Finnegan）、哈德利・費茲羅德（Hadley Fitzgerald）、克里斯・福特（Chris Ford）、邦妮・佛瑞斯特（Bunny Forrest）、里奇・喬維尼・蓋提（Rishi Giovanni Gatti）、崔西・高迪（Tracy Gaudet）、萊恩・高迪（Ryan Gaudet）、南恩・吉里（Nan Geary）、瑪莎・戈納加（Martha Goenaga）、傑佛利・沃夫・格林（Jeffrey Wolf Green）、羅伯特・葛瑞芬（Robert Griffin）、巴里斯・伊爾汗（Baris Ilhan）、凱西・賈寇布森（Kathy Jacobson）、比爾・吉尼斯（Bill Janis）、雪儂・葛雷斯（Shannon Glass）、芭芭拉・傑森（Barbara Jensen）、雪兒・瓊斯（Cheryl Jones）、麗莎・瓊斯（Lisa Jones）、莉南・瓊斯（Rhiannon Jones）、艾菲・洛維爾（Alphee Lavoie）、卡蘿・洛維爾（Carol Lavoie）、蜜雪兒・路汀（Michael Lutin）、克莉絲汀・麥克（Christy Mack）、金姆・麥利（Kim Marie）、P・麥康納（"P"・McConnell）、米奇・麥康納（Michie McConnell）、珍・麥金尼（Jean McKinney）、克里斯・麥克瑞（Chris

McRae）、雷‧梅利曼（Ray Merriman）、拉斐爾‧納薩爾（Rafael Nasser）、桃樂絲‧歐嘉（Dorothy Oja）、瑪蓮妮‧雷哈特（Melanie Reinhart）、艾芙琳‧羅伯特茲（Evelyn Roberts）、摩西‧瑟爾加三世（Moses Siregar III）、赫伯‧史東（Herb Stone）、芭芭拉‧史東（Barbara Stone）、史汀‧史戴勒（Sting Styler）、魯迪‧史戴勒（Trudie Syler）、坦姆‧塔里克塔（Tem Tarriktar）、凱‧泰勒（Kay Taylor）、派翠西亞‧沃許（Patricia Walsh）、珍‧沃德（Jan Ward）、傑夫‧沃德（Jeff Ward）、羅傑‧沃格（Roger Woolger）、鮑伯‧威德森（Bob Wilderson）、史考提‧楊恩（Scotty Young）、黛安‧史旺（Diane Swan）、克莉絲托‧威特（Christal Whitt）、辛蒂‧懷特（Cindy Wyatt）。

第一章

星盤裡的一切都是業力

也許就像佛教徒和德魯伊教（Druid，凱爾特人中的僧侶）信徒所說，我們已經輪迴過許多世，但也可能並非如此。

沒有一種信仰可以被駁斥或被明確印證，因此，我想這個問題在知識層面上永遠無解。我們在下一章可以看到，關於輪迴轉世的客觀證據是非常具有說服力的。然而，這個議題永遠都與第一手的直覺經驗有關，至少在信仰的領域中是如此。我們無法知道前世的種種，只能猜測大概，這不像一加一等於二這麼簡單。

不過有兩件事，是各方都客觀肯定的，而第三件事則是根據前者自然衍生：

一、所有相信輪迴轉世的人都同意，我們在這一世的性格和際遇，源自於我們的前世。

二、所有占星師都同意，我們的星盤能反映我們的性格和際遇。

三、我們如果相信輪迴轉世，也相信占星學，我們就不得不承認，我們這一世的星盤一定反映了前世的趨力，我們的星盤裡藏著非常細微的線

索，可以看出我們前世是什麼樣的人，做過什麼事。

我們如果接受占星學和輪迴轉世，那麼只有這種說法才合乎邏輯了。

我們可以更進一步討論這個推論。先自問一個非常原始的占星問題：**為什麼你會擁有這樣的一張出生星盤**？這不是要問，這張星盤的「意義」，而是你為什麼一出生就會擁有這些特別的星盤配置？從你的母親受孕懷了你之後，開始數九個月，然後你就迸出來了？換句話說，這只是隨機？就邏輯層面而言，這種說法可能成立。占星學可能只是根據一個隨機的宇宙，只能反映一些科學還未揭露的地球宇宙知識。

不過這裡還有一個可能性：你之所以擁有這個獨特的星盤，背後其實有更深層的意義。宇宙也許根本不是隨機運作的，而星盤象徵反映的人生挑戰，其實是與一些深藏在現實表面之下、更高層的奧祕融為一體的。這代表有某個東西造就你在特定的時間地點，吐出今生的第一口氣。是上帝嗎？是充滿智慧的宇宙嗎？還是業力？

你可以有自己的答案。

如果有某個比機率更龐大的東西影響你在何時誕生，那我們還必須承認一件事：**早在你出生以前，你的星盤就已經注定好了**。按照我們的邏輯，這是無法反駁的吧？那麼再往下推論，這代表造就你擁有這張星盤的所有一切，早在你出生之前就已經發生了。

這當然不能明確證實輪迴轉世的存在。不過這的確能證明，當我們觀察過占星學象徵的明顯可見的力量後，必須有更深入的嚴肅思考。除非我們接受「生命的本質就是隨機」這種說法，否則我們一定不禁臆測，在你出生之前，一定有一些事情在進行，才會讓你在這一世擁有最適合你的星盤。

我們可以說，「這就是上帝創造你的原因」。我們也可以說這是基因，你的星盤反映了你的祖先的「前世」，以脫氧核糖核酸微小分子的形式活在你的體內。或者，我們也可以採納佛教徒、德魯伊教信徒、諾斯底主義者（Gnostics，指一種純粹以自身經驗所獲得的信仰）、印度教徒和其他信仰的說法，我們都是一次又一次地輪迴轉世，重生爲人。

接下來，我們會認定，輪迴轉世這件事的確存在。如果你喜歡，當然可以用其他的比喻或象徵方式，而這的確是一種值得培養的好技巧，因爲你可能會碰到不太能接受前世說法的個案。不過接下來，關於輪迴轉世這個概念，我不會再努力地換句話說。我們會談論意識如何透過肉身，透過不斷輪迴來進行演化。

萬物皆有因

星盤中的每一個配置，都深藏著寶藏，這可能暗示了一個很久很久以前、早在你進入母親的肚子前的個人故事。我們無法知道完整的業力故事，至少光靠占星學是無法得知的。不過占星學可以給我們關於你前世的一組暗示，而且更重要的是，可以給你一套指引，告訴你如何在今生面對這趟演化之旅。

星盤中每一個配置都有矛盾的本質：這不只陳述了你的靈魂在前世的演化狀態，也代表了超越這個狀態的方法。

我們必須吸收這個很重要的概念，因爲這與演化占星學的療癒本質息息相關。星盤中的每一個配置都代表我們面臨的挑戰，而我們如果能以前世「留下」的觀點切入，最能理解爲何會出現這些挑戰。當我們提高眼界，接受每一個配置都擁有「更高的潛能」，就可以解決業力的傷口，創造新的可能性。然

後在生命中的某一刻，我們必定能看到實例印證，這種概念就不再如此抽象難解了。

混沌理論

你可能已經注意到，你這一世的人生很複雜，充滿未竟之事，也充滿矛盾。你做的選擇和你真心重視的價值，常常反其道而行，很難一致。就像「誠實」是我們的普世價值，我們卻還是會說謊。我們自認是環保人士，但我們不開最省油的車。

當我們開始討論前世，人生就會更加複雜。畢竟我們談的不是前一世，而是之前的很多世。

而且「演化」這個詞最精確的意義，暗示著你在前世的演化程度比較低，可以假設你當時製造了一些混亂，是你現在不會做的。而這所有毫無關聯的、而且往往是回溯至很久以前的因素，現在都同時混亂地反映在這一世星盤的行星配置裡。因此，業力是既複雜又無秩序的，對這一世星盤的影響也是混沌不明的。

且讓我把這個概念融入現實人生裡。

舉個簡單的例子：想像有一名女子曾經活過兩世，一世是在修道院裡孤獨終老，另一世是在婚姻中備受寵愛及保護。在這兩世，她都建立了某種模式，這些模式會在今生的星盤中「輪迴再生」。所以她這一輩子可能會習慣性地在親密關係中退縮，或是感到迷惑，這是從修道院那一世留下的習性，但與此同時會有某種動力，驅策她進入一種非常「依賴」的關係，而這是源自於另

一世舒適又慵懶的婚姻生活。

換句話說，這簡直是充滿矛盾的混亂。

要是我們改用占星的語言來詮釋上述的例子，我們可能是看到金星和土星合相在摩羯座，落入十二宮，但是月亮是巨蟹座，落在七宮。這張星盤屬於某一個很特別的人，但是所謂的「某一個人」是很不明確的概念。就業力來看，我們每個人都比較像是一群截然不同的人努力達成某一種共識。

在第三章，我們將會開始探索邁向業力分析的神聖道路，像是如何描述南月交點，以及南月交點與行星的關係。這將帶領我們看到問題核心，也就是直接影響今生的核心業力故事。這些技巧能讓我們的理解更清楚、更生動，而在這個過程中，我們學著爲自己揭露一個前世的故事。你一定會大吃一驚，因爲你可以在這一世裡找到一些印證，證明前世今生的關聯性。

不過我們不能因爲這種強大的分析陷入盲目，忽視星盤中其實有很多片段的資訊，其中有一些並不符合這個前世故事的主軸。這些片段就如前世的拼圖，一些被留下來的拼片，一些矛盾的地方。我們不必對這些混亂大驚小怪。

在此，最重要的就是莫忘星盤裡的一切都是業力。

這不是一本只談論南北月交點的書

我們接下來會詳細介紹南北月交點，這是一個切入點，幫我們看到最主要的前世故事的情感基礎。演化占星學不能少了南北月交點。但是就如我們先前提到的，星盤中的所有一切，背後都有業力的原由。很多行星或是敏感的

軸點，和南北月交點並沒有相位，沒有直接的關係，不過它們仍是你的業力遺產。我們可以把南北月交點當成一個入口，從此看到業力的核心。它們是很好的起點，同時也是基礎。不過你會發現，這不是一本只談論南北月交點的書，這是一本討論占星學和輪迴轉世的書，這是一個更宏觀的主題，我們必須仔細考量整張星盤，注意每一個細節，一點也不能遺漏。

書中有許多內容的確都是繞著南北月交點打轉。但我想強調，相關的討論應該是更宏觀的，所以接下來，我想先針對一個與南北月交點完全無關的星盤配置進行演化分析。

✳ 土星在七宮

傳統上，土星常被視爲「凶星」，會爲其所在或觸及的宮位帶來不幸和困難。而七宮是古典的婚姻宮。所以土星在七宮，常會被認爲是愛情的惡兆。伊莎貝爾‧M‧希奇（Isabel M. Hickey）在《在占星學的國度：一門宇宙科學》（*In Astrology: A Cosmic Science*）提到，這個組合「深藏著一種分離傾向，讓當事人難以與別人建立連結」。

羅納德‧C‧戴維森（Ronald C. Davison）在經典著作《占星學》（*Astrology*）裡則警告，這可能會出現「不幸的伴侶關係」或是「一位冷漠、野心過大的伴侶」。

麗茲‧格林（Liz Green）在《土星：從新觀點看老惡魔》（*Saturn: A New Look at Old Devil*）裡深入探討這個組合，但也提到，「土星在七宮最基本的詮釋，就是婚姻或親密關係裡的悲傷、困難或壓抑。通常這些悲傷都是因爲外在命運的捉弄，與個人的錯誤無關。」

演化占星學的基礎就是，**有覺知的選擇具有改變生命的力量**，必須願意

在自己身上下功夫才做得到。

　　因此，任何有如死胡同或宿命論的占星詮釋都太過狹隘，我們永遠可以到達更高的層次。這並不只是一種哲學說法，我們的確看到很多活生生的實例，你可能就是其中之一！

　　然而，傳統占星學通常很務實，也很令人喪氣，會把我們的看法視為演化的「起跑線」。這反映了老舊業力模式的「再次原始呈現」。

　　藏傳佛教蓮花生大士（Padmasambhava）曾說過：「如果你想知道你的前世，就看看你目前的狀況」，換言之，現在的挑戰源自於過去。蓮花生大士還另外提到一點，「你如果想要知道自己的來生，就看看你現在的作為。」

　　傳統占星學大部分的負面詮釋往往都是正確的，至少在人生早期某些時刻是如此。不過這種詮釋是有害的，因為他們暗示人生的起跑線和終點線是一樣的。他們忽略了一個事實，就是人類可以學習成長。

　　我們看到許多土星在七宮的人，在婚姻中遭遇困難和悲傷。美國總統富蘭克林·德拉諾·羅斯福（Franklin Delano Roosevelt）的妻子愛蓮娜（Eleanor Roosevelt）就是一個經典例子。她的土星在七宮，當然嫁了一個極具野心的男人。他們結婚三十年後，她發現自己的私人祕書曾寫給丈夫一些內容火辣的情書，證明丈夫曾經出軌（請留意，這是雙重背叛）。他們的婚姻繼續維持了二十七年，直到羅斯福辭世，但顯然只剩下表面形式。有很多證據顯示，他們的身心都很疏離，不再親密。當然，羅斯福晚年有很長一段時間都必須坐輪椅，這也是愛蓮娜婚姻宮的另一個「土星象徵」。

　　有「童貞女王」之稱的英國女王伊麗莎白一世（Elizabeth I）也有土星在七宮。她很可能並非真的保有童貞，但她終身未婚。她在年輕時，顯然曾被繼

父性侵；成年後，與已婚的萊斯特伯爵（Earl Leicester）維持很久的戀情。這又是土星這個「老惡魔」的力量，令人感到挫折，覺得受到限制。

在近代，美國搖滾樂傳奇科特·柯本（Curt Cobain）也是土星在七宮，他與出了名的怪異又難搞的寇特妮·洛芙（Courtney Love）結婚，最後他飲彈自盡。

土星當然有比較高層的表現，像是承諾、忠實、成熟和自律。這些特質顯然比較表現在持續的親密性上面。

雖然有很多悲觀的占星師認爲土星在七宮就是親密關係的胡鬧瞎搞，但也有一些占星師提出比較樂觀的看法，列舉有許多長久維持婚姻的人，也是土星在七宮。沒錯，這些人也是土星在七宮！在我的年代，最知名的愛情故事就是保羅·麥卡尼（Paul McCartney）和妻子琳達的長相廝守，直到琳達在一九九八年因乳癌辭世才劃上句點。在她辭世之前，倆人二十九年的婚姻中，除了保羅曾因持有大麻入獄十天，兩人從未分開過夜。（而二十九年剛好是土星的週期！）琳達的土星是金牛座，逆行在七宮。

女星蜜雪兒·菲佛（Michelle Pfeiffer）也是土星在七宮。她曾有過一段失敗的婚姻，然後在一九九三年與現任丈夫大衛·凱利（David Kelley）結婚，有諸多跡象證明，儘管好萊塢生活很瘋狂，但兩人仍對彼此忠貞，非常幸福快樂。

演員丹尼·德維托（Danny DeVito）也是土星在七宮，與蕾·培曼（Rhea Perlman）自一九七○年結婚，維繫至今。

傳統的占星師喜歡爲一些問題爭論不休，像是土星在七宮到底是「好」還是「壞」。

他們常會吹毛求疵，討論土星是「相位良好」還是「深受折磨」，試圖找出答案。但如果我們勇敢地回到現實面，就會發現這些占星的推論也會幻滅。丹尼·德維托的土星與金星對分相，還與海王星四分相！琳達·麥卡尼的土星還與另一個被認為是婚姻不幸指標的天王星合相在七宮。

這些占星師忽略了人類事件中一個最重要的趨力：**覺知**。

對我而言，爭論土星在七宮的意義，就像觀察一間公立學校，然後爭論就讀的學生到底是六歲還是十六歲。土星在七宮，或是任何一個星盤中的配置，就像一間學校，都代表了一種演化可能性的層次範圍。我們看到有這個相位的人，有人一輩子形單影隻，有人困在不開心的關係裡，有人接受獨居單身的生活，還有人似乎完全不受其害，擁有持久、穩定的模範關係。

這些占星師忽略了自己的親身體驗，忽略了同行提出的證據，為此爭論不休，實在有些愚蠢。一些批評占星學的人則會雙手一攤地說，如果這個相位可以有「各種詮釋」，那就根本毫無意義。

他們都忽略了土星原型基本一致的原則，亦即：

你天生會遇到阻礙。你必須承認這個事實，必須用土星的高層特質，即「務實」、「紀律」和「誠實」，去努力克服阻礙。如果不這麼做，你的人生就會受限於阻礙。如果努力克服，一定會有進展。

讓我們把上述對土星的分析，融入演化占星學的領域裡。

就心理動力層面而言，**七宮**講的是**信任**。所以土星在七宮，就代表天生會遇到有關信任的阻礙。我們接下來會討論，這是來自前世，這些都是業力。而在這一世，這個相位的要求就是必須在親密關係上努力。

　　在人類的經驗裡，關係占了很大一部分，這個主題過於龐大，我們無法在這裡充分討論。如果對占星學如何看待關係有興趣，建議你閱讀《天空伴侶》上、下兩冊，裡面有詳盡的解說。在此簡而言之，土星可能會透過某些方式，讓一個人在人際互動時遭遇困難。每一種方式，都與我們現在討論的概念相互重疊。

　　我就開門見山地說吧，人們不太可能透過自己學會信任這門功課！就本質而言，信任是一種互動的現象。

　　我們可以從安靜獨處的反省中學到許多，但我們的成長最後只能在親密關係中被測試，被衡量。因此土星在七宮比較像是點出一個人「天生的伴侶」和朋友，還有對自己本身的影響。這裡的底線在於，我們如果沒有這些人的幫忙，就無法做好自己的演化功課，而我們可以透過土星的經典特質認出這些人：他們都是值得信任的人！這表面上看起來很痛苦，但其實很基本：你如果天生就有信任的問題，那麼土星在這個位置就代表，你如果沒有這些值得你信任的人幫忙，就無法解決這個問題。

　　土星的本質就很喜愛**誓言**和**承諾**。如果你的土星在七宮，你天生的伴侶就是不懼於允諾的人，而他們的勇氣也會讓你比較不害怕許下承諾。土星也喜**歡儀式**，也很欣賞儀式的流程，像是交換戒指，大聲說出誓言。這就像看到一個過程記錄，並且為此慶祝。舉例而言，各種名目的紀念日也會變得非常重要。

　　人們必須經過一段時間才能建立信任。土星很有耐心。如果你的土星在七宮，在跟一個人交往時，對方如果急著上床，會讓你很反感。你會覺得，有什麼好急的？誰可以這麼快信任一個人？更糟糕的是，對方的猴急可能會讓你想要保護自己，而在一段關係裡，這就是不信任。其實有很多人根本不信任對

方就會上床。

在這個相位裡，尊重也是一個非常重要的指標。土星是很正式的，但這不代表拘謹刻板。不過這的確意味著禮節和界限，當浴室的水打開時，這種人很有可能就一定會關上門。

就業力的角度而言，有這個相位的人必須遇到上述所有的狀況，才能創造一個親密的環境來克服信任的問題。你如果剛好是土星在七宮，人生就會有許多時間都繞著這個議題打轉。

✳ 土星在七宮：業力

為什麼會有人土星在七宮？這個人前世曾經發生過什麼，才會帶有這樣的相位出生？這有幾種可能性，但共同點就是這個人在過去的某一世曾經突然失去親密的關係，而這會留下傷口，直到死前都沒有痊癒。最有可能的是兩種情境：拋棄和喪親。

想像一下，你在某一世曾經被逃婚，你的未婚夫（妻）在結婚大喜之日沒有出現在神壇之前，而你再也沒有聽過他（她）的消息。或者他（她）和另外一個人共度幸福美滿的一生，對方還跟你住在同一個小鎮，比你更有錢，更可愛。遭逢這種打擊，你要花多少時間才能走出來？

現在讓我們換一個方向，想像一下你有一個前世，嫁給了自己的真愛，幸福共度一生。你當時既年輕又迷人，建立了一個家庭。之後有一天，你的另一半被雷劈到，驟然離世。

同樣的問題，你要花多少時間才能走出來？

這樣的打擊「要花多久時間才能走出來」，當然是個無解的問題。悲傷有

自己的時間表，而每個人悲傷的經驗都是很困難的。人可以壓抑一時，但是悲傷並不會消失。一個人也可以堅持困在悲傷裡，讓自己變成悲劇人物，哀痛到超乎常情。我們常看到很多有這些遭遇的人把一些未解決的或是不屬於自己的悲傷帶進棺材裡，到死都無法釋懷。

就玄學的角度而言，我們下一次看到這些人時，可能是他們從墳墓通道的另一端現身，而這就是我們稱的子宮。屆時，悲傷可能仍舊歷歷在目，而在他們的出生星盤中，我們就會看到土星落入七宮。

✳ 許多可能的故事

拋棄和喪親是非常困難的狀況，我們在此將兩者混為一談，因為就情緒層面的影響而言，兩者是重疊的。我們如果遇到一個自己信任的人，令我們失望，或是我們信任的人死了，無論是哪一種情形，我們內心就會出現一個合理的想法，認為信任某個人是件危險的事。雖然上述兩種狀況截然不同，不過無論是哪一種，在來世都可能顯化成土星在七宮。這是因為無論是哪一種狀況，我們天生就有信任障礙，而且我們會想要演化去克服這個問題。

現在多一點想像力，我們在前世還可能遭遇了其他事情。也許在某一世，你因為宗教戒律，很早就發誓要終生獨身。所以你想要與別人發生性關係的天生慾望，對你而言，就變成一種威脅和危險，所以你必須壓抑這份慾望，把它當成敵人。導致之後你遇到任何對你有吸引力的人，就會顯得很害怕。這其中就有某些業力！

或是在某一世，你是個娼妓：你學會封閉自己的靈魂，逃避人類性交時自然產生的連結感。或是在某一世，你被嚴重虐待。又或者在另一世，你備受折磨。也許你在某一世是義大利皇室裡的朝臣，周遭都是想要下毒陷害你的人。

這種關於破壞信任感的情境，有太多可能性，這有太多令人悲傷的故事了！平均每十二個人就有一個人的土星落在七宮，所以你可以想像，會有多少不同的情節。

當你繼續讀下去，就會發現有一套技巧，可以幫助你縮小可能性，讓你的業力故事更精準、更聚焦。不過光是討論土星在七宮，就已教會我們許多事。在此總結學會的重點：

在某一世，你有信任危機，直到死前都沒解決這個課題。你現在輪迴轉世，帶著這個未療癒的傷口出生，同時也帶有某種能力，可以透過一些特定的方法療癒它。最重要的是，就如我們之前提過的，你需要一位「土星型」的伴侶。在他們的協助下，你必須下定決心：許下嚴肅的承諾。只要做這件事，你就等於為自己的療癒打造了一個培育箱。

另一條比較高層的演化道路，就是讓未解決的土星阻礙成為你的人生主軸。在比較黑暗的版本裡，你可能走向兩條路。其中一條就是你可能終生獨居，完全不敢冒險嘗試親密關係。另一條路，你可能會與你害怕的象徵結婚，對方是一位即便失去也不會太難熬的伴侶，這樣你就可以不要太過投入，避免受傷。

✳ 統一場論

你可以留意一下，演化占星學對於土星在七宮的詮釋，包含了我們比較傳統的占星學文獻裡看到的所有可能性：「愛情的不幸」，選擇獨身；或是「持久、快樂、忠誠的友誼或關係」。演化占星學提供了某種統一場論，在一個理論架構下，連結所有可能的行為表現。我們會看到從幼稚園到十二年級學生，全部都待在一所學校裡，校舍有紅色屋頂，規模不大但五臟俱全。一切都井然有序。而演化占星學還能將古老玄學，與現代心理治療崇尚的「在自己身上下

功夫」的方式，做出最出色的結合。

✳ 憐憫

更重要的是，就演化而言，土星在七宮代表了**憐憫**。我們可以藉此了解，為何一個人可能遭遇一些無法用理智解釋的困難。而我們會用一種「沒有做錯」的角度剖析這件事。我們不需要讓任何人覺得自己「有病」或是「有缺陷」。

舉個例子，你有位好朋友，她的伴侶六個月前因交通意外喪生。一位好心人想替她安排相親。她退縮了，說自己還沒準備好與任何人發展親密關係。她還沒走出悲傷。

你會很難理解朋友的情緒嗎？你會在她身上貼一些精神病標籤嗎？當然不會！你不假思索的第一個感受，就是內心充滿對她的憐憫、支持和理解。她喪夫的六個月後，當然還沒準備好約會！你完全可以理解！你也大概可以想像，她需要很長一段時間療傷，而你也會相信，當她準備好時，她可以重新回到人生正軌。

我們再進一步假設，如果你在某一世，在車禍中失去自己的另一半。而這一世，你的土星在七宮。你可能會在愛情中遇到困難。或是你曾有過一兩段失敗的關係。或是你很有風度，認為這一切的不幸，至少有一部分是自己的錯，是因為自己的態度、障礙和心態，更別說是懷疑自己選擇另一半的眼光。

現在想像一下，你遇到一位傳統占星師，他只跟你說，就親密關係而言，你的星盤上有些「不對勁」。這種說法與你的實際經驗相互呼應，但這種說法是有害的，換句話說，這等於是說你天生就有些不對勁。這位占星師讓你覺得羞愧，也打擊你，沒有替你指引未來的路。

　　我們把這種說法，跟演化占星學主張的療癒的影響力互相比較：你在另一世受過傷。你必須花一點時間才能痊癒。而演化占星師會告訴你如何做到這件事。這樣的分析揭露了更深層的事實，其中蘊含帶有同情的尊重、眞實的洞見，最後還有鼓勵。

　　當你能透徹理解，演化占星學可以幫助我們對任何人生際遇都有所體悟，這時就會有兩位天使同時在你身旁升起：一位是同情的天使，可能是爲了守護別人或是守護自己。而另一位，就是希望的天使。

第二章

為何相信輪迴轉世？

當天上有一千隻豬放聲齊唱《哈利路亞大合唱》（*Hallelujah Chorus*）時，難道這不是值得紀念的一天嗎？嗯⋯⋯的確是，不過我們沒有人會屏息期待這件事發生。不是所有政治人物都很誠實嗎？法律制度不應該永遠公平嗎？油價不是應該像一九五七年時那麼便宜嗎？

這張許願單可以無限延長。一切都很美好，令人渴望，但都不可能發生。

就某些角度而言，輪迴轉世就像上面這些想法一樣。聽起來很好，但不盡然如此。「再次投生為人」的好處顯然易見。首先，這代表沒有人是真正死去，那根本不用怕死了！其次，實在不需要在這輩子把所有事情都搞定，都做好。你還有時間。再者，老天有眼，最後一定會有公道的，偷你的自行車的人，他自己的車最後一定也會被偷，他活該。試想一下，永生、第二次機會，再加上最後的公平正義，這種組合實在很誘人。

但是還有更好的。讓我們把非洲飢餓的孩童，還有富豪炫耀輕佻的浮華生活放在一起看，那會如何？總有一天我們會在天國相見，每個人都會經歷對方的遭遇，很公平，皆大歡喜。這個想法有一種巧妙的美好及和諧。

這個道理，對天上唱歌的豬也同樣適用。

你顯然或多或少能接受「死後靈魂轉移」這種說法，否則你不會翻閱本書。你並不孤單，在美國，約有百分之二十至三十五的人相輪迴轉世（資料來源：研究機構揚克洛威奇（Yankelovich Partners）、美國有線電視新聞網（CNN）、蓋洛普（Gallup）、路茲研究中心（Luitz Research）等。）。

在我占星執業生涯中，這個比例還更高，而且適用於各種背景的個案。當我第一次跟個案坐下來聊時，總會問對方，是否可以接受我用「前世」這個說法。至今只有遇到兩個人反對。其中一人是天主教大學的教授，而他在十年後又回來找我，跟我說：「好吧，請告訴我我的前世」。

我如果遇到任何一位個案，不願意聽到有關前世的說法，我永遠可以用另一種方式詮釋。我可以很輕鬆地把這些業力的資訊換種說法，像是「這就是上帝創造的你」或「這就是你祖先的基因模式在你身上的顯現」。我隨時可以搬出這些說法，不過至今，基本上沒有任何人需要。人們通常都很喜歡聽前世的故事。

誰會找我做占星諮商？當然不是隨機的一群人。

讀一本書是自發性的行為，不過這其中有某種程度的自我篩選。很多人想像，我的個案大多是神祕的、心懷慈悲的素食者，或是會去抱樹的那些人，就像我自己一樣。其實並非如此。別忘了，在過去兩個世代，公開表示對占星學的熱愛、最令人驚訝的例子就是美國前總統雷根（Ronald Reagan）。

占星學很有趣，它可以跨越文化的界線。我的個案多半思想開放，而這是他們極少數的共同特質。就集體層面而言，我們被教導不要相信占星學，所以會來找我諮商的人，都帶有獨立思考的特質，也都會檢視自己的人生。一個人

如果對認識自己沒有興趣，哪會想要看占星書？

　　就統計而言，美國約有三分之一的人能接受輪迴轉世的說法，而幾乎所有來找我解讀星盤的人都能接受。爲什麼我的統計數字會高於蓋洛普的調查？顯然我的個案群很多都是進行過自我篩選，就像選擇翻開一本書一樣，是他們選中了我。我的結論是，如果一個人只是賴在沙發上看電視，忽略一些反覆出現的人生問題，不太會想到輪迴轉世這件事，也沒有人曾經鼓勵他們思考這件事。而來找我的人，都是拚命想搞懂人生意義的人，他們其實都樂於接受輪迴轉世的說法。

　　你如果是一位占星師，若擔心你開始跟個案談論前世，會被認爲「不食人間煙火」，依我所見，你不用擔心這件事。想要諮商的人多半都喜歡聽到前世。如果我的經驗可以作爲指標，那我要告訴你，你能因此吸引更多個案，遠比你失去的多。

　　當然，這不能讓輪迴轉世這件事成爲「正確的」。而我們一開始的問題仍然存在：「我們爲何要相信輪迴轉世？」在這個迷人的、頗受歡迎的哲學觀背後，是否有任何合理的因素？

證據

　　我們是否可以證明或反證輪迴轉世的事實？這個問題很難有確定答案。「不能」是一個很誘人的答案，但這個回答太不假思索。也許我們不需要這麼武斷。「證據」是很模稜兩可的字眼。就基本的科學法則而言，「證據」基本上代表一種永遠適用、永遠可證的準則，就像能量永遠等同於物質乘上光速，直截了當，沒什麼好討論的。這個準則隨時經得起測試，不會失誤。

　　我想，我們可能永遠沒有辦法用這種方法證明輪迴轉世。

　　大部分的科學其實都更加模糊不清。我們都知道，當氣象預告說禮拜四有百分之三十五的下雨機率時，我們不會完全相信一定會如此。氣象學是一門科學，但這是給賭徒的科學，經濟學、量子力學也是如此。同樣地，在法律的領域裡，證據常被視為知道某件事，而它是可以「超越合理懷疑的」。

　　輪迴轉世經得起這些測試。當我們在此簡單討論時，它已經過關了。不過，這一章的目的不是要詳盡討論這個豐富又活潑的研究領域。這是我正在寫的另一本書的主題，而這需要一整個圖書館的藏書才能介紹清楚。接下來我先介紹一些這個領域的傑作。我想引用一些這些書裡的精華，以證明輪迴轉世是客觀的現實。

　　讓我一開始先引述「在一片天空下」（Under One Sky）計畫策劃人拉斐爾・納薩爾（Rafel Nasser）在幾年前寄給我的一段話：

　　依我之見，如今在「超感官知覺」（ESP，俗稱第六感）領域，有三種說法值得嚴肅深究：

一、人光憑想法，就能（公開地）影響電腦內的隨機數字產生器；

二、人在輕度感覺剝奪的狀態下，可以接受到一些對他們「投射」的想法和影像；

三、小孩子有時能描述前世的細節，之後證實發現內容都是正確的，除了輪迴轉世，他們不可能知道這些事。

　　無論你相信與否，這段話是出自已故的二十世紀科學界大師、美國天文學家卡爾・薩根（Carl Sagan），後來收錄在《魔鬼出沒的世界》（*The Demon*

Haunted World）裡。他非常推薦以下這些人的研究：

✷ 伊恩‧史蒂文森（Ian Stevenson）醫師

　　伊恩‧史蒂文森出生在加拿大，是精神科醫生，在美國維吉尼亞大學工作了五十年。他主要是研究小孩開始談論前世的故事，多半是二到四歲的小孩。很顯然地，這些小孩到了七或八歲時，通常就會忘記關於前世的種種。

　　史蒂文森到世界各地旅行，蒐集這些神祕的故事，並且詳細地記錄。當他在二〇〇七年去世時，已經累積了數千個這樣的故事。他大量發表這些故事，將它們付梓成書。他最著名的書就是《暗示前世的二十個案例》（*Twenty Cases Suggestive of Reincarnation*），在一九六六年出版，並在一九七四年再度出版。後來由吉姆‧塔克（Jim Tucker）醫生帶領他的團隊，繼續相關研究。

　　史蒂文森遇過很多人，記錄了很多故事，以下是其中一個例子：

　　伊恩‧史蒂文森一九六四年在黎巴嫩卡納耶爾（Kornayel）研究另一個個案時，聽到當地有一個男孩在講前世的事情。這個男孩叫做伊瑪德‧艾勒瓦（Imad Elawar），他早在不滿兩歲時，就開始講述自己有一世是赫里比（Khriby）村莊一個「布哈姆齊」（Bouhamzy）家族的人，這個村莊距離他現在住的地方約有二十五英哩。他非常清楚提到一個名爲賈梅爾（Jamile）的女人，認爲她就是自己這一世的母親。這個男孩共講了五十七件關於前世的事，史蒂文森都記錄下來。

　　伊瑪德從沒去過赫里比村莊，當史蒂文森去那裡造訪時，證明當地的確有一個叫做易卜拉欣‧布哈姆齊（Ibrahim Bouhamzy）的男孩在九年前死於霍亂。他當時有一個愛人叫做賈梅爾。這兩件事，還有伊瑪德說的另外四十九

件事，都獲得印證。伊瑪德甚至還知道易卜拉欣的遺言。他還認出那一世的家人。伊瑪德四歲時有一次跟祖母在街上散步，突然跑向一個陌生男人，抱住他，讓這個男人很驚訝。伊瑪德表示，這個男人是他前世的鄰居。結果事實證明，這個男人來自赫里比，過去的確曾經是易卜拉欣的鄰居。

我們要如何解釋這一切？

還有另一個例子：

一個名爲威廉的男孩，天生就有肺主動脈的缺陷。他在三歲時，開始跟從未見過面、已故的外公有了無法言喻的情感連結。他的外公生前是紐約市的警察，在執勤時中彈，子彈穿過肺主動脈，因此殉職身亡。有一次威廉要被媽媽打屁股教訓，他竟然威脅媽媽說，當他還是她的父親時，可從來沒打過她！他甚至知道媽媽小時候養的寵物的名字。

這只是其中兩個故事。你當然可以不當一回事，駁斥這是無稽之談，不過這樣的故事有兩千多個！每一個都有詳細的紀錄。史蒂文森從未把這些故事視爲輪迴轉世的「證據」。他太有資格成爲這個領域的科學家了。不過他把這些故事稱爲輪迴轉世的「聯想」，非常合理的說法。

✳ 海倫·瓦姆巴赫（Helen Wambach）博士

海倫·瓦姆巴赫是突然認出一本自己前世寫的書時，開始對前世產生興趣，一生投入研究這個領域。她是一位心理學家，也是一位老師，透過催眠的技巧，幫助人們回溯前世的記憶。《重溫前世》（*Reliving Past Lives*）和《生命之前》（*Life Before Live*）（均爲一九七八年出版），還有新版的《重溫前世：催眠之下的證據》（*Reliving Past Live: The Evidence Under Hypnosis*），都詳細記載了她的研究，非常嚴謹，具有學術價值。她在十年內，用催眠的方式幫忙

一千零八十八人回溯，仔細記載這些人「記得的」前世故事。她進行的方式通常是一天的小型「工作坊」，一場約有十幾人參加。在工作坊結束後，她會鼓勵所有參加的人都填寫問卷，回答一些制式化的問題。例如，在前世，你吃哪些食物，用哪些餐具？你是什麼性別？你穿什麼樣的衣服？

根據瓦姆巴赫的紀錄，只有不到百分之一的回答不符合史實。沒有人提到他們開著一九五八年的雪佛蘭汽車參加十字軍東征，也沒有人提到自己在十七世紀的「五月花號」上弄丟了iPod。

很棒的是，在瓦姆巴赫紀錄的人裡，沒有任何人回溯想起自己前世是個名人。沒有自稱前世是埃及豔后克麗奧佩脫拉七世（Cleopatras）或是耶穌的十二門徒之一。沒有人曾經拯救世界。只有百分之十的人憶起自己前世是上層階級，約有百分之二十至三十五的人是中產階級，約有百分之六十至七十七的人生活在貧窮邊緣，或是真的很貧困。這些社會學家用的名詞界線當然有些模糊，也會隨著時代改變，但若是就主觀印象而言，這種比例的確很符合現實。

瓦姆巴赫記錄的細節很具體明確，非常神奇。舉個例子，有五個人憶起自己前世是三、四千年前中亞地區的遊牧民族，住在帳篷裡。奇怪的是，他們記得當時是金髮淺膚色，然後他們都推翻自己的「記憶」，認為這是錯的。他們都「知道」中亞從來沒有金髮人。不過根據史實，高加索人當時的確曾經移民至中亞地區。

由此可見，這些前世記憶是獨立存在的，跟當事人這一世的信仰和假設並無關聯。

瓦姆巴赫的個案常會提到前世穿的服飾風格的細節。這些經過一再查證後，證明都是正確的。有鑒於服飾風格不斷在變化，這實在很令人驚訝。現在來個快問外答：西元前一千年的埃及上流階層穿什麼衣服？答案是全身或半

身的白色棉製長袍，瓦姆巴赫的一位個案就知道答案。

如何知道的？

這些故事徹底地影響了我，讓我深受感動。

在瓦姆巴赫一千零八十八位個案中，有百分之六十二的人是在老年病逝。百分之十八的人死於戰爭或暴力，另有百分之二十的人死於意外。

這也是很合理的比例吧？

但是瓦姆巴赫最具說服力的發現，也許是她經過十年對逾一千位個案的研究後，整理發現在記得前世的人當中，有百分之五十·六是男性，百分之四十九·四是女性，換言之，就是男女各半。這跟我們的預期一樣，比例很合乎現實。

你可以認為瓦姆巴赫收錄的這些故事，就跟伊恩·史蒂文森和他的繼任者研究的結果一樣，都只是「軼聞傳說」。也許你也會有朋友發誓，在昨天黃昏時，看到前方約莫四百公尺處，有一隻大腳怪正在過馬路，而他只喝了一兩罐啤酒而已。你會怎麼想？你相信你的朋友，但是你會用理智和經驗看待這件事，根據那些通常只有一半可信度的權威們的說法，大腳怪可能根本就不存在。所以你可能會雙手一攤不置可否。誰知道呢？也許那只是一隻狗，或是一個人打扮成大金剛的模樣。

不過，如果你有一千個朋友，都各自宣稱看到了大腳怪呢？你又會怎麼想？

你要是完整看過史蒂文森和瓦姆巴赫的書，就會有這樣的影響力。我在這裡只是介紹他們而已。你如果相信輪迴轉世的說法，也許可以帶著一點鼓

勵和支持，花點時間讀他們的書。你會對書中累積的證據印象深刻。

✳ 彼得·瑞姆斯特（Peter Ramster）

澳洲雪梨心理學家彼得·瑞姆斯特曾經引導個案，做了一些非常有趣的催眠回溯。就像我在這本書裡提到的其他研究人員，我只是想你略窺其妙。如果有興趣更進一步瞭解，可以讀他的書《尋找前世》（*In Search of Lives Past*），或是看他的錄影帶《在另一世》（*In Another Life*），肯定會大開眼界。

瑞姆斯特的一位個案是一位名為葛雯·麥唐納（Gwen MacDonald）的女士，她之前從未離開過澳洲。

她就像瑞姆斯特一樣，一開始對輪迴轉世的說法心存質疑，但是她認同催眠回溯。而當她在接受催眠回溯時，憶起自己有一世是在十八世紀的英國薩默塞特市（Somerset）生活。她後來去了薩默塞特市，在當地開車游刃有餘，可以在大街小巷穿梭自如，甚至可以指出她那一世住過的村莊的方向。她還可以描述一些石階，而當地人證實，那些石階是在四十年前才被移除。她還知道一些村莊在兩世紀前的名稱，現在已經改名了。她還帶領瑞姆斯特的團隊去看一間房子，這間房子很早以前就改建成雞舍。當他們清理雞舍的地面時，發現一塊石頭，而葛雯在還沒來英國前，曾在澳洲雪梨畫出這塊石頭的模樣。

瑞姆斯特的研究充滿了類似的故事。而他的可信度就像史蒂文森和瓦姆巴赫一樣，因為驚人的故事數量大為提升。在這些無數又神祕的事實圍攻之下，像是「葛雯是個靈媒，只是她自己不知道而已」或是「這根本是騙人的」這類的解釋越來越站不住腳。而這些事實也讓我們有了立足點，讓我們可以直接明瞭地認定，輪迴轉世就是一個事實。

✳ 亞瑟‧圭爾漢姆（Arthur Guirdham）

英國精神科醫師圭爾漢姆曾經介紹一位個案「史密斯女士」（Mrs. Smith），她因為一個惡夢深受其苦，在夢中，她是個法國南部的農村女孩，因為天主教對卡特里派（Catharism）[1] 教徒的迫害，被綁在柱子上活活燒死。驚人的是，她在這一世，還在就讀小學時，就能用隆格多克語（Languedoc）寫出詞句，這是卡特里派教徒說的語言，幾乎已經失傳。她在一九四四年還憑著記憶，寫下一些據傳是那一世的歌曲。但直到二十三年後，才在圖書館找到這些歌曲的副本收藏！她還能清楚描述那個時代的建築物，也知道當時的珠寶。

很有趣的是，圭爾漢姆自己從年輕開始，就開做類似卡特里教派的惡夢。史密斯女士宣稱，自己跟圭爾漢姆是那一世的舊識，當時圭爾漢姆是一位神父，名字是羅傑‧德‧格里索萊斯（Roger de Grisolles）。基於史密斯的其他夢境和回溯的正確度，圭爾漢姆開始做一些學術研究，看能不能找到任何相關的歷史證據。結果他發現，的確有一位羅傑‧德‧格里索萊斯神父，一二四二年在法國西南部圖盧茲市被謀殺。他和史密斯女士的前世業力顯然已經時機成熟。到了這一世，他變成了精神科醫師，兩人再次相遇。

我還想再介紹一本書，如果你有興趣的話，可以閱讀亞瑟‧圭爾漢姆的《卡特里教徒和輪迴轉世》（*The Cathers and Reincarnation*）。

✳ ‧布萊恩‧L‧魏斯（Brian L. Weiss）

美國精神科醫師布萊恩‧L‧魏斯的《前世今生》（*Many Lives, Many Masters*）是一本暢銷書。在此之前，他在比較傳統的科學領域，早已成就斐

---

1. 卡特里派，又稱為純潔派，是一個中世紀的基督教派別，受到摩尼教思想的影響，興盛於12世紀與13世紀的西歐，主要分布在法國南部。由於該教派於1145年傳入法國南部的阿爾比城，因此又稱阿爾比派。

然——他是哥倫比亞大學、耶魯大學醫學院和邁阿密大學優秀學生協會的成員。他在邁阿密大學擔任精神醫學副教授，也是心理藥理學系系主任，並在佛羅里達州一家大型醫院擔任精神科主治醫師。

魏斯在寫有關前世今生的書時，當然是冒了極大的職業風險。關於這件事，他輕鬆地引用他祖父的話說：「這到底是什麼鬼啊？」

魏斯為什麼會有這麼危險的信念大轉彎？觸因是在一九八〇年時，有一位二十七歲的女子「凱瑟琳」來找他。她有焦慮恐慌的問題，在長達十八個月的傳統心理治療的過程中，症狀越來越嚴重。她不想要吃藥，堅持只接受談話治療。

一九八二年，凱瑟琳參觀芝加哥一間博物館介紹古埃及文物的導覽活動。她竟然能糾正導覽人員一些細節，連她自己都很驚訝，而且事後證明她的糾正都是對的。這件事勾起了魏斯的好奇心，決定幫凱瑟琳催眠。他當時的觀點仍以傳統心理學為出發點，假設凱瑟琳的焦慮是來自於童年時期。魏斯引導凱瑟琳進入催眠狀態，後來發現她在小時候曾被性虐待。這都在意料之中。

但是之後，凱瑟琳的症狀還是很糟。接下來的療程依舊充滿挫折，令人困惑。魏斯決定破釜沉舟，要凱瑟琳「直接回到你出現這些症狀的時候」。

凱瑟琳說：「我看到白色階梯通往一間房子」，「這是一棟白色的大房子，有樑柱，門前寬敞……我穿著一件長洋裝，是材質很粗糙的麻袋做成的……我有一頭很長的金髮，編成辮子。」

魏斯問她，她當時叫什麼名字，當時是西元幾年，「我叫阿倫達（Aronda），當時十八歲……有一些桶子……你肩上扛著這些桶子……當時

是西元前一八六三年。」

剩下的故事，我就留給魏斯自己說吧。魏斯在《前世今生》這本書裡詳細述說這個故事，而之後很多年，他又寫了更多相關的內容。這本書對我而言最迷人的地方在於當凱瑟琳說出自己的業力故事時出現的療癒力量（根據書中敘述，她有過八十六個前世）。

凱瑟琳結束與魏斯的諮商後，之後四年都再也沒有出現焦慮、恐慌和憂鬱，這些一開始讓她去找魏斯諮商的症狀。魏斯寫道：「在凱瑟琳之後，我曾在十幾位病患身上做仔細的前世回溯。沒有任何病人出現精神病症狀，沒有人產生幻覺，也沒有人出現多重人格。他們的症狀都很戲劇性地改善了。」

《前世今生》只是在講一個故事。就證據的觀點而言，這本書不如我之前提到其他研究的成果有說服力。你當然可以說這是凱瑟琳的幻想。但在精神層面，魏斯的工作比較貼近演化占星學的實際方法，我們接下來將會詳細討論。而我的目標就像魏斯一樣，就是療癒。

✳ 艾德格·凱西（Edgar Cayce）

一九二三年，當艾德格·凱西在一次通靈催眠後醒來，得知他在通靈時診斷某個人這一世的生理疾病，其實是因為某一個前世的經驗導致，沒有人比他更驚訝了。凱西是一八七七年誕生，一九四五年辭世，他是虔誠的南方基督教徒，每年都會把聖經從頭到尾讀過一遍。他有長達二十年，透過通靈催眠診斷人們的疾病，或提供相關線索。他留下一萬四千份的解讀，其中只有兩千五百份明確與前世有關。

我記得我在十二歲時，在爸媽的書架上找到湯瑪斯·蘇格瑞（Thomas Sugrue）為凱西寫的傳記《有一條河》（*There Is A River*）。

即使在那個荷爾蒙衝腦的青少年時代，我還是覺得這本書比封面是裸體非洲人的《國家地理雜誌》更有吸引力，更加珍貴。閱讀凱西的自傳，改變了我的一生，而這也成為我成年信仰和理解的部分基礎。我很幸運在這一生獲得無數的肯定和榮耀，但最棒的是曾經兩度受邀前往位於維吉尼亞州維吉尼亞海灘市的「研究暨開悟學會」（The Association for Research and Enlightenment）演講，這是凱西一手創辦的學會，那裡珍藏他一生的作品。不過艾德格·凱西跟瓦姆巴赫、史蒂文森不一樣，他並沒有想把這件事當成科學來看。他單純只有一個目的，就是為人服務。不過他的解讀就像瓦姆巴赫和史蒂文森的研究一樣，留下了詳細的紀錄，而就整體看來是最驚人的。完整的檔案都放在維吉尼亞州研究暨開悟學會的圖書室裡供人瀏覽，而其中很多內容，都可以在多年來與他有關的書裡面看到。

這裡有一個例子，節錄自諾爾·藍瑞（Noel Langley）寫的《艾德格·凱西論輪迴轉世》（*Edgar Cayce on Reincarnation*）。有一位名為凱文·摩特邁爾（Calvin Mortimer）的心理學家找凱西解讀，時間是介於兩次世界大戰之間。那次解讀的紀錄提到，「在這一世之前，個體（Entity）也曾在這片土地上，當時是美國獨立戰爭剛剛結束……他是在美國執行『情報服務』的英國士兵。他不是間諜，而是替侯爾（Howe）及柯林頓（Clinton）將軍勘測並執行計畫。不過在戰爭結束後，他仍留在美國，他沒陣亡，而是協助祖國（英國）和祖國收納的土地（美國）合作。他在那一世的名字是華倫（Warren），他成功地替兩國建立關係，從中收穫甚豐。所以到了這一世，我們會發現個體對於外交關係、不同國家的意見和計畫交流很感興趣。」

當第二次世界大戰爆發時，摩特邁爾已經年邁，無法上戰場，所以他加入了海岸護衛隊（Coast Guard），不過馬上被轉調至國內情報局（Domestic Intelligence Service），與中央情報局（CIA）前身策略局（Office of Strategic Services）密切合作。在戰爭結束之前，他已經成為一所間諜學校

的負責人，「訓練人進入敵人的後方，地點是在長島，而這裡也就是他在獨立戰爭時期替侯爾及柯林頓勘測並執行計畫的地點。」

要知道，凱西是在第二次世界大戰爆發前進行這次解讀。

我們可以在凱西的解讀中一再看到這種預知，可以根據前世模式的重複，預知一個人未來的遭遇。我們在凱文·摩特邁爾的例子中，看到地理位置和職業的關聯性，但也可以看到關係、生理疾病及才華。凱西的解讀裡充滿了道德哲學意味。另一種比較好的說法，就是有一種自然法則的意味，有原因、影響及後果，換言之，也就是業力。

舉個例子，凱西曾經幫一名女子解讀，她有酗酒和性強迫症的問題。他將這個問題連結到某一個前世，那是法國史上非常開放的時期，但她卻違背天性，充滿批判，像清教徒一樣嚴厲，譴責別人「污染」，最後住進了一間女子修道院。凱西在通靈時告訴她：「你譴責那些人做的事就是公然違法。但是難道肉體比較脆弱的人，犯的錯就比較嚴重嗎？一個人應該知道，譴責他人就已經是在譴責自己。哪一種罪比較嚴重？」

凱西在通靈時不只是靈媒，他就像一位充滿能量的靈性導師，我從他身上受益甚多。

✳ 羅傑·J·伍爾格（Roger J. Woolger）及派翠西亞·沃爾許（Patricia Walsh）

若從療癒和釋放的角度來看，如果有一些現實事件，讓人確實想起自己的前世，這是非常有利的。或是我們可以找靈媒或演化占星師，坐下來，聽他們講述我們的前世故事。不過這些故事，我們可能不太確定，也不知道為什麼會有這些故事。不過當記憶直接從你自己的無意識直接冒出來時，對你當下的

經驗而言，一定有某種無法否認、直接的關聯性。

這可能是透過冥想或做夢，但是催眠回溯，或是其他形式的催眠，是最正統的方法，可以幫你進入這種直接體驗。我們已經看過這種做法，最有名的是海倫·瓦倫巴赫，但還有一位這個領域的大師，就是羅傑·伍爾格。

伍爾格從牛津大學畢業後，在蘇黎世的榮格學院受訓。他的《另一世，另一世的我》（*Other Lives, Other Selves*，暫譯）被公認爲是前世回溯領域最具開創性的一本著作。他的研究跟我們一般認爲的催眠截然不同。他的助理派翠西亞·沃爾許，我們接下來會介紹更多她的事蹟，在一次私人對話中如此形容：

沒錯，當你閉上眼睛，處於另一個狀態時，的確能回溯，但是催眠回溯，以及我們運用的榮格提出的「積極想像」原則，有一個明顯的技巧差異。催眠試圖讓人「放鬆」，進入一種恍神狀態，但我們的做法是利用任何的效果，這可能是生理的、情緒的或心智的徵兆，然後引導這個人更深入探索，讓這個人自然進入另一個狀態。在徵兆裡已經可以看到故事，或是前世的性格，無須更深入探究。這其實比較像薩滿的方法，薩滿通常會強化一個人的徵兆，讓這個人更深入其中。心理學家布雷佛德·基尼（Bradford Keeney）博士曾跟世界各地的薩滿進行過大量的研究，也被他們公認爲是長老，他曾說，「布希曼人（Bushmen）和原住民療癒者幫助人們的方法，跟我們的文化剛好相反。我們會讓人們靜下來，幫助他們冥想，然後對他們催眠。我們會教導人們冥想和放鬆的技巧，試圖減少他們的衝突矛盾。不過薩滿提倡用另一種完全不同的方法：他們會引導那些有問題和、不安的人，更進一步催化提升自己的能量」。基尼指的是，這就像跟順勢療法的方式一樣，以同治同，療癒的力量就在痛苦的徵兆裡，而一個人必須潛入痛苦的海底，才能找到療癒的珍珠。當一個人加劇某個問題時，就會開啟更深層的複雜，然後就會出現更深刻的療癒和解方。在催眠狀態中，雖然不總是如此，但一個人通常是在「觀察」前世，

特別是當有創傷的事件發生時，這個人常會被鼓勵要「從旁觀察」。我們的做法則是，當我們從根本進行創傷治療時，希望當事人能完整變成那個角色，這樣的目的是讓分裂和隔離的意識能被恢復完整。

伍爾格在成名之前，曾去北卡羅萊納州主持一場週末的工作坊，我滿懷期待地參加。

當時，我的第一本書《內在的天空》剛剛出版。我和伍爾格一位共同的朋友介紹我們認識。我們一起共度午餐。他不斷追根究底，想知道我如何能出版一本有關神祕學的書，而我也不斷刺探他對於輪迴轉世的看法。就在那一刻，我們的命運是連結在一起的。他跟我一樣，都曾找過矮腳雞圖書出版社（Bantam Books）。而我自小時候讀了凱西的書後，就對輪迴轉世的概念十分著迷。伍爾格在那個週末的演說，真的帶給我很大的啓發，讓我看到回溯前世的療癒力量，也鼓勵我在占星的領域探索這個話題。

伍爾格的研究，就像魏斯醫師一樣，被稱爲「深層記憶過程」（Deep Memory Process）。令人遺憾的是，這相較之下，很難說服懷疑的人。這種方法適合能敞開心胸的人，願意深入自己的靈魂，直接體驗自己的前世。

這完全不是要「證明」輪迴轉世，除非是主觀的看法，其實伍爾格自己甚至避開這些說法。他在《另一世，另一世的我》裡面提到，「……前世治療，就原則而言，並不是要證明任何事。證明或反駁輪迴轉世這件事，嚴格說來屬於心理玄學和研究的領域……不過任何相關的詮釋，仍能輔助治療師當下的工作，這能幫助他或她的個案瞭解一些自己無法控制的、有問題的症狀和行爲模式，並且獲得解脫。」

伍爾格跟我有同樣的目標，這也難怪我們早在很多年前就有交集。接下來的發展應該也不意外：幾年前，我在一場在康乃狄克州哈特佛（Hartford）

舉行的工作坊中，遇到一位開朗又熱情的女子，說她一直在和伍爾格共事。她是派翠西亞·沃爾許。她已經跟我的朋友和出版夥伴傑夫·格林學過演化占星學的原則，還能很有說服力地連結傑夫關於前世的研究，以及伍爾格率領催眠工作時幫助人們勾起的個人記憶。換句話說，派翠西亞·沃爾許證明催眠工作和演化占星學可以得到同樣的結果。她的研究非常嚴謹且正確。當她對比個案時，不可思議地發現兩個系統的相似性。

派翠西亞·沃爾許很快就出了一本書。你如果有興趣的話，我建議你去Google上搜尋她的名字。現在我先介紹她的一篇文章「前世治療的占星評述」（*Astrology Observation from Past Life Theory*），刊登在二〇〇六年獅子座號《ISAR國際占星師》期刊（*International Astrologer, the Journal of the International Society for Astrological Research*），第三十五冊，第三篇。

我覺得伍爾格和沃爾許的研究特別令人振奮。這有兩個原因，其中一個比較重要的原因是，這證明了催眠回溯和演化占星學在療癒工作上可以共同合作，極有潛力。回溯工作是一個人實際直接體驗一個前世的創傷，這能帶來龐大的淨化效果，可以讓比較抽象的占星分析變得更生動，面向更廣。

反過來看，占星的分析可以引導一個人把注意力放在最緊要的、最相關的前世未解決的課題上。換言之，如果你在某一世是一艘奴隸船的船長（或是船上的乘客），你當然會比較想憶起自己曾經是法國烘培師的前世！占星學可以有策略地，引導一個人去留意最有治療效果的方向，而「深層記憶過程」則更能勾起非常明確的記憶，還能爲這個經驗帶來釋放和信心，最後達到療癒的效果。

我對「深層記憶過程」和演化占星學的結合如此興奮還有另一個原因，因爲兩者結合之後的結果有不可思議的可信度，非常有說服力。

如果喬伊跟你說，他昨天黃昏時在倉庫那裡看到一個幽浮，你可能會感興趣，但有些不確定。不過一個小時以後，從來沒有見過喬伊的卡蘿跟你說了同樣的事，你就比較可能會相信。當你在占星符號裡看到了業力的故事，之後又聽到另一個完全不懂占星的人說出同樣故事時，即使是最多疑的人也會暫時閉上嘴。

伍爾格在一次私下聊天時提到：「在我理解源於前世的固有的心理趨力時，沒有任何事物，能像演化占星學的應用一樣，帶給我如此豐富的啟發。」

接下來你會看到很多人偶然得知自己前世的種種。這些人可能像凱文‧摩特邁爾，直接找一位像是凱西的靈媒解讀，坐下來聽自己的前世故事。也可能像魏斯醫師的病人、參加「深層記憶過程」治療的人，或是瓦姆巴赫的個案一樣，利用催眠回溯或一些引人出神的方式，在一位引導者的幫忙下，發掘自己的前世故事。也有人像亞瑟‧圭爾漢姆醫師的個案史密斯女士一樣，夢到前世，或是直接想起。當然還有很多人，特別是年幼的小孩，就像伊恩，史蒂文森醫師的研究證明，他們就是「知道」前世。

演化占星學也開始佔有一席之地。就像其他方法一樣，它有利有弊。就正面而言，它的技巧非常客觀，可以重複運用。它不會如此主觀地影響一個人的期望和恐懼，也不會因記憶破碎造成混亂，進而失去正確性。舉個例子，我們在三歲看的電影，可能真的會被我們誤以為是前世的影像。

就負面而言，演化占星學只能提供象徵和比喻。它無法告訴你，你在獨立戰爭時期，曾在長島替侯爾及柯林頓將軍工作。它也無法給你線索，引導你去英國薩默塞特市清理一間雞舍的地板，找尋某一顆蝕刻的石頭。

不過如果我們的主要目的和魏斯和伍爾格一樣，都是為了療癒和釋放，那麼關於前世的明確事實，跟封鎖在前世的情緒相比，就沒這麼重要了。**我們**

可以透過象徵的方式碰觸到情緒,效果就跟透過明確的事實一樣。

　　而最重要的是,沒有任何一個象徵隱喻系統能像演化占星學如此強大,能如此赤裸地直指核心。

薩拉哈的祖古 (The Tulku of Saraha)

　　在中國併吞西藏以前,茨秋林 (Tsé-Chöling) 寺的住持過世了。按照藏傳佛教的傳統,不需要選出繼任者,而是要等待去世的住持輪迴轉世。

　　在那時,附近有一名男嬰誕生,馬上開始談論一間「山上的寺廟」,稱自己曾在那裡當僧侶。

　　茨秋林寺一名帶領吟誦的僧侶剛好聽到這個男孩的事,馬上安排一次私下探訪。那個男孩當時大約三、四歲,剛好是史蒂文森的個案最常開始講述前世的年紀。這個僧侶按照藏傳佛教的傳統,帶了一整袋的物品,有些屬於辭世的住持,有些則不是。他把這些物品攤在男孩的面前,要他隨意拿一些自己的東西。男孩馬上拿起一只壞掉的碰鈴,而不是另一隻完整無瑕的碰鈴。

　　這位僧侶問男孩:「有比較好的,你為什麼想要這個舊的?你為什麼不選一個比較好又比較新的呢?」男孩回答:「不要,我比較喜歡自己的舊碰鈴」。

　　「你怎麼知道這是你的碰鈴?」

　　「因為有一天掉在地上,邊緣就缺了一塊」,男孩還指出,碰鈴的內緣少了一塊金屬。

　　這段故事節錄自戈文達喇嘛（Lama Anagarika Govinda）的《白雲行》（*The Way of the White Clouds*）。戈文達還提到，「那個男孩馬上認出所有屬於已逝住持的物品，非常肯定地排除了其他物品，儘管外表看起來都一樣。」茨秋林寺因此找到了正確的住持人選。

✳ 藏傳佛教

　　一九九七年是很美好的一年，讓西方社會注意到西藏社會的現實狀況和宗教。當年有兩部電影《火線大逃亡》（*Seven Years in Tibet*）和《達賴的一生》（*Kundun*）。兩部電影都特別探討了第十四世達賴喇嘛的人生和年代。達賴喇嘛就像薩拉哈的祖古一樣，在還是個孩子的時候，就已經透過認出他在前世擁有的幾項物品，證明自己是前任者的化身。（祖古指的是知名靈性領袖輪迴轉世後的化身）。

　　在一些相信輪迴轉世的文化裡，像是西藏，這些事很常見。如果要證明一位住持輪迴轉世後的化身，認出過去的物品並不是唯一的確認方式。接下來要介紹其他方法。

✳ 大寶法王（Karmapa）

　　在西藏靈性世界裡，層級最高的輪迴轉世化身被稱為「大寶法王」。第十六世大寶法王在歷經長期抗癌後，一九八一年十一月在美國圓寂。在他死前，他的忠心弟子阿貢仁波切（Akong Rinpoche）曾向他要求，希望他日後圓極火化後，能保留他的一顆牙齒，他也答應。不過當十六世大寶法王遠在美國去世時，情況混亂，阿貢仁波切一直沒有拿到那顆牙齒。他因為太過悲傷，沒有去參加火化儀式，錯失拿到牙齒的機會。

　　幾年後，阿貢仁波切參加一場喇嘛的集會，準備要尋找第十六世大寶法

王輪迴轉世的化身。這個故事非常複雜，穿梭在西藏和中國難以理解的政治交手過程中。如果你有興趣，建議你可以閱讀米克·布朗（Mick Brown）的《大寶法王，千年一願》。若是簡單講述這個故事，就是十六世大寶法王依循西藏的傳統，在死前寫了一封信，詳細交代他來生出世的地點，他還留下了來世誕生的村莊和父母名字等細節。這封信過了一陣子才被公開，過程中製造了許多困惑和混亂。

最後，阿貢仁波切和一眾僧侶按照信中的指示，在一條路的盡頭遇到一位名為阿波加加（Apo Gaga）的男孩，他是在一九八五年六月二十六日誕生。

阿貢仁波切寫道：「當我第一眼看到大寶法王（男孩）時，我就問他，你死前答應給我一樣東西，這東西現在在哪裡？」

阿貢仁波切說，那個男孩「有一張小毯子，在毯子下放了一顆他的乳牙。他把乳牙給我，回答了這個問題」。

這個男孩就是第十七世大寶法王。

我之前已經提過，大量的案例、嚴格的研究方法，加上像是史蒂文森和瓦姆巴赫這些研究人員的統計分析，都為輪迴轉世提供具有說服力的合理證據，這是無以倫比的。若是以認識治療和療癒的應用為出發點，我會看伍爾格、沃爾許、魏斯，以及他們的同事及當代同輩的研究。但是若想對輪迴轉世有任何真正的認識，或是至少對我而言，若想要知道人類長期演化背後更宏觀的邏輯，我只能由衷感謝藏傳佛教上師們的後輩，如此仁慈又慷慨地與所有想要聆聽的人分享他們的理解。

個人經驗

　　史蒂文森醫師發現在普羅大眾能接受輪迴轉世觀念的社會裡，比較容易找到記得前世的孩童，像是印度，勝過於輪迴轉世觀念不普及的地方，像是美國或西歐國家。我們憑直覺就能理解，為什麼會有這種情形。

　　一個誕生在美國西維吉尼亞州的男孩，如果開始說自己曾是喜馬拉雅山區一間僧院裡的一名僧侶，這些「愚蠢的無稽之談」不會獲得太多正面的肯定，鼓勵他繼續講下去。不過我之前提到，有百分之二十至三十五的美國人的確「相信」輪迴轉世，儘管一般都會認為這是外來的異國觀念。我不確定在歐洲、拉丁美洲或其他西方國家的情況，也許並沒有太多不同。

　　這些人到底從哪得來這些信仰？我再大膽問一句，你從哪裡獲得自己的輪迴轉世的信仰（雖然有點猶疑）？因為你正在讀這本書，所以我認為你是相信的，對吧？

　　我不想在此討論遠方國度的客觀和科學……如果你找幾個思想開放的朋友坐下來，放鬆地聊一聊對於自己前世的印象，你很快就會發現自己挖到寶，裡面有許多有趣的故事。大部分的故事都是對前世的「直覺印象」，通常都是感覺與特定的地方或歷史年代特別親近，像是「我總覺得我曾經是法國一間修道院的修女……」、「我一直知道我和昆西曾是聖殿騎士團（Knights Templar）的成員……」。

　　通常會有一些「小奇蹟」強化這些印象，像是一些已知的或是感受到一些驚奇的「巧合」。我個人的例子是，我年輕時曾跟女友在歐洲當背包客旅行了好幾個月。在十一月的某一天，當時天色灰暗，我們在義大利龐貝城廢墟遇到一個警衛。他看了我那漂亮的金髮女友，跟我使了個男人之間的眼色，叫我

別錯過妓院廢墟精緻的壁畫。他說，可惜的是，由於壁畫太過露骨，女人不能進入參觀。但是他告訴我，千萬別擔心，我去參觀時，他會保護我的女友。即使我當時很年輕，但我也知道他在騙人，但怪的是，當他才要開始告訴我要怎麼去妓院的廢墟時，我馬上幫他把話說完。

「我知道古老龐貝城的妓院在哪裡。」

多年以後，我有一次翻開一本介紹世界各地彩色馬賽克插畫的書，當我看到其中一頁，忽然冒出一種微妙的好色本性，馬上知道那是來自那一間龐貝城妓院。我按照插畫的編號看目錄，果然沒錯。

從生命的演化本質來看，我很喜歡自己的龐貝城故事。若說我是否「記得」我曾是耶穌基督的冥想老師？我自己都很懷疑！但要說我知道，我數千年前曾在一間妓院裡享樂，這聽起來就眞實多了（我這輩子並未做過這類的事，這也不吸引我——可能是我在那一世就把這種想法淘汰了！）不過重點是，我當時的演化程度比較低。

不過說不上爲什麼，我骨子裡很清楚，我曾在龐貝城生活過，那一世基本上很幸福快樂。我也很確定，我在那個城市最著名的「不愉快的事」（毀滅）發生之前，就已經脫離肉身了。

我沉浸在自己的故事裡，並不是要特別證明任何事，或是發表個人立場。我想說的是，我非常確定在世界各地，有數十億個像我一樣的故事。只不過，我們和這些故事之間存在一種集體模式，就是對於輪迴轉世的「正式」否定，而這種模式正在瓦解。

歷史

在西方世界,大部分的人都會被制約認爲輪迴轉世是一種「東方的」信仰。當然,當我們認眞討論佛教或印度教時,不可能不提到前世和來生。我們已經看到藏傳佛教文化中,輪迴轉世帶有實際的關聯性。在印度教的根源裡,黑天神(Krishna)在《薄伽梵歌》(*Bhagavad-Gita*)說過:「當一個人拋開老舊的外衣,穿上新的外衣時,即使是肉身裡的住客,也會擺脫老舊的道德框架,進入新的道德框架……」。

凱爾特人(Celtic)其實也相信輪迴轉世,這比較不爲人所知。當我在上課時,當我受邀去一些研討會演講時,當我看著在場人士時,可以毫不爲過地說,我們是在談論數量驚人的、一大群現代西方占星師遙遠的祖父及祖母們!

有一個普遍的歷史錯誤認爲凱爾特人基本上就是英國人和愛爾蘭人。凱爾特人最後的確是在那裡對抗羅馬人,不過他們曾經分佈在歐洲各地。所以我們之中有很多人的祖先,都曾在西方世界爲現代占星學點過一盞燈。關於這個民族,羅馬共和國獨裁者尤利烏斯·凱撒(Julius Caesar)寫道,「他們希望反覆灌輸這個觀念,將它變成他們的主要信仰之一,意即靈魂不會滅絕,會在死後從這個身體傳到另一個身體。」

歷史當然是由贏家撰寫的。當許多凱爾特人的王國被羅馬征服之前,他們的德魯伊被處死,這對人類整體而言就像一場精神寶藏的浩劫,損失是無法估量的。更不幸的是,凱爾特人沒有留下文字紀錄。凱爾特人的文化是口述的,根據記憶代代相傳。這對像我一樣有北歐血統的人而言,損失特別嚴重,我們的靈魂被剝奪了大部分的靈性根源,其餘的就深藏在「外來的」中東和地中海哲學底下,也就是所謂的猶太基督教傳統,換言之,就是希臘羅馬哲學和邏輯披上神學外衣的樣貌。

耶穌如何詮釋輪迴轉世？

就字義上來看，輪迴轉世不是猶太教或基督教的信仰。不過在《聖經》經文裡，隨處可看相關描述。你可以試著讀一下新約《聖經》馬太福音第十七章第十至第十三節：

門徒問耶穌說：「文士爲什麼說以利亞比須先來？」耶穌回答說：「以利亞固然先來，並要復興萬事；只是我告訴你們，以利亞已經來了，人卻不認識他，竟任意待他。人子也將要這樣受他們的害。」門徒這才明白，耶穌所說的是指著施洗的約翰。

以利亞是西元前九世紀的先知，比耶穌說這些話時早了八百年。

我們在舊約《聖經》馬拉基書第四章第五至第六節，也可以看到「看哪，耶和華大而可畏之日未到以前，我必須差遣先知以利亞到你們那裡去。他必使父親的心轉向兒女，兒女的心轉向父親，免得我來咒詛遍地。」

我們很難確定馬拉基書的年代，但按照其中的線索，應該是介於西元前五百一十五年和西元前四百四十五年之間，至少是以利亞已經活前世的數百年後。這裡的先知顯然是以利亞輪迴轉世的「化身」。而在很久之後，耶穌也承認以利亞在施洗的約翰裡的「祖古」！

英國名詩人、歷史學家羅伯特‧格雷夫斯（Robert Graves）對此毫無保留地說：「沒有任何一位誠實的神學家可以否認這件事，耶穌基督在邏輯上讓每一位基督徒和輪迴轉世的信仰產生連結，至少以利亞的例子就是如此。」

這到底是怎麼一回事？輪迴轉世在西方世界裡發生了什麼事？「《聖經》裡」顯然就有輪迴轉世，但是狂熱宣讀《聖經》的基本教義派卻深信，聖經裡

的一切都是上帝逐字所言，傾向於把輪迴轉世視爲褻瀆。爲什麼會這樣？他們如果要譴責這個概念，就必須忽視一些比較直接明瞭的經文，就像我們剛剛看到的經文內容。

按照魏斯醫師的說法，「在西元三百二十五年，羅馬帝國康士坦丁大帝（Constantine the Great）和他的母親海倫，刪除新約《聖經》裡提到輪迴轉世的部分。在西元五百五十三年，基督教第五次大公會議『第二次君士坦丁堡公會議』（Second Council of Constantinople）贊同該次修改，宣布輪迴轉世的概念是異端。」

魏斯醫師的說法只是其中一個觀點，但是綜合各方的學術意見，結論仍是混沌不明。

伍爾格曾說，「儘管有大量的學術佐證，但針對早期基督教是否接受輪迴轉世的教義，現代的基督教神學家似乎仍無法達成共識。」

英國基督教神學家萊斯禮·維爾瑟黑德（Leslie Weatherhead）認爲，「早期教會剛出現的前五百年，可以接受輪迴轉世的說法。」他還引用學者約瑟夫·海德（Joseph Head）和S·L·克倫斯頓（S. L. Cranston）的說法替自己佐證。不過哲學家約翰·希克（John Hick）則認爲這種說法全是錯的，也是誤導，「教會內的靈知派傳授輪迴轉世的說法，但靈知派很早就自成一格，劃清界線，也被教會視爲危險的敵人。」

這有可能太過離題，我的確知道早期基督教對於輪迴轉世的看法有些分歧，主要糾結在兩個想法：前世和靈魂的先存。後者指的是所有的靈魂都是上帝一開始創造的，這跟上帝是在母親受孕或人誕生的那一刻才「按照需求」創造靈魂的說法是對立的。在一千五百年前，人們曾針對這個話題進行激烈辯論。你可能擁有先存的靈魂，然後等到輪到自己的機會時，再化爲肉身，或是

先存的靈魂會不斷地輪迴轉世。無論是哪一種，這些靈魂都有「過去」。但是你不可能擁有全新的、完美的靈魂，但又有之前轉世的歷史。

在早期基督教歷史裡，「先存」這個議題極具爭議。這看起來經過數千年後，當當年的說法和經文都已成古文，再經翻譯，任何令人尊敬的學者都會把輪迴轉世錯認為「先存」，或是從中看到輪迴轉世的概念。

所以這就很混亂了。

無論如何，很顯然地，當我們在閱讀聖經某些段落時，就像我之前引述的馬太福音，不可能不想到輪迴轉世，不這麼想是不合理的。在早期基督教思想的歷史裡，與基督教互動密切的靈知派，最明確相信輪迴轉世。若是單就討論而言，也有很好的證據顯示柏拉圖（Plato）和畢德哥拉斯（Pythagoras）採信輪迴轉世的說法。而我們也看到，在北方「野蠻的」凱爾特人的森林裡，輪迴轉世根本就是一種日常現實。

換言之，就算不是舉世皆然，但似乎到處都會冒出輪迴轉世的說法。

若是我們把前世的說法視為「東方的」概念，實在太偏限了。輪迴轉世這個概念其實曾經廣泛流傳，但是最後只有在東方，至今還是思想主流。

其他文化

我最近很榮幸在澳洲演說。我在當地的贊助者麗莎‧瓊斯（Lisa Jones）和雪莉兒‧庫柏（Cheryl Cooper）很好心地幫我安排一個驚喜。就在我要開始為期五天的發表之前，講臺旁出現一位原住民，他披著獅皮，身上畫著泥土紋路的儀式圖騰。準備跟大家說故事，吹奏他的迪吉里杜管（didgeridoo）。

　　他像是對我們所有人施了咒，但他還能維持清醒，之後還聽了我前面幾小時的演說。當時我講了很多占星學和前世之間被遺忘的關聯性。中場休息時，他走過來跟我說，他們的族人也相信輪迴轉世。這完全出乎我意料！也許就歷史的觀點來看，澳洲原住民最明顯的特色就是，他們在被歐洲人征服前、大約長達五千年，完全地與世隔絕。他們也接受生命的週期循環，這難道不有趣嗎？他們的心告訴自己一個佛教徒也看到的真理。

　　約瑟夫·海德（Joseph Head）和S·L·克倫斯頓（S. L. Cranston）《輪迴轉世：東西方選集》（*Reincarnation: An East-West Anthology*，暫譯）收錄很多關於前世的說法，其中提到有證據顯示，所謂的「原始的」人類接受輪迴轉世的說法。以下簡短列出相關內容：

　　北美：阿爾剛奎人（Algonquins）、達科塔人（Dakotas）、休倫人（Hurons）、易洛魁聯盟（Iroquois）、克拉西人（Kolshes）、莫哈維人（Mohaves）、霍皮人（Hopi）、奴特卡人（Nutkas）、波瓦坦人（Powhatans）、塔庫里斯人（Tacullis）、愛斯基摩人（Eskimos）和海達人（Haidas）。

　　中南美洲：加勒比人（Caribs）、奇里瓜諾人（Chiriguanos）、馬雅人（Mayas）、基許人（Quiches）、巴塔哥尼亞人（Patagonians）、祕魯人（Peruvians）、索托人（Soutals）、波帕揚人（Popayans）、伊加那人（Icannas）和艾比松人（Abysones）。

　　歐洲：芬恩人（Finns）、萊普人（Lapps）、丹尼斯人（Danes）、諾斯人（Norse）、冰島人（Icelandic peoples）、早期的薩克遜人、高盧凱爾特人（Celts of Gaul）、威爾斯人（Wales）、英格蘭人（England）、愛爾蘭人（Ireland）、早期的普魯斯人（Saxons）、早期的條頓人（Teutonics）和立陶

宛人。

　　非洲：肯亞蘇克人（Suks）、瓦尼卡人（Wanikas）、阿基基尤人（Akikiyus）、曼丁哥人（Mandingo）、伊多人（Edo）、伊博人（Ibo）、伊尤人（Ewes）、約魯巴人（Yorubas）、卡拉巴人（Calabar）、西恩那人（Siena）、圖伊人（Twi）、祖魯人（Zulus）、班圖人（Bantus）、巴羅塞人（Barotse）和馬拉維人（Maravi）。

　　你如果相信自己有前世，可能會覺得現代的北美或歐洲有點古怪。不過你還是要正面看待：即使如今在這些社會裡，就統計而言（嗯，這是個有趣的比喻），你隸屬的「少數族群」的規模，大約等同於所有的同性戀和基本教派的總和。

　　你是少數，但這是一個「很大的」少數。

　　而且從人類學的角度，綜觀這一千年，綜觀人類文化的譜系，你可能是屬於多數。

結論

　　基本上，我寫這一章的目的，是要讓人們覺得把輪迴轉世當成一個事實，是「安全的」想法。我會以輪迴轉世為基礎，進一步探討並掌握演化占星學的技巧。

　　我深信，就整體而言，占星師在自己所處的文化裡，並不比任何人睿智，我們都喝同樣的水，呼吸同樣充滿神話氛圍的空氣。

　　我深信，西方世界在過去一千五百年異常地否認輪迴轉世的概念，導致幾乎每一個文化的占星學，都失去了宇宙神祕主義的根源。我感覺，如今應該恢復這些根源了，該讓占星學再次充滿靈魂和神祕的氣息了。

第三章

技巧的本質

釋迦摩尼佛在菩提樹下，「想起許多許多前世。一世、二世、三世、四世、五世……五十世、一百世……十萬世」。

我們在上一章提過，布萊恩‧魏斯醫師的病人凱瑟琳宣稱在今生之前，曾活過八十六世。

不過，姑且不論一個人通常有多少個前世。如果每一張出生星盤都有所有前世的象徵符號，那整張盤就會擠滿符號，黑成一片了！這當然不是這樣的，一定有某種過濾機制，而非所有事情都會留下痕跡。

我認為，一張星盤不會呈現前世的全部樣貌，只會告訴我們「我們需要知道什麼事」，才能最有效地掌握這一世。**星盤只會描寫與現在世最有關的前世**，通常具有一些令人苦惱或暗中破壞的可能性。

如果是比較生動的描述，我認為占星學內含的前世過濾網有兩個階段。一張星盤中凸顯的任何事，都必須通過以下這兩個測試：

首先，這個問題一定是某一個前世沒有解決、留下的問題。

其次，這一定有一種靈魂的意願或演化的需求，才會在這一世解決這個問題。換句話說，就是「業力已經因緣成熟了」。

所以，你可能在某一個前世真的就是亨利八世，但如果你已經解決了那個可怕的業力，同時以演化的觀點來說，你已經「超越」了，那麼這個前世就不會出現在你的星盤裡。同樣地，如果你「就是還沒準備好」面對這些問題，同時正在另一個完全不同的業力角落裡努力，它們也不會成為你這一世星盤中的象徵符號。

基於一些很顯然的心理因素，我可能很樂於接受一種想法：在某一個前世，我曾是耶穌基督親近的朋友，有些人最先認清他的本質，而我正是其中之一。這種想法令我顯得高貴又有智慧。我當然不太想要想起，我在伊莉莎白女王統治的英國，曾經從一個貧窮失明的老女人身上偷錢去買啤酒。演化占星學會避開這些自尊心的陷阱，它只會客觀又精準地告訴你，我們必須知道什麼，而這與我們的願望或恐懼無關。

混亂中的秩序

我們已經在第一章看到，你星盤中的一切都源自於業力，也可以透過業力的角度來解讀。我們如果可以把從討論土星在七宮學到的哲理，運用在分析你出生星盤中的每一個配置，我們就可以獲得很多深入的資訊，但這會夾雜很多不相關的想法和意象。這完全不可能是一個「故事」，只是一堆片段而已。

但如果我們稍加留意，也許就能感受到這些主題如何相互牽連。某一個行星，可能與另一個行星有關的主題相關——就像我們之前看到的，土星在七

宮，可能會與另一個相位的主題有關聯，像是冥王星與金星四分相。在冥王星與金星四分相的相位裡，我們很可能會去探討一個問題，可能是在某一個前世遭遇「親密的背叛」。這可能引導我們在討論土星時特別強調拋棄的問題，而非強調失去至親。每一個配置都可能替另一個配置增添不同的元素。

不過大致上，我們仍會覺得星盤有如一道大雜燴。在第一章，我們把這稱為「混沌理論」。你的業力是常常不相關的主題的混合物，就像你這輩子的自傳一樣。

雖然業力通常就如一道大雜燴。但是，我們知道這很混亂，並不代表我們沒有目標！我們如果有更明確的重點，就會很有幫助。在這一章，我們會把重心放在通往更明確且重要的神聖道路：南北月交點。它們非常有用，但永遠別忘記，完整的演化觀點最終必須包含所有行星，特別是南北月交點的主宰行星，或與南北月交點形成相位的行星。

我們在這一章會簡單介紹整個系統。我希望這個方法就像提供你一張世界地圖，幫助你在這個系統的細節裡面穿梭自如，我們之後都會詳細介紹。

當你消化吸收這個系統的概論後，我們將會透過三種方式來強化基礎：

- 我們會為所有的基本元素提供「食譜類型」的解釋。
- 我們會討論所有行星與南北月交點形成的主要相位。
- 我們會提出具體例子，證明如何活用這個系統。

南月交點

如果你對技巧和天文學有興趣，我們會在第五章介紹如何實際定義南北月交點、南北月交點的週期，同時釐清平均交點（Mean Node）和真實交點（True Node）的差異。

所有行星除了太陽之外，都有南交點，而所有的南交點都是過去的指引。但是我們通常都是解釋月亮的南交點（簡稱南月交點），歷史上稱之為「龍尾」。

為什麼？

答案其實很簡單，而這也解釋了你即將要學習的這個系統的基礎。月亮最重要的就是**情感**。在歷經死亡和重生的創傷後，留下來的不是我們「現實的」記憶，不是我們「水星的記憶」。我們的「情感的」記憶，也就是月亮的記憶，才能持久延續。我們通常都不會記得前世的名字或地址，也無法想起前世的國籍或信仰。不過我們的確會帶著來自過去的、基本的情緒或態度往前走。除此之外，我們只能想起關於名字、細節和歷史的片段記憶。

你可以從一個人的出生星盤的南月交點，看出或感覺到殘存的情緒或態度。在死亡和重生後，這些東西會自動存留延續。

我們可以說這些深藏的情感的記憶，是我們唯一來自過去、在今世又具有重要性的東西。這些會繼續活著，而延續的是心的記憶。

試想一下，有一個小女孩在兩歲時曾遭痛苦地虐待。她長大了，但是幼時的創傷被壓抑下來。她在顯意識中，並不知道曾經發生過這些事。但是她無論身處何處，都帶著羞恥、恐懼、懷疑和不安全的態度。這破壞了她的關係、

她看待自己身體的態度，以及她的自我形象。你可以感覺到，她的身旁籠罩著烏雲。就水星的角度來看，她仍是什麼都不記得。只有月亮，原封不動地帶著她情感的記憶，就像封存在玻璃中的蝴蝶一樣完美。

心靈的記憶比死亡還強大，心智的記憶卻非如此。這就是南月交點的運作模式，只不過時間拉得更長。不只是從童年到成人的記憶，而是一世到下一世的記憶。

我們在每個人身上，都能看到月交點最基本的業力痕跡：不合理的強烈的情緒。傑佛利·格林（Jeffery Green）曾在《山嶽占星師》（第九十四期）一次訪談中，優美地形容「心靈的記憶」：「**如果要知道自己是否觸動了一個前世的問題，最簡單的方式就是看到你對一個眼前的刺激，出現了不合理的反應。**」容我補充一點，業力的元素常常反映在傳統心理學揭露的「童年的問題」上。這應該也不令人意外，在我們的人生中，很少有比我們對父母的「選擇」更具業力色彩的事了！

業力就是習性

這種表現在態度上的心的記憶會延續到這一世。你如果已經解決來自某一個前世的一些問題，這些問題就不會出現在你的出生星盤上，它們也不會跟你這輩子的際遇有太多關聯性，唯一的例外是，可能是以正面的方式出現。但如果你沒有解決這些問題，你就會在日常生活中體驗到一些結果。

畢竟，業力這回事，說穿了就是一種習性。

這不是什麼浪漫或異國情調的概念，只是一種我們都有重複老舊模式的

傾向，也可以說是我們對於老舊模式的反射性反應。

　　舉個例子，如果在我成長的環境裡，會不合理地壓抑「性」這件事，我長大成人後會不會性壓抑？可能如此，但我也可以觀察一下，自己在床上的表現為何。無論是哪一種，我都還受制於過去。我可能正讓過去重演，或是正在反抗過去。總之，我還是被過去掌控。

　　要留意，別老認為業力永遠就是「你的報應」。的確可能如此，但更常見的可能只是**消除重複的行為模式**。你如果在某一世曾偷過別人的東西，這不代表你這輩子會被別人偷東西。比較可能的是，你只會繼續偷東西，就像一種習慣。藏傳佛教第九世創古仁波切（Venerable Khenchen Thrangu）在《佛教徒品性：十種德行》寫過：

舉例，一個人如果曾殺死過某一個人，在下一世，他可能會因為這個業力的因緣成熟，遭遇各種不愉快的事。其中一個可能性是，他在下一世會因為殺了某一個人，陽壽不長。第二個可能性是，如果他在這輩子殺了一個人，下輩子他仍然會想要再次隨機殺人。或是一個人在這輩子偷竊，到了下輩子，甚至之後，他仍然會繼續偷。即使只是小孩，還是會想偷竊或殺人。

　　所以南月交點代表一種習慣性的、根本的態度，也可以說是一套情感的假定模式，構成並驅動一整套重複的戲碼。在你還沒有意識到這一切之前，它們會主宰你的人生，就像十九世紀的人們對性別的假定，如此確定，卻又看不見。偉大的英國占星家丹恩・魯伊爾（Dane Rudhyar）在他的專述《行星與月交點》（*The Planetary and Lunar Nodes*）說過，南月交點指的是「一個人很容易視為理所當然的經驗類型；意即，一個人傾向讓這種經驗控制自己的意識，而非讓自己的意識心智來控制經驗。一個人天生就很擅長應付這些經驗，所以這也代表最不會抗拒、因而也最不費力的界線。因此，一個人傾向於重複這

些經驗，耽溺其中。」

換句話說，這就是習性。

負面態度的益處

在所有的諮商工作裡，都會有一個明顯的例子，展現令人振奮的、正面的諮商方式。但是如果用南月交點進行諮商，我們的解讀會充滿一種負面的偏見，但這是十分妥當的。這對一些溫情心軟的占星師來說，可能像是一種徒刑，但這是有理由的：**我們從過去帶來的東西——或是至少可以說是，透過星盤中的符號展現的東西——就是我們這輩子需要努力的素材**。我們可以透過南月交點，知道我們在前世搞砸的事情，或是我們做對的事，但是為了做對，我們遭遇過一些損失，至今仍糾纏著我們。這在本質上就是「負面的」。

比較開心的素材，當然也會通過死後投胎的通道來到今世，不過似乎不會清楚地反映在占星的符號上面。這其實有某種效率：就像我們前面看到的，**星盤只會說「我們需要知道的事」**。它不會完整描繪一個靈魂的歷史，它只會照亮我們必須面對和解決的問題。

南月交點主要代表來自過去未解決的傷口、悲劇、限制和失敗，這可能會干擾我們在這一世實現靈魂約定的能力。

南月交點的源頭都是在過去，而就定義而言，既然演化會帶著我們往前走，我們在過去的演化程度一定比較「低」。我們會被靈魂過去未解決的、原始重現的部分糾纏不清，很容易再次重複上演。

而在南月交點中，即使是「好東西」，也會讓我們覺得疲乏，太過熟悉。我

們已經很瞭解這些東西了，所以不會很迫切地想要再次學習它們。

找到業力的故事

　　任何值得一讀的小說都充滿虛構的現實，最後拼湊起來，卻有助於讀者了解一些偉大的真理。我們從南北月交點的架構中推敲業力的故事，目的也是如此。

　　我們並不想要揭露明確的、可以考證的前世事實；如果這是你想要的，你可以去找一位好的靈媒，或是嘗試催眠回溯，這我們在第二章介紹過了。

　　透過南北月交點分析浮現的故事有如一則**寓言**，情節類似前世的現實。這裡的核心重點在於，**故事本身並不需要有「有事實根據」來證明它是「正確的」**。我們在此討論的技巧程序，甚至不需要特別的靈感或直覺，就能產生極有影響力的、有召喚力的、與心理層面有關的結果──這些故事能跟內心深處靈魂的無意識產生共鳴。

　　舉個例子，有位女士在某一個前世是美國西部的拓荒先鋒，被絕望的科曼奇（Comanche，美洲原住民）戰士圍攻殺死。不過也許在我們分析南月交點時，我們想出的故事是這位女士曾是移民，搭上橫越大西洋的移民船，最後被飢餓的海盜殺死。

　　我們的「事實」通常全都是錯的，但是就心理層面而言，這個故事仍是「正確的」。就情感層面而言，這會濃縮成同樣的趨力。這就是我們要做的事。

✳ 南月交點的星座和宮位

　　南月交點落入的星座和宮位,可以告訴我們這個人的**本質**,還有他或她在過去許下的**靈魂約定**。這裡有一個很棒的技巧,讓這個概念更生動:你只要記得讓你的詮釋稍微**負面**一點,然後**把南月交點的星座視爲傳統的太陽星座**,只不過場景變成前世。

　　太陽星座可以看出你今生許多的核心身份及價值,這裡講的是現在式。但這其實也適用於南月交點:它描述的是你在**某一個前世的核心身份及價值**。但別忘了,這可不像變魔術,充滿各種開放的可能性,這些老舊的靈魂約定沒有成功實現,至少不是百分之百實現。**如果已經實現,這就不會是你現在的南月交點**。它不會這樣陰魂不散跟著你。

　　南月交點在牡羊座會如何?代表星盤主人具有戰士的天性和能量,但你必須觀察壓力和恐懼的黑暗課題,還有因爲暴力而造成的破壞性影響。南月交點在天秤座呢?也許我們會看到一個可愛討喜的人,但是要留意過度「禮貌」、猶豫不決,或是在乎外表。這就是天秤座的陰影。

　　在第六章,你會看到一組「初學者工具箱」,教導你如何解讀南月交點在十二個星座的表現。

　　南月交點所在的宮位,可以告訴我們一個人在過去業力的「現實面」,像是這個人當時在做什麼,或是外面世界如何看待當事人的生活。這也可以提供一些深入的分析,看出當時強迫或限制這個人的環境。

　　南月交點在九宮會如何?你可以往教育或宗教機構的方向想,也可以考慮旅遊或移民?在十一宮呢?可以聯想到社會運動、部落、一大群人,或是幾乎無法抗拒的群眾心理學的力量。在二宮呢?與金錢或生存的物質基礎的問題。

十宮呢？與一個公眾形象有關的地位問題，也可能是一個受到限制的地位問題。

在第七章，你也會看到類似「食譜」的解釋，幫助你瞭解南月交點落在十二個宮位的表現。

接下來，我們要結合星座和宮位。南月交點在天秤座落入十一宮，這代表什麼？我們可能會看到一位已婚人士，因為猶豫不決、太過在意別人的想法，顯得很軟弱（天秤座），身處的背景是一個得體合宜的社會，充滿強迫性，令人窒息（十一宮，按照天秤座的方向修正）。

你會發現，我們如果根據南月交點所在的星座和宮位，相互修正並點出具體的可能性，或是相互限制，就能得到許多生動又精準的描述。每一個細節都能帶出其他重點。

現在試著把南月交點轉換到牡羊座，但仍在十一宮。不在天秤座後，這個人會在會顯得比較好鬥、憤怒或充滿冒險精神。他可能仍身處團體之中（十一宮），但這個團體不是太講究禮貌，會帶有牡羊座暴躁和破壞的特色——這是在十一宮，但是往牡羊座的方向修正。這個十一宮的牡羊座南月交點，聽起來可能在軍隊。這至少是一個可以引起共鳴的比喻。這也很可能一群暴民，或是非常好勝的運動團隊。這些比喻和形象，都符合一群人聚在一起（十一宮），有一個競爭的或好戰的（牡羊座）共同目標。

我們就是在尋找這些象徵。

✳ 進一步過濾

我們可以看到，結合南月交點的星座和宮位，可以開始縮小業力故事的範

圍。但這還是很模糊，令人卻步。結合星座和宮位，有一百四十四種可能性。這是一個很大的數字，但是人們的故事絕對不只一百四十四種！不過這裡還是有值得慶祝的進展。我們已經過濾了可能性，剩下的不到所有典型可能性的百分之一，精準一點的數字是百分之零‧六九！這就是從一百四十四種可能性中，正確挑出其中一種的意義。

我們可以再精準一點。

接下來要介紹一系列的技巧。這可能有點超出負荷，不過如果想成功應用演化占星學，就必須同時耍玩許多球！前提是，這裡有一個準則勝過一切。你如果能了解這個準則，就可以掌握這些細節。

我們要玩的每一顆新球，其實都幫助我們更容易發現（前世的）故事。每一個南月交點的技術修正指標，像是星座、宮位、相位和它的主宰行星，都可以縮小焦點。當然，每一個都會增加新訊息，但是更重要的是，它也會消除一些可能性。它會過濾資訊。

你已經看到，南月交點在十一宮會有很多的可能性。但你也看到，當我們在廣泛的十一宮裡，只分析帶有天秤座特色的可能性時，範圍就大幅縮小。

我們就是這樣進行分析。你要把這些細碎之物當成朋友，而不是敵人，而即使是朋友，也可能很讓人傷腦筋！因此，我們從人類所有可能的故事的無盡範圍中開始。每一個步驟，每一個新的占星符號，都可以再縮小故事的可能性。最後，只會留下業力故事的本質，而這預告了一個人今生的情感戲碼會如何上演。

我們透過發現和刪除的雙重過程得到的故事，會符合南月交點提供的所有資訊，而且會假設沒有其他更重要的資訊了。

當我們從南月交點的星座和宮位著手時，這其實只是個開始。這是我這麼多年來的感想。而我仍然覺得自己是用占星學助人，從別人身上得到好的回饋，以此維生。然後，這個世界就敞開大門了。就如我稍早寫到，這一切要歸功於我的學生、我的個案和傑佛利‧沃夫‧格林。

我們下來要更深入討論，現在只是觸及表面而已。

✳ 行星與南月交點合相

當有一個行星與南月交點合相時，等於更進一步確定這個人前世能量和環境的本質。再提醒一次，我們思考南月交點的祕訣就是，就像較傳統的占星學中如何詮釋出生星盤中的太陽（譯註：簡稱為本命的太陽，其他行星依此類推）。這個行星在某一個前世，深入融入該角色的身份裡。遇到這種狀況，**你可以把一個行星與南月交點合相，視為一個行星與本命太陽合相——唯一的不同是，你的詮釋會偏向比較不理想的方向。**

假設是土星和南月交點合相。這可能暗示一個長期受苦、自律的人，曾經面對過極度的責任、限制或匱乏。我們也可能會觀察到前世的心力耗竭或不如意，也可能是兩者都有。

倘若是**木星**與南月交點合相呢？我們可以融入**擴張**和**勝利**的色彩——也就是這個世界稱為「**幸運**」的成分。但也要對木星外顯的陰影保持戒心：不是所有的閃閃發光的事物都像黃金一樣真實；**驕傲自負**常導致失敗。要小心祈禱，因為它很可能成真。這些都可能是前世生活的一部分。

我們稍早討過牡羊座的南月交點落入十一宮，將這比喻成一個軍隊。現在這個軍隊有士兵、廚師和清掃茅坑的人，還有士官和將軍。裡面有英雄，也有懦夫。其中有一半的人戰勝，另一半的人戰敗，至少實際上過戰場的人是這

種情形。不過，也有很多軍隊根本只是駐守，無所事事。換言之，當我們根據南月交點的星座和宮位時，我們得出百分之零・六九的人類的可能性，仍可能有很多不同的選擇！

我們現在如果把木星加入，跟在十一宮的牡羊座南月交點合相，故事的焦點就乾淨俐落了。這個靈魂在軍隊裡的地位帶有權威、榮耀和能力（木星）。他很可能「打過勝仗」（木星代表勝利）還因此獲頒勳章！當然，這樣的生命遭遇會讓他變得得意洋洋、過度放大，做事太過火，或是「自以爲是上帝」。他很幸運，但可能因此陷入一些靈魂的麻煩。

在這裡，我們就不用考慮他是軍隊裡掃茅坑的人了。

✳ 南月交點的主宰行星

如果南月交點在雙子座，水星就是主宰行星。那麼，我們可以透過水星在星盤中的位置，找到一些與業力有關的線索。如果南月交點在金牛座，我們要看金星。如果是在巨蟹座，我們要更注意月亮。

基本上，**南月交點的主宰行星就是南月交點本身的延伸**。它描述了業力故事的另一個面向，讓故事多了另一個角度。在這個即將浮現的前世業力故事中，它通常與最關鍵的一章有關。

舉個例子，如果南月交點在九宮，但是主宰行星在十二宮。我們可以這樣推論：在前世，這個人可能參加航海旅行（九宮），但是船沉了（十二宮代表損失、麻煩）！

還有很多其他的可能性，但這肯定是其中之一！**九宮**也與**宗教**有關。當南月交點落在九宮，主宰行星在十二宮，我們也可能考慮修道院的人生——這個

意象完美結合了宗教（九宮）和與世隔絕（十二宮）的元素。我們可能推測這個人是僧侶或修女。

注意在這個例子裡，我們看到兩種截然不同的故事：一艘沉船和一輩子在修道院。兩個故事都符合這個星座象徵符號。這兩個故事都先保留，然後繼續探索。當有越多符號加入時，故事就會更聚焦。

要記住，每一個新添加的占星細節，都會進一步限制即將出現的故事樣貌。這個故事目前看起來還很寬鬆。

我們在討論牡羊座南月交點在十一宮與木星合相這個例子時，現在可以加入火星——南月交點的主宰行星——在八宮，也就是傳統的「死亡宮位」。戰士會殺人，也會被殺；他們目睹很多死亡；他們常面對禁忌和極限。這都是八宮的象徵符號。當一個人必須面對死亡時，對他或她會有什麼影響？被殺死時又有什麼後遺症？回答這些問題，可以替你即將找到的南月交點故事添加另一個重要的心理面向。

現在，假設火星不在八宮，而是在五宮（玩樂、創造力和愉悅的宮位）。這就有點難了，因為戰爭和這些快樂事物的關聯性並不明顯。但是戰士的壓力很大，他們需要放鬆。當一個士兵休假時，他們會去做什麼？他們會有什麼樣的言行舉止？其中一個答案就是惹事生非！累積的火氣和壓力需要釋放，這對他們而言是萬分火急，十分迫切的。

別忘了木星：一個內心壓力很大的士兵會對勝利有何反應？經過艱鉅費力的戰爭，被解放的城市的平民會被如何對待？這個問題有很多可能的答案，不過既然我們在討論南月交點，你就往比較黑暗的可能性思考。士兵休假時會以清醒冷靜出名嗎？士兵是以熱衷於禁慾爲名嗎？難道這時不會出現強暴和掠奪的關鍵字嗎？

　　基於主宰行星的本質，掌管南月交點的行星，一定與南月交點的星座有同樣的基本調性。火星主宰牡羊座，它們代表類似的事物。這意味著，這個行星本身不太可能告訴我們太多之前不知道的事。南月交點主宰行星的用處，一定會透過它在星盤中的星座、宮位和相位顯現。

　　南月交點的主宰行星基本上就像是一個記號，標記另一個與業力故事有關的星座、宮位和相位架構。

　　我們需要強調一個特別的狀況。當南月交點在**獅子座**，主宰行星就是**太陽**。這個人今生的本質（他或她今生的太陽星座）帶有深刻的過去的印記。每個人都有業力，但是針對有這個相位的人，我們要完整討論該人的業力，這是特別重要的。這些人就像其他人一樣，為了自己的生命力，必須忠於自己的太陽星座。不過當他們這麼做時，可能會面臨一種危險，意即陷入這個星座比較原始、缺乏意識的表現層次，因為根深蒂固的業力模式會拉著他們往下沉淪。他們就像一位口乾舌燥的酒鬼，必須夜夜坐在酒吧裡，卻得保持清醒。

　　更常見的是，這些南月交點的戲碼可能用其他方式變成人生主題曲，或是用某種方式融為背景。我們在這裡也可以運用一些標準的占星思考方式，像是有力的相位、明顯的位置，或是與主宰行星形成的重要關聯性。

　　南月交點就像一個行星，在星盤中的位置可能很顯著，也可能很模糊。作為一個行星，它的整體影響和核心程度，形同於潛藏業力問題對這一世的影響，可能是相對嚴重，或是相對節制的。

　　太陽主宰獅子座南月交點，最能證明上述的原則。我們知道，太陽在任何的占星解讀中都很重要。根據經驗，我們知道一張星盤中的行星可能透過各種方式凸顯其重要性，像是主宰上升星座、與太陽或是月亮合相、或是與四交點合相。這都會形成很多相位。

這些原則也都適用於南北月交點。它們在一張星盤中可能非常被強調，或是不那麼重要。這與今生的業力牽連或強度相互呼應，而這個因素常會與我們認為的人生「宿命」事件有關：有些看似隨機的意外之財或災難，可能會落在某些人身上，卻略過了其他人。

✳ 主宰行星：現代與傳統

關於南月交點的主宰行星，還有一個重點。雙魚座南月交點的主宰行星是什麼？大部分的現代占星師會說是海王星，但是傳統占星師的說法是木星。寶瓶座南月交點也會有同樣的問題，天王星和土星都是寶瓶座的主宰行星，答案是要看你問的是誰。天蠍座也是由冥王星和火星共同主宰，或是兩個行星搶著要當主宰行星。

我的經驗是，兩個主宰行星都與我們所討論的星座有相似處。

「主宰」這個字眼也許才是罪魁禍首。就語言學而言，這會引導我認為這個行星（主宰行星）應該是「國王」。但對我而言，並非一定要如此，最好把主宰想成相似度，而非階級制度。可能有不只一個行星與一個星座相似！我會建議，你的南月交點如果在天蠍座、寶瓶座或雙魚座，就認同兩個主宰行星。這當然會讓故事變得比較複雜，但就像我們前面說過，更多細節也代表比較聚焦，更加精準。

我的方法可能有點偏見，但我是把天王星、海王星或冥王星當成主要主宰行星，然後再透過傳統的主宰行星添加第二批細節，成效最好。就我個人的經驗，現代的主宰行星似乎更貼近事物的內在核心，而傳統的主宰行星可以提供具體的細節。我鼓勵你兩者都要列入考慮。

✳ 與南月交點形成相位的行星

除了合相以外，與南月交點形成的相位都代表前世曾在這個人身上發揮作用的力量，它點出了「外在的現實」（雖然也常常和內在與主觀有關）。有鑒於就宏觀的角度來看，大部分的人類經驗都跟關係有關，所以這些行星常常指的是「其他人」──人際互動多少會形塑影響一個人的經驗。

四分相和對分相通常代表遭遇挑戰的、抗拒或負面影響的人或狀況。三分相和六分相則與覺得受到支持的人或狀況有關──不過基於我們對所有的南月交點的分析都應該抱持懷疑的偏見，因此也要留意，不要太放大對於六分相和三分相的讚美。

這可能只是代表比較困難的情境中明確的好事情，像是安全的天堂或是「對不幸者的安慰與同情」。這也可能代表當我們在做蠢事時，我們會得到哪些支持。

當我們繼續揭露上述那個軍隊的業力故事時，現在再增添另一個元素：獅子座的金星落在二宮，與牡羊座的南月交點形成三分相。這可能是我們的英雄很有錢（二宮）。也可能是他有英俊外表的「資源」（金星在獅子座）。

這是好消息嗎？在歷史上，有多少富有、統治階級的小孩，曾被他們的族人欺哄而接受軍階？他們都有好下場嗎？我們別忘了，這裡還有火星在五宮，那麼「很有錢」跟「因為壓力，迫切想要忘神地釋放自己」這兩件事會如何交互作用？

答案就是：「獲得支持」。

當你看到三分相或六分相時，一定要留意，這個人可能在做蠢事或自我破

壞時得到支持。

我們很快就會學會一件事：最能引起共鳴的南月交點相位，除了最重要的合相，就是四分相和對分相。它們都很有力量，也非常明顯，我們應該分別討論。我們接下來會清楚地討論這兩個相位。在第八章、第十章和第十一章，我們會用食譜的方式，按照每一個行星，討論所有主要的托勒密（Ptolemaic）相位。我們在這裡只介紹一些基本概念。

所謂的「次要相位」在分析時也可能發揮作用，但我通常會忽略它們。我比較喜歡更深入的分析基礎，而非把太多時間分散在細節上面。

以下是簡單的介紹：

‧補十二分相（Quincunx，一百五十度）代表緊張、非正規的、出乎意料的人或狀況，會改變一切，或是需要很多的調整。

‧補八分相（Sesquiquadrate，一百三十五度）代表令一個人焦慮的狀況和關係，理智層面無法理解，充滿困惑，帶有「兩面不討好」的意味。

‧半四分相（Semi-square，四十五度）代表長期但可忍受的苦惱，代價就是耗損。煩惱。你可以把這想像成蚊子。

‧五分相（Quintile，七十二度）代表行動暫停，暫時的緩衝，「神的訪視」，創造性的插曲。

✳ 與南月交點形成對分相的行星

任何與南月交點形成對分相的行星，就傳統而言，比較會被稱為「與北月交點合相」。這我們都懂！不過我們在此的焦點是在南月交點上，所以我們會

把注意力放在與南月交點形成對分相，對此集中討論。

與南月交點形成對分相的行星，代表在前世被妨礙、壓抑、擊敗或折磨的人或事。這也代表某件無法超越、無法克服或無法達成的事。這象徵現實的磚瓦牆。

無法達成的：木星與南月交點形成對分相，這可能代表生命中所有的好事都遙不可及。你可以想像英國作家狄更斯小說裡的孤兒，在聖誕夜前兩天飢腸轆轆，鼻子貼著一家高級餐廳起霧的玻璃，渴望能有食物溫飽。

無法超越的：想像國王（木星）宣布開戰，一位溫柔的詩人也被徵召入伍。他痛恨這件事。他根本不相信這回事。這不是他的選擇，但他怎麼跟國王至高無上的權威討價還價？他的命運的召喚就是「現實的磚瓦牆」。他必須應付，他沒有選擇。

這是完全不同的兩個故事。兩個都符合木星與南月交點對分相的象徵意義。我們如何要講哪一個故事？如果你一開始的分析就錯了，或是脫節了，你是無法知道的。但你別忘了，演化占星學的技巧就是累積。我們是從一堆暗示和線索中建構一個故事。就像我前面提過的，我們的終極目標就是說出一個故事，符合所有南月交點的資訊，最後沒有任何其他的臆測了。所以你要做的第一件事，就是列出所有的線索。

故事就是角色和情節的交叉點。當我們在考慮南月交點的相位時，我們應該已經了解基本前世的性格。我們可以從南月交點的星座和宮位、南月交點主宰行星的位置，以及任何與南月交點合相的行星得到線索。

現在我們透過分析與南月交點形成的相位，來添加一些生動的情節元素。

✳ 與南月交點形成對分相的行星，按照宮位描述

任何在一宮的行星與南月交點形成對分相，與一些「重要的他者」有關，這些人的權威支配了當事人。

任何在二宮的行星與南月交點形成對分相，與一些難以承受的物質問題有關：巨大的財富或被貧窮壓垮，也許是缺乏基本生存的物質：食物和容身之處等等。

任何在三宮的行星與南月交點形成對分相，與一些因為環境快速改變、能言善道的人或手足造成的限制有關。

任何在四宮的行星與南月交點形成對分相，與來自家人或家族無法逃避的、急迫的要求有關。

任何在五宮的行星與南月交點形成對分相，與在道德上無法卸責的孩子的需求有關，也可能與強迫性的、耽溺尋歡作樂導致的麻煩有關。

任何在六宮的行星與南月交點形成對分相，與超出負荷的責任或職責有關，也可能是有支配慾的導師，或是與僕人、同事或下屬造成的挑戰有關。

任何在七宮的行星與南月交點形成對分相，與婚姻或夥伴造成的現實「磚瓦牆」有關，或是與法律上的伴侶或一位依賴的伴侶的需求有關。

任何在八宮的行星與南月交點形成對分相，與極端或夢魘般的環境有關，也許必須面對死亡，或是性的黑暗面。

任何在九宮的行星與南月交點形成對分相，與宗教或法律的衝突，或是被迫移民導致的難民身份有關。

任何在十宮的行星與南月交點形成對分相,與代表社會權威的人物或架構,與當事人的需求或慾望產生的衝突有關。

任何在十一宮的行星與南月交點形成對分相,關乎來自公眾輿論、社團或幫派的旨意、群眾心理學或習俗的難以抗衡的力量。

任何在十二宮的行星與南月交點形成對分相,關乎極端或難以避免的損失、逃避主義者的行為、修道院的權威、監獄的權威、限制行動的疾病,或是幕後的背叛。

不過無論如何,當有行星與南月交點形成對分相時,最重要的就是:無論是什麼問題,都無法逃避,無法處理。生命充滿了無法解決的問題。我們遲早都得面對毫無勝算的狀況、難以抗拒的勢力,或是其他形式的僵局。這都是生命的一部分。與南月交點形成對分相,就是用占星符號象呈現這些狀況,至少是我們在前世曾經經歷的狀況。

✸ 行星與南月交點形成四分相

任何行星與南月交點形成四分相,一定也會與北月交點形成四分相。就像我們之前提到的,與北月交點有關的相位最好另作討論。我們在此只專注在南月交點,也就是找出業力故事。

與南月交點形成四分相的行星,代表有某個人、某種狀況或問題,曾在前世與這個人的意願或需求作對,令這個人苦惱、飽受折磨或失敗。這是過去未解決的問題,迫切需要在今生被解決。

海王星與南月交點合相會如何表現?我們可以探索這個人,慢慢過濾出他或她對生命的感受。現在更進一步:也許海王星是在四宮,跟一個需索無

度、永不滿足、依賴的延伸家庭有關，像是曾有這個相位的人說過：「母親在六十歲時搬進來跟我同住，準備邁向人生的終點。不過她現在九十歲了，仍然很勇健，還在往死亡的方向邁進——如果她不是馬上就要死了，我實在要瘋了。」

海王星在五宮或十二宮，就可能與逃避現實的行徑有關。當海王星與南月交點形成四分相，無論是在五宮還是十二宮，我們都可以想像一個人喝到茫，慢慢變成幽魂一樣，一如過去世的他。

在這些海王星與南月交點形成四分相的例子裡，永遠要認清，這裡還有其他的選項存在。像是當事人可以告訴善於操縱的母親，必須站起來靠自己。這裡可以劃清界線。至於酗酒，當事人可以破釜沉舟戒掉酒癮。

這裡沒有輕鬆的答案，而且可能在當時，根本沒有想到更高層次的解決方法。但是這裡的重點在於，**與南月交點的四分相（這與對分相明顯不同），與各種令人苦惱的狀況有關，其中很大部分是我們自己的盲目或錯誤導致。**

盲目和錯誤是人生的一部分，我們都無法避免。但永遠不要忘記一點，我們對於靈性演化最重要的洞見就是：你在過去比較蠢！你不用對這些前世的錯誤感到罪惡或羞恥。你只要認清，我們所有人都曾受過傷，我們都可能重複老舊的模式，而現在有比較好的選擇。

並非所有南月交點的四分相都代表我們自己的錯誤，這只是你在開始架構一個前世的故事時，比較好運用的一種可能性。有些四分相只是代表當我們面對生命的艱鉅時的脆弱而已。四分相很容易偷襲我們，因為它們常與我們沒有發現的狀況有關。特別是比較躁動的行星與南月交點形成四分相時，像是火星、天王星或冥王星。這都可能在這個人身上留下創傷的印記。我們多少都會被狠狠修理，而這都是我們意料之外的。

假如是南月交點與八宮的天王星形成四分相：這個人可能在中年時意外死亡。恐怖份子開飛機撞進大樓，而昨晚與另一半的激烈爭吵，就是他或她在這個肉身裡與另一半的最後一次對話。我們如何想像這種突如其來的天王星創傷，會帶來什麼樣的影響？就玄學的角度而言，我們如果被這樣剝奪生命，一定會有一些「沒解決的事」，這就是四分相特別困難的原因。

把業力的故事拼湊起來

穿梭運用這所有的元素，可能會令你招架不住。不過務必記得，拼圖的每一個拼片都可以添加細節，也能讓整體顯得更加簡單清楚。當你已經考慮過所有的拼片時，一定能夠得到很多資訊，特別是如果有很多行星與南月交點形成相位。要知道，光是知道南月交點的星座，就可以鎖定大約百分之八（十二分之一）人類的可能性。再考慮南月交點的宮位，就可以鎖定不到百分之一的可能性。

那又有行星與南月交點合相時呢？萬歲！你已經剔除剩下百分之九十的可能性。每個南月交點都有主宰行星，另外百分之九十可能造成你迷惑的東西現在都出局消失了！

這就是思考這個過程的正確態度，並不是因為這比較能鼓勵人。這聽起來也很像一套方法論。就如我們已經提過，我們的目標是要揭露一個故事，符合南月交點提供的所有資訊，直到再也沒有其他的假設為止。這個過程有一半是發掘，另一半則是有策略地刪除。

一切都像煎鍋裡的食材

每一個占星符號都有非常廣泛的原型可能性。舉個例子，六宮代表健康和責任，同時也代表導師、日常規律和謙卑，而這都還只是心理素質！六宮也代表寵物、叔伯舅舅、姑姑阿姨、甥姪輩、工具箱裡的工具、你姊妹的家、你孩子的財務……這個清單多到令人吃不消。而這就是如此，因為我們正把浩瀚的宇宙分裝在十二個（顯然非常龐大的）箱子裡。

把每一個宮位、星座或行星的原型領域想像成一個巨大的平底煎鍋，裡面裝滿了代表自身元素的標籤。那落入九宮的處女座火星？這裡就有三個煎鍋，分別是九宮、處女座和火星。

火星：把標籤貼在戰士、拓荒者、探險家、運動員、有壓力的人、憤怒的人、受驚嚇的人……

處女座：在這個煎鍋裡，你需要把標籤貼在與一絲不苟、責任、自我懷疑、吹毛求疵、拘謹、嘮叨、犧牲、手工藝、職責、技巧有關的動機和態度上。

九宮：你可以想到為航海、大學、宗教、信仰制度、法律、勘查、言行一致、驟下結論等元素貼上標籤。

針對與南月交點有關的原型領域，你也要用同樣的方法分析，包括南月交點的主宰行星，以及任何與南月交點形成相位的行星。

現在來檢查，這些煎鍋裡的東西，有哪些是重複的。看它們有哪些共同點。看看有哪些共同的標籤，或是有哪些標籤可以串連在一起，變成一個很自然的故事，就像一把槍可能暗示了一樁謀殺案，或是一艘船令人聯想到航海旅行或是寂寞，也可能暗示一段荒謬的關係。

沒錯，你找到了。這就像一張隱藏在星盤背後的另一張星盤。這就是你的業力故事。

現在我們開始看看，如何**繼續**下去。我們已經找到問題所在 —— 業力的故事很容易重複，或是會讓你在今生很有感覺。讓我們先鎖定一些解決和補救方法。這些資訊也在星盤裡。

投射

我們之前提到孤兒的例子，飢腸轆轆，鼻子貼著一家高級餐廳的玻璃窗。當他看到有錢人享用奢侈美食，但最後盤子裡還剩下一半，他會怎麼想？被國王逼著上戰場的溫柔詩人，又會如何看待法律和權威？

當我們被別人傷害、嘲笑或妨礙時，很容易就會對他們有不好的想法。我們會不屑一顧，心中想著：「我下下下輩子都不想這樣」，這時上帝就會把你的這句話，記下一筆，寫在小黑冊子裡。

我們會抗拒傷害自己的事物。我們不會把壓迫自己的人當人看待。我們不會對這些東西有好感。按照心理學的說法，我們會對這些事物有負面的投射。這些投射，其實只是我們自己抗拒的部分。在這段靈魂演化之旅之中，我們遲早必須收回這些投射。而我們痛恨這一點！

與南月交點形成四分相或對分相的行星，代表我們必須停止痛恨、批評或抗拒哪一類的人，要不然我們就是抗拒自己的某一部分，我們如果想要繼續這段旅程，就必須好好運用這個部分。

這裡請留意，上述這段話，我們完全沒有提到寬恕和接受這些愉快的美

德！但其中的關聯性其實更具體！我們舉一個例子來證明：有一名女子（在某一個前世是挨餓的孤兒）的木星與北月交點合相，必須在這輩子體驗財富和地位。或是她必須失去對貧窮、對默默無名，只是當「過客」的適應。為什麼？我們接下來會在北月交點看到答案。也許她今生必須為自己所屬的團體做一件重要的事——而且她的處境如果無法與統治階層親近，就沒辦法成功。也許她這輩子的靈魂約定就是要當音樂家蕭邦。你知道一架大鋼琴最近的價碼嗎？這名女子如果想要**繼續往前走**（演化），她就必須停止批評她在前世曾經猛烈抨擊的那些人。這裡講的不是美德，而是靈魂演化強烈且實際的邏輯。

收回投射是療癒過去的一部分，我們必須這麼做才能繼續向前。這裡付出的代價只有承認，然後就會有奇蹟發生。

龍首

北月交點就在南月交點的對面。它大部分的意義，都直接來自簡單的幾何學觀察。就北月交點而言，我們觀察到以下規律：

- 對南月交點構成最大的壓力——代表這個人未被發掘的、未知的可能性。
- 回答了南月交點的問題；解決南月交點的困境。
- 代表這個人的演化目標和靈魂約定。
- 由於對北月交點缺乏經驗，這個人在這個生命領域可能會感到猶豫、笨拙或迷惑，也許會傾向於逃避，或是犯下一些引人關注的、具有啟發性的錯誤。
- 北月交點本身完全沒有能量，只是極佳的暗示。

我們前面提到一個假設的例子，一名男子的南月交點是牡羊座在十一宮，與木星合相，由五宮的火星主宰。我們鎖定他有軍隊的經驗，也許是一名

從「好家庭」選出的軍官。

他的北月交點一定在天秤座五宮，在牡羊座和十一宮的對面。他的靈魂目標帶有天秤座的色彩：他今生是要強化與人合作的能力，體驗和平、優雅和沉著。天秤座和牡羊座對立，所以和平的對立就是戰爭，協調的對立就是不和諧。沉著就是緊張的對立——而且在歷經戰爭的壓力後，的確會尋找平靜的深刻需求。

天秤座也代表我們的審美功能，即我們回應美麗事物、欣賞藝術的能力，這些都有如對這名男子最有效的「瑜伽」，能讓他放鬆。

就整體而言，這裡有一種氛圍，感覺他必須走出戰爭的粗暴和赤裸（牡羊座），進入比較文明的背景，反映人類傳統中比較溫和的面向（天秤座）。

我們可以從北月交點看到，他許下一個靈魂約定，就是靜下心來，治療戰爭留下的傷口。

如果更進一步觀察，我們可以從北月交點在五宮，看出他對創造性的自我表達的渴望。

現在我們挖到寶了：重複的標籤！天秤座代表藝術家的原型。五宮則是渴望表達個人的創造力，與藝術家的原型有非常直接的關聯性。現在我們發現這個靈魂的基本演化策略：透過創造性自我表達的手段，找到平靜、釋放，以及和諧與療癒。

當然，這些原型更複雜。五宮也代表喜悅和享樂。在戰爭之後，我們的確需要它們。在持續、殘忍的壓力下，我們內心有一部分會變得冷酷堅硬。當我們面對長期的暴力、醜陋和恐懼時，我們會變得無情。

當北月交點在五宮時，需要軟化和敞開。但要怎麼做？我們都曾目睹，藝術就是其中一種方法。

我們都看過一個人欣賞貝多芬的《第九號交響曲》現場表演的感動，到了最後大合唱時，忍不住眼眶泛淚，握住身旁伴侶的手。你可以感受到這個人對分享的喜好敞開心房嗎？這就是天秤座和五宮能量重複的地方。

講到享樂，還記得我們前面提到南月交點主宰行星在火星，也在五宮，暗示一種業力的脆弱，很容易沉溺於毀滅性的尋歡作樂。當我們引導這個人往更高層的方向前進時，就像在走繩索：我們一方面必須確定他能滿足對享樂的演化需求，一方面要留意他沉溺於有害的放蕩不羈。這裡的關鍵在於，強調五宮最健康的表現方式，而不是去苛責比較不健康的部分。

小孩也是與另一個與五宮有關的原型主題。北月交點落在五宮——尤其又是天秤座，代表婚姻的傳統星座——我們很容易聯想到這個人的靈魂目標可能是擁有小孩。這當然是非常個人的選擇，叫人生小孩也不是占星師的事。擁有小孩，符合這個北月交點的象徵意義，但並不是唯一的可能性。合理的說法是，他部分的任務就是進入一段關係，其中有足夠的平靜、沉澱、安全感與穩定，而他可能很自在地選擇想要生小孩。

簡而言之，這個靈魂需要學習一件事：戰爭已經結束了。

✳ 與北月交點合相的行星

如果有一個行星與北月交點合相，我們其實已經討論過這個業力模式了，這個行星一定就與南月交點形成對分相。所以，這代表某種麻煩的、無法超越的或無法達成的事。不過我們現在從北月交點的角度來看，我們就會看到這個行星，與一個人今生的演化目標有正面的關聯性。這個人正在嘗試將這個行

星更高層次的能量，融入自己的生命裡。

當我們在解讀一個與北月交點合相的行星時，這是一個很好的練習，讓我們學習**同時觀察所有行星最高層和最低層的一面**。假設土星與南月交點形成對分相？意味過去的業力裡，在這個人和自己想要的東西間，有一些基本的、無法克服的欠缺——就某種意義而言，就是一種貧窮。一些曾經代表法律和限制的人，就是會說「你不應該」或「不可能」的那些人，很可能會有這樣的相位。

到了今生，土星與北月交點合相，他或她需要收回這些投射——也就是接受同樣的土星能量，但試著讓土星有更高層次的表現。

這裡的演化需求就是一個人必須內化這些今生的自我否認，打造一個能建立自尊的未來。這可能是，我們要存錢才能買房子，或是完成醫學院的學業，又或是教養栽培出健康、理智的孩子。持續與對象交往，然後變成一對佳偶。所以，當事人必須克服內心「妥協」的業力態度，這帶有灰色的宿命感，很消沉地假定最後會以失敗收場。他必須用完成的尊嚴或達成目標來取代這種業力態度。土星仍然還是土星，但現在與北月交點合相，我們就把注意力放在它比較令人振奮的可能性。

與南月交點形成對分相的行星，曾在過去傷害或牽絆你。請以負面的角度來解讀。

一個行星與北月交點形成合相，會為你指出前進的道路。請以正面的角度來解讀。

這裡的重點很簡單，這也是演化占星學的核心概念，意即沒有任何符號天生就是好或壞，幸運或不幸。每一個行星都代表一組不同層次的可能性，從

糟透的到光榮的都有。是一個人的覺知和意願，決定了哪些可能性會實際出現在自己一生的際遇裡。

✳ 北月交點的主宰行星

北月交點的主宰行星幫助我們，前往我們必須前往的地方。它是一個人實現演化目標的助力。它象徵有益的策略和手法，就像一位盟友。

北月交點的主宰行星代表實現靈魂約定的有益策略，或是拼圖裡重要的一片，又或是有利的線索，告訴你如何做對；也可能就像蛋糕上的糖霜——代表可以在北月交點的功課裡拿到「最高分」的方法。

這裡的理論重點在於，北月交點主宰行星的意義源自於北月交點本身。我們必須用這種順序來解讀，否則就會失去焦點。

這裡有兩個對比的例子。在兩個例子裡，我們都假設位於六宮的金星是北月交點的主宰行星。所以這個人如果想「拿高分」，就必須從負責任的（六宮）關係（金星）著手。

我先保留這一部分。

我們假設北月交點是在十宮。這個人基本的靈魂目標就是在自己所屬的圈子裡闖出一席之地。但別忘了六宮的金星：他如果想要打出名號，可能必須僱用（六宮）有藝術天份的、有創造力的、圓滑的人，而且都是他喜歡的（金星）人。

現在改換成北月交點在五宮，而非十宮。現在的演化目標就變成與創造性表達有關。爲了實現這個目標，這個人可能必須找一位藝術領域（金星）的導師（六宮）。

　　除非能牢記這個推理過程背後的原則，否則你可能會很迷惑。你一開始要透徹理解北月交點，然後以此爲基礎，再去聯想北月交點的主宰行星如何協助北月交點的目標。

　　無論是北月交點或南月交點，原則都是一樣的：月交點結構中基本的星座和宮位背景，決定了月交點主宰行星的明確意義。你如果把順序搞反了，很可能會像身處複雜的狀況裡卻看不清方向，因此陷入麻煩。

✳ 與北月交點形成四分相的行星

　　我們前面提過，當行星與南月交點形成四分相時，代表這個人在過去的業力了留下未解決的事物。他如果想要向前走，就必須解決留下的問題。這也是一個行星與北月交點形成四分相的一半意義。

　　根據傑佛利．沃夫．格林的說法，這個行星代表「省略的一步」。它會陰魂不散，而我們要前進的唯一方法，就是回到這個老舊、未解決的問題，在這一世把它搞定。這就像在一個陌生的城市裡開車：在高速公路上錯過了一個重要的出口，你唯一的方法就是折返，回到那個出口。

　　這也許是一個人爲了「解決」一段關係的問題，就逃到另一段關係裡。我們都知道，就長遠來看這是行不通的。你在第一段關係裡沒有面對的問題，極有可能也會出現在新的關係裡。說白話一點，這就是行星與南北月交點形成對分相的感受。

　　我們用「省略的步驟」來形容這個相位，但諷刺的是，沒有人能眞正省略任何步驟。我們只能拖延而已。

　　一個行星與南北月交點形成四分相的能量，就像是過去和未來之間懸而

未決。這很容易倒退，再次促成導致過去的南月交點的困境。而理想的狀態是往更高的層次邁進，這麼做有助於我們實現北月交點的功課。

我們之前舉例，一名女子的海王星與南月交點形成四分相。我們考慮其中一個可能性，就是在過去的業力裡，她在酒精的迷霧裡失去了演化的重心。另一個可能性就是她任由一個有如寄生蟲的母親榨乾了自己的人生。截然不同的兩種故事，這是諸多不同可能性之中的兩種，我們在這兩個故事裡都看到了海王星的黑暗面：沒有創造力、生產力，無心的失去自我。

到了今生，海王星與北月交點形成四分相，代表海王星的能量懸而未決。她必須讓這股能量往前走。這股能量不可能消散！她如果沒有做對，絕對會再搞砸一次。這一次，海王星的能量有如一朵花，想要以狂熱的靈性生活盛開綻放，這可能是一段與超個人領域的關係，或是深刻投入意象創造的過程，也就是我們所謂的藝術。

如果從整體來看，她的北月交點如果在十宮，她必須在公眾、對外的環境，也許是在她的職業領域，展現她如何發展靈性或藝術生活。

不過如果北月交點是在五宮，這可能意味著「為藝術而藝術」。在這種相位中，就沒有對外發表的演化需求。

如果北月交點是在九宮或十二宮，這可能比較傾向海王星的靈性或神祕領域，比較不會偏向於想像力和創造力。

無論如何，我們的目標就是找到重複的地方，讓任何一個符號與其他所有的符號對話，最後達成一致。

當我們要解決與月交點形成四分相的行星有關的問題時，最重要的就

是，承認向前走的代價。我們在面對這些未解決的問題之前，都會受到限制和阻礙——無論我們知道與否，我們都陷在過去裡，而且注定要重複過去。

　　一個行星與月交點軸線形成四分相，代表一個人必須釋放、淨化其中暗示的阻礙和扭曲，才能實現靈魂的約定。否則，還是無法達成北月交點的目標。

共同的困境和解決之道

　　到目前，我們知道所有技巧的關鍵就是認識南北月交點對立相位固有的緊張能量。因為對立的星座和宮位，永遠代表一枚銅板的兩面，南北月交點具有同樣的極端特質。

　　就像天秤座的平靜可以「治療」牡羊座的壓力，而牡羊座的勇氣和坦率，可以「治療」天秤座的猶豫不決和「禮貌」。三宮的好奇心和開放心態，可以治療九宮的教條主義，而九宮的信仰可以治療三宮的懷疑和不確定。

　　這種「對立」的思考是所有月交點理論的重點——對於大部分其他的占星學、榮格心理學和赫密士（Hermetic）哲學，當然也是如此。

　　不過北月交點和南月交點有時太相似，導致它們固有的緊張似乎消散了。這有幾種不同的表現方式，但是都用非常雷同的方式解決。舉個例子，雙子座南月交點在九宮，北月交點就會在射手座（第九個星座），但三宮又與第三個星座雙子座，天生就能產生共鳴。這時候，我們該往哪個方向分析？

　　我們可能看到南月交點是雙子座——但水星（主宰雙子座）與北月交點合相。未來看起來就像是過去！我們如何放下雙子座，又往水星的方向邁進？

我們可能看到北月交點是射手座，但主宰行星木星，與雙子座的南月交點合相。我們再一次看到過去跟未來十分相似。

在這些例子裡，答案都是一樣的。你必須非常清楚分辨這些符號較高層或較低層表現有何不同。**靈魂約定永遠是從比較低層邁向比較高層。當過去和未來有類似的符號象徵意義時，你就透過高低層次的差異來釐清。**

方法如下：

南月交點在雙子座？在前世，當事人常想太多或太常在一個圈子裡打轉，很狂熱但沒有重點。那水星與射手座北月交點合相？代表你踏上了一條哲學探索之路，必須在今生尋找有意義的生存架構（射手座）。不過如果想要成功，就必須思考、學習、保持心智的開放及嚴謹，願意發現令人驚喜、甚至震驚的真理。這就是水星的更高表現（或是就這個例子而言，是雙子座的更高層表現）。

當北月交點的主宰行星與南月交點合相時，試想一下我們剛才描述的：在過去，你陷在這個行星比較低層的表現裡。**現在你試著追求更高的層次，所以你折返，重複過去做的事，在這一次把它做好。**你踏上演化的未來之路，通過了業力的過往。你要切記，**前世的經驗在今生會特別有用。**你又會遇到同樣的演化十字路口。你上一次向左轉，那這一次試試向右轉吧！

整個理論就是這樣簡單，短短幾頁而已。演化占星學的核心就是熟練應用少數的技巧。就像其他嚴謹的占星學一樣，練習和經驗會讓結果截然不同。不過你如果已有相當程度的理解，然後能用想像力、對人類自由的尊重，以及一些熱情加以活用這股能量，就不只能找到「星盤背後的星盤」，還能找到向前的道路。

結論

　　從星盤中導出前世故事的細節，至今還是很新的技巧。故事顯現有一定的準則和過程，不過大部分的基本思考程序都可以運用傳統占星學的詮釋，只有少部分需要轉換說法。換句話說，如果你是一位傳統占星師，你已經知道很多其中的道理了，這些技巧其實只是延伸所學罷了。應用這些技巧並不難，這只是一種中庸路線的占星詮釋。不過這像從荒蕪的山頂仰望星空，而不是在市區的停車場抬頭往上看。

　　前世看似是一個模糊的領域，一位占星師可以對前世提出任何看法，旁人也無法證明自己比他更有智慧，更正確。有些人無視這種方法蘊含的實際技巧和價值，就會提出這樣的質疑。這裡的關鍵在於，業力的模式很容易重複。我們也許無法直接看到前世，但我們總能看到前世故事與這個人今生問題的關聯性，而且常常能看到細節。我們會請個案評價我們的詮釋——如果對方想要的話，也可以質疑！

　　演化占星學是在當下這一刻，捍衛自身的主張和觀點。我們都是活在當下。當下就是魔術的國度，也是選擇的國度，而這將能創造我們的未來。

第四章

實例示範

　　我們在前面已經討論過演化占星學的基本原則。現在我們用一個實際的例子來示範如何運用——請縱容我南月交點天蠍座的祕密天性，暫且先不透露這個實例的身分。

　　請看表一的星盤，這位「神祕男士」一九三九年十月十八日晚上九點五十五分誕生在美國紐奧良市。我們先用現代心理占星學的角度來快速檢視這張星盤，像從高空宏觀瀏覽其中基本的象徵符號，照幾張空拍圖，先有個整體概念。

　　這位男士是太陽天秤座，與關係、對美的事物感興趣，以及平衡有關。太陽在四宮，他的心靈會偏向家庭和內心生活。

　　這裡有兩個溫柔的主題——太陽在天秤座以及太陽在四宮——再加上他的上升點在巨蟹座，呼應了四宮太陽的內向本質。

　　上升點在巨蟹座，月亮就是這張星盤的主宰行星，這更加深、內化上述的本質，也更主觀。在這張盤中，與月亮有關的主題具有主導地位，而這也與家庭的和滋養的動機有關。

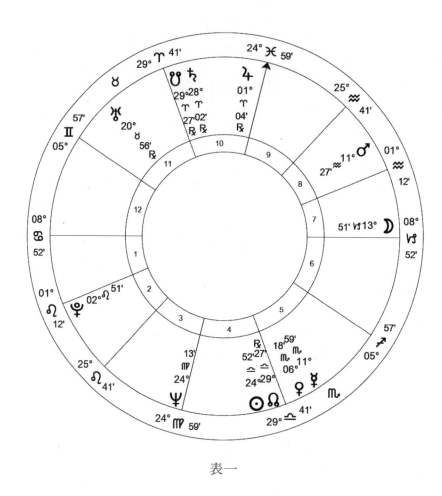

表一

　　主宰星盤的月亮在七宮，所以這再次強調了天秤座色彩：同理心、關心他人，以及通常樂於並渴望與別人和諧相處。月亮在摩羯座，增添謹慎和負責的本能，還爲這張非常重視關係的星盤引入了矛盾的孤僻元素。

　　我們還看到牡羊座的土星與太陽形成對分相，木星也在牡羊座，這也強化了**孤僻**的主題。除了土星和木星，冥王星在獅子座，共有三個行星在火象星

座，爲群星加了一點「辣椒醬」，但是根據大部分的標準，這張星盤的主要**趨**
力仍會放在天秤座、巨蟹座和摩羯座比較溫柔、溫和、內斂的特質。海王星更
強化了這種**趨力**，這個敏感、自溺的行星就在四宮宮頭，構成這位男士的心靈
基礎。

　　我們在占星學裡總會衡量矛盾的證據，然後做出平衡的判斷。當然，任
何人若以現代心理占星學的角度來看，會認爲這張星盤的主人敏感、情緒化，
也許有點憂鬱，但基本上很溫和，會把重心放在安靜的、私人生活裡的簡單樂
趣上。

星盤背後的星盤

　　不過當我們進入業力的分析後，會發現一切都與上述看到的特質有驚人
的矛盾。南月交點在牡羊座，位於十一宮宮頭。基於效率考量，我引用上一章
提過的例子，如果你之前跳過那一部分，或是已經印象模糊，現在複習一下會
很有幫助。我們在上一章看到，這個位置的南月交點象徵一位在團隊（十一
宮）裡的「戰士」（牡羊座）——因此很容易聯想到，軍隊裡的一名士兵。

　　土星與南月交點合相，象徵堅忍地、有紀律地適應一種長期困境。想像一
下，這又非常符合軍隊裡受困的、無情的氛圍。別忘了，當土星與南月交點合
相，這個人會認同土星的心理特質，並表現在社交行爲上。

　　現在我的腦海中出現具體的畫面：在漫長的寒冬裡，一名飢餓的、筋疲力
盡的士兵在泥濘中艱困前進。

　　主宰南月交點的火星在八宮寶瓶座——這是知名的「死亡宮位」。

每天都要面對自己可能死去的這件事，也要面對殺死其他人的事實。當
這些畫面跳出來時，更呼應並強化了戰士的象徵。而這些特質會用寶瓶座的獨
特方式躍然而出，可能是與殺人這件事做情感切割（寶瓶座的負面表現），或
是與一種永無止盡的折磨（土星）做情感切割，這種折磨來自對死亡的不安。

因此這位「神祕男士」會臆測自己可能會死在一個寒冷刺骨的日子裡，就
如昨日一樣，就如前天一樣。他只會聳聳肩，瞄準遠方的一個人，開槍，然後
看他倒下，然後又聳聳肩，不以為意。

情感疏離是寶瓶座的陰暗面之一。我們需要創傷去觸動它——這正是象
徵戰士的火星在死亡宮位能強力提供的。這個受到創傷、冷酷的火星是南月
交點的主宰行星，成為這位神祕男士的故事和天性的主要面向。我們在上一
章提過，這代表他前世的「另一個心靈面向」，或這個故事的「另一章」。

還不僅於此。位在二宮獅子座的冥王星與南月交點形成四分相。構成這
個相位的「元素不符合」，意味著冥王星是在一個「錯的星座」，與牡羊座的南
月交點形成四分相。但這個相位已經很緊密，可以被當為準確的九十度來看，
所以也會發揮力量。

從與月交點形成四分相的角度分析，我們知道冥王星代表「令他煩惱」或
「限制他」的元素。如果是一個比較溫和的月交點故事，這樣的冥王星代表痛
苦的心理或情緒問題。但我們已經知道這個故事的動力，所以完全不會用溫
和的角度來看待它。在極端的背景中，這樣的冥王星代表某種非常「真實」、
能量強大的噩夢。

所以到底是什麼？

具體而言，獅子座是國王的原型，這裡最有可能的解釋是一位冥王星型

的「權威人士」，令這位神祕男士非常苦惱——對方的天性也許既惡毒又殘忍。那我們繼續軍隊的故事，這可能代表凌駕於這位男士的軍官或將領，這是他無法逃避的高壓統治。

冥王星也在二宮。在這樣赤裸原始的背景裡，二宮指的遠非「金錢」。這可能暗示某種比較貼近維持基本生存的東西——或是考慮冥王星與一些令人驚嚇的事物的連結，他可能根本缺乏維持基本生存的東西！這位戰士的死亡並不「尊貴」，看起來死因比較可能是營養不良、接觸某些東西，或是疾病。他可能因為在一池令人凍僵的泥濘裡，因為腹瀉死去。這種比喻至少能呼應這張星盤的配置。

我們還能看到更多故事。太陽與北月交點合相，所以與南月交點形成對分相。由於南北月交點永遠是對分相，我們可以發現這位神祕男士「無法搞定」某件事。這就像「現實的磚瓦牆」。就像在天文學的領域，所有行星都無法逃避太陽的重力；在占星學裡，太陽就代表極為重要的人——我們無法逃避這些人的意志和需求，無論這種影響力是來自他們的領導魅力，或是他們的世俗地位。所以這個太陽的位置，再次呼應我們在冥王星看到的特質：無法逃避的、無法否定的世俗權威提出的要求，擊敗了這位神祕男士；而它的要求與他的天性及慾望是完全相反的。

太陽在四宮，我們不免更進一步想，這些無法逃避的需求是來自宗族的忠誠。舉個例子，什麼樣的男人不會保護自己的孩子或年邁的父母？他如何再次面對他們？他如何自處？即使他們並不是用一種侵略或操控的方式來製造需求，但在我們看來，他們就是一種迫切的道德需求。

這個月交點的故事已經浮上檯面了。現在該回頭檢視並進行整合了。一開始先從傳統占星學開始，添加一點轉折。如果你認識一個人，他或她的童年經

驗有這樣的特質——暴力、挨餓、被口出惡言的權威人物控制——你會如何想像對方現在的狀況？只要讀過一點心理學的人，應該很容易想到一些黑暗的答案。現在把這個明顯的、熟悉的心理觀點倒轉，不只倒轉至童年時期，還要更退到這個靈魂的童年：

我們要把這些內容視爲一套來自前世的根本的、未解決的課題，就像一個看不見的磁場扭曲了這一世的星盤的表達，就像一個辛苦的童年會扭曲成年的人生一樣。

這位神祕男士除非已經眞正獲得療癒，要不然，我們很容易聯想，他很難避免一些不同形式的憤怒和憂鬱。我們可以推測，他可能與權威人士有一些情緒主導的問題，很容易對他們有負面的投射。我們會擔心，他可能會再次重複疏離或漠然的暴力。我們可以想像，他的性格有些冷漠，這可能跟人類親密關係裡固有的臣服和溫柔，痛苦地交雜在一起——而根據比較傳統的占星學解讀，從他的星盤看來，他極度需要親密的人際關係。我們可以看到他對家庭連結的矛盾，或是對國家和文化認同的矛盾。有鑑於業力主題很容易重複，會把我們拉回熟悉的老舊模式，我們不禁猜想，這位神祕男士很容易被會下暴力指令的集體組織吸引，軍隊就是最明顯的例子。

我們現在看到最關鍵的重點：這裡有一種明顯的張力，一邊是業力故事，另一邊是用比較傳統的占星學角度來解讀這位神祕男士的星盤基本符號後，看到他的溫柔和居家傾向。

這個飽受折磨的痛苦靈魂來到這世間尋找平靜（也許是透過家庭），卻發現事情沒這麼簡單。要特別留意，他的天秤座北月交點與太陽合相。這裡出現了演化占星學（北月交點）最大的挑戰，也是他保持太陽元素的健全和「核心」的關鍵。他迫切渴望忠誠的、穩定的親密關係。而這就是可以出現療癒的

地方。不過如果想要健康地活出四宮的天秤座，這是一個非常極端的靈魂需求——而他所有的業力模式都與這背道而馳。

這位神祕男士是……

這是李·哈維·奧斯華（Lee Harvey Oswald）的出生星盤，他據傳在一九六三年刺殺美國前總統約翰·費茲傑拉德·甘迺迪（John Fitzgerald Kennedy）。

關於奧斯華在甘迺迪的死亡裡到底扮演什麼角色，當然有很多爭議。不過這個問題已經超出本章的範圍。他到底是獨自開槍殺了甘迺迪，還是有共犯？或是他只是受人指派或被設計，成為代罪羔羊，然後被殺？從業力的觀點，無論哪一個版本的故事都說得通。

更重要的是，你會發現李·哈維·奧斯華一生的現實遭遇，幾乎完全不符合我們透過比較傳統的占星學技巧得出的任何結論。

不過這一切都透過演化占星學的分析躍然紙上，如實呈現。

結論

李·哈維·奧斯華的星盤是個很明顯的例子，可以看到演化占星學的應用。我選擇他的星盤，是因為這證明了這門新的占星學派經得起實際考驗：在這裡，傳統占星學的分析會很尷尬地失準，但若能融入演化的架構，就像能把解讀星盤的視力矯正至一·○的標準。

就如你想像，並非每個月交點的狀況都如此極端。有時業力的故事會與

今世的星盤重疊，或是加強了今世的星盤。在這種狀況，我們顯然無法透過這些技巧看到這麼多的內容。不過，這些技巧能修正我們，引導我們看到一個人的弱點何在，而當事人會很容易用空洞、毫無建樹──甚至完全負面──的方式，重複舊的惡習。

有些時候，其他星盤中的月交點，不會像李·哈維·奧斯華星盤的月交點一樣被強調，例如相位比較少，那麼演化的故事就不會如此緊迫。

想當然耳，大部分的業力故事根本不會如此戲劇化。我們可能會有「緩慢鬆散」的月交點故事，牽引我們這輩子過得死氣沉沉，事事多在預料之中。這也是業力。業力有很多種表現形式，如果它要能反應生命的完整樣貌，就必須如此。

不過平心而論，依我的經驗，從月交點看到的東西，從來不曾跟個案今生的現實脫節。

現在，你對這個系統如何運作已有初步瞭解。還有一些分析的步驟，你可能還不太了解，但都不會太過偏離占星學比較常規的認知方式。如果你很擅長以選擇為主軸、心理學風格的現代占星學，學習演化占星學其實能為你添加更多工具，而非刪除任何配備。

接下來我們會介紹許多更具體的例子。現在就讓我們捲起袖子幹活吧，好好實際運用所有的基本技巧。

第五章

從天文學看南北月交點

如果你是個書呆子，歡迎來到天堂。不過你如果老是在科學課睡著，而當英文老師開始講述羅馬詩人時，你就興致盎然，眼睛一亮，你可能成為非常出色的占星師——但是，你可能會想要略過這一章。

所以，月交點到底是什麼？它們顯然不是行星。既然它們是演化占星學的基礎，也是通往業力分析的入口，我們就花一點時間來認真認識它們。

地球是繞著太陽運轉，不過因為我們身處在地球，所以看起來並非如此。過去數千年來，我們的祖先都是用另一種角度看這件事，認為是太陽繞著地球運轉。

既然天文學是以地球為中間點，所以我們的語言和觀點都會堅持眼睛的錯覺。我們實際**看到**的是太陽會每年都會繞著一個由星座組成的環帶運轉。占星學把這個環帶稱為黃道帶（Zodiac）。天文學家則將此稱為黃道（Ecliptic）。

想像地球繞著太陽擺動運行的軌道，就像切出一片圓形的玻璃。這個玻璃片就是黃道面（Plane of the Ecliptic）。以我們地球為中心的想法，或把黃

道面投射在一個想像的天球裡——一個佈滿星星的巨球，我們也在其中，就在正中央的位置。

當黃道面遇到天球時，我們就會在天空看到一條太陽每年走一次的「高速公路」，其他所有行星也是這樣走一回。這就是黃道帶。

月球會繞著地球運轉，繞一圈略少於二十七天又八小時。你也可以想像，當月球繞著地球轉時，也會切出一片圓形的玻璃，而這就是月球的軌道面。就像黃道面一樣。我們也把月球的軌道面投射到天球（雖然在現實裡，月球的軌道遠比太陽繞著地球的軌道小，不過當我們把它們都投射到天體時，就把它們想像成一樣大，會比較容易理解）。

現在有一個重點：月球的軌道面對黃道有約五度（五度八分四十秒）的傾斜。換句話說，它們並沒有「一樣平」。所以月球有一半的時間是在黃道的上面，一半的時間是在黃道的下面（在此我們厚臉皮地耽溺在歐洲殖民的想像裡，認為上面就是北方，下面就是南方！）

如果上述的你都懂了，你就能理解月交點了。當月球穿越黃道進入北方的點，就是北月交點。當月球穿越黃道進入南方的點，就是南月交點。更精準的說法是，當月球軌道面升起高於黃道面時，就形成北月交點；當它沉下低於黃道面時，就形成了南月交點。

月球可能處於運轉軌道中的任何位置。不過每個月，月球只會越過黃道兩次，一次往上走，一次則是往下走。這就是天文學認知的月交點。

月交點週期

你可以拿一個小孩的玩具陀螺轉一下。你會發現，陀螺會順時鐘方向轉得非常快。當它越轉越無力時，就會開始用緩慢的反時鐘方向晃動，最後停下來。同理而論，當月球每個月繞著地球運轉時，它的軌道面會慢慢地反方向後退。換言之，月球軌道穿越黃道的位置——也就是月交點——不會永遠跟黃道維持同樣的角度。它們會慢慢地逆行，約花六千七百九十三‧三九天，會逆行到一開始的位置，也就是十八‧五九九七年——十八年七個月又加上幾天。

另一種說法是，月交點需要約一年半的時間逆行通過每一個星座。還有一種說法是，月交點約十九天移動一度。

食

你只要稍做思考，就會發現日食和月食顯然很符合月交點的理論。就如眾人所知，日食是件大事。人們會不辭千里去看一場日食。不過很多人不知道，我們每個月有多麼接近日食。我們每隔二十九天就會有一次新月。這代表太陽和月球在黃道帶連成一線，角度一致。

那為何我們不會有日食？

因為即使太陽和月球連成一線，但月球的位置還是略高或略低於太陽：你要記住，月球的軌道面和太陽／地球的軌道面並非平行一致，有約五度的傾角。

它們唯一一致的地方就是月交點。我們之前學過，月交點就是月球軌道

與黃道實際交會的位置，或是與黃道平行一致的位置。所以當我們看到日食，就代表新月非常靠近一個月交點。同樣地，如果當滿月非常靠近一個月交點，就代表月食。

我們現在可以用計算機算出這些角度。在多年以前，我們的祖先打造了一個大型計算機做這件事，那就是英國的「巨石陣」（Stonehenge）。

平均交點和真實交點

在占星圈裡，人們對於到底要用平均交點還是真實交點有很多爭議。有些人非常熱衷討論這件事，即使兩者之間的差距並不明顯，相距不到一點五度。所以，我覺得這樣的討論很惱人，讓這些人安靜下來的最好方法就是問他們這些差距在天文學上的定義。他們通常就會安靜了。

月球繞著太陽運轉。這是一個簡單、實際的說法，這基本上都是正確的。但是更精準的說法是，太陽和月球是繞著一個共同重心轉，這個重心就是「質心」（barycenter）。

我們可以把地球想像成一位身形龐大的男士，在跟嬌小的妻子跳舞。他們會拉著對方的雙手，快樂地轉圈圈。不過因為他體型比她大很多，所以乍看他很穩定，而她看似在繞著他轉圈。但如果你再看仔細一點，你就會發現沒這麼簡單。當她一開始拉他時，他的身體重心會有一點迴旋，然後繼續轉圈。

這就是地球和月球的互動。它們共同的重心——質心——並不是位於地球最核心的位置。其實，它位於地球核心到地表四分之三的位置。換言之，它是在地球裡面，但就不是在核心的位置。所以就像那位身形龐大的男士，地球

跟月球跳舞時，會有一點搖搖晃晃。

　　我們再清楚描述這些動作。當這位嬌小的女士繞著這位身形龐大的男士的旋轉時，她會把他的身體重心拉向自己。她的體重比較輕，所以對他的影響很少，但的確有影響。她就像月球一樣，她繞著他「運轉」會有一個「面」，但這個面的核心——他的臀部——並不是在固定位置，也不穩定。她總會把這個核心稍微拉向自己。

　　我們稍早提到，南月交點就是月球的軌道面穿越黃道進入南方的點——在這個點之後，月球會移到黃道「下方」（別忘了，我們把這軌道面想像成一片圓形的玻璃）。

　　在和舞伴跳舞時，月球軌道的「玻璃片」會晃動。所以這些月交點的準確位置也會晃動。月球的真實交點就反映了這些晃動。平均交點則忽略了這些晃動。這看起來有點複雜。

　　當我們越靠近一個東西時，我們越能強烈感受到它的重心的拉力。這就是物理學裡知名的「平方反比定律」（Inverse Square Law）——距離減半時，重力的力量會乘以四倍。

　　月球繞著地球運轉的軌道並非完美的圓形。這個軌道就跟大部分的天文軌道一樣，這會隨著「食」運行，有時比較靠近地球，有時比較遠離地球。這意味著，月球對質心的拉力會隨著月球每個月的運轉產生變化。當月球比較靠近地球時，月亮的拉力比較強。不過這造成的影響，只是讓質心稍微顫抖而已。

　　更進一步討論，太陽的巨大重力也是這個算式的一部分。就像我們稍早學過的，月亮繞著太陽運轉的軌道面，跟地球繞著太陽運轉的軌道面並非「一樣平」，兩者約有五度的傾角。太陽重力的拉力有時比較「少」，有時比較

「多」。這就會對月亮的運轉帶來更多的顫抖。

我們現在可以把所有的因素都列入考慮，就可以看出月交點實際的位置是相當顫動的。基本上，這就是真實交點的計算方式，儘管大部分的占星軟體其實並沒有納入這所有因素。這意味著，所謂的真實交點也不是真正正確的。最重要的是，計算得出的真實交點是很怪異的，它有時甚至會短暫地直線移動。

平均交點的假設比較簡單：月亮就是繞著地球的核心運轉，這讓一切看起來比較順暢。

我稍早提過，真實交點和平均交點的位置只有些微差異，所以就整體而言，對我們的研究的影響微不足道。

我自己是使用平均交點，但我不會斷然說這就是正確的。我是偏重實際勝過理論。而這就是我學到的，也是我的經驗。

有時候，有些來找我的個案的平均月交點和真實月交點是分離的，但通常也只差距一度左右。但對這些個案而言，這個差距導致平均月交點和真實月交點是在不同的星座。

舉個例子，也許平均月交點是在雙子座二十九度三十七分，但真實月交點是在巨蟹座零度四十三分。我會把這些個案視為珍寶——至少是很棒的實驗室白老鼠！當我在解讀星盤時，我會告訴他們可能會有兩個業力故事，問他們對哪一個比較有共鳴。我也會用我對他們的主觀印象，還有他們外在生活的狀況，來比較這兩個版本的故事。這些人們的實話就是占星學的最高法院，遠比任何天文學的技巧爭論更加寶貴。

對我而言，結果通常是平均月交點比較符合現實。你可以試試看，哪一種交點比較適用。

在此要留意兩件事：

首先，不要用我的方法來測試真實月交點和平均月交點宮位位置的差異。宮位的起點本來就比星座的起點更加模糊——它們會更「浮動」，就像季節變換，星座的起點比較容易跟更明確的「喀擦聲」吻合，就像電視頻道一樣。

占星學最令人生懼的大魔王就是正確的出生時間。即使是一點小錯誤，都可能導致兩個宮位的宮頭位置不一樣，讓我們的研究出現疑點。所以，如果就所在的宮位而言，你對真實月交點更有共鳴，勝過平均月交點，那麼，這個月交點的宮位可能是正確的。不過我第一時間會想到，可能是你的出生時間有一或兩分鐘的誤差。

其次，當我們在討論平均月交點和真實月交點的差異時，不要只看一或兩張星盤。占星學中有一半非常愚蠢的想法就是因此出現的，就如「我最好的朋友是木星在一宮，她喜歡貓。所以木星在一宮，就代表你喜歡貓」。

我們必須把網子撒得更遠，更廣，才能看到可靠的模式，而我們可以在這些模式裡挖到鍊金術的金子。

第六章

南北月交點在十二星座的表現

我每次要機械式地詮釋任何的占星相位時，都會有點不自在。沒有任何相位是獨立真空的，占星學技巧的核心就在於把所有一切都編織在一起，創造出一個獨一無二又明確的整體。所以接下來，當我說要告訴你「南月交點在牡羊座的意義」時，請你自己添加佐料！

那麼如果這個獨立的，或是憤怒的牡羊座南月交點是在七宮呢？那代表這個人在某個前世，「透過另一個人用某種方式定義自己的身份」，而依賴可能就是憤怒的焦點。這場「戰爭」發生在非常親密的關係裡。但若牡羊座南月交點是在十宮呢？那麼這個「戰爭故事」可能就是在世界的舞臺上演。如果剛好又與土星和冥王星形成對分相呢？那麼，這帶來的挫敗就會更痛苦。如果是與木星合相呢？那就是傳奇性的勝利了。

務必謹記，要看來龍去脈才能看到全部。

要把接下來的內容，當成一個起點。記住：每十二個人就有一個人符合接下來每一個部分的介紹。這一定是很籠統的——怎麼可能不籠統呢？

在下一章，我們會用同樣的方式介紹月交點在十二宮位的表現，當然也會

有同樣的提醒。但如果你可以把這兩件事連在一起——一個月交點在某一個星座落入某一個宮位——你就已經跨出很大的一步了。不再是十二分之一而已，而是一百四十四分之一。

能走到這一步，你真的已經準備好了！

南月交點在牡羊座／北月交點在天秤座

解釋南月交點的意義，就像要從某一個前世的故事裡面找出關鍵時刻，然後像拿著一個聽診器，診斷那一刻人類的心理狀態。我們可以知道那個人當時的感受，但不知道當事人當時看到什麼，在想什麼，或是在做什麼。我們可以找到情緒的訊息，利用星盤中其他相位的暗示，透過辨識和覺察，理出實際故事的樣貌。

當南月交點在牡羊座，我們知道這個人可以感受到很多腎上腺素的作用。我們可以說，當事人曾面對過戰爭。人類集體歷史已經證明人們對戰爭的熱愛，因此我們通常可以把**牡羊座**暗示的**戰鬥**的暴力，視為實際的戰爭：這個人可能確實面臨過戰鬥的生死關頭。但是「戰爭」也可能是一種比喻，泛指有**危險、壓力、緊張**和**競爭**的人類活動，像是登山、駕一艘西班牙帆船穿越未知的水域、充滿痛苦恐懼的分娩經驗，甚至是因商業或政治的角力受困。

一名從伊拉克巴格達——或是越南、義大利卡西諾山（Monte Casino）或美國安提塔姆（Antietam）——回來的年輕士兵有嚴重的緊張問題。有一次，他和自己心愛的人在床上睡覺。遠方街頭有一輛車引擎發出逆火聲。他馬上驚醒，拿起一把刀朝牆射去，刺在牆上。他的愛人嚇壞了，不斷抽泣。他覺得自己的過度反應太瘋狂。但這就是讓他在戰場存活的反射本能！

很多瘋狂的人類行徑都有這種模式：我們會在瘋狂的環境裡做出合理的適應，但是換了一個背景，那些適應看起來根本就是瘋了。

當南月交點在牡羊座，「拿刀射牆」是業力狀況一個很好的比喻。這個靈魂天生就有戰士的反射動作。他們可能會**無來由地憤怒和恐懼**；討論可能會**「失控」**，變得很戲劇化，很激烈；會有一種急迫性，危機感。這也可能是一些內在形式的**殘酷**——殘酷的表達，或是接受到的殘酷訊號。

北月交點在**天秤座**給我們另一個觀點，代表這個人的演化目的主要是**平靜**下來，找到內心的寧靜與平衡。這個人如果想要達成目標，就必須認清自己不知不覺地想讓外在狀況看起來更戲劇化、更緊張、更令人精疲力竭，而其實並不需要如此，這麼做也不健康。

這個人必須清除某種潛伏在自我覺察的裂縫裡的競爭心態。當事人必須不要把人們想成看卡通裡的「朋友或敵人」，而是要花時間真實地認識別人，知道每個人都是很複雜的，都有細微的不同。當事人可以多接觸開化的人事物，從中受益，像是繪畫、音樂和優雅的人。最重要的是，當事人必須理解一件事：愛，遠不僅止於熱情而已。

實例：美國反戰運動家丹尼爾‧貝里根（Daniel Berrigan）、英國皇家海軍中將威廉‧布萊（William Bligh）、美國女演員茱莉‧克莉絲汀（Julie Christie）、美國女演員潔美‧李‧寇蒂斯（Jamie Lee Curtis）、美國銀行搶劫犯約翰‧迪林傑（John Dillinger）、美國女演員費‧唐娜薇（Faye Dunaway）、美國演員法比歐（Fabio）、美國女演員茱蒂‧嘉蘭德（Judy Garland）、美國太空人約翰‧葛倫（John Glenn）、美國女作家蘇‧葛拉芙頓（Sue Grafton），美國政治家傑西‧赫爾姆斯（Jesse Helms）、美國電臺主持人唐‧伊莫斯（Don Imus）、俄羅斯沙皇伊凡四世（Ivan Terrible）、美國作家傑克‧凱魯亞克（Jack Kerouac）、英國作家魯德亞

德‧吉卜林（Rudyard Kipling）、武打巨星李小龍（Bruce Lee）、美國流行音樂歌手瑪丹娜（Madonna）、美國爵士樂貝斯手查爾斯‧明格斯（Charles Mingus）、英國物理學家艾薩克‧牛頓（Isaac Newton）、李‧哈維‧奧斯華（Lee Harvey Oswald）、巴西足球明星比利（Pele）、美國出版家約瑟夫‧普立茲 （Joseph Pulitzer）、美國男演員金‧羅登貝瑞（Gene Roddenberry）、美國女歌手格蕾絲‧斯里克（Grace Slick）、美國前副總統哈瑞‧S‧杜魯門（Harry S. Truman）、法國小說家朱爾‧凡爾納（Jules Verne）、愛爾蘭詩人威廉‧巴特勒‧葉慈（William Butler Yeats）和美國作曲家法蘭克‧扎帕（Frank Zappa）。

南月交點在金牛座／北月交點在天蠍座

　　金牛座是最原始的土象星座。它呼應了我們地球最具地氣的居住動物，還有我們這些「兩腳」動物尚未距離天生根源太遙遠的所有本質。

　　金牛座跟本能有關，所有我們骨子裡就知道的簡單真理。就像動物一樣，這與最基本的事物有關：**食物、溫暖、慰藉、庇護和愛**。金牛座比較喜歡**熟悉**的事物，會避免意料之外的事。當南月交點在金牛座時，這個人的業力故事極可能跟農耕有關，或是接近大自然。當事人的靈魂記憶可能與所謂的原始文化裡的集體成員有關，像是納瓦荷族（Navajo）或蓋爾族（Gael）或阿散蒂（Ashanti）帝國。

　　這種詮釋當然無法很確定，但很符合金牛座的特質。所以這可能是任何一種簡單的生活：農夫、工匠或漁夫。我們常看到這些人與動物自然相處。他們也可能有真本領，成為園丁或自然主義者。他們通常都有一些手作能力。

　　我們再進一步歸納其他的可能性。我們常在金牛座南月交點看到的特質

就是，他們的動機來自於渴望讓一切**維持穩定**，而且在**可以預測**的範圍——其中就會有陷阱。

　　這個靈魂的邏輯充滿對穩定和可預測的執著，這就是某種**保守主義**。到了這一世，當事人會面臨停滯的危機。這種問題最常出現的方式就是過度在意財務的穩定，因此太看重金錢。另一種方式就是在關係裡，會避免自然出現的衝突，滿腦子只想著要快樂地在一起，卻不努力做一些確實能維持關係幸福的事。

　　金牛座有很多簡單的、本能的美德。它代表一種天生的道德感，不需努力用哲學修飾。我們的本能多少就知道，殺戮的愉悅是錯誤的，或是知道對小孩占性方面的便宜是錯誤的。所以這個人天生就具有這種「不自覺的美德」。不過這個優點也有一個負面表現，就是過於「天真」，因此很容易成為狡猾之人的獵物。我們也許可以看到一些「單純的」印地安人，被一些「城市騙子」騙走財產、土地，或是被性剝削。

　　以上這些都可以幫助我們掌握北月交點在天蠍座的意義。當事人的演化目的就是與生命的複雜、諷刺和道德矛盾和平共處。這個人已經準備好在心理層面向前躍進。這一世，當事人想要與**陰暗面**共舞，融入其中。

　　這是靈魂演化非常精巧的一步。這裡要強調一點，目的並不是「變壞」！而是要和自己內在的天蠍特質和平共處。就像亞當和夏娃一樣，現在這個人準備要吃「知善惡樹的果實」。這裡的演化功課大部分都關乎接受自己對於**權力、性渴望、嫉妒**和**控制**的課題……所有人類會玩的「骯髒把戲」的需求，都是圍繞著這些打轉。當事人必須學習接受這些特質，讓它們浮上檯面，並為了它們做些調整。在這一世，當事人要**超越美德，進入完整**，這才是最高層次的愛——一種包容萬物的愛，一種不以任何事物為恥的愛。按照心理學的術語，

當事人正在學習收回投射，意即承認自己容易用來評斷別人的自我特質。

實例：美國女演員泰魯拉・班克希德（Tallulah Bankhead）、德國音樂家路德維希・范・貝多芬（Ludwig van Beethoven）、美國作家雷・布萊伯利（Ray Bradbury）、美國政治家傑瑞・布朗（Jerry Brown）、美國男演員尤・伯連納（Yul Brynner）、美國男演員朗・錢尼（Lon Chaney）、數學家尼古拉・哥白尼（Nicolaus Copernicus）、美國脫口秀主持人艾倫・狄珍妮（Ellen Degeneres）、美國企業家華特・迪士尼（Walt Disney）、美國女作家貝蒂・傅瑞丹（Betty Friedan）、瑞士雕塑家阿爾伯托・賈克梅蒂（Alberto Giacometti）、黎巴嫩詩人哈利勒・紀伯倫（Kahlil Gibran）、奧匈帝國小說家法蘭茲・卡夫卡（Franz Kafka）、美國前總統亞布拉罕・林肯（Abraham Lincoln）、美國小提琴手蓋伊・隆巴多（Guy Lombardo）、創造小熊維尼的英國作家克里斯多福・羅賓・米恩（Christopher Robin Milne）、美國女演員蜜雪兒・菲佛（Michelle Pfeier）、教宗若望保祿二世（Pope John Paul II）、美國男演員米基・魯尼（Mickey Rooney）、美國女演員莎朗・史東（Sharon Stone）、美國女演員莉莉・湯琳（Lily Tomlin）、美國企業家泰德・透納（Ted Turner）、美國男歌手杜威・約肯（Dwight Yoakam）。

南月交點在雙子座／北月交點在射手座

機智、能言善道、反應迅速，這些都是**雙子座**的特質。你可以想像一場快節奏的對話，你的自由聯想能有多快。再想像你在車流擁擠的高速公路上開車，也是受到刺激，然後反應。

即興的技巧，隨機應變的本領，都是我們必須認識的雙子座的基本特質。南月交點在雙子座的人，前世的經驗都反映了這些快速的心智能量和內心

狀態。過去的情境塑造當事人必須快速反應，並能辨識機會，然後快速抓住機會，速度要比一隻貓伸爪抓住一隻飛過眼前的蜂鳥還快。這導致當事人的心靈能量處於理性的、智力的、壓力較大的狀態——必須適應環境，但也許如今看來不夠人性。不過當事人一來到這世上，他們馬上會感受到前世快速思考的重力場，生命就開始加速了。

雙子座常與**兄弟姊妹**有關。當然我們不應該那麼僵化，不過這很容易想像一個人這輩子會遇到前世的兄弟或姊妹。兩人的連結非常強烈，而且可能有一些未解決的問題。現在跳進一個故事，想像他們的兄弟姊妹不得不仰賴他們的智慧生存，你就打中雙子座南月交點的感覺了。

雙子座那種徹底的快速和彈性，也令人聯想到**年輕**。雖然還是別忘了，不要只局限在這一點。不過，雙子座南月交點一些令人信服的業力經驗，常會與僅限於年輕人的危險和機會有關，例如可能有過度輕信的特徵，舉個例子，在四十歲時衝動結婚，弄得傷痕累累！不過這種婚姻，可能是雙子座南月交點和象徵關的符號有連結。性虐待、學生的經驗、高中的勾心鬥角和蠢事，這些也都屬於年輕的經驗。

不過這裡最重要的定位，也許是對**語言**的覺察力。把人類的經驗轉換成語言、文法和語法，對他們而言是很輕鬆自然的事。我們可以假設，他們在前世曾經高度發展這種溝通能力。然後你當然要看一下星盤的其他部分，這代表當事人是一個作家？大學教授？還是一個騙子？

南月交點在雙子座的人，在前世必須對抗一種**長期過度緊張**的狀態。所以當事人必須小心一種模式：擁有很多有用的戰術，但缺乏主軸的目的或策略。這裡會有一種不間斷的壓力，讓他們想要喋喋不休，不斷地繞圈子。當事人一定會認為壓力來自外在，但這其實是殘留的業力情緒。真相是這些壓力多半

都是心理的、內在的，跟外在現實無關。

北月交點在**射手座**，這是**哲學家**的星座，強調這個人這一世必須深刻地、直覺地思考到底什麼才是生命中最重要的事。他們必須用**價值觀**、**信仰**和**個人哲學**來引導人生。就廣義而言，宗教可以幫助他們維持信念。有一種很有幫助的「瑜伽」，就是每年去「一座山頂」停留一些日子，思考自己是否還在生命的大遊戲盤上──而自己明年此時想要走到哪個位置。

旅遊也是射手座很棒的維他命，可以幫助一個人擺脫身旁戲劇性事件和雜事的魔爪。當事人也可以憑著直覺去實際造訪造成雙子座創傷的前世場景。只是看著這個地方，雖然只是模模糊糊，一知半解，但這種神祕經驗能帶來解放。

實例：美國舞蹈家佛雷‧亞斯坦（Fred Astaire）、美國女主持人羅娜‧巴瑞特（Rona Barrett）、拿破崙一世（Napoleon Bonaparte）、阿根廷詩人豪爾赫‧路易斯‧波赫士（Jorge Luis Borges）、美國男演員喬治‧卡林（George Carlin）、美國魔術師大衛‧考柏菲（David Copperfield）、美國男演員比爾‧寇斯比（Bill Cosby）、美國製片家塞西爾‧德米爾（Cecil B. DeMille）、美國汽車巨擘亨利‧福特（Henry Ford）、美國心理學家埃里希‧弗羅姆（Erich Fromm）、微軟創辦人比爾‧蓋茲（Bill Gates）、美國女星琥碧‧戈柏（Whoopi Goldberg）、美國報業大亨威廉‧赫茲（William Randolph Hearst）、美國作家厄尼斯特‧海明威（Ernest Hemingway）、美國木偶師莫里‧亨森（Jim Henson）、美國男明星達斯汀‧霍夫曼（Dustin Hoffman）、伊拉克前總統薩達姆‧海珊（Saddam Hussein）、愛爾蘭作家詹姆斯‧喬伊斯（James Joyce）、南非前總統尼爾森‧曼德拉（Nelson Mandela）、加拿大女歌手艾拉妮絲‧莫莉塞特（Alanis Morissette）、德國哲學家弗里德里希‧尼采（Friedrich Nietzsche）、美國賽車手理查‧佩帝（Richard Petty）、美國前總統法蘭克林‧羅斯福（Franklin D Roosevelt）、英國文豪威廉‧

莎士比亞（William Shakespeare）、美國小說家米奇・斯皮蘭（Mickey Spillane）、印度哲學家斯瓦米・維韋卡南達（Swami Vivekananda）、美國國父喬治・華盛頓（George Washington）、英國女作家維吉尼亞・吳爾芙（Virginia Woolf）、英國詩人威廉・華茲渥斯（William Wordsworth）。

南月交點在巨蟹座／北月交點在摩羯座

當你告訴一位負責的母親或父親，他的小孩遇到危險了，我們可以確定：對他們而言，沒什麼比這更重要的事了。這就是爲人父母的自然反應，大部分的人如果看到他們還關心其他事，都會忍不住想要批評。

有些像是保護孩子之類的本能，是人類相當基本的天性，會自動避開比較高層的大腦運作。這大部分都與物種的生存有關。這些本能對我們都非常重要，成爲我們的道德和法律系統的基礎。

由月亮主宰的**巨蟹座**，就整體而言，是占星學中的**本能**典範。大部分的本能特別都與**家庭、住家**，以及**保護弱者**有關。當南月交點在巨蟹座時，這個人帶來的印記就是**極度認同家庭**，可能過去曾因爲人父母這件事深受感動。這個人打從一出生開始，通常就會對某些特定的人有深刻的、毫無疑問的**忠實**和**連結感**，無論對方是否值得！這裡是由情感和本能主導的。

有這個南月交點位置的人，永遠要留意業力的過去可能會造成盲目或限制，無論整體看起來是多麼值得讚許。家庭通常是一個值得注意的地方。把重心過度放在家庭，自然會注意滋養的需求，然後就會出現一種造成軟弱的穩定。在家庭裡，我們可以看到複雜的、熱情的人們最後只剩下角色和功能。這裡可能有某種矛盾的盲目，人們每天都在可以預期的環境裡見到彼此，通常都

比較不會對彼此保持留心和理解，還不如火車上交談的陌生人。

無條件的愛、原諒、長期痛苦地接受彼此，這些都是巨蟹座南月交點的人大量擁有的寶貴特質。但這些特質可能會助長心理的瘟疫！這些人必須努力學會把別人當成具有各種潛力的成年人，能靠自己獨立站起來，或是當他們一屁股跌坐在地上時，至少也能學到一些有用的教訓。

他們需要預防一種傾向，就是太賣力地想要「搞定」任何關係，這會讓關係流於安逸。他們也需要意識到自己必須做個決定，和親人畫出界線。他們也可能讓朋友，特別是需要幫忙的朋友，變成自己的「小孩」，他們要小心應付這種危機。他們甚至會為了自己的寵物放棄太多人生和自主性，這也可能是個問題。

這裡的重點在於，南月交點在巨蟹座的人有一種傾向，就是把注意力放在別人的需求上，而非別人的力量，藉此逃避面對赤裸的心靈，避免面對別人赤裸的靈魂。

北月交點在**摩羯座**，暗示這一世會出現某種「**變得堅強**」。這是**長者**的星座。當我們成為長者時，不免已經看過很多的悲劇。摩羯座代表父母養育和成家之後的發展階段。其中有更多艱難的道理，也更願意獨立和切割。這個人的演化目的就是接受某種**成熟**。當事人正在學習愛上**獨處**，並且捍衛獨處。當事人正在學習不要「可愛討喜」，無論是在外人面前，或是在私生活的親密關係裡。到了這一世，前世扮演的滋養者角色，要被說真話的人取代了。

家庭是最強大的心理智慧（還有心理不健全）的保溫箱，勝過於一切。這些人在前世曾在保溫箱裡，也學會了很多智慧。當北月交點落入摩羯座時，他們現在必須走出只向內關注、狹隘的家庭架構，進而與更大的群體分享這些智慧。

實例：美國導演伍迪‧艾倫（Woody Allen）、美國女演員茱莉‧安德魯斯（Julie Andrews）、美國作家珍‧奧爾（Jean Auel）、英國詩人伊莉莎白‧巴雷特‧白朗寧（Elizabeth Barrett Browning）、美國黑幫教父艾爾‧卡彭（Al Capone）、美國電視新聞主持人華特‧克朗凱（Walter Cronkite）、英國前首相班傑明‧迪斯雷利（Benjamin Disraeli）、美國爵士樂大師艾靈頓公爵（Duke Ellington）、文藝復興時期學者馬爾西利奧‧費奇諾（Marsilio Ficino）、印度前總理英迪亞‧甘地（Indira Gandhi）、美國歌手巴迪‧霍利（Buddy Holly）、美國導演朗‧霍華（Ron Howard）、美國哲學家威廉‧詹姆斯（William James）、美國前總統約翰‧甘迺迪（John F. Kennedy）、美國職棒名人山迪‧柯法斯（Sandy Koufax）、義大利藝術家李奧納多‧達文西（Leonardo da Vinci）、印度靈性導師拉瑪那‧馬哈希（Sri Ramana Maharshi）、美國政治人物約翰‧麥肯（John McCain）、美國爵士樂鋼琴家塞隆尼斯‧孟克（Thelonious Monk）、義大利男高音魯契亞諾‧帕華洛帝（Luciano Pavarotti）、美國男星勞勃‧瑞福（Robert Redford）、美國電視福音傳道人歐若‧羅伯茲（Oral Roberts）、美國知名喜劇演員傑里‧賽恩菲爾德（Jerry Seinfeld）、印度詩人羅賓德拉納特‧泰戈爾（Rabindranath Tagore）、美國男星約翰‧屈伏塔（John Travolta）、美國男演員丹佐‧華盛頓（Denzel Washington Jr.）、美國脫口秀主持人歐普拉‧溫弗雷（Oprah Winfrey）、美國寫實派繪畫大師安德魯‧魏斯（Andrew Wyeth）。

南月交點在獅子座／北月交點在寶瓶座

　　獅子座就像獅子一樣，是高居於其他動物的萬獸之王，至少在民間傳說是這樣的。我們很容易意會這樣的民間傳說，只要看一下一隻虎斑貓，就能發現我們祖先在動物王國裡貓科身上看到的「王室」特質。

當你看到一個人的南月交點在**獅子座**，你可以想像當事人在前世曾經是「**貴族**」，這是一個正確的方向。當然當我們在運用符號時，最重要的是要避免陷入寫實的陷阱：這當然不代表這個人真的曾經戴過皇冠。但他們一定曾經享有**特權**和**地位**，也許因此遭到不少人嫉妒。

有時人們是靠自己的努力和成就來獲得顯赫的地位。但是綜觀歷史，通常都是一個人的出身決定當事人的社會階層地位。所以這個業力故事的算式裡，現在添加了「含著金湯匙誕生」的可能性。（有鑒於歷史上貧困和無力的殘酷現實，我們幾乎可以很確定的說，獅子座南月交點和舒適安逸有關！）不過，只要是討論南月交點，我們都會偏向注意前世際遇隱藏的危機，而非喜悅。生在權貴家庭也背負了**沉重的社會期許**，像是角色、婚姻、工作、價值觀和行為。這可能會扼殺一個靈魂天生的志向。

到了這一世，南月交點在獅子座的人可能不是誕生在富有或享有特權的家庭，但當事人會想要用某種方式閃亮發光。這些人通常都會背負著一種包袱，被視為某種「完美」的象徵，或是無論當事人多麼努力，別人就是認為他們只是「幸運」。很多時候，這些人能夠證明自己能創造相當的成就。金錢可能是其中一部分，但我們也要留意他們在創造領域的成就，或是能在一些並非以銀行帳戶存款為標準的行業出人頭地。對於有這個相位的人，最簡單的一種觀察方式就是，這些人的衣著風格通常很鮮豔或很吸睛，不只是好看而已，而且在他們身上看起來很自然。另一個線索就是有「王室」的背景。

你只要以北月交點在寶瓶座為出點，再考慮寶瓶座北月交點的演化目的，就很容易了解獅子座南月交點的陷阱。**寶瓶座**永遠具備真實的**自由**的能量。這在占星學代表真正的**個體性**。從此推論，我們馬上可以知道獅子座業力模式與生俱來的缺點：**透過一種符合別人的期待和價值觀的能力，而非真實的靈魂表達，來創造某種成功。**這種人很容易表現一種空洞的戲劇性。他們通

常沒打算這麼做，一切「就這麼發生了」。不過我們更深入分析，就會發現其中的核心問題：這個人會被別人的投射誘惑，隨波逐流，這不僅在前世，在這一世可能也是如此。而且即使這些投射是正面的，但仍是源自於別人，而不是來自深層的自我。他們其實是局外人。

　　那麼寶瓶座的解決方法是什麼？就是隨心所欲！他們要養成一種**不稀罕別人意見**的態度。他們要找到自己內心的自由，作出一些以傳統行為標準來看是比較「壞的」決定。他們必須重視自由和誠實，勝過於掌聲和地位。

實例：美國職棒名人漢克·阿倫（Hank Aaron）、蒙古帝國統治者阿克巴（Akbar The Great）、美國知名馬術師艾迪·阿卡洛（Eddie Arcaro）、法國女星碧姬·芭杜（Brigitte Bardot）　美國男演員賴尼爾·巴利摩（Lionel Barrymore）、美國紅十字會創辦人克萊拉·巴頓（Clara Barton）、巴基斯坦反對派女領袖貝娜齊爾·布托（Benazir Bhutto）、英國前首相東尼·布萊爾（Tony Blair）、美國導演法蘭克·卡普拉（Frank Capra）、俄國凱薩琳大帝（Catherine the Great）、俄國文學家安東·契訶夫（Anton Chekhov）、加拿大男歌手李奧納多·柯恩（Leonard Cohen）、美國男演員詹姆士·克倫威爾（Oliver Cromwell）、美國黑幫份子「鑽石腳」（Legs Diamond）、英國作家亞瑟·柯南·道爾爵士（Sir Arthur Conan Doyle）、美國傳奇女飛行家愛蜜莉亞·艾爾哈特（Amelia Earhart）、德國科學家亞伯特·愛因斯坦（Albert Einstein）、美國電視福音傳道人傑瑞·法威爾（Jerry Falwell）、美國文學家威廉·福克納（William Faulkner）、美國小說家法蘭西斯·史考特·費茲傑羅（F. Scott Fitzgerald）、美國女星莎莎·嘉寶（Zsa Zsa Gabor）、美國喜劇演員傑基·葛里森（Jackie Gleason）、美國前總統尤利西斯·辛普森·格蘭特（Ulysses S. Grant）、美國奧運溜冰女選手譚雅·哈丁（Tonya Harding）、美國爵士女歌手比莉·哈樂黛（Billie Holiday）、法國聖女貞德（Joan of Arc）、印度政治家阿迦汗三世（Aga Khan III）、義大利女星蘇菲亞·羅蘭（Sophia Loren）、美國殺人魔查爾斯·曼森（Charles Manson）、美國天主教作家多瑪斯·牟敦（Thomas Merton）、美國女

性主義作家凱特・米勒（Kate Millett）、美國音樂家比爾・邁耶斯（Bill
Meyers）、法國傳奇女歌手依蒂・琵雅芙（Edith Piaf）、「貓王」艾維斯・普里斯萊
（Elvis Presley）、美國知名男歌手法蘭克・辛納屈（Frank Sinatra）、美國女權主
義者葛洛麗亞・斯泰納姆（Gloria Steinem）、美國女作家瑪麗安娜・威廉森
（Marianne Williamson）。

南月交點在處女座／北月交點在雙魚座

　　可憐的處女座常被人嘲弄，但是處女座就像其他黃道星座一樣，也有神
聖和珍貴之處。儘管有人嘲笑處女座的襪子會按照顏色排列，但這個星座象
徵一些最好的人性表現：**對稱**、**精準**和**謙卑**的本能慾望。這是**僕人**的原型，還
有所有關於技巧性協助的服務者的聯想。處女座代表人性中想要努力、切實
做好某件事的動力。不過既然我們討論的是南月交點，我們就要用比較質疑
的態度來看待處女座。當一個人的南月交點在處女座時，代表當事人現在必
須超越處女座盲目或限制的面向。這指的是什麼？

　　完美是一種嚴格且困難的標準。沒有人是完美的。但有這個相位的人在
某一個前世，試圖想要當個完美的人。這當然會失敗。把這個失敗稱為「錯
誤」，就像對重力或稅收這些事情表示惋惜。但是這些人內心會生出一種不
夠好的感覺，還有一些隨之而生的黑暗特質：羞恥、罪惡和一種悔恨的自我懲
罰的態度。造成這一切的罪魁禍首可能是某個壓抑的、以罪惡為根本的宗教。
但我們也很常看到這是源自於清教徒形式的文化、民族或種族的羞恥、被一
位過度嚴格的導師管教導致的自我瓦解，或是性虐待。

　　當南月交點在處女座時，我們要留意「真正的」罪惡感──這其實是一種

沒有解決的反應，針對一些眞正黑暗的行爲有關。我們必須很小心處理什麼是黑暗的行爲，因爲南月交點在處女座大部分都與「假的罪惡感」有關，這可能是因爲勉強接受了一些苛求的、無情的外在標準。不過，我們還是要全面分析南月交點的宮位、主宰行星和相位等因素，才能爬梳出這個業力故事的細節。在這裡，我們只考慮處女座南月交點，這代表一種**自我懷疑、挑剔、永遠揣揣不安**的性情，如果一直任此發展，生命的樂趣和神奇都會在人生出局了。

這裡的北月交點，以及這個靈魂的演化目的，都會在**雙魚座**。如果要了解這個相位的意義，就必須用一句注定被當成耳邊風的話當作開場白：**上帝的愛是絕對的。**

這句話的意思是，人類無法做任何事去影響上帝的愛。這是絕對的，超越任何條件的。因此，無論我們是餵養世上飢餓的孩子，或是隨機殺人，都不會被上帝詛咒。

我用這麼令人震驚的字眼來說明這個原則，是希望人們藉此能意識到**雙魚座**對於**絕對的愛**，具有一種全然的、解放的力量。當一個人的北月交點在雙魚座時，代表當事人的演化之旅已經到了一個時間點，必須放下努力演化的想法。當事人需要玩，「變成一個小孩」。他們現在要跳脫自己的方式。臣服的時刻到了。

這裡的意思是，讓我們加一點危險的概念：南月交點在處女座的人必須**冥想**。這有什麼危險的？因爲就直覺和業力的本能反應，當事人一定會把「冥想」詮釋成更多的失敗的掙扎，而且很快也會成爲更多失敗的證據。但是眞正的雙魚座冥想是**放鬆**。當我們厭倦時，而不是計時器響起時，冥想才會結束。冥想沒有終點或目的。而到最後，「冥想」會與日常意識結合。這也是在上帝仁慈注目下的一場長舞，而上帝早已用愛將我們包圍。

實例：美國網球名將安德烈·阿格西（Andre Agassi）、西班牙電影導演佩德羅·阿莫多瓦（Pedro Almodovar）、美國律師F·李·貝利（F. Lee Bailey）、法國作家安德烈·布勒東（Andre Breton）、英國超模娜歐蜜·坎貝兒（Naomi Campbell）、西班牙作曲家帕布羅·卡薩爾斯（Pablo Casals）、美國鄉村音樂歌手強尼·凱許（Johnny Cash）、美國預言家艾德格·凱西（Edgar Cayce）、美國職棒名人喬·迪馬喬（Joe DiMaggio）、俄國作家費奧多爾·杜斯妥也夫斯基（Fyodor Dostoevsky）、義大利小說家安伯托·艾可（Umberto Eco）、美國伊斯蘭教牧師路易斯·法拉堪（Louis Farrakhan）、愛爾蘭歌手鮑勃·格爾多夫（Bob Geldof）、美國女大法官露絲·金斯伯格（Ruth Ginsburg）、德國詩人赫爾曼·赫賽（Hermann Hesse）、挪威探險家索爾·海爾達（Thor Heyerdahl）、美國第一位聯邦調查局局長J·艾德加·胡佛（J. Edgar Hoover）、美國音樂家昆西·瓊斯（Quincy Jones）、荷蘭女間諜瑪塔·哈里（Mata Hari）、英國女權運動先鋒艾米琳·潘克斯特（Emmeline Pankhurst）、美國田徑名將史蒂夫·普雷方丹（Steve Prefontaine）、法國占星家丹恩·魯依爾（Dane Rudhyar）、美國職棒名人貝比·魯斯（Babe Ruth）、美國病毒學家約納斯·沙克（Jonas Salk）、美國女作家斯塔霍克（Starhawk）、美國作家蓋·塔雷斯（Gay Talese）、法國導演法蘭索瓦·楚浮（Francois Truffaut）、美國小說家約翰·厄普代克（John Updike）、俄羅斯作家伊曼紐爾·維里科夫斯基（Immanuel Velikovsky）、法國作家埃米爾·左拉（Emile Zola）。

南月交點在天秤座／北月交點在牡羊座

　　人類是危險的靈長類動物，具有侵略特質，強烈的情緒和尖銳的牙齒。有鑑於此，你能想像有任何一段成功的關係，或是任何一個繁榮的文明，其中沒有大量的恭敬的**妥協**、**圓滑**和**禮貌**嗎？現在讓我們為**優雅**、**同理心**和愛這個

充滿祝福的聯盟加入一員：**幽默感**。這些都是天秤座特質。

　　當一個人的南月交點在天秤座時，當事人內心的談判協商無論有多麼激烈，內心的指南針最後一定會指向愉悅的、有教養的狀態。這些人基於過去的業力，已經非常清楚地用某種方式與某個人結盟，非常善於「和諧相處」的藝術。這最有可能是前世婚姻的影響，不過當然人類有很多的結盟方式：商業領域的結盟、軍隊同袍、一輩子的友誼。他們因爲這種業力模式，毫無疑問地，會在這一世遇到很多「熟悉」的關係。可能常會遇到這種狀況，忍不住說：「我覺得好像以前就認識你了。」

　　此外，天秤座天生就與文明中比較**精緻**的事物有關，所以這個人來到這世上時，會對**藝術、正義**，以及所有能散播崇高和振奮能量的事物，有一種源自靈魂的喜愛。他們可能非常有**創造力**，或是在年幼時就展現「奇蹟般的」藝術天份。這當然是因爲他們仍然記得，而非學習到的。

　　所以這有什麼問題？完全沒有！不過我們還是回想南月交點的核心意義，就是代表**已經達成目的的模式**，而這會導致演化的停滯，除非受到挑戰。我們必須對陰暗面保持警覺。

　　「公平」的中間地帶，可能會讓所有人都麻木無感。妥協就代表沒有人滿意最後的結果。禮貌和尊重可以隱藏眞相，掩蓋我們害怕的部分。美的經驗——音樂、電影、電視、漂亮的衣服和美麗的人——也可能成爲一些空洞、逃避的方式，幫助我們避免一些正面相對的時刻，而這是共享靈魂經歷的核心要素。

　　這些都是南月交點在天秤座面對的陷阱。這些人在與過去伴侶共同經歷過的冗長的靈魂歷史裡，可能在某些方面根本不了解對方。很多事實都隱藏在「得體的」厚牆背後。公平、理智和尊嚴剝奪了他們的愛。他們與社會地位有

關的面具，隱藏了自己眞實的面貌，甚至彼此都看不淸對方。

到了這一世，當北月交點在**牡羊座**，這個人的演化目的就是擁抱**狂熱**、**激情**，必要時還要包括**憤怒**。當事人現在必須揭露自己內在經驗的眞面目，完全不去遮掩缺點。他們如果去冒險或探索任何讓他們覺得害怕的情境，反而會有許多收穫。這樣的壓力和緊張不會對靈魂的快樂造成太多威脅。少了這些，他們的人生會缺少慾望和熱情的基底，反而更加危險。

想像一下，有時人們會在擠防空洞躲炸彈的短暫時刻，或是搭船在海上遇到暴風雨時，出現深刻的思考、反省和對話。這些人不需要愚蠢地冒險，不過他們的確需要看看自己在一些所有人都脫下傳統角色面具的情境裡，會有什麼樣的反應：赤裸是很令人興奮的。

實例：義大利電影導演米開朗基羅‧安東尼奧尼（Michaelangelo Antonioni）、美國太空人尼爾‧阿姆斯壯（Neil Armstrong）、美國富豪約翰‧雅各‧阿斯特（John Jacob Astor）、希特勒妻子伊娃‧布朗（Eva Braun）、美國科幻小說家艾德加‧萊斯‧巴勒斯（Edgar Rice Burroughs）、美國女歌手凱倫‧卡本特（Karen Carpenter）、美國靈魂音樂家雷‧查爾斯（Ray Charles）、美國名廚茱莉亞‧柴爾德（Julia Child）、英國政治家溫斯頓‧邱吉爾（Sir Winston Churchill）、蘇格蘭男星史恩‧康納萊（Sean Connery），法國哲學家勒內‧笛卡兒（Rene Descartes）、加拿大女歌手席琳‧狄翁（Celine Dion）、英國作曲家愛德華‧艾爾加（Sir Edward Elgar）、英國搖滾歌手彼得‧佛萊普頓（Peter Frampton）、奧地利心理學家西格蒙德‧佛洛伊德（Sigmund Freud）、英國音樂家彼得‧蓋布瑞爾（Peter Gabriel）、英國歌手莫里斯‧吉布和羅賓‧吉布（Maurice and Robin Gibb）、法國電影導演尚盧‧高達（Jean——Luc Godard）、美國電影導演D‧W‧格里菲斯（D.W. Griffth）、美國舞蹈家瑪莎‧葛蘭姆（Martha Graham）、英國作家阿道斯‧赫胥黎（Aldous Huxley）、美國脫口秀主持人傑‧雷諾（Jay Leno）、印度精神

導師美赫‧巴巴（Meher Baba）、美國小說家赫爾曼‧梅爾維爾（Herman Melville）、英國護士佛蘿倫絲‧南丁格爾（Florence Nightingale）、美國心理學家拉姆‧達斯（Ram Dass）、美國奧修運動發起人巴關‧希瑞‧羅傑尼希（Bhagwan Shree Rajneesh）、美國電視主播丹‧拉瑟（Dan Rather）、德國詩人萊納‧瑪利亞‧里爾克（Rainer Maria Rilke）、英國作家蕭伯納（George Bernard Shaw）、美國搖滾歌手布魯斯‧史普林斯汀（Bruce Springsteen）、美國女星梅莉‧史翠普（Meryl Streep）、美國發明家尼古拉‧特斯拉（Nikola Tesla）、英國名模崔姬（Twiggy）、美國詩人華特‧惠特曼（Walt Whitman）、美國歌手蒂夫‧汪德（Stevie Wonder）、英國天文學家克里斯多佛‧雷恩（Sir Christopher Wren）。

南月交點在天蠍座／北月交點在金牛座

　　這人世間有些事情會令我們的血液凍結：人的墮落和無法理解的受苦。一個孩子害怕地痛苦掙扎。令人震驚的身體功能不良。性虐待的暴力。一個人在臥軌自殺前的最後念頭。

　　沒有人想要非常靠近這些領域，不過有時候，它們會不請自來地靠近我們。**恐怖、黑暗**的事情一直都在發生，而當發生時，會在經歷這些的靈魂上留下印記。

　　南月交點在天蠍座的人在某一個前世，就已經認識過這些**極端的事物**。人類面對這樣的經驗可能會有一個反應，就是變得麻木——但天蠍座不會如此。

　　天蠍座不會轉身離開（切割比較是寶瓶座的黑暗面）。在這裡，我們可以想像這個人的心有一道裂開的傷口，飽受驚訝、震驚無語，但仍會吸收這些夢

魘般的感應，無法不去面對惡龍的注視。

這裡的氛圍充滿一種非常深刻的嚴重性，還可能因此**失去洞察力**，變得**憂鬱**和**多疑**，特別是在面對一些比較輕鬆有趣的人生經驗時。這裡可能也有一些付出慘痛代價學會的智慧，當然也可能有熱情。

就演化的觀點來看，這裡的關鍵在於，我們必須知道當靈魂面對極度的困難時會快速演化，而南月交點在天蠍座的人在某一世就可能經歷過這種狀況。當一個人被抓到奴隸船上，被綁上鎖鏈，即使這艘船在途中就沉沒了，即使只有短短一年，但他們從中學會對人生、對自己的理解，遠勝過於一個「比較幸運的」人在安逸一生中學會的功課。

當然，這種靈魂成長的道路，顯然會在他們的人生觀上留下嚴重的耗損與裂痕，更不用提悲劇結束後揮之不去的疤痕。

我們現在要更深入一步，我們必須辨識生命的**黑暗面**對心靈施展的迷惑。你只要仔細觀察一下一般電影院放的影片，就能肯定黑暗面對人們有一種詭異、矛盾的吸引力。看似很古怪，但是我們最害怕的東西，往往也最有吸引力。

讓我們再回到電影的比喻。你能想像有任何性感的電影明星，完全沒有一絲危險氣息嗎？追根究底，性感是一種無法與陰影面切割的特質——性感的人常會喚醒我們自己的飢渴和需求，還有**為熱情付出的代價**。當南月交點在天蠍座時，這個人很可能在某一世是帶有**性感**的強烈特質。不過如果南月交點與象徵關係的符號合相，例如與金星合相，就不能依此而論。

南月交點在天蠍座的人除了心靈有耗損和裂痕，還會迷戀於**沉重**，這成為他們最深沉的障礙。當事人沒有癒合的業力傷口會形成一個重力場，不斷

把他們拉進更深邃的海裡，即使沿著海岸就有一條更簡單、更愉悅的路。

　　南月交點在天蠍座，就代表北月交點落在**金牛座**。這裡的演化目的強調**沉靜**下來的生命領域——實際熬過痛苦的過程，讓靈魂如今擁有憂思的、心理層面複雜的智慧。

　　不過，北月交點的功課一定是充滿挑戰且違反天性的。這個人來到這一世是要尋求慰藉。按照金牛座務實的風格，這裡的慰藉是要**具體**的。適時的擁抱勝過於簡潔有力的大道理。泡澡和小睡片刻，也勝過於嚴肅的對話。

　　如果可以的話，這些人遠離都市生活，或許能有很多收穫。至少要盡可能離開都市。**動物**能教會他們很多事，養一隻貓或狗會很有幫助，因為這些動物象徵家一樣的安慰。在關係裡，他們如果能簡單地、直覺地接受另一半，這是有利的。

　　我們聽過很多故事，知道人與人的互動能有多複雜，不過對於南月交點在天蠍座的人而言，最好不要去強調這一面。當事人比較需要輕鬆地與伴侶相處。到頭來，我們人類當然是有伴比較開心，勝過於孤單一人。

　　當然，這條底線並不適用於所有人，但是對於南月交點在天蠍座的人而言，這是值得宣導的正確態度。沉靜、自然，還有回到簡單的感知，就是他們向前的道路。

實例：美國音樂家葛雷格·歐門（Gregg Allman）、美國女星潘蜜拉·安德森（Pamela Anderson）、巴勒斯坦前領袖亞西爾·阿拉法特（Yasser Arafat）、美國男演員約翰·貝魯什（John Belushi）、美國情色男演員約翰·韋恩·鮑比特（John Wayne Bobbitt）、英國女作家艾蜜莉·勃朗特（Emily Bronte）、美國工業家安德魯·卡內基（Andrew Carnegie）、義大利冒險家傑可莫·卡薩諾瓦（Giovanni

Casanova）、美國前國務卿希拉蕊・羅德漢・柯林頓（Hillary Rodham Clinton）、法國男演員傑哈・德巴狄厄（Gerard Depardieu）、西班牙前首相法蘭西斯科・佛朗哥（Francisco Franco）、德國作家安妮・法蘭克（Anne Frank）、美國前副總統艾爾・高爾（Al Gore）、美國作家L・羅恩・賀伯德（L. Ron Hubbard）、美國人權主義運動領袖馬丁・路德・金恩（Martin Luther King）、美國情色女演員琳達・拉芙蕾絲（Linda Lovelace）、菲律賓前第一夫人伊美黛・馬可仕（Imelda Marcos）、德國納粹軍醫約瑟夫・門格勒（Josef Mengele）、美國女劇作家埃德娜・聖文森特・米萊（Edna St. Vincent Millay）、美國作家亨利・米勒（Henry Miller）、伊斯蘭教創教人穆罕默德（Mohammed）、 美國女歌手史蒂薇・尼克斯（Stevie Nicks）、美國前第一夫人賈桂琳・甘迺迪・歐納西斯（Jacqueline Kennedy Onassis）、英國男演員貝錫・羅斯本（Basil Rathbone）、法國詩人阿蒂爾・蘭波（Arthur Rimbaud）、愛爾蘭探險家歐內斯特・沙克爾頓爵士（Sir Ernest Shackleton）、英國歌手卡特・史蒂文斯（Cat Stevens）、印度德蕾莎修女（Mother Teresa）、英國作家J・R・R・托爾金（J.R.R. Tolkien）、美國作家馬克・吐溫（Mark Twain）、美國拳擊手麥克・泰森（Mike Tyson）、英國劇作家奧斯卡・王爾德（Oscar Wilde）、美國劇作家田納西・威廉斯（Tennessee Williams）、美國作家湯瑪斯・伍爾夫（Tom Wolfe）、印度上師帕拉宏撒・尤迦南達（Paramahansa Yogananda）。

南月交點在射手座／北月交點在雙子座

　　射手座是**追尋**的星座。當南月交點在射手座時，代表這個人在前世已經完成許多**探索的旅程**。他們的心靈充滿豐富的可能性，對生命抱持開放態度。就像只要皮箱或背包一打包完畢，藏寶圖小心摺放在口袋裡，就能踏上廣闊無邊的流浪之路。他們在尋找什麼聖杯？不過是存在的意義而已。在過去的業

力裡，這個人覺得必須尋找**對生命的理解**——而當事人天生就知道必須讓自己的感官完全浸淫在宇宙萬物裡，才能蒐集到理解生命的點點滴滴。所以這個人前世的模式就是**打破可預期的模式**，做一些**意料之外**或**極端**的事。當事人在前世可能曾經拋下家人，搭船到遙遠的彼岸參加一場聖戰。當事人也可能坐在棗椰樹下等待月亮升起的凌晨時分，加入車隊，踏上旅程。

　　有時射手座對**追求人生意義**的渴望，常會被對冒險的純粹渴望掩蓋。即使看似如此，但當事人至少是無意識地替自己內心那盆哲學的火爐添加柴火，讓火更旺。特別是當他們因為探險犯下驚人的失算和錯誤時，而事情往往就是如此！

　　在其他時候，他們這種對**哲學**的渴望更明顯：這個靈魂可能留下深刻的**宗教印記**，追隨強制性的信仰系統。當事人可能曾經住在修道院裡，或是曾經參加過宗教運動，尤其是受到十二宮的影響時，特別如此。如果有冥王星或火星強硬相位的影響，我們可能會把這個印記視為殉教的經驗。這就是南月交點在射手座帶來的信仰的純粹力量。

　　射手座這種對宗教的衝動，常會與它不安於室的特質結合，創造出一種令人興奮的**烏托邦**信念，還有大規模移民遷徙。舉個例子，南月交點在射手座的人，可能在某一世可能搬到猶他州的摩門教信徒，返回耶路撒冷的猶太教信徒，或是移民到美國的異議新教徒。

　　不過在討論南月交點時，我們要特別注意這些老舊模式的陰暗面，即使這些模式的本質是健康的，但是其中仍會有些耗損和疲乏之處。相信某些價值觀和哲學，可能是**盲目的**。即使是「相信一段關係」也可能讓一個人麻木，失去敏感度，沒有注意到其中必須有協商和調整的過程。從信仰，到變成無意識地修改了生命真實的複雜度，其實只有一步之差。我們常看到很多有虔誠信

仰的人，在前世曾經陷入共謀模式——否認跟自己期望不符的真相——前世的基本教義派的伊斯蘭教或基督教，到如今基本教義派的新時代思潮，其實也只有一步之隔。對南月交點在射手座的人而言，他們今生要解決的問題就是對信仰執念的迷戀。

這讓我們直接想到北月交點在**雙子座**的演化目的。這裡的重點在於**聆聽**和**吸收**，願意接受驚喜、愉悅或其他事物。這些人需要驚奇和奇蹟。

雙子座是攣生子的星座，所以它象徵對話還有關係。兩個人，肩並肩，對所有事的意見都一模一樣，這是多麼無聊！這些人的靈魂需要跟朋友在一場長聊之後，能堅定而有禮地提出不同意見。差異是免不了的，沒有人可以堅信自己是對的。

就讓佛教徒跟基督教徒同床共枕吧！就讓存在主義者試圖愛上占星師吧！他們這一世的公式就是永無止盡的對話，接受意外的、拓展心智的經驗帶來浪潮般的洗禮，把欣賞差異當成最佳的佐料，還要睿智地肯定一件事：無論我們眼見為何，生命永遠不僅於此！

實例：美國職籃名人卡里姆·阿布都——賈霸（Kareem Abdul——Jabbar）、挪威探險家羅爾德·阿蒙森（Roald Amundsen）、美國非裔女作家馬雅·安傑洛（Maya Angelou）、印度哲學家斯瑞·奧羅賓多（Sri Aurobindo）、英國插畫家奧伯利·比亞茲萊（Aubrey Beardsley）、冰島女歌手碧玉（Bjork）、英國歌手大衛·鮑伊（David Bowie）、英國女作家安妮·勃朗特（Charlotte Bronte）、美國鄉村歌手吉米·巴菲特（Jimmy Buffet）、美國前總統喬治·布希（George W. Bush）、阿根廷革命英雄切·格瓦拉（Che Guevara）、美國前總統比爾·柯林頓（Bill Clinton）、法國政治家夏爾·戴高樂（Charles de Gaulle）、美國舞蹈家鮑伯·佛西（Bob Fosse）、美國葡萄酒兄弟大亨厄尼斯特·蓋洛和朱利歐·蓋洛

（Ernest and Julio Gallo）、法國心理學家麥可·高奎林（Michel Gauquelin）、美國占星師傑佛瑞·沃夫·格林（Jeffrey Wolf Green）、俄國哲學家喬治·葛吉夫（Georges Gurdjieff）、越南國父胡志明（Ho Chi Minh）、美國病理學家傑克·凱沃基安（Jack Kevorkian）、美國律師作家弗朗西斯·斯科特·基（Francis Scott Key）、美國脫口秀主持人大衛·賴特曼（David Letterman）、美國科幻小說家H·P·洛夫克拉夫特（H.P. Lovecraft）、美國攝影家羅伯特·梅普爾索普（Robert Mapplethorpe）、美國喜劇演員葛羅喬·馬克思（Groucho Marx）、美國作家泰瑞斯·麥肯南（Terence McKenna）、美國作家艾蜜麗·普斯特（Emily Post）、美國女喜劇演員吉爾達·瑞德爾（Gilda Radner）、比利時吉他大師強哥·萊茵哈特（Django Reinhardt）、美國一次世界大戰英雄艾迪·里肯巴克（Eddie Rickenbacker）、印度英國小說家薩爾曼·魯西迪（Salman Rushdie）、英國哲學家伯特蘭·羅素（Bertrand Russell）、美國女工會運動家凱倫·絲克伍（Karen Silkwood）、美國導演史蒂芬·史匹柏（Steven Spielberg）、美國導演奧立佛·史東（Oliver Stone）、荷蘭畫家文森·梵谷（Vincent Van Gogh）、美國飛機設計師奧維爾·萊特（Orville Wright）。

南月交點在摩羯座／北月交點在巨蟹座

「必要」就像一位嚴格的老師。我們不是努力達成，就是因此毀滅。這個人基於前世經驗的本質，天生就有**成熟**、**正經**的態度。當一個人的南月交點在摩羯座時，這個人的**求生技能**肯定十分出色。當事人永遠都是二加二等於四，即使這些數字可能會讓別人哭出來。在前世，這些人曾直接面對過現實的艱困，因此養成鐵石心腸去做正確的事。此外，他們很可能是獨自面對這種現實。摩羯座是隱士，適應**孤獨**這件事，曾在他們的靈魂上留下很深的印記，

現在流行的心理文化，很重視「與自己的感覺接觸」。當然只有無知的人會對此有反對意見。不過還是會出現一些情形，基於道德、倫理和純粹的實用性，我們必須把感覺放一旁，選擇理智支持的作法，或是日後能對得起自己良心的作法。

任何曾經抗拒誘惑的人對這道理都不陌生——南月交點在摩羯座的人更是熟悉。當事人在前世曾面對**過嚴厲殘酷的道德和實際的要求**。當事人也許是拓荒先鋒，在某片土地上努力生存。當事人也許曾經有過一個天生**殘疾**的孩子，或是養了一堆**飢餓**的健康寶寶。他們已經嚐過令人難以承受的**貧困**，或是來自權力和地位的永無止盡的要求。在前世，這個靈魂不曾輕鬆過。

我們當然可以從南月交點的宮位，還有各種相關的行星相位，更貼切地推測他們的實際處境。若只單就這個南月交點，我們會想到摩羯座的基本特質：因為艱困的環境或殘酷無情的壓力，培養出的力量、自我克制和性格。

南月交點在摩羯座的人值得朋友信賴。當事人如果有小孩，一定會滿足小孩的**物質**需求。

當他們搬到一個新社區時，他們可能會當社區管理委員會的主席。在工作上，他們能很有效率地經營事業，而且可以熬過競爭對手沒有意識到的經濟衰退。當事人就像職責和責任的磁鐵，而且能用成熟、務實和沉著來應付這些。當職責和責任增加時，他們會接受挑戰，不會顯露任何辦不到的跡象。

他們已經養成習慣辛苦熬過困境，比別人先設想一步。自我克制、堅決不抱希望，也都是他們的習慣。這種狀態日積月累之後，人們不再注意痛苦或需求。靈魂也會因此受傷。這些人也許很可靠、得體，很有效率——但他們有任何樂趣嗎？他們是否能安撫一些古老傷口？那可能是必須熬過寒冷多日留下的痕跡。他們是否能允許自己去感受、哭泣，或允許自己也有需求？他們是否

能伸出一隻手,幫忙自己內心那個熟知民間疾苦的孤兒?

這些問題可以幫助我們認識北月交點在巨蟹座的目的。這個人來到這一世是為了**療癒**。這種療癒可能不僅止於個人,甚至可以延伸到社群,不過最重要的是從自己開始。

他們在過去的業力裡,不曾享受過哭泣的奢侈。我們當然不用拿這一點來羞辱他們,只要記住他們必須務實地適應無情艱困的現實。他們今生的演化目的是軟化、放鬆。他們的靈魂約定是結合、接受並撫慰內心比較脆弱、情緒化、柔軟的部分。

他們必須把過去沒有掉下的眼淚好好哭出來。

南月交點在摩羯座的人深藏的業力情緒,就是不斷**渴望安全**,這是永無止盡的。會讓他們渴望在這世界上打造一個情感的避風港。身體和金錢的安全感只是其中一部分,忠誠的親密關係帶來的心靈安全感,也是很重要的。這可能是一段婚姻或類似的結合,也可能只是一段深刻持久的友誼。當他們覺得生活夠安全、夠穩定了,並且願意去種下許多樹,而非只會隨季節開放的花朵,那他們的守護天使就會露出微笑了。

當他們覺得自己夠安全了,可以表達自己的悲傷、恐懼或需要,或是說出別人的「軟弱」時,他們就會雀躍歡呼,流露欣喜。巨蟹座是大地之母,當北月交點在這個位置時,請來到她的懷抱休息片刻吧。

實例:美國心理醫師派奇·亞當斯(Patch Adams)、美國小說家露意莎·梅·奧爾柯特(Louisa May Alcott)、德國音樂家約翰·塞巴斯蒂安·巴哈(Johann Sebastian Bach)、美國金融家伯納德·巴魯克(Bernard Baruch)、法國女權主義者西蒙·德·波娃(Simone de Beauvoir)、英國作家希萊爾·貝洛克(Hilaire

Belloc）、美國詩人羅伯特・布萊（Robert Bly）、美國媒體人作家威廉・F・巴克利（William F. Buckley）、蘇格蘭詩人羅伯特・伯恩斯（Robert Burns）、美國海洋生物學家瑞秋・卡森（Rachel Carson）、美國人類學家卡洛斯・卡斯塔尼達（Carlos Castaneda）、古巴政治家費達爾・卡斯楚（Fidel Castro）、美國勞工運動領袖凱薩・查維斯（Cesar Chavez）、美國歌手艾瑞克・克萊普頓（Eric Clapton）、美國爵士樂作曲家約翰・柯川（John Coltrane）、美國女演員貝蒂・戴維斯（Bette Davis）、美國男演員丹尼・德維托（Danny DeVito）、美國男星強尼・戴普（Johnny Depp）、英國小說家達夫妮・杜穆里埃（Daphne DuMaurier）、美國詩人T・S・艾略特（T.S. Eliot）、英國女王伊麗莎白二世（Queen Elizabeth II）、美國詩人艾倫・金斯堡（Allen Ginsberg）、美國電視男星安迪・格里菲斯（Andy Griffith）、英國音樂家蓋歐格・弗里德里希・韓德爾（George Frideric Handel）、《花花公子》雜誌創辦人休・海夫納（Hugh Hefner）、德國納粹領袖阿道夫・希特勒（Adolf Hitler）、美國男演員洛克・哈德森（Rock Hudson）、俄羅斯西洋棋大師加里・卡斯帕洛夫（Garry Kasparov）、美國精神科醫師伊莉莎白・庫伯勒──羅絲（Elizabeth Kubler──Ross）、美國搖滾樂女歌手寇特妮・洛芙（Courtney Love）、美國導演喬治・盧卡斯（George Lucas）、牙買加歌手巴布・馬利（Bob Marley）、美國男星史提夫・馬丁（Steve Martin）、美國性感女星瑪麗蓮・夢露（Marilyn Monroe）、義大利女教育家瑪麗亞・蒙特梭利（Maria Montessori）、印度上師斯瓦米・穆克塔南達（Swami Muktananda）、美國廣播新聞名人愛德華・R・默羅（Edward R. Murrow）、美國畫家馬克思菲爾德・派黎胥（Maxfield Parrish）、法國大革命時期政治家馬克西米連・羅伯斯比爾（Maximilien de Robespierre）、法國情色作家、哲學家薩德侯爵（Marquis de Sade）、英國搖滾吉他手彼特・湯森（Pete Townshend）。

南月交點在寶瓶座／北月交點在獅子座

　　一個古代的埃及人能否想像一個沒有法老的世界？一個中古世紀的歐洲人，是否想過一個沒有國王、教宗或公爵的世界？歷史的巨輪不斷轉動，當我回頭看歷史時，會發現有很多事情似乎無法避免，彷彿歷史的真相如同一些全自動機器裡的齒輪，不斷運轉。不過真相是，某些個人的改革造成了世界轉換面貌。這些人一直是人類的少數。而他們總是因為給予人類禮物付出代價──在那些不復存在的文化裡，權威人物都曾激烈地反對任何挑戰現況的人。

　　當這些革命派人士輪迴轉世時，通常都會有南月交點在**寶瓶座**──象徵**反抗者**或**流亡者**的星座。當我們在一張星盤裡看到南月交點在寶瓶座時，我們知道這個人在某一個前世曾是**局外人**，現實環境充滿緊張氛圍但有某些共識。當事人會有「我（或我們）與這世界對抗」的感覺。如果是「我們」，這可能代表當事人參與了某種激進運動。（附帶一提，在這個相位裡，寶瓶座南月交點可能與十一宮有些關聯性。）換言之，我們可能看到這個人是十三世紀在法國被屠殺的卡特里派（Cathars，中世紀基督教的一支），或是二十世紀在美國阿拉巴馬州被殺害的人權運動者。

　　我們如果隨波逐流，相信我們被告知該相信的事，我們就不會有太多想法。但如果我們遇到的每個人，都認為我們是錯的，我們就會深信不疑了！

　　這就是南月交點在寶瓶座的狀況──這暗示了靈魂在前世曾強烈渴望**自行思考**。當一個人有這個相位時，天性就想要按照自己的方式做事，也會懷疑「接收到的智慧」，並去遵循較少人走過的道路。當事人會獨立思考，所以很容易又會被拉向熟悉的次文化裡，與社會主流格格不入。這種人跟大多數的人截然不同，當事人真的在寫自己的劇本。

　　不過，基於一些無意識、業力的靈魂制約，當事人可能會反射性地忽略了「正常」的安逸和智慧。他們可能會非常認同一套精彩的反抗想法，卻沒有碰觸到自然的感受和本能。這些人可能會毫無必要地選擇與人群疏離或與世隔絕。

　　此外，當事人可能有被處決、甚至被刑求的靈魂共有記憶，所以會有分裂的**反社會傾向**，基本上就是「轉身走開」的情緒反應。他們可能也因此比較理智，展現出色的心智能力，但他們的頭腦，跟一般人類熱情的「口腹」思維，常存在著一道鴻溝。

　　當一個人的北月交點在**獅子座**時，就會帶有獅子座的靈魂目的：嘶吼！**被聽到**！在過去的業力裡，他們有些未完成的事。當事人輪迴來到這一世的部分原因，就是要完成很久以前的未竟之事。當事人在前世沒有完全傳達自己的訊息。被放逐的異教徒必須讓這世界知道他們的存在。

　　做對是一件事，被聽到又是另一件事。這些人到了這一世，首先必須具備心智的自由，還有願意去質疑權威——當一個人的南月交點在寶瓶座時，這些基礎都被掩蓋了。

　　其次，他們如果想要自己的意見真正被聽到，就需要具備另一套不同的技能，他們在前世並不擅長的技能。這些技能多半比較戲劇性，帶有政治色彩，而非心智性的，這就是獅子座的國度了。

　　當事人必須找到一些方式讓自己貌似有理、具有**說服力**，特別是在面對一些尚未改變信念的人們時。他們這一世必須打造實際有效的橋樑。當事人必須具有魅力，非必要時刻都要顯得無害，不具威脅，還要散發自信。他們甚至必須精心計算，依著傳達的訊息，對於語言和用字遣詞，也要仔細琢磨。

　　別誤認我們在強調這些人必須重視外表。這也是一種試圖展現的內在突破。北月交點在獅子座，代表「不再被冷落」的時間到了。這些人曾被別人審判，所以當事人也會變得具有批判性。他們曾被隔離，所以現在也可能與更大的群體劃清界線。這裡的靈魂約定在於，他們必須找到一些方式，為一些人的人生實際地帶來正面的改變，而這些人正是曾經把他們綁在火刑柱上燒死的人。這裡的方向，只能是唯一一個高於真理的方向，就是通往原諒、無條件的愛的方向。

　　這些人必須超越正確，進入發揮影響力的國度。

實例：美國小說家霍瑞修・愛爾傑（Horatio Alger）、美國導演勞勃・阿特曼（Robert Altman）、美國演員「胖子」羅斯科・阿伯克利（"Fatty" Arbuckle）、美國網球名將亞瑟・艾許（Arthur Ashe）、美國音樂家切特・阿特金斯（Chet Atkins）、英國詩人威斯坦・休・奧登（W. H. Auden）、美國女演員洛琳・白考兒（Lauren Bacall）、荷蘭裔美國天文學家巴特・包克（Bart J. Bok）、法國音樂家皮耶・布萊茲（Pierre Boulez）、英國男歌手喬治男孩（Boy George）、美國男歌手葛斯・布魯克（Garth Brooks）、美國作家楚門・卡波提（Truman Capote）、美國脫口秀主持人強尼・卡森（Johnny Carson）、英國政治家納維爾・張伯倫（Neville Chamberlain）、英國風景畫家約翰・康斯特勃（John Constable）、美國男星湯姆・克魯斯（Tom Cruise）、法國女探險家亞歷珊德拉・大衛——尼爾（Alexandra David——Neel）、美國汽車工程師約翰・Z・德羅寧（John Z. DeLorean）、英國黛安娜王妃（Diana, Princess of Wales）、英國女王伊麗莎白一世（Queen Elizabeth I）、美國西洋棋名將鮑比・菲舍爾（Bobby Fischer）、美國探險家史蒂夫・福塞特（Steve Fossett）、印度國父莫罕達斯・甘地（Mohandas Gandhi）、美國政治人物紐特・金瑞契（Newt Gingrich）、英國「披頭四」吉他手喬治・哈里遜（George Harrison）、美國吉他手吉米・亨德里克斯（Jimi Hendrix）、荷蘭應召女郎作家夏薇拉・侯蘭德（Xaviera Hollander）、美國航空大亨霍華・休斯（Howard

Hughes）、義大利裔美國企業家李·艾科卡（Lee Iacocca）、英國喜劇男演員艾瑞克·愛都（Eric Idle）、美國心理學家亞瑟·亞諾夫（Arthur Janov）、美國女歌手珍妮絲·賈普林（Janis Joplin）、英國軍官湯瑪斯·愛德華·勞倫斯（T. E. Lawrence）、德國天文學家約翰尼斯·克卜勒（Johannes Kepler）、丹麥神學家索倫·齊克果（Soren Kierkegaard）、加拿大女歌手凱瑟琳·道恩·蓮（k.d. lang）、英國探險家大衛·李文斯頓（David Livingstone）、美國創作歌手吉姆·莫里森（Jim Morrison）、美國男演員奧迪·墨菲（Audie Murphy）、美國前總統巴拉克·歐巴馬（Barack Obama）、美國女藝術家喬治亞·歐姬芙（Georgia O'Keeffe）、英國吉他手吉米·佩奇（Jimmy Page）、美國宗教學家伊萊恩·柏高絲（Elaine Pagels）、柬埔寨前總理波布（Pol Pot）、美國女歌手戴安娜·羅斯（Diana Ross）、波蘭裔美國鋼琴大師阿圖爾·魯賓斯坦（Artur Rubinstein）、美國電視製作人羅德·塞林（Rod Serling）、美國劇作家山姆·謝普（Sam Shepard）、美國黑幫份子班傑明·西格爾（Bugsy Siegel）、印度瑜伽大師薩拉斯瓦蒂（Swami Sivananda）、蘇格蘭小說家羅伯特·路易斯·史蒂文森（Robert Louis Stevenson）、 西班牙天主教聖人亞維拉的德蘭（Saint Teresa Of Avila）、美國作家戈爾·維達爾（Gore Vidal）、美國網球女將威尼絲·威廉絲（Venus Williams）、非裔美國人權運動者麥爾坎·X（Malcolm X）。

南月交點在雙魚座／北月交點在處女座

　　神祕的傳說常鼓勵我們把眼光放在超越現實世界的表面。它們教導我們古老的雙魚座真理：我們真實的本質不是短暫的肉身；我們真正的歸屬不是這永無止盡、三度空間的熱情人間遊戲。對於南月交點在雙魚座的人而言，這份認知就像心靈的凝結劑。

　　不過當事人如果真把這世界當成一場夢，那還有什麼好在乎的？滋養想像中的飢餓孩童，或是屠殺想像中的敵人，這些行為到底有什麼意義？難道憐憫就比仇恨更有意義嗎？

　　這些人在前世曾經歷過**幻想**中的失去自我。當事人已經知道這人世間的種種如夢一場，感覺自己就像一個鬼魂飄過。他們很可能在某一世曾經參加**靈性修行**：長時間的冥想、奉獻的儀式或禁食。他們可能曾在**修道院**教團生活過，這是很好的臆測，特別是如果南月交點跟宗教有關聯性，像是有九宮的元素。

　　以上種種，讓這個人聽起來有一種「公認的」神聖性。這也許是當事人應得的評價。不過雙魚座能量可能用其他比較不神聖的方式表現。我們很可能看到這個人在某一世坐在酒吧裡狂飲，或是輕佻地遊戲人生，又或是活在純粹符合別人期望的枯燥夢想裡。

　　以上這些情節，全部都可以適用於雙魚座南月交點的人——而通常一開始都是修道院的生活。這聽起來似乎違反直覺，不過靈修就像強效藥，一個靈魂如果沒有準備好接受靈修帶來的改變，可能會因此感到迷惘，變得脆弱。

　　在我們開始推敲南月交點雙魚座的人真正的演化目的時，應該先了解這些人擁有的寶藏。神祕世界具有一種深刻且真實的魔力。他們的**心靈敏銳度**優於常人——常常覺得自己能讀到別人的想法。他們也有不可思議的**想像力**和**創造力**。他們可以對人性的自我「一笑置之」，包括對自己，這可以幫助他們看清衝突、驕傲和世俗的喧嘩胡鬧。

　　當這些人來到這一世，北月交點落入了處女座。當我們想到**處女座**是土象星座時，他們主要的演化目的就躍然紙上了：這些人的靈魂約定就是「**務**

實」，也就是要腳踏實地。當事人正在學習用更有效率、秩序、影響力的方式
做事。

　　處女座是**僕人**的星座——但我們必須留意這個字眼。這裡的目的不是要
變成任何實際的「僕人」，也不一定要是非常崇高地變成「人類的僕人」。這
其實只是要精通某一件特別的事，足以爲他人所用。接受明確的責任，並且能
勝任執行它，就是處女座的核心價值。處女座北月交點很大部分的功課就是
讓小事變得舉足輕重。

　　這種實際動力的本質就是要**提供幫助**，這是一種演化的策略。南月交點
在雙魚座的人，常不知不覺地沉浸在自己的世界裡，變得主觀。他們陷入了
「靈性道路」如夢一般的陷阱，而這會細微地、祕密地強化他們的自我。他們
在演化軌道已經走到一個階段，必須服下古老的自我解毒劑——服務。他們
必須把別人的困境看得更重要，更必須去面對，勝過於自己的困境。走在這條
路上，有一種非常崇高的無我狀態。他們如果變得對別人有用，能幫助別人，
基本上就是在幫助自己。

實例：美國女占星家伊凡潔琳·亞當斯（Evangeline Adams）、美國拳擊手穆罕默
德·阿里（Muhammad Ali）、美國佈道家塔米·費耶·梅辛納（Tammy Faye
Bakker）、西班牙男演員安東尼奧·班德拉斯（Antonio Banderas）、瑞士神學家卡
爾·巴特（Karl Barth）、以色列前總理戴維·本——古里安（David Ben——
Gurion）、美國天主教神父菲力普·貝里根（Philip Berrigan）、美國女演員克拉
拉·伯恩（Clara Bow）、英國劇作家羅勃特·白朗寧（Robert Browning）、美國植
物學家路德·貝本（Luther Burbank）、美國演說家利奧·巴斯卡格里亞（Leo
Buscaglia）、美國神話學家約瑟夫·坎伯（Joseph Campbell）、美國創作歌手大
衛·克羅斯比（David Crosby）、美國女歌手瑪麗亞·凱莉（Marie Curie）、美國連
環殺人犯傑佛瑞·丹墨（Jeffrey Dahmer）、西班牙畫家薩爾瓦多·達利（Salvador

Dali)、英國作家查爾斯・狄更斯（Charles Dickens）、美國女詩人埃米莉・狄更生（Emily Dickinson）、法國時尚設計師克里斯汀・迪奧（Christian Dior）、美國詩人歌手巴布・狄倫（Bob Dylan）、美國男星亨利・方達（Henry Fonda）、美國創作歌手傑瑞・賈西亞（Jerry Garcia）、英國男星卡萊・葛倫（Cary Grant）、瑞典外交家道格・哈馬紹（Dag Hammarskjöld）、英國物理學家史蒂芬・霍金（Steven Hawking）、美國作家加里森・凱勒（Garrison Keillor）、美國外交官亨利・季辛吉（Henry Kissinger）、匈牙利鋼琴家法蘭茲・李斯特（Franz Liszt）、美國作家諾曼・梅勒（Norman Mailer）、法國戲劇家馬歇・馬叟（Marcel Marceau）、法國王后瑪麗・安東妮（Marie Antoinette）、英國搖滾音樂家保羅・麥卡尼（Paul McCartney）、有前世記憶的美國女士布萊蒂・墨菲（Bridey Murphy）、美國將軍喬治・巴頓（George Patton）、美國詩人艾茲拉・龐德（Ezra Pound）、美國女作家安・萊絲（Anne Rice）、法國哲學家尚——保羅・沙特（Jean——Paul Sartre）、美國導演馬丁・史柯西斯（Martin Scorsese）、英國詩人珀西・比希・雪萊（Percy Bysshe Shelley）、美國歌手保羅・賽門（Paul Simon）、美國女星芭芭拉・史翠珊（Barbra Streisand）、美國舞蹈家崔拉・夏普（Twyla Tharp）、美國神學家保羅・田立克（Paul Tillich）、阿圖羅・托斯卡尼尼（Arturo Toscanini）、美國作家寇特・馮內果（Kurt Vonnegut）、美國整合醫學醫師安德魯・威爾（Andrew Weil）、美國建築師法蘭克・洛伊・萊特（Frank Lloyd Wright）。

第七章

❖━━━━━━◆━━━━━━❖

南北月交點在十二宮位的表現

注意！注意！接下來的內容可能會破壞你對占星學的想像！就像我在上一章一開始就說過，這些「食譜」類型的解釋可能會讓你上癮，不過就像大部分的上癮一樣，就長期而言，這對你的靈魂或創造力無法帶來太多貢獻。

請謹記在心，你必須從月交點更廣泛的占星背景來分析，才能看到它真正的意義（換句話說，你必須讀完整本書！這些解釋只能替你的整合分析拉開序幕而已）。

南月交點在一宮/北月交點在七宮

自由：我們都很重視自由，不過諷刺的是，我們卻很害怕它如影隨形的夥伴，也就是不確定。在每一個真正自由的狀態裡，我們都必須做出選擇。

有時，我們可以隨心所欲，在一些愉悅的、正面的方式之中做選擇。但其他時候，我們會左右為難，很難做決定。在大多數的時間裡，我們不知道做出的選擇會帶來什麼結果。這是無法保證的。婚姻會帶來幸福還是悲傷？生小

孩呢？搬到海邊呢？

　　當南月交點在一宮時，這個人會一再感受到自由的重量。在前世，當事者曾經面對一些需要自己做出果斷決定的狀況，通常都沒有足夠的資訊，讓當事者可以有十足的把握。這種態度當然有某種堅強冷酷，必須壯士斷腕，不留後路。

　　他們在前世這種戲劇性的抉擇，不只影響自己，還影響別人的人生，因為一宮的能量與**領導力**有關，而領導者底下一定會有追隨者。此外，領導者通常看來都很明確和肯定，不過他們的內心其實非常掙扎，這種人必須做出改變人生的決定，但根本不知道這些決定是對或錯。

　　對當事者而言，這些壓力會創造一種**獨立自足**的特質，外人無法清楚看到他們的內心過程。當事者可能很引人注目、光芒四射，看起來坦蕩無藏，其實難以捉摸。

　　即使一宮有獨立的傾向，但我們馬上知道，這裡有一些**關係**的課題，因為最重要的北月交點一定是在七宮（婚姻宮位）。選擇或不選擇一位伴侶，是人類無法被奪取的基本自由之一。不過一旦當愛情中的賀爾蒙面紗被揭開之後，我們就會發現，我們在愛裡放棄了很多寶貴的自由。

　　當南月交點在一宮時，這個人常會走到十字路口，然後被迫選擇孤單地走自己的路。有時，這只是因為伴侶本身沒有足夠的力量撐起這段關係。這裡我們必須列出前世可能形成哪些關係。有一種情節是，這個人會有一位比較弱勢或貧困的伴侶，而他們會因為自己在關係裡的優勢變得孤立無援。另一種情節是，伴侶非常依賴，可能是心理上或實際生活的依賴，伴侶因此變得更弱。

　　這種前世的制約爲他們的天生的權威感，還有替自己負責的強迫性，灌注了許多能量，導致關係中細膩的人際平衡蕩然無存。

　　南月交點在一宮的人，在前世可能有很強大的**對手、敵人**或**競爭者**——我們可以從與南月交點形成對分相或四分相的行星裡看到細節。當然到了這一世，我們也會看到很多緊張的局面。

　　北月交點在七宮，這是傳統的**婚姻**宮位。我們可以武斷地說，這個人這輩子一定會結婚（或是類似的關係），這裡最重要的就是認清，他們的演化目的指向夥伴關係及合作。但業力模式的重量會抗拒這個目的，讓這些人偏向扮演自給自足、照料他人的、疏離的權威，無來由地孑然一身。他們這輩子必須學習**聆聽、依賴別人，臣服於某些伴侶**（當然要謹慎挑選）。這裡最重要的業力問題是**信任**和**承諾**。他們這一生許多天生的目標，都只能在伴侶關係裡實現。在其中，彼此都具有對方欠缺的才華和技能。彼此手中各有一半的寶藏圖。這些人只有進入一段關係，彼此凝望對方的雙眸，彼此聆聽對方的心聲，他們，還有他們天生的伴侶，才能有最好的表現。

實例：美國人權領袖拉爾夫・亞伯內西（Ralph Abernathy）、美國太空人路易斯・阿姆斯壯（Louis Armstrong）、西班牙男星安東尼奧・班德拉斯（Antonio Banderas）、加拿大發明家亞歷山大・格拉漢姆・貝爾（Alexander Graham Bell）、英國女權主義者安妮・貝贊特（Annie Besant）、美國童星出身的女外交官秀蘭・鄧波爾（Shirley Temple Black）、美國詩人羅伯特・布萊（Robert Bly）、美國作家阿爾特・巴克沃德（Art Buchwald）、英國女作家芭芭拉・卡特蘭（Barbara Cartland）、美國電影導演布萊恩・狄帕瑪（Brian De Palma）、美國白人優越主義者大衛・杜克（David Duke）、英國伊麗莎白女王一世（Queen Elizabeth I）、美國賽車手戴爾・伊恩哈特（Dale Earnhardt）、美國企業家史蒂夫・福塞特（Steve Fossett）、法國導演尚盧・高達（Jean——Luc Godard）、美國女偵探小說家蘇・葛

拉芙頓（Sue Grafton）、美國占星家傑佛瑞·沃夫·格林（Jeffrey Wolf Green）、
美國鋼琴家賀比·漢考克（Herbie Hancock）、美國報業大亨威廉·拉道夫·赫茲
（William Randolph Hearst）、美國爵士單簧管演奏家伍迪·赫曼（Woody
Herman）、美國職業網球女選手比莉·珍·金（Billie Jean King）、美國爵士樂鋼
琴家塞隆尼斯·孟克（Thelonious Monk）、美國男星保羅·紐曼（Paul
Newman）、美國前總統理查·尼克森（Richard M. Nixon）、美國前總統巴拉克·
歐巴馬（Barack Obama）、美國男演員李察·普瑞爾（Richard Pryor）、美國男星
克里斯多福·李維（Christopher Reeve）、德國詩人萊納·瑪利亞·里爾克（Rainer
Maria Rilke）、美國上將諾曼·史瓦茲柯夫（Norman H. Schwarzkopf）、美國女
星烏瑪·舒曼（Uma Thurman）、義大利設計師吉安尼·凡賽斯（Gianni
Versace）、美國音樂家勞倫斯·維爾克（Lawrence Welk）、加拿大女詩人瑪麗
恩·伍德曼（Marion Woodman）、美國鄉村音樂女歌手泰咪·懷尼特（Tammy
Wynette）、美國民權領袖麥爾坎·X（Malcolm X）。

南月交點在二宮／北月交點在八宮

我們把**二宮**稱為「**金錢宮位**」，就像在說管弦樂團製造噪音一樣——此言
不假，但這就忽略了其他所有音樂了！**資源**才是二宮眞正的議題，不只是錢而
已。**食物**和**棲身之處**也算在內。能讓我們**生存的技能**也算，從不用火柴就能生
火的能力，到能在複雜、高科技的社會裡負擔生活的專業才華，都能列入二宮
的資源。

當一個人的南月交點在二宮時，代表前世有關這些資源的問題，在這個
人的身上留下印記。我們可以根據南月交點的星座和相位，認爲這個人可能已
經很熟悉實際挨餓的滋味。我們常在有**飲食失調**問題的人身上看到這個相

位，因為他們在前世曾經挨餓過。這可能是當事者曾經歷極端的氣候，可能會致命，例如，沒有木柴生火取暖導致凍死。當事者很可能在前世就已經知道極端的財務狀況會導致人生扭曲。

貧窮可能造成痛苦的損失，但是巨富也很容易造成人生扭曲，生出一片由期望、操縱和不信任交織而成的蜘蛛網。這些前世的經驗都可能對這個人的生存造成實際威脅，也許是生理層面或心靈層面，或是兩者都有。而這都在靈魂上留下恐懼、自我懷疑和不安的印記。

要留意，當南月交點在二宮，可能代表巨富或極度貧窮，富饒或欠缺。任何在前世與資源有關的極端狀態或波動，徹底影響生活經驗的品質時，我們都會發現南月交點在二宮的相位。南月交點的背景可以補充細節。是否與木星合相？這看起來是富有。與土星合相呢？比較像是貧困。與天王星合相？應該是資源的基礎出現突然、非預期的改變。

當我們強調這個南月交點的外在環境時，也必須面對**內心**的戲碼：這裡有一種**殘缺的自我懷疑感**。當一個人貧困時，重心就是每天的生存，這無法提供太多自我實現的支援。所以也許在某一個前世，我們可以寫出一本出色的小說，但我們沒錢受教育，我們每天就只能想著如何餵飽孩子，讓孩子活下去，那還有什麼機會寫小說呢？當然毫無機會。

那我們還剩下什麼？我們的靈魂覺得自己可以寫出很棒的小說，但卻沒有做到。當我們轉世投胎時，這樣的挫敗感會對我們的自信和尊嚴造成什麼影響？這會有一種殘餘的感覺，覺得自己錯過了一班船，然後會一直想著那班船。

我曾跟一位富有的年輕人有過一場非常悲哀的對話。他用自己的錢做過許多驚人又慷慨的事。他跟我抱怨他無意間聽到別人對他的評論，因此很心

痛，像是「如果我像他一樣有錢，我也可以這麼做。任何人都可以。」他所有的成就都是因為他有錢，永遠不是因為他自己。這並不正確，也不公平，但是這種貶抑傷他入骨。我們常會狹隘認為，身而為人，最好的一件事就是有錢。但如果你想確認這件事，那就去問問有錢人！這種前世的業力可能表現在出生星盤中的南月交點在二宮。你要留意，永遠要以欠缺或不足的角度來解讀二宮的南月交點。

這些人要如何實現他們的靈魂目的？當北月交點在八宮時，我們必須馬上認清一件事：當事者無法靠自己成功。八宮永遠與**最深層的親密**有關。整體而言，這意味著性，不過這種性必須這兩個人產生關係或「相配」，其中伴隨著脆弱，放下心防，面對彼此赤裸的靈魂。一個人試圖用完整的、清楚的成熟，對另一個人在性這件事情上臣服。這裡有一種壓抑的需求，要完成這樣的愛。為什麼要這麼做？就只是被另一個靈魂清楚且赤裸地看見自己。這種無害的人類禮物可以彌補前世的扭曲。

八宮也與深層的內在功課有關。我們會在這裡挖掘過去的抗拒與否認，然後找到真相。我們已經知道，二宮南月交點代表與**基本尊嚴**和**自我價值感**有關的傷口。我們必須根除一層一層的**自我破壞**。對於這些人而言，有一種最戲劇性的淨化方式，通常就是記起前世，這時候，他們通常很快就能理解，自我原諒。

此外，八宮有一種**隱藏在底層的權威感**。出生星盤裡有很強的八宮的人，也許沒有世俗的權力或地位，但是當他們進入一個房間時，你可以感受到他們散發某種強烈的能量。你會覺得這是一個「很難應付」的人。南月交點在二宮時，這個人在前世多少曾被剝奪權力。所以在這一世，收回自己天生的權力和權威，對他們是很重要且有益的事。當他們覺得勇敢地完成內在功課時，宛如添加一臂之力——意即他們與一位可靠的伴侶建立穩定且滿意的關係，完整

建立成人的性自信，就是最深刻的一股助力。

實例：美國職籃名人卡里姆·阿布都——賈霸（Kareem Abdul——Jabbar）、美國心理醫師帕奇·亞當斯（Patch Adams）、美國女演員珀爾·貝利（Pearl Bailey）、美國電視福音佈道家金貝克和妻子塔米·費耶·貝克（Jim & Tammy Faye Bakker）、法國女作家西蒙·德·波娃（Simone de Beauvoir）、美國賽車手克雷格·布里勒夫（Craig Breedlove）、美國喜劇演員蘭尼·布魯斯（Lenny Bruce）、美國女歌手瑪麗·翠萍·卡本特（Mary Chapin Carpenter）、美國音樂家科特·柯本（Kurt Cobain）、美國音樂家比利·寇根（Billy Corgan）、美國男星比爾·寇斯比（Bill Cosby）、美國紐約州前州長馬利歐·古莫（Mario Cuomo）、法國前總統夏爾·戴高樂（Charles de Gaulle）、英國黛安娜王妃（Diana Princess of Wales）、德國物理學家亞伯特·愛因斯坦（Albert Einstein）、德國哲學家弗里德里希·恩格斯（Friedrich Engels）、西班牙前首相法蘭西斯科·佛朗哥（Francisco Franco）、美國吉他手吉米·亨德里克斯（Jimi Hendrix）、美國非裔民權領袖傑西·傑克遜（Jesse Jackson）、美國攝影家羅伯特·梅普爾索普（Robert Mapplethorpe）、美國喜劇演員葛羅喬·馬克思（Groucho Marx）、美國女性主義學者卡米拉·帕格里亞（Camille Paglia）、法國情色作家、哲學家薩德侯爵（Marquis de Sade）、印度上師實諦·賽·巴巴（Sri Sathya Sai Baba）、法國哲學家尚——保羅·沙特（Jean——Paul Sartre）、美國心理學家伯爾赫斯·法雷迪·史金納（B. F. Skinner）、美國導演奧立佛·史東（Oliver Stone）、美國小說家約翰·厄普代克（John Updike）、美國作家戈爾·維達爾（Gore Vidal）。

南月交點在三宮／北月交點在九宮

想像你正在六車道的高速公路開車，開在中間車道，車很多，速度很快。

你突然發現，只剩約四百公尺，你就必須向右切出去下高速公路。然後就在此刻，坐在副駕駛座的人問了你一個人生哲學觀的問題。

你可能根本就不理他！在這時，你如果還想著如何切換車道之外的事，你可能就會出車禍。你這時如果回答他的問題，一定很簡短，可能還有點幽默或諷刺。

人生有時也會遇到交通繁忙的時刻。事情變化很快，又無法預期，我們根本沒有時間深思。我們會思考，但思緒都放在眼前最關切的事物上。在那個狀態，我們很務實，很具體，反射性地邏輯思考。當一個人的南月交點在三宮，當事者就帶有這種**緊張、快速、心智性反應**的業力印記。在前世，他們的模式就是**加速、即興**和**快速適應**。他們也許是孤兒，在市場當扒手維生。飢腸轆轆這件事，比針對偷竊的道德分析更迫切。他們可能必須認清機會，在機會溜走前好好把握，才能讓自己活下去。

這裡當然會有數千種情節，孤兒只是我們能想到的其中一種。不個無論是哪一種情節，現實的考驗都很殘酷又快速，這些人必須馬上面對，否則一切就毀了。如果像是孤兒這種沉重的業力故事，我們還要考慮南月交點比較沉重的四分相或對分相，或是南月交點的主宰行星承受某些壓力，例如，落入十二宮。

我們也可能看到帶有世俗榮耀的故事。一位流行音樂巨星覺得必須即興創作自己的下一首暢銷曲。也可能是一位社交名媛，外表光鮮亮麗，其實積蓄不多。這裡我們也會看到三宮的基本特質：不斷運用**機智**和**自然反應**，不斷地**順應潮流**。在這種狀況，南月交點的主宰行星可能是在十宮，也可能有木星的加持。

這裡的問題在於，這些人到了今世，仍只靠著汽車馬力在高速公路上奔

馳，還是無法不看眼前的路，無法思考自己的人生觀。但別忘記，南月交點代表一種已經達成目的的模式，這已是過去式。我們必須認清它不再具有潛力的特質，找出方法向前走。這些人如果無法克服這個挑戰，人生就只能隨波逐流。他們的步調很快、很有效率，還可能成效極佳，不過並沒有真正的策略，只有反應和隨興創作。他們或許能言善道，但從來無法觸及事物的精髓。

對南月交點落入三宮的人而言，**語言和溝通技巧**非常重要。他們前世在這些領域已有許多發展。最簡單的推測就是，這個人在前世的話很多。這裡可能有被迫的成分，或只是單純的健談而已。他們可能是老師或說書人。

好消息是，這些人今生不必只困在南月交點的理智思考或即興創作的重力場裡。當北月交點在哲學性的九宮時，他們的演化目的是「坐在山巔」沉思片刻。他們需要思考最根本的東西——像是，我們一開始為何會來到這世上？人生底層的核心價值是什麼？老了以後，我們會想要看到自己過了什麼樣的一生？

宗教，就字面意義來看，可能可以提供觀點來回答這些問題。這能為任何事帶來更寬廣的觀點。舉個例子，當當事者開始這種更寬廣、反思的思考模式後，就會知道**旅行**是一種非常有意義的特別目標。他們只要有這麼簡單的念頭，就會有驚奇的事發生。他們會透過本能找到前世的實際場景，當時事情發生太快，讓他們無法深思或整合；舉個例子，也許是「回到市場」，那個當事者努力求生存的地方。看到「犯罪場景」，能為他們帶來解放的效果，這就是為何我們必須用正面的演化角度來看待旅行這件事。對他們而言，這是今生最基本的靈修紀律。

實例：英國廣播劇作家道格拉斯‧亞當斯（Douglas Adams）、美國導演勞勃‧阿特曼（Robert Altman）、美國女演員瑪莉‧亞斯特（Mary Astor）、西班牙設計師

克里斯托瓦爾·瓦倫西亞加（Cristobal Balenciaga）、瑞典網球名將比約恩·博格（Bjorn Borg）、美國作家雷·布萊伯利（Ray Bradbury）、丹麥天文學家第谷·布拉赫（Tycho Brahe）、美國《柯夢波丹》雜誌前總編輯海倫·格里·布朗（Helen Gurley Brown）、美國脫口秀主持人強尼·卡森（Johnny Carson）、美國前總統比爾·柯林頓（Bill Clinton）、美國詩人歌手巴布·狄倫（Bob Dylan）、義大利小說家安伯托·艾可（Umberto Eco）、美國詩人T·S·艾略特（T. S. Eliot）、英國音樂家彼得·蓋布瑞爾（Peter Gabriel）、美國佈道家葛培禮牧師（Billy Graham）、德國納粹領袖阿道夫·希特勒（Adolf Hitler）、印度音樂大師哈札特·印納亞·杭（Hazrat Inayat Khan）、美國搖滾樂女歌手寇特妮·洛芙（Courtney Love）、美國太空人艾德加·米契爾（Edgar Mitchell）、美國電視福音傳道人歐若·羅伯茲（Oral Roberts）、美國女工會運動家凱倫·絲克伍（Karen Silkwood）、美國歌手詹姆士·泰勒（James Taylor）、美國記者麥克·華萊士（Mike Wallace）、英國劇作家奧斯卡·王爾德（Oscar Wilde）、印度上師帕拉宏撒·尤迦南達（Paramahansa Yogananda）。

南月交點在四宮／北月交點在十宮

　　綜觀人類歷史，城市是數千年前才出現的，而國家其實是相當新的概念。在大部分的時間裡，我們在這世上安身立命的位置，都是由親屬關係定義：**家庭**、**家族**和**部落**。所以一般而言，這也有某種我們的**聖土**的感覺。這些就是四宮的現實意義。

　　當我們思考一個人的南月交點在四宮時，我們要留意，不要受限於現代的「家庭」概念。這太狹隘了。我們當然十分肯定，當事者的業力背景是來自「家庭系統」，不過這種說法，就像是說他們可能是用兩隻腳到處走一樣——換句

話說，每個人都是這樣。我們必須知道的是，這些人是由家定義的，所以家的期望和傳奇故事，會對他們有很強烈的影響，限制他們。這就是業力。

我們馬上可以假設，在這一世，南月交點在四宮的人，身旁會圍繞著前世的家人。在這一世，這些前世的家人可能並非他們真正的「家人」，儘管他們會有這樣的感覺。就明顯的心理因素來看，他們通常都很難面對性關係，舉個例子，想像兩個人在前世可能是兄妹——不過的確很容易是這種狀況。我們也可以看到其他可能的親屬關係，像是其中一方是對方的祖父母、姪女或外甥。

無論如何，南月交點在四宮的人通常都會毫無疑問地、完全地忠於「家庭」，無論他們如何定義家庭，無論他們的忠誠是否值得。在這一世，他們通常打從一開始認識這些「家庭成員」時，就覺得彼此之間有種不可思議的熟悉感。兩方都會覺得同住是再自然不過的事了，而且通常很快就會住在一起。

你要注意，我一直在「家庭」這個字上加上引號。因為在這一世，這些關係只有部分是指實際的「家庭」。其他時候，可能是友誼或愛情，或是帶有「家庭」色彩的職場關係，其中有基本的**承諾**和**全然的認同**。

南月交點在四宮的人，在這一世與真正的家人可能有深刻且糾葛的關係。這些親人可能很溫暖，也可能很冷漠，通常會重複前世的情節，而我們可以從其他的行星相位找到答案。不過無論是溫暖或冷酷，這都能將他們吞沒，並具有決定性。這就是他們業力的重點。

我們當然可以讚揚家庭這種人類關係的美好，不過針對南月交點四宮的人，我們一定要從負面角度謹慎看待——他們的家庭可能很瘋狂且失能；他們可能會被家人生吞活食；個人的命運被剝奪；他們會對家人忠誠，但對方是不值得或不勞而獲的。

　　這裡的業力陷阱在於，他們的自我認同可能會被歸於「家庭制度」的需求。這可能會以兩種形式出現。第一種是家庭戲碼的牽絆，或是被家庭迷思的限制綁架。像是，「我們史密斯家族女人總是嫁給酒鬼」或「我們瓊斯家族的男人最後一定會在電力公司上班」。如果是這種狀況，我們通常會看到南月交點的主宰行星與海王星或雙魚座有相位，容易導致這種問題，或是因為南月交點與十一宮的相位，導致他們「被一個團體定義」。

　　第二種陷阱是，南月交點在四宮的人可能是自己粉碎了對家庭的期望——太早生孩子，生了太多的孩子，或是太投入在婚姻裡，完全忘了該有個人的生活。如果是這種狀況，我們常會看到南月交點的主宰行星在一宮，代表獨立的（也許思慮欠佳的）選擇以及自己創造的現實。或是主宰行星在七宮，內心有一股強迫的需求，想要透過另一個人來找到自己的定位。

　　當北月交點在十宮，這個靈魂強烈渴望登上舞臺，讓世人看見。他們知道一些能為陌生人所用的東西，換言之，能對**群體**有利的東西。他們現在必須向世界貢獻自己的才華，不能把自己藏在私下未表明的想像裡，或是在家裡被限制表達。他們今生的演化方針，重點就在於出發航向狂野洶湧急流，活在眾人的目光下，而不是畏畏縮縮躲在家裡。

　　這些人在實現演化目的時，最重要的常是把**職業生涯**放在第一位。「我是否要搬到另一岸，接受這個很棒的工作，還是住在爸爸媽媽附近？」對北月交點在十宮的人而言，**搬家**能反映演化的目的，待在家裡只反映了日益麻木的業力模式。我們再進一步想，就知道北月交點在十宮，代表這個靈魂已進入另一個階段，思考人生的任務，會比舒適安靜的居家生活更有意義。

實例：義大利工業家吉亞尼・阿涅利（Gianni Agnelli）、西班牙電影導演佩德羅・阿莫多瓦（Pedro Almodovar）、蘇格蘭音樂家伊安・安德森（Ian Anderson）、法

國作家歐諾黑・德・巴爾札克（Honore de Balzac）、英國前首相東尼・布萊爾（Tony Blair）、美國搖滾巨星邦喬飛（Jon Bon Jovi）、美國電視記者作家湯姆・布羅考（Tom Brokaw）、義大利作家伊塔羅・卡爾維諾（Italo Calvino）、「木匠兄妹」合唱團凱倫和理察・卡本特（Karen & Richard Carpenter）、美國前總統吉米・卡特及夫人蘿絲琳・卡特（Jimmy & Rosalyn Carter）、法國時尚設計師可可・香奈兒（Coco Chanel）、美國勞工領袖凱薩・查維斯（César Chávez）、英國女偵探小說作家阿嘉莎・克莉絲蒂（Agatha Christie）、美國電影《教父》導演法蘭西斯・福特・柯波拉（Francis Ford Coppola）、加拿大女歌手席琳・狄翁（Celine Dion,）法國時尚設計師克里斯汀・迪奧（Christian Dior）、美國女演員嘉莉・費雪（Carrie Fisher）、美國葡萄酒大亨朱利歐・蓋洛（Julio Gallo）、美國女星琥碧・戈柏（Whoopi Goldberg）、澳洲女作家吉曼・基爾（Germaine Greer）、義大利時尚企業家墨里奇奧・古馳（Maurizio Gucci）、英國「披頭四」吉他手喬治・哈里遜（George Harrison）、美國政治家傑西・赫爾姆斯（Jesse Helms）、美國小說家約翰・艾文（John Irving）、美國鋼琴家比利・喬（Billy Joel）、美國電視記者查爾斯・庫瑞特（Charles Kuralt）、美國喜劇演員哈波・馬克思（Harpo Marx）、美國女人類學家瑪格麗特・米德（Margaret Mead）、美國女星桃莉・芭頓（Dolly Parton）、瑞士心理學家尚・皮亞傑（Jean Piaget）、美國男星勞勃・瑞福（Robert Redford）、美國女星茱莉亞・羅伯茲（Julia Roberts）、美國天文學家卡爾・薩根（Carl Sagan）、美國馬術師比爾・舍梅克（Willie Shoemaker）、美國女星梅莉・史翠普（Meryl Streep）、英國搖滾吉他手彼特・湯森（Pete Townshend）、美國爵士女歌手莎拉・沃恩（Sarah Vaughan）、美國泳將明星約翰尼・維斯穆勒（Johnny Weissmuller）。

南月交點在五宮／北月交點在十一宮

創造力、小孩、愛情，以及與**享樂主義**有關的議題，是可以定義該人業力的四個可能因素。我們必須參考月交點完整的相位，才能知道該強調哪一個因素，不過在每一個個案身上，這四個因素都值得考慮。

當我們看到月交點與月亮、土星、巨蟹座或摩羯座有重要相位時，這裡的業力一定特別與小孩有關——因為這些是占星學中最具「父母」色彩的符號。這是很常見的業力模式，因為大部分的人都有小孩，所以孩子當然會成為很多複雜事件的源頭。在養育小孩的喜悅和回報裡，不要忘了人們可能在父母的祭壇上過度犧牲自己，這是歷史一再重演的情節。

此外，還有許多非計劃中的懷孕，把人們捆綁在不成熟、不幸的婚姻裡。一旦有了小孩，小孩的需求很容易凌駕父母的需求，這是很自然的，但也很悲哀。基於我們傾向用懷疑的角度解釋南月交點，所以把解讀的重點放在**前世小孩帶來的黑暗面**，通常是很有收穫的切入點。

這些人在這一世可能重演老舊的業力模式，或是對於要不要有小孩這件事，有很多的緊張和疑問，他們會有說不清的恐懼和憤怒，讓這個決定變得十分複雜。

南月交點在五宮的人，在前世可能將很多心力投注在某些形式的**創造藝術**。最簡單的方法，就是確認他們在這一世是否重複同樣的模式——當事者是否受到創造工作的吸引，或是展現某種特殊的藝術才華，而這通常都緊扣著這種表現的業力根源。試想一下最有名的例子，音樂神童莫札特剛剛脫離包尿布，就寫出了交響曲。如果是與小孩有關的議題，南月交點的背景就會集中在兩個與創造力有關的因素：是否有天秤座或金星的相位？

整體而言，藝術家在社會裡扮演實驗的角色，會向外表現情感、熱情和經驗的粗糙面，一般人會覺得很有趣，但是可能會覺得太冒險，不敢自己嘗試。所以我們很容易看到充滿創意的生活和享樂主義議題的關聯，像是嗑藥嗑到昏頭的搖滾明星。當南月交點在五宮時，充滿創意的生活可能與消散有關——當然，這也可能只是毫無創造力的浪費精力！心理學家佛洛伊德最有名的觀察就是原慾永遠不會忘記享樂。大部分的上癮和強迫都很容易創造，瓦解或甩掉卻難如登天。這個人很可能陷入墮落或消散的前世模式。當然，當事者不需要是個藝術家才會走上這條路。

愛情是另一個與五宮有關的經典議題，在五宮南月交點的詮釋裡也是很重要的一部分。而愛情可能導致懷孕，剛好把愛情這個主題與小孩的議題緊密結合。即使不考慮小孩，這個人在前世很可能曾經打破社會對於性的表現規範。在這種情節裡，我們很容易看到有天王星或寶瓶座的因素。也可以觀察在十一宮是否有行星與南月交點形成對分相，這可能意味著群體的批判。

到了這一世，北月交點在**十一宮**，這個人療癒過程的重點就是學會**策略性思考**。這代表要把眼光放遠，知道自己有時間做決定，有時間逐夢。他們如果能多談談長期的目標，會有很多的收穫：像是存錢蓋一個家或完成教育，或是一場需要準備和計畫的大冒險。

如果人生的雷達偵測到小孩這個議題，他們最好能稍微延遲懷孕這件事，有控制地做決定。如果是與創造有關，當一個藝術家必須經過時間滋養發展。也許需要向大師學習、雕琢手藝數十年。**友誼**也是很重要的，他們必須明智謹慎地處理這件事。他們必須學培養辨識力，知道哪一類的人能支持他們成為自己最想要成為的人——也可以負面地認清哪些人不能幫助自己拓展人生，或是讓自己變得更糟，儘管這些人很有趣。

　　要是把北月交點在十一宮的人，想成他們就是要努力避免享受人生，那誤會可大了！這其實比較像是他們要變得更聰明，可以從生活中擠出最多的樂趣，這必須考慮兩種原始的真理：首先，你要知道，過於黑暗的享樂和放浪形骸是不會帶來樂趣的。其次，基於生命的短暫，我們對於現實的需求，就是要活得很有策略。這種策略會讓我們真心珍惜每一個永恆的寶貴時刻，每一顆不朽的鑽石。

實例：美國小說家露意莎・梅・奧爾柯特（Louisa May Alcott）、美國網球名將亞瑟・艾許（Arthur Ashe）、英國小說家珍・奧斯汀（Jane Austen）、美國律師梅爾文・貝利（Melvin Belli）、美國喜劇演員米爾頓・伯利（Milton Berle）、德國鐵血宰相奧托・馮・俾斯麥（Otto Von Bismarck）、美國情色男演員約翰・韋恩・鮑比特（John Wayne Bobbitt）、美國演員查爾斯・博耶（Charles Boyer）、美國前總統喬治・G・布希（George W. Bush）、美國導演法蘭克・卡普拉（Frank Capra）、美國名廚茱莉亞・柴爾德（Julia Child）、美國薩克斯風演奏家帕奎多・德瑞維拉（Paquito D'Rivera）、文藝復興時期學者馬爾西利奧・費奇諾（Marsilio Ficino）、美國男星哈里遜・福特（Harrison Ford）、美國創作歌手傑瑞・賈西亞（Jerry Garcia）、美國藝術家愛德華・戈里（Edward Gorey）、美國電臺主持人唐・伊莫斯（Don Imus）、墨西哥女畫家芙烈達・卡蘿（Frida Kahlo）、美國作家史蒂芬・金（Stephen King）、美國饒舌女歌手皇后・拉蒂法（Queen Latifah）、英國作家大衛・赫伯特・勞倫斯（D. H. Lawrence）、美國鋼琴家列勃拉斯（Liberace）、美國男星史提夫・馬丁（Steve Martin）、法國作家居伊・德・莫泊桑（Guy de Maupassant）、傑克・尼克勞斯（Jack Nicklaus）、美國職籃明星俠客・歐尼爾（Shaquille O'Neal）、美國音樂家萊斯・保羅（Les Paul）、美國商人羅斯・佩羅（Ross Perot）、美國電視主播丹・拉瑟（Dan Rather）、美國電視主播丹・拉瑟（Dan Rather）、薩克斯風發明人、比利時音樂家（Adolphe Sax）、美國男星政治家阿諾・史瓦辛格（Arnold Schwarzenegger）、愛爾蘭劇作家蕭伯納

（George Bernard Shaw）、格蕾絲・斯里克（Grace Slick）、美國搖滾歌手布魯斯・史普林斯汀（Bruce Springsteen）、美國舞蹈家崔拉・夏普（Twyla Tharp）、美國作家保羅・索魯（Paul Theroux）、美國超級名模雪莉・鐵格斯（Cheryl Tiegs）、美國總統、房地產大亨唐納・川普（Donald Trump）、英國天文學家克里斯多佛・雷恩（Sir Christopher Wren）。

南月交點在六宮／北月交點在十二宮

　　這些人很多世都是被**責任**定義。他們的個人需求很可能總是被職責、自我犧牲和謙卑這些黑暗統治者遮蔽。這是傳統的奴僕宮位──當事者很可能真的曾經當過僕人，不過我們不應該總是做這種實際的聯想。在上流社會也有很多的「奴僕」。如果在六宮的南月交點有還加上很多「行星的嚴厲」，我們甚至可以想像這個人曾經是奴隸。而所謂的行星的嚴厲，舉例而言，我指的是與冥王星和土星的強硬相位。

　　奴隸並不總是被迫的。這些人可能選擇了自己的鎖鏈，其中沒有任何被虐待的成分。在避孕方法問世以前，一對夫婦可能會被一堆孩子淹沒，隨之而來有很多責任和必需品。當事者──也許是最年長的孩子──的人生，可能充斥著年幼孩子強迫性的需求（要看星盤中一些五宮的元素）。這也可能是心愛的伴侶生病，失去行為能力──這裡又是責任了。在這種狀況裡，服務的能量會從一方傾斜到另一方，因而產生不平衡、甚至是憤怒的業力影響（也許可檢視南月交點的主宰行星是否在七宮）。

　　門生或學徒基本上會受到約束，必須對導師負責和服從。當然這可能是出於自願，但限制的成分不會變少。他們必須犧牲自主權，這裡的主題是**奉獻**

和**臣服**。門生一旦「畢業」了，就會受迫於另一套職責，也就是把火炬傳給同門裡的下一代。當我們看到南月交點在六宮時，很容易聯想到這些 —— 但還是看一下雙魚座、海王星或十二宮的元素，確定這種「精神性」背景。

就傳統而言，深情的自我犧牲是一種「好業力」。即使奴隸的受苦，也可能被視為能夠「燒毀壞業力」。這裡的結論，就整體而言可能有些褻瀆：上帝虧欠了這個人！這些服務在宇宙中製造了一種不平衡，而這一世，這股服務能量的流動必須回到當事者身上。當事者必須得到某些東西。

這可以引導我們直接進入核心的靈魂目的，這就是北月交點在神祕的十二宮的象徵。在這一世，他們最重要的是擺脫業力的制約，不要消失在職責和責任的迷宮裡。

當事者已經服務過別人，現在必須對調身分。要怎麼辦到？當他們反射性地想要投入滿足別人的需求時，他們要退後一步，確保自己有足夠的獨處和滋養靈魂的時間。**靈性**會帶給他們神奇和洞見的天賦，或是更精準的說法，當事者已經過服務的業力模式，贏得這些天賦。他們只需領取它們。在哪裡領？在寂靜裡。在山頂上。在荒野裡。在天主教大教堂。在安靜的床上。

在這一世，沒有什麼是必須由當事者先做的。這些人只需要去做自己的事，在把自己的人生搞得更複雜之前，要仔細想清楚。

那他們這輩子的責任呢？根據他們的業力模式，我們可以假設職責早就已經存在了，除非這個人還非常年輕。當然，我們都有一些如果有良心就無法忽略的責任義務。但南月交點在六宮的人常會遇到一些人，讓他們覺得對對方有責任，然而對方已經發展到一個階段，「幫忙」他們其實弊多於利。小鳥除非被拋出巢外，否則永遠學不會飛。宇宙就像這樣的交響樂，當其中一方出現需要單飛的需求時，另一方的就比較不會受限於責任，兩方就產生和諧的共

鳴，只要我們能認清這一點！所謂更高的層次，並不總是由職責和自我犧牲定義的。

實例：美國漫畫家查爾斯‧亞當斯（Charles Addams）、美國演員亞倫‧阿金（Alan Arkin）、美國律師F‧李‧貝利（F. Lee Bailey）、美國耶穌會士丹尼爾‧貝里根（Daniel Berrigan）、冰島女歌手碧玉（Björk）、美國小說家愛德加‧萊斯‧巴勒斯（Edgar Rice Burroughs）、美國女演員卡洛‧柏奈特（Carol Burnett）、美國神話學家約瑟夫‧坎伯（Joseph Campbell）、英國作家查爾斯‧狄更斯（Charles Dickens）、美國男星強尼‧戴普（Johnny Depp）、美國物理學家阿蘭‧哈維‧古斯（Alan Harvey Guth）、美國航空大亨霍華‧休斯（Howard Hughes）、加拿大女歌手凱瑟琳‧道恩‧蓮（k.d. lang）、傑瑞‧李‧劉易斯（Jerry Lee Lewis）、美國生物學家布魯斯‧H‧李普頓（Bruce H. Lipton）、義大利黑幫老大查理‧盧西安諾（Lucky Luciano）、英國搖滾音樂家保羅‧麥卡尼（Paul McCartney）、美國小說家赫爾曼‧梅爾維爾（Herman Melville）、美國天主教作家托馬斯‧默頓（Thomas Merton）、義大利女教育家瑪麗亞‧蒙特梭利（Maria Montessori）、美國非裔女作家托妮‧莫里森（Toni Morrison）、美國新聞記者比爾‧摩爾斯（Bill Moyers）、義大利政治家貝尼托‧墨索里尼（Benito Mussolini）、美國宗教學家伊萊恩‧柏高絲（Elaine Pagels）、美國歌手「王子」（Prince）、美國藍調女歌手邦妮‧雷特（Bonnie Raitt）、美國導演史蒂芬‧史匹柏（Steven Spielberg）、美國作家亨利‧德‧土魯斯──羅特列克（Henri de Toulouse──Lautrec）、荷蘭畫家文森‧梵谷（Vincent Van Gogh）、義大利導演里娜‧韋特繆勒（Lina Wertmuller）。

南月交點在七宮／北月交點在一宮

當我們看到南月交點在七宮時，我們馬上就會聯想到一個人在前世是在

關係裡找到自我定位。這個人可能是由另一個人來定義的，受限於另一個人的權力。這裡有一個字眼，現在幾乎已經絕跡了，但能準確描述這種狀況：約翰・史密斯女士！（譯註：以某人的太太來稱呼一位女士）。

現代的女性（就這件事而言，也包括現代男性）比較不習慣這樣的稱呼。這聽起來很老派。但是我們很多人在成長期間還是會聽到這種稱謂。在社會階級裡，女性的公共形象來自於丈夫。這是南月交點在七宮的一種可能性：這位妻子就像她丈夫身分的附屬品。

我們馬上要澄清一點，這種狀況不代表私下的苛刻或虐待。舉個例子，如果有這些黑暗面出現，要看一下南月交點是否跟土星、火星或冥王星有四分相或對分相。通常在這種非常傳統的生活裡的女性，都覺得很自在，完全不會想到其他選擇。她的丈夫可能很愛她，根本不是虐待人的怪物。不過，我們永遠要用比較負面的角度看待南月交點，我們必須承認，這個人多少必須軟弱或無聲地放棄。

女性特別容易受制於這種定義，不過不只是女性，很多男人也受限於強勢的妻子，也就是所謂的「怕太太俱樂部成員」。

當然，不一定僅限於婚姻領域，生命中還有非常多權力失衡的關係。舉個例子，一個個案可能會受限於心理治療師，被心理治療師定義。或是一個很有領袖魅力的朋友，可能會為當事者身旁的朋友安排行程。

這裡可能有一個意外轉折：**有時南月交點在七宮，這個人在前世可能是比較強勢的一方**。為什麼會有這樣的解釋，關鍵常在於南月交點的主宰行星落在一些強勢的位置，例如在火象星座，在一宮。我們該如何解釋這一點？這聽起來很不合理，比較強勢的一方的人生，會被一個比較弱勢的人決定？故事可能是這樣的：你跟一個條件很好的人因為愛而結婚，後來對方殘廢了或久

病在床。你會被愛被綁住，忘記自己的人生，一直繞著對方永無止盡的需求打轉。

　　一如往常，我們知道南月交點代表有些過去的事情未完成、受傷，或是不完整。我們知道必須先認清並釋放老舊的模式，才能完成這個人今生關係強調的靈魂約定。這是什麼模式？先想像有一位男士和一位女士，他們都單身，都想要理智地獨立生活。後來他們相愛了。才不過幾年，他「忘記」如何做飯。她也「忘記」如何替汽車換機油。雙方失去了部分，變得不再完整，把失去的部分投射在對方身上。有些勞力分工是很自然也很健康的，這是伴侶關係帶來的實際的舒適安逸之一。不過這樣的切割與病態的分裂只有一線之隔。在過去的業力裡，這個人可能把自己遺漏在另一個人那裡。這當然不能再次發生。

　　那要從哪開始？這裡的目標不是讓關係破裂，或是不再去愛，而是要在這些關係裡，保留更多空間真正**做自己**。當一個人的北月交點在一宮時，當事者的目標是某一種**明智的自私**。即使在關係裡，他們也必須是獨立的靈魂，有各自的旅程。他們有時需要與伴侶有不一樣的經驗。這到最後常常是禮拜四的晚上，兩人各過各的，或是兩個人今年在不同的國度度假。這裡的分離必須沒有恐懼。他們必須把尊重一個人的自主的需求，視為一種珍貴的愛的禮物。他們很自然地會朝一宮的方向演化，這會有一些各持己見。但所有的守護天使都會在旁邊歡呼！人與人之間的差異會揭露愛的存在；愛會在人們充滿創意的衝突中滋長茁壯。光明與黑暗是靠彼此定義的。男人與女人必須有彼此，才能覺察自己。合一是一種深層的智慧，而靈性會透過雙元性認識自己。對於這些人而言，這一世必須在愛的雙元性裡面留些呼吸的空間。而在這種區隔中，愛能發展出更深層的靈性智慧。

實例：美國男演員亞倫‧艾達（Alan Alda）、丹麥童話作家漢斯‧克里斯汀‧安徒生（Hans Christian Andersen）、美國電影男星佛雷‧亞斯坦（Fred Astaire）、英國

詩人威廉·布萊克（William Blake）、英國男演員奈傑爾·布魯斯（Nigel Bruce）、英國超模娜歐蜜·坎貝兒（Naomi Campbell）、美國鄉村音樂歌手強尼·凱許（Johnny Cash）、美國導演比利·克里斯托（Billy Crystal）、丹麥作家凱倫·白烈森（Isak Dinesen）、西班牙男高音普拉西多·多明哥（Placido Domingo）、美國網球名將潘喬·岡薩雷斯（Pancho Gonzales）、加拿大電視名人蒙蒂·霍爾（Monty Hall）、德國物理學家維爾納·海森堡（Werner Heisenberg）、美國工會領袖吉米·霍法（Jimmy Hoffa）、美國爵士樂女歌手比·哈樂黛（Billie Holiday）、美國女作家雪麗·傑克森（Shirley Jackson）、美國作家加里森·凱勒（Garrison Keillor）、美國人權主義運動領袖馬丁·路德·金恩博士（Dr. Martin Luther King）、美國宗教領袖大衛·考雷什（David Koresh）、美國奇幻兒童文學女作家娥蘇拉·勒瑰恩（Ursula K. Le Guin）、義大利藝術家李奧納多·達文西（Leonardo da Vinci）、美國作家亨利·米勒（Henry Miller）、美國女歌手史蒂薇·尼克斯（Stevie Nicks）、巴西足球明星比利（Pele）、美國天才女詩人希薇亞·普拉斯（Sylvia Plath）、美國導演馬丁·史柯西斯（Martin Scorsese）、美國女演員奈琳·夏特納（Nerine Shatner）、美國歌手保羅·賽門（Paul Simon）、美國小說家米奇·斯皮蘭（Mickey Spillane）、美國傳教歌手吉米·斯瓦加（Jimmy Swaggart）、畫家梵谷的弟弟西奧·梵谷（Theodorus Van Gogh）、英國龐克樂手席德·維瑟斯（Sid Vicious）。

南月交點在八宮／北月交點在二宮

　　暴躁、強烈的情感，激烈，都是南月交點在八宮的人從前世帶來的特質，成為當事者的情緒特質。當事者的個性曾經過如火般的鍛鍊，而且極可能是在夢魘裡。這個人如何應付這樣的夢魘，這點還有討論空間。

　　我們當然不需要只根據南月交點在八宮，就正面或負面地評論所有事，戲劇性的事件可以激發一個人最好的一面，或是讓他們陷入黑暗，端看當事人如何面對。我們可以保守地推測，這個人曾經經歷非常極端的經驗，就像被心靈版的X光照過，隱私表露無遺，也很可能帶有悲劇的成分。

　　八宮是傳統的**死亡宮位**。人類終將一死，並不是八宮唯一的議題，不過在這些人的前世裡，這可能是主要議題。當然，我們在前世都已經死了！但是那次的死亡帶有戲劇色彩，並非「自然」死亡，這裡的自然也就是我們說的壽終正寢。也許那樣的死亡，會帶給我們無比強烈的情緒。試想讓你熱淚盈眶的電影場景：一個人為了朋友犧牲生命。一個好人在臨終前低聲說出遺言。

　　想像一個年輕人被送上戰場，第一次看到傷痕累累腐爛的屍體。想像一個中世紀女人將死人屍體搬運到瘟疫馬車上。想像一個男人抱著垂死的妻子，耳邊傳來他們剛誕生的孩子的哭聲。

　　這些經驗對這個人有什麼影響？當事者如何回應？這當然是因人而異。也許是赤裸流露情感、全然的誠實。也許是受到極度驚嚇的否認。也許這加速了這個人的演化，但也可能因為這恐怖的經驗崩潰，停滯演化的腳步。而在每一種情節裡，都留下深刻的傷口印記：恐懼、悲傷和焦慮。

　　當然也有一個可能，就是極為愉悅的**性愛**。這是裝不出來的。深刻的性愛最大的敵人就是情感的距離。所有八宮的事物都會朝反方向發展：靈魂的赤裸。這些靈魂在過去很可能體驗過強烈的情感連結。他們可能在今生再度遇到前世的情人，就像遇到磁鐵一樣。他們一相遇就會非常熟悉彼此一些藏在靈魂深處的東西。無論這種熟悉度是來自於床第之間，還是在戰場的壕溝裡，這都是無形的。

　　我們必須承認，人類的性愛，可能與我們天性裡最墮落的一面結合。這些

人也可能有這些經驗：性羞辱、強暴和性騷擾。他們是施加者還是承受方？我們無法單就月交點來判斷。如果這個人是施暴者，通常可以在星盤裡看到憤怒、控制議題和權力經驗的元素。當然，如果當事者是承受方，通常可以看到很多失去或攻擊的象徵——例如，南月交點的主宰行星在十二宮，冥王星或火星與南月交點形成四分相或對分相。有一個準確度極高的經驗法則就是：如果有強硬的行星與南月交點形成合相，比較可能是主動犯罪的一方，如果是強硬的行星與南月交點形成四分相或對分相，比較可能是「受害者」。（你可以根據自己的哲學觀，來評斷這是否算受害者。）

很古怪地，八宮的南月交點也與**幽默感**有關。就我們討論至此，這種說法讓人意想不到，就像棒透的性愛一樣。但試想一下你曾經聽過的笑話，分析笑話的內容：追根究底都是一些令人震驚的事。你曾經聽過多少有關死亡和疾病的笑話？出軌不貞的笑話？性障礙的笑話？變老有多恐怖的笑話？死掉的孩子？人類總會用幽默面對極端和難以想像的事。南月交點在八宮的人常有黑色幽默。舉個例子，你可以發現在下面的實例裡，英國知名超現實幽默表演團體「巨蟒」（Monty Python）有多少成員都有這個相位。

有些八宮在南月交點的人在很久以前就學習過「如何讓你笑」，有些則學過「如何讓你哭」。有些人則是兩種都學過。

那這一世的靈魂約定呢？北月交點在二宮，二宮常被簡化視為**金錢宮位**。其實與二宮關切的事物很多，遠勝於金錢，而這全都與**賴以生存的資源基礎**有關：**食物、庇護所、合適的技能和社會人脈**。這個人如果想要療癒過去的傷口，關鍵在於當事者一定要創造一個覺得安全的環境。這就像找到最後一片拼圖一樣重要。更精準的說法是，這不僅是根據人類理智判斷的安全，還要他們的「內在動物」也覺得安全。

大部分人的理性認知都是，如果我們能建立財務的保障、住在適當安全的房子裡，有一些生存的「降落傘」可以支援，像是壽險、健保和退休計畫等，我們就會覺得比較安全。

我們可以正面地殘忍推測，對於北月交點在二宮的人而言，這些事情多少帶有「非精神性」的色彩。我們可以把建立這些支持資源，正面視為基礎的靈性功課。不過對這些人而言，「內在動物」需要保證，還有安靜和穩定的慰藉；如果可以，住在接近大自然的環境裡是有幫助的。這就看到食物就在眼前，還會想要有逃生路線。他們可能也需要某些武器——然後祈禱永願不要用上它們。

這些人如果可以創造這種確保無虞的居家環境，他們就可以在這種安全的氛圍裡，開始獲得一種更深刻的勝利感：再度在自己身上、生活裡找到信心。總括而言，信念就是重點所在。

實例：美國拳擊手穆罕默德·阿里（Muhammad Ali）、法國女星碧姬·芭杜（Brigitte Bardot）、美國天主教神父菲力普·貝里根（Philip Berrigan），拿破崙一世（Napoleon Bonaparte），美國媒體人作家威廉·F·巴克利（William F. Buckley）、美國作家查爾斯·布考斯基（Charles Bukowski）、美國殺人犯馬克·大衛·查普曼（Mark David Chapman）、英國喜劇大師約翰·克里斯（John Cleese）、美國爵士樂演奏家邁爾士·戴維斯（Miles Davis）、美國男星勞勃·狄尼洛（Robert De Niro）、美國企業家華特·迪士尼（Walt Disney）、英國前首相班傑明·迪斯雷利（Benjamin Disraeli）、美國民謠大師史蒂芬·福斯特（Stephen Foster）、愛爾蘭歌手鮑勃·格爾多夫（Bob Geldof）、美國作曲家喬治·蓋希文（George Gershwin）、英國「巨蟒」編導泰瑞·吉蘭（Terry Gilliam）、美國演員小說家金·哈克曼（Gene Hackman）、德國詩人赫爾曼·赫賽（Hermann Hesse）、美國第一位聯邦調查局局長J·艾德加·胡佛（J. Edgar Hoover）、英國喜劇男演員

艾瑞克‧愛都（Eric Idle）、瑞士心理學家卡爾‧古斯塔夫‧榮格（Carl Gustav Jung）、美國廣播名人拉什‧林博（Rush Limbaugh）、美國流行樂天后瑪丹娜（Madonna）、德國哲學家卡爾‧馬克思（Karl Marx）、美國首位出櫃政治人物哈維‧米爾克（Harvey Milk）、加拿大民謠女歌手瓊妮‧密契爾（Joni Mitchell）、美國音樂家蘭迪‧紐曼（Randy Newman）、美國越戰英雄奧利弗‧諾斯（Oliver North）、英國「巨蟒」喜劇演員麥可‧帕林（Michael Palin）、美國導演山姆‧畢京柏（Sam Peckinpah）、「貓王」艾維斯‧普里斯萊（Elvis Presley）、美國恐怖片演員文生‧普萊斯（Vincent Price）、德國占星家亞歷山大‧魯佩帝（Alexander Ruperti）、美國民權牧師艾爾‧夏普頓（Al Sharpton）、美國全能運動員吉姆‧索普（Jim Thorpe）、美國高爾夫名將老虎‧伍茲（Tiger Woods）。

南月交點在九宮／北月交點在三宮

　　小孩在學校裡學到，探險家哥倫布「相信地球是圓的」，所以他睿智地反駁「地球平面者」的恐懼，認為如果我們在海上一直航行，最後就會到世界盡頭的邊緣，然後墜落。即使歷史的現實是更複雜的，但是這種童年的幻想傳達信仰具有一種深入人心的力量，同時創造了我們經驗的現實，這也就是九宮的意義。

　　如果我們「相信」某件事，我們就能克服萬難，有出色的成就。**信仰**賦予人們力量，當然，什麼也不相信也會讓人們軟弱。南月交點在九宮的人，他們的靈魂記憶的特徵，就是令人折服的信仰改變了人生。

　　基於人類歷史，我們可以有另一種猜測：在過去，大部分改變文化的信仰在本質上，多少都有**宗教**的色彩。所以我們幾乎可以很肯定南月交點在九宮的

人，在某一個前世，宗教曾在當事者身上留下深刻的、難以抹滅的印記。

　　當事者曾擔任「聖職」嗎？這不無可能。我們也可以看月交點的其他相位來確定這件事──舉個例子，如果南月交點的主宰行星落在十一宮（修道院），就可能強化這個推測。但我們不一定要猜測他們曾擔任神職人員。宗教可以用許多其他方式影響一個人，像是透過社群和家庭，甚至是透過歷史上宗教對戰爭的狂熱。

　　我們再加入傳統九宮的另一個面向：**旅行**。這個人的業力也許跟宗教無關，不過在我們拋棄宗教這個方向，改往旅行的方向思考之前，回想一下，在歷史上，常有人因為宗教踏上旅程，去體驗另一種文化。試想一下十字軍東征，去麥加、羅馬、馬丘比丘或印度貝拿勒斯朝聖。我們可以想像英國清教徒為了逃避國王的施壓，來到北美洲這個新世界，或是摩門教徒的西遷。或是猶太人被流放到海外。

　　教育是另一個與九宮有關的典型課題。舉個例子，南月交點在九宮的人，在前世可能有相當多的經驗與大學有關。那麼當事者來到這一世，就會被這樣的機構吸引，覺得很自在。為了有助於分析，現在回想一下，在過去數百年有多少對事情的學術觀點，造成無以數計的**自以為是**，還有一些過去的「受過教育的」真理，之後從一般的角度來看，很容易被駁斥，或是取代。學術界或多或少也算是一種宗教。

　　針對南月交點在九宮，如果我們往比較黑暗的方向分析前世的傾向，肯定會比較犀利。我們要看看這是否對這一世造成任何限制或扭曲。「相信的需求」會讓我們困惑，無法看見就在眼前的事物。我們很多人都已經知道，跟「真正的信徒」辯論是徒勞無益的──無論有什麼證據，他們通常都不能想像自己是錯的。這種人會抹滅、也無法看到受害者的人性。當事者也會否認個

人體驗到的證據。這種人可能會一直「航行到世界的盡頭」，完全沒有停下來思考自己的愚蠢。有多少十九世紀的物理學家曾經嘲笑過愛因斯坦？有多少征服者爲了尋找七座金城，消失在荒野裡？有多少朝聖者或十字軍戰士再也沒有回到故鄉？這些人在前世可能曾經因爲狂熱而變得盲目。

他們也可能強迫自己接受違反自然的、壓抑的道德觀。沒有什麼事物能像宗教或哲學，更能讓我們疏離自己的身體和本能了。

到了這一世，這些人最核心的前世課題就是：他們的人生曾經因爲某一種觀念而不斷出錯，而這種觀念至少有部分是錯的！他們在前世如果跳出「信仰」，就會如無頭蒼蠅找不到方向，失去本能和常識。

當北月交點在三宮時，靈魂的目的是要只相信自己的**經驗的證據**，而且要去搜集很多這樣的證據！所以**想法開明**是強而有力的演化力量。當事者現在要回歸直接的證據、感官的智慧和發現。

這裡的指路明燈是**好奇心**。這些人可以從學習的經驗裡受益甚多，特別是令他們困惑的學習經驗！這乍聽可能很怪，但最後的做法應該是這樣的：當當事者遇到一位出色的「新時代」（New Age）老師，必須馬上找一位基督徒或穆斯林或科學家談一談。這裡的關鍵是不斷延伸；所有的信仰都只是暫時的，必須能被延伸，被質疑。要達成這個目標最有用的方法，就是**與看事情觀點不同的人對談**。

有鑑於生命是允許複雜的，所以要與可以信任的朋友交換筆記，互相比較，分享彼此的理解，不斷交談，不把任何觀點視爲禁忌或是被禁止的，這就是這些靈魂向前邁進的方式。他們的目標就是學習與不確定和未知共處，沒有任何堅定不移的執念，也不會因未知而卻步。

實例：美國女祭司作家瑪戈特·阿德勒（Margot Adler）、美國調查新文學之父傑伊·安德森（Jack Anderson）、美國飛行員作家李察·巴哈（Richard Bach）、美國男歌手葛斯·布魯克（Garth Brooks）、美國反同女歌手安妮塔·布萊恩特（Anita Bryant）、美國替代醫學倡導者迪帕克·喬布拉（Deepak Chopra）、法國詩人小說家尚·考克多（Jean Cocteau）、蘇格蘭男星史恩·康納萊（Sean Connery）、數學家尼古拉·哥白尼（Nicolaus Copernicus）、美國魔術師大衛·考柏菲（David Copperfield）、西班牙畫家薩爾瓦多·達利（Salvador Dali）、美國女星米亞·法羅（Mia Farrow）、義大利導演費德里柯·費里尼（Federico Fellini）、美國精神分析心理學家埃里希·弗羅姆（Erich Fromm）、美國嬉皮派偶像斯蒂芬·加斯金（Stephen Gaskin）、英國女歷史小說家瓊·格蘭特（Joan Grant）、美國男星湯姆·漢克斯（Tom Hanks）、美國人類潛能運動女作家琴·休斯頓（Jean Houston）、美國政治家約瑟夫·麥卡錫（Joseph McCarthy）、加拿大女豎琴家羅琳娜·麥肯尼特（Loreena McKennitt）、印度上師斯瓦米·穆克塔南達（Swami Muktananda）、法國傳奇女歌手依蒂·琵雅芙（Edith Piaf）、法國占星家丹恩·魯依爾（Dane Rudhyar）、美國音樂劇作曲家史蒂芬·桑坦（Stephen Sondheim）、美國女歌手蒂娜·透娜（Tina Turner）、美國劇作家田納西·威廉斯（Tennessee Williams）、法國作家埃米爾·左拉（Emile Zola）。

南月交點在十宮／北月交點在四宮

關於輪迴轉世有一個合理的批評，就是有太多人「記得」自己前世是名人，或是曾經參加過某個重要的歷史轉捩點。但是邏輯顯示，幾乎所有人都是平凡過了一生，一旦離開人世，幾乎很快就被忘記了！默默無名當然沒什麼好羞恥的——靈魂會用絕對隱匿的方式進行深刻的演化。

　　同樣的**邏輯**可證，我們大部分人都不會在史上留名，但其中一定有些人名留青史！在占星學裡，前世出名最明顯的指標就是南月交點在十宮，這是傳統的**榮耀宮位**。當我們看到這個相位時，我們知道這個人在前世很有名，對廣大的群體而言，具有某種象徵意義。你可以說當事者是埃及豔后克麗奧佩脫拉七世，或是美國天才搖滾樂吉他手吉米・亨德里克斯，這個方向大致是對的。當然這可能太誇大了。

　　每十二個人中，就有一個人的南月交點在十宮，但這世上沒有這麼多名人。我們必須更深入洞悉十宮的奧祕。這裡的重點不在於這個人是否在歷史上留名。這裡的問題在於當事者曾是**一個群體的集體象徵**，無論這整個群體最後是否石沉大海，或是被歷史遺忘。這種地位的經驗會活在這個轉世靈魂的內心深處。

　　當一個人的南月交點在十宮時，這個人在前世，曾在自己隸屬的社會裡聲望卓越，享有**領導地位**。如果更進一步考慮歷史上的社會狀況，當事者很有可能出身顯赫——可能是有名的公爵，機率遠勝過於家喻戶曉的農奴。

　　名聲和權力具有明顯的吸引力，但是當我們分析南月交點在十宮的人，一開始一定要認清一件事：從演化的觀點來看，一定有懸而未決的問題。這些人在前世有一些未解決的問題，成為今生的陰影，揮之不去。權力是否有不好的一面？地位崇高或出身顯赫是否形成了天生的靈魂牢籠？對於這個人，我們要想到他會不斷地角色扮演，對自己不喜歡或不信任的人虛情假意，不斷為了地位要手段，這會造成什麼傷害？

　　當我們看到這個人想要提升自己的地位時，一定要留意當事者從前世帶來的技能。舉例而言，他們可能出於業力的反射動作，太過積極地追求職業和地位。不管是力爭上游或被動地維持地位，都是出於本能，而非蓄意的決定。

要注意的是，別認為我們談的是傳統的社會地位。每種次文化多少都有階級意識，當事者可能是職業摔角界或集郵圈的佼佼者。

有時金星或七宮可能會與這個月交點的動力有關。若是如此，我們必須考慮一種最令人不舒服的狀況，就是這個人在前世也許是為了社會因素結婚，其中沒有任何愛的感覺。在歷史上，這樣的政治婚姻很常見，更遑論在現今社會了。在這一世，這個人必須確定自己對另一半的感覺是真的，其中不能帶有自己所屬族群的「財富婚姻」的投射。當事者每次要是聽到別人說：「你們兩個應該是一對」，都應該再度確認，關於這方面的任何決定，都應該是私人的事。

我們在此強調關於**心的自主性**，是有原因的。當北月交點在四宮時，這些人的靈魂約定，最重要的是向內探索自己的內心世界，相信在裡面挖掘到的一切。四宮是我們揭露內在心理的地方，我們最深層的感覺和需求都在這裡。他們的目標是要非常重視誠實和深刻思考，為了要真正了解自己，他們必須不要受到外界的干擾，還有世俗的自我誘惑。

四宮也象徵家庭的需求。如果這個人經過內心的探索，選擇愛上一位伴侶，那麼目標就是要共創一個家庭。與伴侶有一個地方共同生活，這可以反映他們的本性和長期承諾，這是他們演化功課很重要的一部分。當事者無論單身或結婚，也許都應該買一間房子——這是很健康的四宮做法。一間房子只是一棟建築，一個家則是滋養、安全的地方，裡面會有家人共同走過的情感。他們如果沒有另一半，即使是養一隻狗或貓，也能讓這個房子變得溫暖，像一個家。人與人之間的連結當然也是非常重要的！當北月交點在四宮時，這個人需要更廣義的**家**。他們不需要有共同的DNA。他們不需要住在同一個屋簷下。但這裡面必須有超越外界限制的互相承諾的感覺。他們永遠必須自問一個問題，然後找到答案。如果我失去世上的一切，如果我毫不遮掩展現自己、

受到譴責或一無所有，誰還會把我放在心上？答案就是家人。

實例：美國音樂家切特·阿特金斯（Chet Atkins）、美國喜劇女星露西兒·鮑爾（Lucille Ball）、美國女主持人羅娜·巴瑞特（Rona Barrett）、美國建築工程企業家史蒂芬·比奇特爾（Stephen Bechtel）、美國男演員約翰·貝魯什（John Belushi）、英國皇家海軍中將威廉·布萊（William Bligh）、美國歌手、政治家桑尼·波諾（Sonny Bono）、英國歌手大衛·鮑伊（David Bowie）、德國作曲家約翰尼斯·布拉姆斯（Johannes Brahms）、美國政治家傑瑞·布朗（Jerry Brown）、美國保守派政治評論員帕特·布坎南（Patrick Buchanan）、美國網球名將吉米·康諾斯（Jimmy Connors）、美國體育記者作家霍華德·科賽爾（Howard Cosell）、西藏精神領袖第十四世達賴喇嘛（the Dalai Lama XIV）、法國男演員傑哈·德巴狄厄（Gerard Depardieu）、美國電視福音傳道人傑瑞·法威爾（Jerry Falwell）、法國作家古斯塔夫·福樓拜（Gustave Flaubert）、美國女演員茱蒂·嘉蘭德（Judy Garland）、美國詩人艾倫·金斯堡（Allen Ginsberg）、美國作家厄尼斯特·海明威（Ernest Hemingway）、英國「滾石」樂團主唱米克·傑格（Mick Jagger）、蘋果公司創辦人史蒂芬·賈伯斯（Steve Jobs）、美國小說家埃麗卡·容格（Erica Jong）、美國情色女演員琳達·拉芙蕾絲（Linda Lovelace）、法國王后瑪麗·安東妮（Marie Antoinette）、美國普普藝術畫家彼得·馬克斯（Peter Max）、美國聲樂家鮑比·麥克菲林（Bobby McFerrin）、刺殺美國前總統甘迺迪兇手李·哈維·奧斯華（Lee Harvey Oswald）、法國生物學家路易·巴斯德（Louis Pasteur）、美國將軍喬治·巴頓（George Patton）、美國賽車手理查·佩帝（Richard Petty）、美國男演員瑞凡·費尼克斯（River Phoenix）、美國男演員金·羅登貝瑞（Gene Roddenberry）、德國陸軍元帥埃爾溫·隆美爾（Erwin Rommel）、法國作家安托萬·迪·聖──修伯里（Antoine de Saint──Exupery）、美國病毒學家約納斯·沙克（Jonas Salk）、德國超級名模克勞迪婭·雪佛（Claudia Schiffer）、美國男歌手法蘭克·辛納屈（Frank Sinatra）、美國左翼作家厄普頓·辛克萊（Upton

Sinclair)、大司徒仁波切（Situ Rimpoche）、美國占星家坦姆·塔里克塔（Tem Tarriktar）、美國男演員湯姆·威茲（Tom Waits）、美國網球女將莎麗娜·威廉絲（Serena Williams）、美國搖滾歌手布萊恩·威爾森（Brian Wilson）、美國報紙專欄作家沃爾特·溫切爾（Walter Winchell）、美國作家湯瑪斯·伍爾夫（Tom Wolfe）。

南月交點在十一宮／北月交點在五宮

準備來一點數學了嗎？你先往後退一步，這裡要講佛瑞斯特的群體動力學第一法則。按照這個法則，如果要確定任何一個人類團體的智商，必須用這個團體的平均智商，除以這個團體的人數。

五十個人，平均智商是一百，團體智商就是二。

好吧，也許這不是什麼困難的科學，但這個公式的確解釋了很多的人類歷史行為。在群體裡，最小公分母總是顯而易見的。我們可以在實施私刑的暴民、燒殺擄掠的軍隊，以及狂熱傳教士、伊斯蘭毛拉和猶太教祭司的新聞報導裡，明顯看到這個準則最黑暗的表現。人們甚至可以在大型體育賽事裡，感受到它比較良性的——三萬人齊聲熱血嘶吼，其實跟猴子在耀武揚威沒有兩樣。

當南月交點在十一宮時，我們會看到這種**集體社會力**量對一個人的靈魂記憶的影響。這些人在前世，或多或少都經過歷史、社會或文化洪流的洗禮。這些潮流讓他們遠離了真實，遠離了真正的靈魂目的，也遠離了與生俱來的價值。當事者曾在集體的意志裡失去自我。這很可能與我們上面提到的幾種情節有關，不過不一定都要往這種暴力、戲劇性的方向聯想，除非我們也可以看

到強硬的冥王星或火星與南月交點形成相位。但舉例，如果是跟金星有相位，我們可能會觀察一個「有禮貌的社會」對一個人帶來看似無害、其實危險的無形影響，像是「嫁得好」、「正常過日子」或相信別人說的文明壓力。

如果是與木星有相位，我們可能會看集體對於成功的定義，迫使這些人讓他們無法走自己的路，甚至剝奪了他們的靈魂。換句話說，我們一定得看更多的北月交點的背景，才能找到細節。我們猴子腦袋的傾向，就是在團體裡失去自己，而在團體裡，有人扮黑臉，也有人扮演白臉。我們可能被誘惑，也可能被威脅，也可能就屈服於集體迷惑的團體壓力之下。實施私刑的暴民是很殘忍的──但是在這些暴民裡，有多少人可以在私底下，面對面殺死另一個人？

無論背後有什麼樣的來龍去脈，我們可以確定的是，這些人在這一世的靈魂目的，就是要**擺脫外界的影響，找回更多自由**，無論這些影響是源自於族群壓力，還是他們自願配合。這麼解釋就更清楚了：但是五宮的北月交點會把這些人帶往他們可能還沒準備好要踏上的路。五宮是**喜悅**的宮位。我們在認識五宮時，很多時候都只認為人類需要樂趣，這是娛樂的準則。但對這些人而言，從演化的角度來看，當事者要**做自己喜歡的事**，這已變成必做的功課。這看似容易，實則不然。為什麼？因為南月交點在十一宮的人，他們很容易把集體對於喜悅的定義內化成自己的喜好，好比說開好車、在靈修聖地聖多娜（Sedona）冥想、努力瘦身……任何與他們的文化容易產生共鳴或社會價值認同的東西。

但這些對他們卻行不通。這就像一門藝術，他們必須培養一種技巧，能事先知道什麼能帶來喜悅──起碼是要能超越食物和性高潮的事物。

這個療癒過程的必要基礎在於，重新認識並承認自己的**本能慾望**，然後採取行動。這通常從非常簡單的事情開始：聽一些非主流的音樂，到別人從未聽過的地方度假。

　　當他們朝這個方向演化時，就能漸漸體驗到一種慾望，想要用**創造性**的方式表達自己。也許當事者就會開始繪畫或演戲，或是開始寫詩。這樣的自我表達會帶給他們極大的樂趣。

　　當他們這麼做時，會發現自己有許多藝術家的陪伴。而在這個演化的交接點上，他們已經走到了一個十字路口。就十一宮的辨識力而言，這是一個嚴肅的通過儀式。就一方面而言，他們可能會有一群有如靈魂伴侶的夥伴，這可能是一群藝術家，真實過著實驗主義派的人生，贊成探索和冒險，慶祝人生，不急於批評他人。對他們而言，這類的**藝術家**是最真實的典範，他們代表集體思考的相反面。這可以為南月交點在十一宮的人帶來很多有利的影響，鼓勵他們只要展現本色，自然放鬆，不要羞於表現自己。

　　另一方面，他們也很可能會遇到一些人，象徵過時的、一致性的族群意識──當事者和這些人也可能有一些不由自主的業力。這甚至可能發生在「藝術家」之間。沒有任何人比任何所謂的前衛派更保守了！身為前衛派，一定要比其他想要耍酷的人更酷。當事者如果跟這些人往來，就會開始受到他們的意見影響，那就又回到南月交點的老模式，除了這一世的可喜之處是現在很酷，但換湯不換藥，本質都是一樣的。

　　他們在這裡其實就像被馴服的小綿羊，壓根不曾另有想法。

　　他們在這一世，最重要的是活出自我獨特性、喜悅、即興、創造力，還有活得自在，完全不需要追逐世人的成功、地位提升或鶴立雞群，而這些特質都是他們前世很難展現的。

實例：美國職棒名人漢克‧阿倫（Hank Aaron）、美國薩克斯風演奏家「加農炮」艾德利（"Cannonball" Adderley）、美國名導演伍迪‧艾倫（Woody Allen）、瑞士神學家卡爾‧巴特（Karl Barth）、美國新聞播音員大衛‧布林克利（David

Brinkley)、美國男演員喬治·卡林（George Carlin）、義大利男高音恩里科·卡魯索（Enrico Caruso）、加拿大男歌手李奧納多·柯恩（Leonard Cohen）、美國爵士樂作曲家約翰·柯川（John Coltrane）、迪諾·德·勞倫提斯（Dino De Laurentiis）、法國作曲家克勞德·德布西（Claude Debussy）、美國女占星家珍妮·狄克遜（Jeanne Dixon）、美國文學家拉爾夫·沃爾多·愛默生（Ralph Waldo Emerson）、德國演員、導演寧那·華納·法斯賓德（Rainer Werner Fassbinder）、義大利物理學家伽利略（Galileo）、美國企業家「微軟」創辦人比爾·蓋茲（Bill Gates）、美國作家L·羅恩·賀伯德（L. Ron Hubbard）、法國浪漫主義文學作家維克多·雨果（Victor Hugo）、義大利裔美國企業家李·艾科卡（Lee Iacocca）、美國音樂家昆西·瓊斯（Quincy Jones）、美國外交官亨利·季辛吉（Henry Kissinger）、美國精神科醫師伊莉莎白·庫伯勒──羅絲（Elisabeth Kubler──Ross）、法國戲劇家馬歇·馬叟（Marcel Marceau）、加拿大女歌手艾拉妮絲·莫莉塞特（Alanis Morissette）、美國男星傑克·尼克遜（Jack Nicholson）、美國眾議院前院長提普·奧尼爾（Tip O'Neill）、義大利男高音魯契亞諾·帕華洛帝（Luciano Pavarotti）、波蘭裔法國導演羅曼·波蘭斯基（Roman Polanski）、美國獨立音樂家特倫特·雷澤諾（Trent Reznor）、美國美式足球教練克努特·羅克尼（Knute Rockne）、美國歷史家、小說家卡爾·桑德堡（Carl Sandburg）、美國記者喬治·史蒂芬諾伯羅斯（George Stephanopoulos）、美國總統川普長女伊凡卡·川普（Ivana Trump）。

南月交點在十二宮/北月交點在六宮

　　可怕的失去和靈魂成長：這兩件事常是完美的一對。當一段婚姻結束，當一份事業垮臺，當醫生告訴我們壞消息時，我們就會轉向靈性。我們會轉向上帝、宗教或其他靈性道路。這些改變可能是真切且徹底的。收容所裡有時充滿

了眼神發光的人們。當南月交點在十二宮時，這個人可能在前世就已嚐過失去和痛苦的滋味——幾乎總是如此。當事者甚至可能已經培養出深刻的靈性本能。

當我們仔細考慮南月交點的星座時，千萬別忘了南月交點的主宰行星和與南月交點的相位，這可以幫我們補充故事的細節。光是南月交點在十二宮，我們就可以聯想到這些人在前世曾經經歷過**痛失至親**、**囚禁**和**衰耗**的疾病，還有失去任何能帶給當事者喜悅的事物。這也可能是當事者曾在僧侶院或修女院生活，或參與一些**神祕機構**，像是魔法學校或祕密社團。在前世，社會顯然已經無法在情感上接受他們，所以當事者只能寄望來生。

因此，這股豐沛、鼓舞人心的水流，大部分都源自於悲劇的泉水。我們可以看到這些人和無常前世的粗鄙現實之間，有一種清楚且深刻的連結。不過，針對南月交點，我們一定還是要專注在前世未解決的問題，還有這些問題會如何妨礙這一世實際的靈魂約定。從這個角度切入，我們會發現這些人今生的困擾就是「失去自我」，也許還有失望。

有這個相位的人，常常無法獲得外界生存的資源，支持他們享受簡單的幸福，導致他們最後迷失在自己內心的沼澤裡。他們可能忘記自己還有身體，其實這可能是很強烈的業力記憶，與身體的痛苦或剝奪有關，導致他們與身體失去連結。這些人可能消失在想像裡，用永無止盡的電影、閱讀或電視來餵養想像。當事者也可能**自我消融**，進入**逃避主義者的靈修**裡。他們可能會因為潛伏在靈魂底層的痛苦記憶，引發對**酒精或藥物的依賴**。所以他們如果不在演化上下功夫，可能會像痛苦的鬼魂般度過今生。

當一個人的北月交點在六宮時，當事者的靈魂約定就與回到身體裡有關。六宮多與**健康和生活的實際面**有關。運動對他們有益。為用餐安排某種開

心的儀式也很好。更有幫助的是碰觸；這個人的需要很簡單，就是抱著一個人、依偎著一個人，或是放鬆地與朋友一起沉入夢鄉。

　　六宮還與我們能健康快樂活著的**例行公事**有關。有些是「無聊的」例行公事，像是付帳單，去超市買日常用品。但是有很多都是照顧自己身心的基本例行公事：看醫生、有意識且合理的進食、運動、足夠的睡眠，避免這個世界提供的各式各樣的毒物。北月交點在六宮的人如果能建立一種生活方式，反映這些事物的優先重要性，這就是一種靈性成就。**照顧自己**其實足以被視為一種靈性成就。對這些人而言，在這個領域裡找到平衡是一種挑戰。當他們開始意識到天生的自我監督功能時，也可能出現慮病症（hypochodria），但也可能是相反的症狀，就是對自己身體的訊號太不敏感。

　　六宮也與**服務**有關，以及我們需要覺得自己有能力服務別人。當北月交點在六宮時，這個人的靈魂約定就是送給世界一份禮物。儘管當事者從前世帶來痛苦和失去的記憶，但也帶來了真實的智慧。當然，當事者在前世至少已經開始整合這些難以想像的失去。他們也許為了面對這些痛苦，已經找到了真正的靈性導師。他們可能曾經從人類和靈性的資源裡獲得一些指引。所以這些人從前世帶來了某種珍貴的智慧：知道生命是無常的，當然也可能是一些特定靈性修行和觀點的業力記憶。除此之外，南月交點在十二宮的人也可能隨著前世的傷害生出感激之心——因為想要表達這份感激，他們很自然地會對別人慷慨。他們因為痛苦想要拋棄這個世界，卻因感激而想為世界服務。這個人今生的演化，完全看他們如何在逃離這個世界和感激這兩種衝突的情感中找到平衡，然後朝著服務的方向邁進。

　　這種服務，按照最美好的憧憬，當然想用六宮經典的方式表現——傳承。當我們被教導某種有價值的事物後，我們很自然想要傳給後代。我們對老師的感激從來無法馬上回報；所以我們會遲些回報——讓這感激的燭火維持燃

燒，把它傳給追隨我們的人。在這種回饋的循環裡，這種透過服務他人創造的演化，也讓這樣的靈魂更能敞開心胸接受靈性訓誡者的付出。當北月交點在六宮時，很可能遇到上師或導師，快速引動靈性的大躍進。這裡的傳承是雙向的，我們現在覺醒進入一個循環鏈，在裡面，我們不只接受，也會付出。

　　參與這種燭火的傳遞，就是北月交點在六宮的人最高層的潛能。

實例：德國精神學家愛羅斯·阿茲海默（Alois Alzheimer）、義大利時尚大師喬治·亞曼尼（Giorgio Armani）、瑞典女星英格麗·褒曼（Ingrid Bergman）、蘇格蘭帆船家查·布萊斯（Chay Blyth）、英國搖滾歌手馬克·波倫（Marc Bolan）、阿根廷詩人豪爾赫·路易斯·波赫士（Jorge Luis Borges）、西班牙導演路易斯·布紐爾（Luis Bunuel）、英國浪漫文學詩人拜倫勳爵（Lord Byron）、法國小說家阿爾貝·卡繆（Albert Camus）、美國作家埃爾德里奇·克里佛（Eldridge Cleaver）、美國創作歌手大衛·克羅斯比（David Crosby）、美國電影演員、導演克林·伊斯威特（Clint Eastwood）、英國女王伊麗莎白二世（Queen Elizabeth II）、荷蘭版畫藝術家莫里茲·柯尼利斯·艾雪（M. C. Escher）、奧地利心理學家西格蒙德·佛洛伊德（Sigmund Freud）、美國木偶師莫里·亨森（Jim Henson）、英國流行音樂歌手艾爾頓·強（Elton John）、美國女歌手珍妮絲·賈普林（Janis Joplin）、英國「披頭四」主唱約翰·藍儂（John Lennon）、德國飛機設計師威利·梅塞施密特（Willy Messerschmitt）、美國創作歌手吉姆·莫里森（Jim Morrison）、美國前第一夫人賈桂琳·甘迺迪·歐納西斯（Jacqueline Kennedy Onassis）、美國爵士薩克斯風演奏家索尼·羅林斯（Sonny Rawlings）、美國鄉村女歌手黎安·萊姆絲（LeAnn Rimes）、法國大革命時期政治家馬克西米連·羅伯斯比爾（Maximilien de Robespierre）、美國大聯盟總教練彼得·羅斯（Pete Rose）、英國詩人珀西·比希·雪萊（Percy Bysshe Shelley）、美國「龐克教母」詩人佩蒂·史密斯（Patti Smith）、美國詩人蓋瑞·施耐德（Gary Snyder）、美國男星席維斯·史特龍（Sylvester Stallone）、美國女作家斯塔霍克（Starhawk）、蘇格蘭小說家羅伯

特·路易斯·史蒂文森（Robert Louis Stevenson）、美國女星芭芭拉·史翠珊（Barbra Streisand）、英國桂冠詩人阿佛烈·丁尼生男爵（Alfred Lord Tennyson）、美國指揮家邁可·提爾森·湯瑪斯（Michael Tilson Thomas）、美國男星約翰·屈伏塔（John Travolta）、義大利性感男星藍道夫·范倫鐵諾（Rudolph Valentino）、法國小說家朱爾·凡爾納（Jules Verne）、美國歌手蒂夫·汪德（Stevie Wonder）。

第八章

行星與南月交點合相

英國亞瑟‧柯南‧道爾爵士（Sir Arthur Conan Doyle）留給世人流傳久遠、最家喻戶曉的小說角色之一，就是知名的超級偵探夏洛克‧福爾摩斯（Sherlock Holmes）。因爲這個角色，他成爲現代偵探故事的創始者。有數以千計的作家跟隨他的腳步——英國偵探小說作家阿嘉莎‧克莉絲蒂、英國犯罪小說女作家P. D. 詹姆斯（P. D. James）、美國犯罪小說作家羅伯‧派克（Robert Parker）以及美國女偵探作家蘇‧葛拉芙頓（Sue Grafton）。不過柯南‧道爾是頭號先鋒，他開闢了一片新天地。

正如意料，我們在柯南‧道爾的出生星盤裡看到經典的原創性和天賦的符號：他的太陽與天王星合相，這甚至剛好在雙子座（寫作）和十二宮，這也代表「看不見的東西」和「隱藏的事物」。

天王星總是打破規則，還會質疑權威。如果沒有天王星，我們仍然會相信這個地球是平的，還有四個角。這個世界不會有社會變遷，也沒有演化。柯南‧道爾以豐沛的文采展現了天王星的這一面。

要有一個正確的觀念：並非所有的傳統和「既有的智慧」在本質上都是錯的。它們包含許多人類與自然法則的關係，更別說那些明智的常識。天王星爲了對抗文化規範，有時會變得奇特或怪異。就像柯南‧道爾，最有名的就是宣

傳某些花園妖精的照片具有客觀的真實性，但是大部分的照片，根本騙不了現代一個十歲的小孩子。

　　這一點也不令人驚訝。大部分的占星師都很清楚，一個人有行星與本命太陽合相的影響力，而這又會如何融入這個人核心的自我認同感。太陽的其中一個詮釋是自我身份認同，所以當有一個行星與你的太陽並列時，你當然會認同它──你會用這種方式體驗自我，所以認識你的人自然也不感意外。他們也會在你身上看到它。柯南・道爾爵士非常生動地證明了這一點。這是很熟悉的領域，當我們回想起它時，我們大致上已經走對方向，能認識演化占星學最寶貴的訣竅之一。

與南月交點合相的行星

　　當有行星與你的南月交點合相，這很類似有行星與你的太陽合相──只不過我們看到的是你在前世的身份認同。回到前世，你在認識的人的眼中，就像是這個行星的具體化身。而你也認同這種看法。

　　當然，有鑒於我們會帶著業力模式往前走，所以到了這一世，也可以在你身上看到這個行星的強烈印記。舉例而言，我們也會在你的本性和人生際遇看到很多天王星各式各樣的特質：天資聰穎，叛逆、與目前的權威關係緊張、一些古怪、難以預測的際遇，或是突如其來的轉變。

　　美國知名紀錄片導演麥可・摩爾（Michael Moore）最知名的就是在影片中提出一些艱難的、局外人的問題，像是《柯倫拜校園事件》、《華氏911》和《健保真要命》，他就有天王星與南月交點合相（在巨蟹座，十二宮）。美國脫口秀名嘴歐普拉（Oprah Winfrey）也是。在他們身上，我們再次看到很基本

的天王星特質，那就是爲當前的文化迷思帶來槓桿效應——除此之外，歐普拉和摩爾已經很多世都在這麼做了。

我們現在知道，可以把南月交點視爲你某一世的自我認同的一部分，那麼這裡的基本訣竅就是：

把任何與南月交點合相的行星當成與太陽合相的行星，只是我們不是在討論今生，而是討論某一個前世。

在你的前世經驗裡，這個行星與你的天性和命運緊緊交纏著，無法分割。你就是這個行星的具體化身。此外，業力法則顯示，這個行星還在你身上留下明顯的印記。你會繼續透過這個行星的角度看世界。不過你如果想要演化，就必須跳出自己的框架，認清在這一世，別的觀點可能對你更有幫助。此外，我們都已經很清楚，在討論南月交點時，最好要特別注意負面或批評的觀點，這是最有效也最能揭露細節的方法。南月交點最基本的課題就是依附或執著的問題。你把問題帶到這一世，就是要跟它搏鬥，突破它施加在你身上的限制。我們也可以把認識南月交點的準則，應用在與南月交點合相的行星上面。這裡當然有好的一面，而這些力量非常可能會在今生大放光彩，十分醒目，就像摩爾和歐普拉一樣。不過，這裡的基本原則就是要對這個行星報以質疑，那你的詮釋就會更貼切正確。

你的本質就是你的命運

美國占星師茱蒂・佛瑞斯特（Jodie Forrest）在她的小說《打油詩人與烏鴉》（*The Rhymer and the Ravens*，）裡，提到一千年以前、在維京時代比爾卡島上有一位年老的女智者曾說過這句話：「你的本質就是你的命運」，這成爲

我們很好的人生法則——特別是當我們已經知道，我們可以改變自己的天性，然後改變未來的際遇。

你當然無法隨心所欲改變過去！業力的水已經在橋下流動了。我們的任務是要揭露這一世星盤裡的業力記號，然後讓人生能擺脫業力的控制。即使是回到前世，這種法則也同樣成立：你的本質決定了你的命運。當時的命運被貼上封條了，而這可以從與你南月交點合相的行星中看到線索。

我們最終無法切割本質和命運。當我們在分析小說時，角色和情節可能是很有用的分類，但在現實生活裡，這兩者根本是綁在一起，糾纏不清，就像咖啡杯裡的奶油和咖啡一樣。天王星與南月交點合相會如何？你前世的本質就像天王星，而這些天王星的特質當然多少會表現在你現在的選擇裡，因此也會出現在你「命中註定的」情境裡。

我們可以再進一步，加入心理學家榮格「共時性」（synchronicity）的概念：你的內在生活會用非因果性的方式，與你的外在生活連結在一起。換種說法，你的靈魂已經報名要做天王星的功課，你看似「偶然」遇到很多氣度狹小的暴君——他們其實是給你機會，好好伸展你正在生長的天王星肌肉。你會「碰巧發現」這些官方的謊言和錯誤。你會「跌進」反抗者和異教徒的陣營裡。

在應用時，按照共時性準則的主張，當我們看到一個行星與南月交點合相時，我們不只能看到這個人前世的本質，也可以看到前世的環境。

換言之，行星替星座代表的心理特質，以及宮位代表的環境特質，搭起了一座橋樑。這是一般占星學的基本原則。

在摩爾的星盤裡，我們看到南月交點與天王星合相在十二宮。天王星代

表他過去的本質是反抗者，現在也是。十二宮則暗示在他在過去某一世的命運，曾經很痛苦，失去一切，也許只是因為反抗者常是在絞刑架上結束一生。這種不幸的發展，可能是意料之外的，突然發生的，跟天王星外在的表現方式有一種共時性。

在歐普拉的星盤裡，天王星與南月交點合相在七宮。這就是完全不同的狀況了。我們很容易聯想到，她也許是在前世成功逃離一段壓迫或愚蠢的婚姻。

這是兩個截然不同的故事！這證明了，如果你很狹隘地，或只按照字面應用接下來的所有內容，會有多麼危險。當行星與南月交點合相時，象徵廣泛的原型領域，而我接下來只是針對這些領域提出一套通用的技巧準則。當你要運用這些技巧時，必須像挑櫻桃一樣，只要彙整所有相關符號的主要特徵，從中找出最一致的暗示。我們要尋找的聖杯就是，能完整、統一地衡量所有的占星因果。

這聽起來可能很難，但只要練習，你就能上手，而這也是成功的唯一方法。這些食譜式的章節，只能帶你入門，走一段路。我們會在第十四章詳細介紹如何整合。

南月交點與四個基本點合相

上升點、下降點、天頂和天底，與南月交點合相時，作用就跟行星一樣。如果要了解這些合相，你可以回到第七章，複習南月交點在一宮、四宮、七宮和十宮的內容。這四個基本點當然只是這些宮位的宮頭。詮釋的內容是一樣的，只是多了幾個令人讚嘆的點！

太陽與南月交點合相

　　太陽的基本特質之一就是**明亮**，另一個則是**溫暖**，還有就是**巨大的引力**。當太陽與南月交點合相時，在前世，這些特質都是你**最核心的身份認同**。人們會以某種方式圍繞著你。無論你想不想要，你都高居掌權的位置。你可能展現過個人領袖魅力──這也是一種太陽的特質。最起碼你會有所謂的莊重特質。無論人們喜歡與否，他們都有某種理由，必須認真對待你。

　　想像你在高速公路上疾駛，趕赴一個重要的約會。但是當你在後照鏡看到警車的燈在閃爍，你會怎麼做？你當然會把車停到路旁，向警察的權威低頭。加速逃跑可能是很愚蠢的作法，因為無論這個警察本身有多麼平凡無奇，他都代表公權力。這就是太陽的力量！你會繞著他轉一會兒。

　　也許在某一個前世，你曾用過這種方式擁有暫時的、世俗的權威。你擁有一個頭銜。如果是如此，就要在星盤上找一下地位的象徵符號，也許南月交點是在十宮，或是在摩羯座。一個人不必非常精彩或出色，才能在這世上擁有權力。如果是在獅子座呢？你可能曾擁有帝王般的光彩！摩羯座或處女座呢？你可能是透過頭銜令人對你刮目相看。

　　很多人都曾提過，當他們遇到名人時，都會被名人天生的光芒震懾。這樣的光芒也許可以讓我們略知你在前世是什麼樣的人。這種「光芒」是文化的投射（想像一下我們看到電影明星、搖滾巨星和政治人物時的反應），或只是他們本身的特質？還是兩者皆有？我認為很多情況都是第三個答案。個人魅力可以吸引來權力和地位，而這兩件事有時會變得無法切割。所以這又回到「你的本質就是你的命運」。如果你要看是否有這種太陽的「光芒」，可以檢查南月交點的合相，是否與木星合相，或是在獅子座，又或是在一宮。

所以這裡的負面影響是什麼？首先，我們可能會看到太**自戀**的問題。以你內心最深處的智慧判斷，試想一下，你常在便利商店書報架上看到的雜誌封面人物，真的「幸運」嗎？你如果是他們，到了下一世，當沒有人關心你喜歡的顏色或你的政治意見時，會發生什麼事？

不過不要只因為太陽，就認為一定有自我的問題。這個靈魂也可能背負的痛苦的重責的印記。領導是一種負擔。權力也是種隔離──在這種公眾人物的角色裡，一定有**寂寞**的課題。

無論如何，到了這一世，他們需要活得更透明，活出本色，少一點公眾的關注。這些人可以去一個沒人認識他們的地方──脫離任何角色的期待，做一個「不特別的平凡人」──這將是靈魂演化的良藥。

實例：美國女星茱莉亞‧羅伯茲（Julia Roberts），（太陽與南月交點合相在，以下省略）天蠍座四宮；義大利設計師吉安尼‧凡賽斯（Gianni Versace），射手座一宮；美國傳奇女飛行家愛蜜莉亞‧艾爾哈特（Amelia Earhart），獅子座四宮；美國詩人羅伯特‧布萊（Robert Bly），摩羯座一宮；美國占星家傑佛瑞‧沃夫‧格林（Jeffrey Wolf Green），射手座一宮；西班牙哲學家何塞‧奧特嘉‧伊‧加塞特（Jose Ortega y Gasset），金牛座五宮；美國出版家約瑟夫‧普立茲（Joseph Pulitzer），牡羊座，出生時間不確定；美國清教徒牧師作家科頓‧馬瑟（Cotton Mather），雙魚座，出生時間不確定；美國男演員瑞凡‧費尼克斯（River Phoenix）雙魚座十宮。

月亮與南月交點合相

讓我戳刺一下你內心的月亮，你就知道我的意思了。假設你剛剛生了一個

孩子，你把孩子緊緊抱在懷裡。我看到了說：「好可愛的小孩！我願意給你二十元，跟你交換他」。

我這種提議當然不會讓你有一絲心動，你可能還覺得被冒犯了。更深入一點，你還可能覺得這撼動了你靈魂裡某個深層又基本的東西。你根本不會拋棄自己的孩子。這件事超越了任何倫理道德，早已在人類的大腦和靈魂裡深根蒂固。對此，母親通常都有更熱切的版本──不過在這裡，我們也要對父親表示一點尊重。有哪個父親帶著家人在野外露營時，看到一隻大灰熊拖走自己的一個孩子時，不會跟牠拚了？

月亮的滋養和**保護本能**有很美的一面。這是很原始的，不需多加思考就會採取行動。當要保護年幼者時，月亮會不惜代價地付出。

顯然我們大部分人在前世都應該曾經為人父母。當月亮與南月交點合相時，這種經驗會特別被強調。愛孩子、養育孩子，看著孩子展翅高飛，這些經驗就跟出生、老化和死去一樣常見。不過這個相位，代表你必須看一下這個人在前世養育孩子的經驗，你就會看到某種極端的事物。這裡有些不對勁。他們失去孩子了嗎？我們都知道，沒有什麼比失去一個孩子更極端的經驗了，或多或少都能理解。如果是這種狀況，南月交點多少都很「痛苦」──也許是與冥王星、土星或火星有四分相。如果是相反的問題呢？──不願意對孩子放手？也許可以檢查是否有與海王星的相位。或許是一個小孩因為生理或心理因素不能繼續長大？或是一個小孩有唐氏症？或是有腦性麻痺症？也許你會看到與土星（職責）、處女座或六宮有關的沉重印記──這都象徵無盡的、令人精疲力盡的服務。

月亮不只與為人父母有關，也象徵家、氏族和家庭。就字義而言，我們所有人其實都是來自於「**家庭**」。這通常是很美好的事。但是如果，你在某一個

前世誕生在一個現代所謂的「失能」的家庭裡？如果要確認這個業力印記，你可以看月亮與南月交點的合相是否被增添了任何不舒服的成分？酒精的問題？也許可以考慮這是來自於海王星、雙魚座或十二宮的壓力。亂倫？這通常是冥王星的苦惱，特別是還有金星和火星的加入。暴力？這可能是與火星的強硬相位（如果火星與你的南月交點合相，又與你的月亮合相，這可能代表你已經內化了這份暴力。但如果火星只是與南月交點四分相或對分相，那你就是因此成為「受害者」）。

這裡還有另一個可能性：也許不是這麼明顯瘋狂的家庭，只是將人吞噬，讓人失去自我的家庭？你如果在某一世，完全受限於家庭，那就要看一下這個基本的月交點主題是否被明顯強調──例如，月亮與南月交點合相在巨蟹座或在四宮。

這些人來到這世上帶有這些業力模式，而最令人毛骨悚然的是，這些老故事可能在今生重複上演。當你看到這個相位時，永遠要記得，必須超越「透過我們付出的回報來定義自己」。家庭不會對我們「有害」，但我們必須很小心，要有家庭之外的生活圈。有這個相位的人通常都跟小孩相處融洽。在這裡，如果能明智謹慎一點，或是有些界線，是非常有幫助的。對於這些人，我們能給的最好的建議之一就是：不要太早當爸媽，要先建立自己的身份意識。而當他們有了孩子，也必須在自己和家庭之間劃清界線。

月亮最原始的表現方式之一，就是**提供食物**給別人。還有什麼比這更能表現滋養的本質？人們常認為有這個相位的人都是廚藝很棒的人！我們也可以從他們樂於擁抱這件事，感受到這個相位──而他們通常都會散發一種「給你一杯茶，安慰你」的感覺。這些都是很珍貴的特質，不過當有南月交點時，通常有其他的演化目標。

　　最後必須提到的是，月亮基本上是在討論**情感**和**情緒**。這是全然主觀的。你可能曾經很努力化解與某個人的意見分歧，結果卻讓你失望，因為對方不願給出任何明顯的、合理的說法。我們不能期望感覺要合理，但對這種人而言，感覺有一種無法抗拒的至高重要性，甚至會遮蔽理智。月亮型的人看不到理智，而他們付出的代價可能是不合邏輯的結果。當月亮與南月交點合相時，就很常會看到這種情形。他們這樣完全與情感同步，跟著感覺走，遮蔽了理智的功能。

實例：美國名廚茱莉亞‧柴爾德（Julia Child），（月亮與南月交點合相在，以下省略）天秤座五宮；美國搖滾歌手布魯斯‧史普林斯汀（Bruce Springsteen），天秤座五宮；美國女企業家瑪莎‧史都華（Martha Stewart），射手座二宮；英國黛安娜王妃（Princess Diana），寶瓶座二宮；英國女權運動先鋒艾米琳‧潘克斯特（Emmeline Pankhurst），處女座七宮；提倡保護消費者的美國政治家拉爾夫‧納德（Ralph Nader），獅子座七宮；美國鄉村音樂歌手藍迪‧崔佛斯（Randy Travis），牡羊座十一宮。

水星與南月交點合相

　　熱情的小水星每八十八天繞地球一周，沒有行星比它的速度更快。這是「如其在上，如其在下」最顯而易見且貼切的表現。水星與人類靈魂最快速、最狂熱的面向有關：我們永無止盡、不斷打轉的念頭。就更深層而言，試想孕育你所有念頭的土地，就是**感官認知**。這也是水星的領土：眼睛、耳朵，還有它們編織出的咒語。我們看見。然後我們會思考自己看見什麼。然後我們會再看一次──我們真的看到「那裡」有什麼嗎？或是我們現在只看到自己創造的一個期望而已？這是一個古老的問題──水星可能會想有另一種、甚至另外兩

種永恆！

你如果有水星與南月交點合相，代表你在某個前世具有**快速理解、認知能力強、反應快**和**理性思考**的強烈特質。你必須如此，因為水星與南月交點合相，代表一個人在某一世面對過變化很快的環境，需要隨機應變，不斷適應。這種靈魂能量是心智的一部分，大部分都歸類於我們所稱的智力。這可能會犧牲靈魂對於其他部分的關注，像是**情感、內心世界**或**對身體的覺察**。你可能是古代大馬士革街上的扒手，過著流浪漢的生活——月亮和南月交點就可能與冥王星或天王星有關，或是有十二宮的元素。也許你是中古世紀西班牙薩拉曼卡是一位地位卓越的教授——合相在九宮，與土星合相。總之，背景才是重點，才能看到全貌。

語言很可能在你某一世的人生裡扮演重要角色。水星會說話，也會聆聽。在那一世，交換意見很重要。這個相位除非有很多不利影響，否則你到了這一世，通常仍是口才過人。

不過，如果你在前世是聾啞人士呢？這也是水星的主題。這時我們就要看有沒有比較強硬的相位，例如，可能是土星與水星／南月交點合相形成四分相。

水星另一個常見的特質就是**年輕**。這是一個古老的占星學看法，但在演化占星學十分適用。就整體而言，年輕人比老年人「更水星」。他們的移動的速度快，比較容易緊張，需要更多刺激。這都是水星的特質。有些某些特定的經驗和弱點，是年輕人專有的。接受教育和指導，通常是年輕人的主場——而這些過程是利用一種經典的水星技能：透過模仿學習的能力。從任何角度來看，當我們說自己受教育時，常常是吸收老師的風格，還有教育過程中的實際「內容」。南月交點與水星合相的人，會把這樣的能力帶到這一世，很擅長模

仿別人的口音和怪僻。這很簡單,因為水星通常都很機智。

　　比較年輕的人比起較年長者,更容易成為性虐待的受害者——應該說,所有關於性的蠢事的受害者。如果你在解讀水星與南月交點合相的相位時,想要往「年輕」的方向看,一定要找到一些支持的象徵符號。也許是南月交點在四宮,暗示這個人「聽任於家庭」,但有更黑暗的元素加入時,像是冥王星、八宮或天蠍座。這可能指的是近親相姦。但也許這個相位是在五宮,與「戀愛」或實際的「小孩」有關,這就可能比較像是性方面的蠢事了。

　　無論是哪一種狀況,永遠要記得這裡的基本特質就是:心智和認知的能量、即席發揮和感官的反應。

實例:法國戲劇家馬歇·馬叟(Marcel Marceau),(水星與南月交點合相在,以下省略)雙魚座十一宮;美國女占星家伊凡潔琳·亞當斯(Evangeline Adams),雙魚座十二宮;西班牙電影導演佩德羅·阿莫多瓦(Pedro Almodovar),處女座四宮;美國鄉村歌手吉米·巴菲特(Jimmy Buffet),射手座二宮;美國傳奇女飛行家愛蜜莉亞·艾爾哈特(Amelia Earhart),獅子座五宮;美國西洋棋名將巴比·費雪(Bobby Fischer),寶瓶座八宮;英國查爾斯王儲(Prince Charles),天蠍座四宮;美國神話學家約瑟夫·坎伯(Joseph Campbell),水星六宮牡羊座,南月交點是雙子座;美國女偵探小說家蘇·葛拉芙頓(Sue Grafton),牡羊座十二宮;美國導演史蒂芬·史匹柏(Steven Spielberg),六宮獅子座;法國詩人阿蒂爾·蘭波(Arthur Rimbaud),天蠍座二宮。

金星與南月交點合相

　　在所有行星裡,金星的運行軌道最接近圓形。金星繞著太陽公轉一圈接

近完整的八年，還會逆行與太陽合相，五次合相的位置構成完美的五角形。金星是最亮的行星，因爲它在視覺上永遠不會離太陽太遠。我們常會在夜晚泛紫的天空或是凌晨時刻看到金星，宛如一顆從內散發火光的珍珠。沒有行星比它更純白。沒有行星比它更迷人。我們甚至開始想像爲何我們的祖先會把金星與美、以及**審美觀的完美**聯想在一起？爲何會把金星聯想到我們喜歡的東西？我們喜歡，是因爲這些東西很吸引我們。爲何會聯想到**愛的能力**？爲何會聯想到我們因爲美而怦然心動，進而激發我們去創造美的能力？

就現實層面而言，金星與兩種基本的人生領域有關：**關係**和**美學**。

所有人最終都會建立人際關係，可能是友情、愛情，或只是實用性的結盟，所以我們就從這裡著手。你的南月交點如果與金星合相，代表你在某一世是由關係所定義的。爲了維持這段關係，你必須表現某種程度的**禮貌**——我們推測這是你前世曾充分展現的另一種金星特質。禮貌並不一定代表僵硬或正式。禮貌多半與敏銳感受別人的感覺有關，而且會透過一套文化特有的訊息來表達——所以我們可以理解，在一個不熟悉的文化裡與人相處，很容易在社交舉止上出錯。對你而言，在這一世，禮貌就像一種本能。這就在你的血液裡——但從現在的文化觀點來看，這種禮貌可能有些古怪，而這就源自於你對另一種文化規矩的業力記憶。

你在前世可能是一個活躍的藝術家？不一定如此，除非金星與南月交點合相有另一個或兩個代表創意的元素加入，例如合相或南月交點的主宰行星在五宮。這可以支持你在某一個前世有過實際的藝術表現。

當然，無論是哪一種狀況，你在那一世顯然都很喜歡美、優雅或單純只是奢侈的事物。

性就像流感一樣，曾在人類大部分的歷史裡擴散。占星學當然無法逃過

一劫。這裡最危險的病症就在於，金星與**女性**有關（火星則與男性有關）。不過我們馬上可以證實一個最基本的反思，無論金星在哪一個位置，擁有這個相位的男性和女性都是一樣多的。你無法根據一張出生星盤來判斷性別！不過集體神話學的力量還是很強大的，當我看到金星和南月交點合相時，我通常傾向於會想像，這個人的前世是女性，這只是因為女性比較容易有的經驗，還有危險，通常都歸類於金星的管轄。例如，一個完全由一份關係定義自己的人，或是端憑美貌和順從來判斷一個人的價值。男人當然不能被免除在外，所以我們也要考慮一個男性的前世！但是從女性的前世開始，故事通常比較有說服力——即使你的個案現在根本是另一個性別，好比一個兩百八十磅的足球後衛！

如果在這位金星人身上看到前世有社會批判的元素——例如，南月交點與金星合相在寶瓶座，或是與天王星有強硬相位——這個人在某一個前世可能是男同性戀，因為所有無知人類的偏見和恐懼飽受迫害，彷彿被火車輾過而體無完膚。

那如果我們有理由認為，這個人在前世可能曾是一位藝術家呢？記得要把你的想像力，往比較負面的方向延伸。藝術家特別容易遇到哪些危險？也許金星與南月交點合相，與二宮的土星形成四分相，我們很容易從這個符號象徵聯想到熟悉的「吃不飽的藝術家」。如果有集中的雙魚座或海王星能量，與南月交點有關呢？通常藝術家比起大多數的人，更容易消耗自我——酒精或藥物問題，或是透過性來逃避等。如果金星與南月交點合相是在十宮呢？那我們真的可以認真考慮，這個人在前世曾是藝術領域的知名人士——至少以當時的年代和社交圈而言，是很「有名」的一號人物。這件事本身當然沒什麼錯——但你自問，這類的名聲是否可能會設下靈魂牢籠？有多少「明星」過著悲劇般的生活，無法應付或理解來自粉絲的投射能量？

實例：美國歌手「王子」（Prince），（金星與南月交點合相在，以下省略）金牛座六宮；西班牙電影導演佩德羅·阿莫多瓦（Pedro Almodovar），處女座四宮；瑞典導演英格瑪·柏格曼（Ingmar Bergman），雙子座，出生時間不確定；美國詩人羅伯特·布萊（Robert Bly），摩羯座一宮；美國女演員桑德拉·迪伊；雙魚座十二宮；南非前總統尼爾森·曼德拉（Nelson Mandela），雙子座，出生時間不確定；美國作家艾蜜麗·普斯特（Emily Post），射手座，出生時間不確定；美國女星芭芭拉·史翠珊（Barbra Streisand），雙魚座十二宮；美國素人女畫家摩西奶奶（Grandma Moses），獅子座，出生時間不確定。

火星與南月交點合相

　　我們在前面看到，基於社會和文化的歷史因素，金星與南月交點合相，常被視為前世是女性，無論你這輩子的「管線配備」的本質為何。基於類似的理由，火星與南月交點合相，我們會很謹慎地認為前世是男性。理由很明顯，男性常被訓練去扛起火星的戰爭和競爭的重擔。不過你的假設要很謹慎，因為在現代的歷史上，顯然不缺男性的藝術家或是好戰的女性！

　　人類為什麼要戰鬥？原因總是很醜陋。但大部分的人都同意，這有時是合理的。你沒有挑釁就被攻擊，而當你自衛時，又傷到對方，那誰會責怪你呢？每一種文明基本上都同意，人們與生俱來就有自衛的權利。但你如果拿一個鍋子猛敲一個壞人的頭，要阻止他傷害一個小孩呢？無論你的感受如何，你都能因此拿到一張免死金牌。當戰士拿起一把劍保護無辜的人時，幾乎全世界都會認為這是英雄之舉。我們當然比較不會想到那些明明當下可以捍衛無辜之人，卻選擇不出手的人。

有時，南月交點代表我們在前世出錯的事。但有時候，它代表我們做對事情，卻因此受傷。火星與南月交點合相，很容易是第二種狀況。你朝著一個壞人的頭猛敲，救了一個小孩。但是你眼睜睜看著這個壞人因為腦出血死去。你還是會拿到那張免死金牌，但你之後很長時間都會做惡夢。這些未解決的業力——值得敬佩但很複雜——會表現在火星與南月交點的合相。

很多好萊塢的動作片的開場都是一個好人——或是他或她愛的人，無辜且無自衛能力——經歷一些痛苦的不公平。而從那一刻起，你就會開心地吃著爆米花，看完一百二十七分鐘的血腥和恣意破壞。這是可以接受的——因為他們活該！你看，電影是怎麼設計你的？這又來了。當戰士拿起一把劍保護無辜的人時，幾乎全世界都會認為這是英雄之舉。在這樣的前提下，我們可以暫停自己天生對於暴力和虐待的厭惡。不過你也不要太過批判——這種古老的公式的確創造出一些好電影，更遑論許多文學鉅作。但有任何一場戰爭裡，任何一個政府都沒有用上這種伎倆嗎？宣稱要捍衛無辜的人，公開指責沒人性的壞人？宣稱無辜的人正遭受攻擊，必須受到保護？只不過在此時，用的是真槍實彈，這跟電影是不一樣的。年輕的男性有多容易被這樣的計謀誘惑！這種誘惑還添加了一股動力，年輕女性常被限制閱讀到的內容，常會形容「戰士」都是很性感的，這也會刺激年輕男性的熱情。

根據人類歷史，人們有多常被欺騙去互相殘殺？其中大部分又都是男性。暴力的循環一旦開始，攻擊就成真了，變成維持自主生存的一件事。我猜人類百分之九十最黑暗的業力都與這有關。

你如果有火星與南月交點合相，可能曾被捲入這種暴力的戲碼——戰爭，這可能是真正的戰爭，或是一些比較私人的「鬥爭」。你可能手中也沾了血。你曾經是謀殺犯嗎？在這裡，用這個字可能不太公平。如果你要令人信服南月交點與火星合相這個相位，代表前世曾經犯下「謀殺這種最卑劣的事」，

最好要確定一下是否有一些冥王星的影響。這裡可能也有看到社會批判或疏離的象徵──例如有一些明確的天王星或寶瓶座的主題。

當然，當我們說的是真正的殺害，我們必須聚焦在最極端的可能性。火星常被提到的黑暗面包括**狂怒、挑釁、憤慨**或**惱怒**。

無論是哪一種情形，當我們看到火星與南月交點合相時，我們知道這個靈魂從前世帶來了急躁的憤怒、隱藏的恐懼和極大的痛苦，這是很沉重的負擔。他們也可能迷戀極端的行為，然後把熱情釋放在所有人身上。他們不停聽到冒險的召喚。「正常生活」可能會讓他們覺得乏味，無精打采。這些人常有性感的特質。他們可能也對正義抱有熱情，這可能是很明智的，也可能是被誤導的。「英雄」在他們的意識裡佔有一席之地。我沒有要危言聳聽，但他們可能會在這一世重複施展暴力，也可能是反過來，是暴力回頭找上他們。

舉例：英國作家J・R・R・托爾金（J.R.R. Tolkien），（火星與南月交點合相在，下省略）天蠍座三宮；美國鄉村音樂家威利・尼爾森（Willie Nelson），處女座一宮；義大利設計師吉安尼・凡賽斯（Gianni Versace），射手座一宮；美國女演員洛琳・白考兒（Lauren Bacall），寶瓶座八宮；英國女偵探小說作家阿嘉莎・克莉絲蒂（Agatha Christie），射手座四宮；牙買加歌手巴布・馬利（Bob Marley），摩羯座二宮；加拿大男歌手李奧納多・柯恩（Leonard Cohen），獅子座十一宮；德意志神學家馬丁・路德（Martin Luther），南月交點天秤座，火星天蠍座，三宮；美國馬術師比爾・舍梅克（Willie Shoemaker），天秤座十宮；義大利女星蘇菲亞・羅蘭（Sophia Loren），獅子座七宮；克里絲塔・麥考利夫（Christa McAuliffe），火星天秤座，南月交點天蠍座，六宮；美國音樂家昆西・瓊斯（Quincy Jones），處女座十一宮；美國奇幻兒童文學女作家娥蘇拉・勒瑰恩（Ursula K. Le Guin），天蠍座七宮。

木星與南月交點合相

　　銀河系裡大部分的星星都是雙星系統，也就是兩顆星。像太陽這樣的單星是例外。我們的太陽系剛好避開更常見的命運。當行星形成時，木星的體積只比其他行星稍微巨大，不過它的重力會吸引星塵和氣體，強烈到足以在核心發生核子反應。其實，木星最後也可能只成為一顆紅矮星，永遠與太陽相依，亮度只比太陽少一點，那麼在地球，日曬就肯定容易多了，雖然也是一場災難。這個天文學的事實讓我們認識很多有關木星的事。這個行星差點變成一顆恆星。而且其實有四個像地球一樣大的衛星，繞著它運轉，這幾乎已成為一個小型的太陽系。難怪我們的祖先把木星稱為萬神之王，即使他們對上述的天文學一無所知。

　　當木星與南月交點合相時，這裡有很強烈的證據顯示，你在過去某一世曾是一顆恆星。你會散發某種**領袖氣質**的魅力。你很坦率大器，充滿自信，令人傾倒。你也許也很有**幽默感**。

　　有鑒於我們討論南月交點時，總要有些質疑，我們也必須認清木星象徵的危險——假設你在某種程度上也會陷入其中。單純的**過度擴張**，是最溫和的特質。也許在某一個前世，你曾經不自量力。也許你證明了「彼得原理」（Peter Principle），被拔擢到一個你無法勝任的地位。**做過頭、驕傲、狂妄自負**——這些都是木星賦予的靈魂牢籠，而這個世界常會強迫背負木星印記的人去做一些事。

　　我們是在討論前世的世俗權力嗎？如果木星與南月交點的合相是在十宮，這就沒錯。那麼關於金錢創造的自我膨脹呢？可能就要看二宮。那些關於傲慢的「權貴之家」的事呢？就要看四宮。

　　代表木星的羅馬天神朱彼特（Jupiter）常常外遇生子，讓他的妻子茱諾長期鬱悶不樂。就現代心理治療的說法，朱彼特有「界線問題」。英國劇作家奧斯卡‧王爾德（Oscar Wilde）曾說，朱彼特「能抗拒任何事，除了誘惑」。

　　如果木星與南月交點的合相還有金星的參與，或是在五宮，這個過去的業力可能有木星對性的的貪得無厭。如果這個合相與海王星有關，或在十二宮，可能比較像是酗酒的逃避主義行徑。那木星的另一個陰暗面自大呢？就要看這個合相是否與土星或摩羯座有關。食物課題呢？可能與月亮和巨蟹座有關。宗教的教條主義呢？可能就有射手座或九宮的元素。有這個相位的人到了這一世，很可能還是會有「自信比生命更重要」的色彩。自信和健全的驕傲是很棒的特質。不過他們現在必須少一點自負來加以調和。

實例：德國前納粹黨領袖阿道夫‧希特勒（Adolph Hitler），（火星與南月交點合相在，以下省略）摩羯座三宮；美國小說家法蘭西斯‧史考特‧費茲傑羅（F. Scott Fitzgerald），獅子座七宮；美國作家史蒂芬‧金（Stephen King），天蠍座五宮；美國男星政治家阿諾‧史瓦辛格（Arnold Schwarzenegger）、天蠍座五宮；美國女占星家伊凡潔琳‧亞當斯（Evangeline Adams），雙魚座五宮；美國女偵探小說家蘇‧葛拉芙頓（Sue Grafton），牡羊座一宮；美國劇作家田納西‧威廉斯（Tennessee Williams）；天蠍座九宮；美國鄉村音樂家威利‧尼爾森（Willie Nelson）處女座二宮；德意志神學家馬丁‧路德（Martin Luther），天秤座三宮。

土星與南月交點合相

　　憤世忌俗的犬儒主義者會說：「生命爛透了，最後你就這樣死了。」這種感受並不能傳達完整的宇宙觀，但我們總有一天都會體現這句話。土星與南月交點合相的重點在於，了解有一些人有過很多世都有上述的感受。如果我們以正面思考或其他任何哲學為理由，不去正視這個悲哀的真理，我們就等於漠視一個可以印證的真理。人們活著的確在受苦，而生命顯然就是不公平的。如果漠視這種想法，就也等於拒絕了熱情。綜觀歷史，有很多人生為奴隸，至死也是。在眾生萬象中，我們常看到疾病、貧窮和心理疾病可怕地同時存在。我們會看到令人無力負荷的狀況，與人類的脆弱激烈碰撞。

　　當我們看到土星與南月交點合相時，就會聯想到上述的景象。但是土星也代表**責任**，而這個位置的責任，代表這個人在某一世曾肩負非常沉重的責任。想像一位農婦突然失去丈夫，變成寡婦，還有六個小孩要養。想像中世紀一位正派善良的鎮長，面對小鎮裡出現了黑死病。想像你摯愛的丈夫或妻子被長期的肌肉萎縮症擊垮，而當時是一六七三年的美國麻薩諸塞州。

　　在任何一個我上述的悲慘情境裡，一個人的內心會如何反應？這是一個很重要的問題，因為任何月交點的相位的關鍵都是從前世帶來今生的**感覺**或**情緒**。這些「事實」只是靈魂功課的物質工具。這些事實的生命，不如它們對一個人內在的影響力來得久遠。

　　人們在面對生命的窮凶極惡時，基本上有兩種類型，雖然一定會有灰色地帶。有一種人會正面應對土星的挑戰。另一種人則會被挑戰擊敗，潰不成形。無論是哪一種，都符合土星與南月交點合相的意義。讓我們逐一檢視。

　　在前世，會去面對土星挑戰的人，我們可以在他們身上看到**耐力**和**正直**的

完美典範。我們要敬重他們，而且很清楚我們能在這一世認出他們，因為他們常會把這種特質帶到今生。這些人看似無所不能，可以忍受任何事。他們為「**紀律**」這個字下了最貼切的定義。不過這些人的內心非常緊繃。要他們放鬆，只去感受，是很困難的。因為他們某一世經歷許多創傷，讓他們擅長自我否定，成為成熟和專注的大師。他們會讓自己變得有如刀槍不入的鋼鐵人，非常強硬，而到了這一世，當他們呱呱落地時，仍很「強硬」。他們從來沒學會信任任何人，因為在那個前世，從來沒有一個人能讓他依靠，他們只能靠自己。就占星的角度而言，我們可以認出這些忠實的人，可能因為土星與南月交點的合相是在非常顯著的位置。舉例，可能是在四個基本點上，或是在火象星座。也許還有木星、火星或太陽的相位。當你看到這個相位時，你會有一種感覺，這個人一定會「打拚到死前最後一刻」。

那些在前世被土星擊敗的人呢？這些被土星永無止盡的巨輪輾過、無法再爬起來的人，我們會看到他們把一種挫敗、悲觀和絕望的感覺帶到這一世。有很多人會很憂鬱，覺得疲倦，而且不是睡眠就能解決的疲倦。他們也常覺得很寂寞──而這種寂寞也常會伴隨令人困擾的孤僻傾向。他們很難找出方法走出這個靈魂的牢籠。此時占星學特別有幫助，提供正確的良方解藥，那就是願意花時間努力活出星盤描述的最高境界，而且要特別重視北月交點的處方籤。

就技術層面而言，我會透過一些與這個相位有關「令人無法負荷」的因素，來認出這些比較悲哀、受盡挫敗的土星與南月交點合相的人。也許這個合相落在十二宮，或是與海王星合相，或是在雙魚座。當然，南月交點也會因為強硬相位遭受極大的壓力。我們會在第十章詳細介紹，但基本上，這些強硬相位代表痛苦的、困難的環境因素，讓這個人完全無法承受。

基於同情，以及有助清楚理解，我們必須知道，任何人都可能崩潰。即使

一個看似強勢的月交點相位，但是與火星／冥王星合相形成四分相，又與太陽形成對分相，一個堅強的人也可能因為大災難崩潰。

這些顯然都是恐怖的月交點相位。但永遠不要忘記，這個人已準備好向前走，準備讓傷口痊癒，而星盤明確展現了他該如何做。

實例：美國非裔女作家馬雅・安傑洛（Maya Angelou），（土星與南月交點合相在，以下省略）射手座四宮；美國病理學家傑克・凱沃基安（Jack Kevorkian），射手座，出生時間不確定；美國白宮前實習生莫妮卡・陸文斯基（Monica Lewinsky），雙子座九宮；美國企業家泰德・透納（Ted Turner），牡羊座九宮；墨西哥前總統費利佩・卡德隆（Felipe Calderón），寶瓶座三宮；第十七世大寶法王噶瑪巴（The 17thKarmapa），天蠍座六宮，如果我們相信他是在「日出」誕生的說法」。

天王星與南月交點合相

關於天王星型的人，我們有很多陳腔濫調的描述。像是他們「格格不入」。當他們在「人跡罕見的路上」旅行時會「聽到不同的鼓聲」，當「想法跳脫框架」時，就能「做自己」。

我們常用很多老掉牙的說法，來描述一些我們沒有自發性思考的事。人類似乎從來不會深度思考自身的古怪之處。所以我們才會對天王星型的人有這麼多的刻板印象，而且反而會在無意中對這些人施壓，要求他們「恢復正常」。施壓的方式可能是微妙的嘲諷，不表示尊重——若非如此，就可能爆發成排斥，甚至鎮壓式的暴力。這真的很遺憾，因為如果沒有天王星型的人，我們現在可能還在打獵和採集食物，互相挑出身上的跳蚤。天王星的能量代表

天才和**革命**。這會打破規則，允許改變出現。

　　你的天王星如果與南月交點合相，代表你某一個前世曾是局外人。在你身上，可以看到明顯的流放者原型。你必須培養獨立和敏捷的心智。你不像其他「正常人」一樣，你沒有太多選擇。

　　有些人的天性就**偏離主流**。他們「生來就是如此」。舉例，我們都認識一些心理上無法在大企業工作的人。你在前世如果是這樣的天王星人，我們可能會看到你的南月交點和天王星的合相在一宮，或是還與太陽合相。

　　假設這個合相是在九宮，或是在射手座。我們可能會看到一個人在前世因為宗教或地理因素與社會隔閡：像是難民或前朝的愛國人士。

　　家族的種族淵源是我們無法控制的。這世界上最溫和、最順從的人可能誕生在十五世紀，具有猶太血統。之後當地的人們試圖把猶太人趕出「基督」的國度。很多人逃走了，但還是有很多人留在當地，只能靜聲默語，私下比劃十字架的手勢。想像你如果是那樣過日子，不斷隱藏你自己的真實身份，在自己的土地裡永遠被排斥——而你的天性其實非常傳統，沒有絲毫的抗逆之心！我們會用什麼占星符號來描述這樣的前世？可能是天王星與南月交點合相在四宮（家庭），但是在水象星座，與金星、土星、月亮或海王星有相位，所以比較溫和。

　　不過，無論是高聲疾呼、明目張膽，還是安靜沉默，甚至順從，天王星與南月交點合相都帶有**疏離**的精神，對人們有共識的現實無感，很可能有出色的創新才華，至少可以略窺端倪。

　　天王星與任何突發事件有關。這通常是與天王星與南月交點的強硬相位有關，不過即使是合相，我們也必須留意，可能會在前世發生過一些突然、令

人震驚的狀態改變。這可能是個人地位（十宮）、個人財務（二宮）和主要關係（七宮）的瓦解，任何這類的慘事都能證明這個相位。這樣的前世經驗，都會在這一世留下**情感疏離**或**斷絕**的特質。

實例：美國紀錄片導演麥可・摩爾（Michael Moore），（天王星與南月交點合相在，以下省略）巨蟹座十二宮；美國外交官亨利・季辛吉（Henry Kissinger），雙魚座十宮；印度上師帕拉宏撒・尤迦南達（Paramahansa Yogananda），天蠍座三宮；美國脫口秀主持人歐普拉，巨蟹座七宮；美國鄉村藍調男歌手漢克・威廉斯，雙魚座九宮；奧地利音樂神童沃夫岡・阿瑪迪斯・莫札特（Wolfgang Amadeus Mozart），雙魚座，出生時間不確定。

海王星與南月交點合相

有誰會深切地凝望星空？任何符合這個特質的人，都稱得上是海王星人！這個問題很簡單，但必須花點時間才能完整回答──還是有很多不同類型的人符合這個特質。

第一個最明顯的答案很簡單，就是「所有人」。當我們任何一個人沉思某種廣闊的、不確定、重要的事物時，就會凝望天空。當我們尋求某種啟發時，也會這麼做──尋求眾神顯靈，或是至少期望能從無意識的心智裡獲得一點回饋，它可能是靈魂，也或許是想像力。我們在這裡可以用不同的說法，不過這所有都是超越顯意識、自我中心和邏輯心智的範圍。全都與我們自己**內在的神祕**有關。所有都與海王星有關。

那到底誰特別會凝望星空？首先，我們可以說，神祕主義者會這麼做。當海王星與你的南月交點合相時，你在前世可能是神祕主義者。如果和九宮（宗

教）或十二宮（修道院）有關，你在某個前世很可能是一位僧侶或修女。你可能有系統地，加上有宗教或同修的支持，讓意識與人格分離。在這條路上，你也許走得太遠，也太快。我記得我的一位靈性導師曾提到一位同修，就是這個問題的典範，「他太不接地氣了，完全不能在俗世發揮作用。」

當我們提到神祕主義者，要知道這些人永遠放棄了所有事物——食物、金錢和性等。在許多高階的靈修形式裡，這種「不執著」至關重要，但這也會讓我們認識海王星可能會有另一種負面特質：海王星與南月交點合相的人，可能在前世，曾經不必要地放棄某個他們其實非常需要的東西。舉例，他們可能在前世放棄了對愛的承諾，如果海王星與南月交點的合相是在七宮或八宮。在前世，若是一段節制、造成傷害的關係與飲食有關，以許可以從這個合相與巨蟹座或月亮的關係看出端倪。不成熟地決定獨身生活，則可能與金星、火星或八宮有關。

靈媒和空想家會凝視星空，藝術家和有創意的人也會如此——如果要確定這個特質，我們可以看是否有金星或五宮的元素混雜其中。不過最常這麼做的人，應該是酒鬼、上癮者，還有這世上其他已經麻痺的靈魂。當海王星與南月交點合相時，也有可能有這些業力。我們如果要判斷前世特別的問題，最好的指標就是這些人在今生的行為。他們可能在這一世重複上演老問題，或是值得讚美的是，他們會非常害怕靠近任何有這類性質的事——對此，我們應該尊重他們！就技術層面而言，如果要看前世是否有上癮行為時，我們可能要檢視十二宮和雙魚座的能量，可能會因為五宮的影響力變得更加複雜，也可能有木星或金星的因素。

當人們透過性愛逃避現實時，通常也會躲到酒精裡。如果是性上癮，這裡的業力符號可能比較與金星或火星有關——前者喜歡談戀愛，後者喜歡比較直接的肉體接觸，還會有征服掠奪的傾向。

　　下一代的演化占星師將會遇到海王星與水星的交互影響，表現出這種上癮的模式。這些疾病將會困擾一些人，他們現在還活得好好的，但最後會死在自己的電視或電腦螢幕前，忘記該如何實際生活。到了下一世，他們很多人都會有海王星與南月交點合相的相位。

實例：美國作家厄尼斯特・海明威，（海王星與南月交點合相在，以下省略）雙子座十宮；美國社交名媛小說家賽爾妲・費茲傑羅（Zelda Fitzgerald），雙子座十一宮；美國爵士樂鋼琴家比利・史崔洪（Billy Strayhorn），與艾靈頓公爵合作，常被人們遺忘，獅子座九宮；美國男演員亨弗萊・鮑嘉（Humphrey Bogart），雙子座，出生時間不確定；阿根廷詩人豪爾赫・路易斯・波赫士（Jorge Luis Borges），雙子座十二宮；美國男星李察・吉爾（Richard Gere），天秤座，出生時間不確定； 英國導演亞佛烈德・希區考克（Alfred Hitchcock），雙子座，出生時間不確定； 美國女演員雪歌妮・薇佛（Sigourney Weaver），天秤座六宮；法國傳奇女歌手依蒂・琵雅芙（Edith Piaf），獅子座九宮。

冥王星與南月交點合相

　　這世上有很多想不到的事確實都發生了。這是生命最痛苦的難題之一——很多人曾經歷一些自己根本不敢多想或想像的事件。你也許曾在某一世，西元七十九年八月二十四日，在義大利奧莫爾海岸自家的度假小屋，與家人坐下來共享節慶的美食。此時，維蘇威火山爆發了。你充滿恐懼，最後因為吸入高溫的灰塵和有毒氣體嗆死。也許你曾在德國納粹的達豪集中營、日本廣島、曾遭美軍屠殺的越南美萊鎮或傷膝河大屠殺。或是土耳其加里波利半島、義大利卡西諾山、美國阿波馬托克斯鎮、比利時的滑鐵盧，或西班牙的特拉法加角。也許當一九〇六年，舊金山大地震時，你正在清理三樓的窗戶。也

有可能印尼喀拉喀托火山爆發時，你就在現場。或是在一二四四年三月，你曾在法國的蒙特塞居，教宗決定讓你成爲更好的天主教徒。

上述的前世經驗，都可能在今生的星盤中，看到冥王星與南月交點合相的提示。歷史上不乏這些經驗。我列出來的大部分都是**公開、集體的大災難**，所以可能可以看到南月交點與十宮或十一宮有關。

這裡強調的冥王星重點是，你可能曾被「認定爲受害者」，可能是你自己的想法，或是別人這麼看你。人們無法預期或想像你曾經發生過什麼事。

這些**極端的經驗**，大部分都是比較私人或個人的。你如果曾被強暴過，要花多久時間才能放下這件事？問這個問題並非沒有同理心。顯然，你心中第一個反射性的答案就是：永遠不可能忘記。這其實意味著，你可能到死前，都還沒解決這件事——如果是這樣，這一世，我們就會看到冥王星與南月交點合相。在這個情節裡，也可能與八宮或天蠍座（性）有關，還有一些代表暴力行爲的火星能量。

關於冥王星與南月交點合相，還有一些更不舒服的想法。請繫好你的安全帶。我曾跟一位打過越戰的朋友聊過，他提到自己在那裡做過一些可怕的事，而帶著這些記憶活著有多麼困難。我要他原諒自己，他跟我說：「史蒂夫，有些事情就是無法被原諒。」那是非常冥王星的一刻。我沒辦法和他爭論。並不是因爲我眞的同意他說法，而是我太愛他，太尊敬他，不想要用哲學爭論來雞蛋裡挑骨頭，讓他剛說出的那句話顯得稀松平常。

你如果有冥王星與南月交點合相，在某一世曾做過眞的很可怕的事——例如曾經強暴人或殺過人——而我要再問一個同樣的冥王星的問題：這要花多久時間才能放下？到最後，加害者和受害者難道不都是一樣受傷嗎？當冥王星與南月交點合相時，你可能從過去帶來一些罪惡感——你曾做了某件事，而

你會為了這件事，在這一世花很多時間無意識地懲罰自己。

　　如果是這種加害者的狀況，看看南月交點與冥王星的合相，是否有強烈的一宮或十宮的能量，或是就整體而言，與火星或火象星座有關。

　　第二次世界大戰時，英國首相邱吉爾，選擇讓德國納粹空軍轟炸英國艾克斯特（Exeter），而不讓納粹知道他們的密碼已經被破解。他這麼做，確保聯軍能在諾曼第登陸戰役中獲勝。不過，許多視他為守護者的人認為他做出這個選擇，必須以死謝罪。他因此決定挽救的生命，遠多於犧牲的人。一個人要如何帶著這樣的記憶活著？我們盡力做出最好的判斷，但犧牲了數千人的性命。要花多久時間才能放下這件事？我們當然不知道邱吉爾是否已經輪迴轉世了。不過如果他已經投胎轉世，出生星盤上出現冥王星與南月交點合相，我不會太意外。

　　所以當我們看到這個相位時，我們只能猜測這個靈魂曾有極端的遭遇，最後帶著未治癒的創傷死去。他們也許是受害者，也可能是加害者。他們可能必須做出遊走道德灰色地帶、高風險的決定，但至死前都不知道自己是否做了正確的選擇。

實例：俄羅斯總理弗拉迪米爾·普丁（Vladimir Putin），（冥王星與南月交點合相在，以下省略）獅子座十宮；美國爵士樂鋼琴家塞隆尼斯·孟克（Thelonious Monk），巨蟹座一宮；西藏精神領袖達賴喇嘛（The Dalai Lama），巨蟹座一宮；美國人類潛能開發大師維爾納·艾哈德（Werner Erhard），巨蟹座三宮；美國小說家賽爾妲·費茲傑羅（Zelda Fitzgerald），雙子座十一宮；美國男星克里斯多福·李維（Christopher Reeve），獅子座六宮；美國傳教歌手吉米·斯瓦加（Jimmy Swaggart），巨蟹座七宮。

其他小行星與南月交點合相

　　凱龍（Chiron）與南月交點合相會如何？還有一百萬個有記錄小行星其中的三分之一，或是一萬三千個已被命名的小行星呢？或是即使只討論比較大的小行星，所謂的「四大」小行星：穀神星（Ceres）、智神星（Pallas）、灶神星（Vesta）及婚神星（Juno），（雖然健神星（Hygeia）體積比婚神星大，應該被列入內）。那麼新的行星鬩神星（Eris）呢？

　　就原則而言，這些小行星如果與南月交點合相，我都會嚴肅看待。不過就經驗而言，我會特別注意凱龍、穀神星和鬩神星。

　　我要誠實以告，我在幫個案解讀時，會傾向於不要用任何小行星。這可能是我的缺點之一，我希望能改善。但當我在寫各式各樣的書時，我意識到自己肩負重責，因為人們可能會根據我寫的內容做出決定。所以我遵循的原則就是，只用很肯定和明確的字眼，來描述我已有很多個案真實經驗的相位。讓我告訴你，裡面完全沒有負面強調任何在個案身上失準的詮釋！你讀到的所有內容都經過障礙測試，我覺得很篤定，才會寫進書裡。

　　我以上述的謹慎態度，在這裡先提供一些簡單的原則，解釋我對三個小行星的看法：

　　凱龍：要檢查這個人在前世可能曾經身體衰弱不堪，或是可能在前世花了很多時間，當前者的照顧者。為了要分辨是哪一種狀況，我會運用之前提到的技巧。凱龍與南月交點合相如果很強勢，看起來「有主控權」，那就往照顧者的方向思考。如果這個相位看起來被削弱、脆弱，或有依賴色彩，就會往生病或體弱的方向思考。

　　穀神星：有些天文學家現在認為穀神星是矮行星，至少是最大的小行星，

佔有三分之一的小行星帶總質量。它代表「像母親一樣養育」和照顧的行為，通過的儀式。喪親的父母很瘋狂、無法思考、徹底的悲傷。

鬩神星：我們需要一本書來介紹這個新行星。我現在開始非常認真研究它，但容我引述我比較好的守護天使說的話：「史蒂芬，你跟鬩神星相處久一點後再來談它，現在閉嘴！這是一本書，不是電子郵件，你不能任意刪掉相關內容。」

我非常謹慎地建議你，如果看到鬩神星與南月交點合相，這代表前世曾有極度競爭或激烈的對立——達爾文的「適者生存」定律。這也可能代表自負虛榮的特質。我腦海中會出現「郊狼」的模樣——如果你想要一個定義，那就去問北美原住民納瓦荷人吧！

第九章

南月交點的主宰行星

　　你的南月交點如果在雙子座，水星就是南月交點的主宰行星。如果在金牛座，主宰行星就是金星。當我們在解讀你的業力故事時，主宰南月交點的行星能提供重要的資訊。它代表你的處境和個性的一些其他面向，也許可以成為這個故事的另一章，通常是非常明確的一章——搞不好還是整個故事的關鍵點。

　　對我而言，認識南月交點主宰行星的力量，就像從黑白變成彩色。這有如本來坐在埃及豔后的浮雕前，變成跟她本人坐在花園裡喝一瓶酒。

　　我們要如何運用南月交點的主宰行星？讓我們將它加入更廣泛的理論背景裡，跟其他拼圖一起找到屬於它的天生位置。

　　如果要了解一個人在前世是什麼樣的人，要檢視：

一、南月交點的星座和宮位；
二、任何與南月交點合相的行星；
三、南月交點主宰行星的星座和宮位。

　　如果要了解一個人在前世面對的處境和經驗，要檢視：

一、除了與南月交點合相以外的相位

二、南月交點的宮位（要注意重複性——這都是有目的的）

三、南月交點的主宰行星的任何相位

　　這些方法的描述已經太滾瓜爛熟了——這就是檢視的時刻，我們可以了解哪些經驗影響了我們的本性，反之亦然。我們最終不能將這兩者分開來看。不過，當你深入研究這些相關符號象徵的困境，試圖釐清前世的資訊和寓意時，這些分類是很有幫助的，有助於你整理思緒。

　　如果南月交點在雙魚座呢？主宰行星是？當一群占星師聚在一起時，這是會引起熱烈討論的主題，對此，我們在第三章已經討論過了。傳統的占星師會認為主宰行星是木星。現代占星師則會說是海王星。但我認為兩者皆是，都主宰雙魚座，而我們該把「主宰行星」這個字拋開！行星無法命令星座！這顯然是人類在天體領域的投射。

　　「主宰」其實代表相似、連結或和諧——木星和海王星都跟雙魚座有共鳴，而雙魚座絕對不需要決定「它最喜歡誰」。我們在討論的是浩瀚無垠的宇宙，不是高中的小團體！

　　如果你看到一個雙魚座（或寶瓶座或天蠍座）南月交點，你要覺得自己很幸運。你將揭露比較複雜的狀況，但你會有雙倍的資訊可以運用。如果南月交點是寶瓶座呢？你要看天王星和土星。如果是天蠍座呢？那就看冥王星和火星。

　　我的經驗是，現代占星運用的主宰行星，通常比較能提供更深入、更心理層面的資訊——或是至少從感情的觀點來看，是最具衝擊性的。而傳統占星運用的主宰行星，則比較傾向具體、客觀的描述。

　　我會建議**兩者都用**。占星學永遠不斷在進步。唯一永恆的原則就是「如其在上，如其在下」。如果它高掛在天上，必定對其下的事物具有重要意義。

南月交點主宰行星的意義

　　你的南月交點如果是在**牡羊座**，我們很在自然已經想到「**戰士**」的原型，還有相關的**壓力、勇氣、極端的暴力、對立**或**競爭**。**火星**主宰牡羊座，其實沒有增加太多新的資訊，我們知道火星也代表戰士……而我們已經了解這一部分了。

　　南月交點的主宰行星的主要貢獻在於，為業力故事添加一個新的星座和宮位。

　　這個主宰行星就像一個記號──但對我們「記起」的過程很重要，讓我們在解讀主宰行星的星座和宮位時，可以加入行星的能量。火星就代表「戰爭」。但現在最初的牡羊座戰爭已經蔓延到其他地方。火星基本上就像是南月交點星座的「大使」，把這個訊息帶入新的領土。

　　假設你的南月交點是在二宮，與木星合相，我們想到的前世的議題，就是擁有很多錢。如果南月交點的主宰行星是在十宮。你在前世可能是因為公共的職位或工作賺到這些錢。那主宰行星在四宮呢？此時就會跳出「家裡的錢」的想法。

　　一種是靠自己的努力致富，或是出身在富裕家庭，你看這兩種情況的感覺有多麼不同？這就是南月交點主宰行星帶來的禮物，能讓故事更清楚。否則我們無法看得如此透徹。

當然，有時候南月交點的主宰行星會與南月交點在同一個宮位或星座（或是兩者皆同）。這就強化了南月交點的訊息，但卻沒有帶來任何新資訊。就經驗而言，有時你很快就會發現非常詳細的月交點故事，但有時我們只能有少許線索。

為什麼本章篇幅簡短

當你確定你的南月交點的主宰行星時，可以用下述的方法來解讀。

你可以閱讀第八章「行星與南月交點合相」。南月交點主宰行星的影響力，基本上等於行星與南月交點合相的意義。你可以運用同樣的原則來解讀。主宰南月交點的行星，還有與南月交點合相的行星，都代表某一個前世的你。

這裡很重要的是根據主宰行星本身的星座和位置來解讀，你可以運用第六章和第七章，我們已經提供你一些暗示，告訴你月交點在每個星座和宮位的表現。同樣地，月交點的主宰行星（就像月交點本身）代表前世的你。主宰行星所在的星座，可以爲它添加動機和興趣，而所在的宮位就像讓它置入背景。

在接下兩章，我們會討論如何解讀一個行星與南月交點形成強硬或柔和相位。我們在這裡學到的所有技巧，可以讓你用比較輕鬆的方式，透過任何南月交點主宰行星的相位，更加了解這個主宰行星。

這就是爲何這一章比較簡短。

南月交點的主宰行星非常重要，但你需要瞭解的重點，大部分都散落在這本書的其他章節裡。

第十章

行星與南月交點形成強硬相位

當你在思考前世時，最後可以歸納爲兩個基本問題：**你是誰？你在做什麼？**這就是我們提過的性格和情節。這兩者是相關的，但只是間接相關。

外向的人比內向的人更容易遇到陌生人。這就是性格驅動情節的例子。壞事發生在好人身上，這就是銅板的另一面了，情節會影響性格，這樣的情節轉折，可能會讓性格多了一些不尋常的痛苦。

當我們更深入討論，就可以理解性格與情節的差異了。我們如果透過共時性的角度來看，就會看到內在生活和外在經驗之間各種「非因果性」的連結：你先是心無罣礙，很平靜，生出一種幸運感，然後你扔骰子，就扔出幸運數字！你就是知道這要出現了。到最後，內心和外在相關性，往往比單一理由點出的因果更加密切。

不過，把性格和情節分開來看，還是很有用的理性建議。我們在日常生活中每一刻都是這樣分開運作，我們在占星學裡也會依據這個原則。

當我們在分析業力故事時，會運用下列兩個基本的假設。兩者都過度簡化，但也創造不可思議的結果。我鼓勵你們把它們當作起點，而這將爲你奠定

穩固的基礎。

如果要了解你在前世的性格，把重點放在南月交點的星座和宮位、任何與南月交點合相的行星、還有南月交點主宰行星的位置，以及任何與其合相的行星。

如果要了解你在前世的情節，把重點放在任何與南月交點形成相位的行星（合相除外）。其次要注意與南月交點主宰行星形成的相位，然後再注意南月交點本身所在的宮位。

你要留意，南月交點的宮位扮演雙重角色，涵蓋上面兩個基礎。因為宮位是活躍的，也是行為傾向的，就像情節一樣，這裡面有很多資訊，關於你在前一世忙什麼，還有你是什麼樣的人。假設你的南月交點在十宮，你的**環境**就受限於公開顯見的角色，而你的**本質**也會明顯受到權力或地位的經驗限制。

我們以南月交點的宮位，提到這種情節／性格的「模糊」特質，可以實際擴大運用在所有前世的象徵符號。**經驗會影響我們的內在現實，而我們的內在現實會反映於我們在外面做出的選擇**。我們在此的區隔是一種有益的虛構。它們提供一種可靠的情節──性格鷹架，上面可以掛吊一本前世的「小說」。

我們在前面幾章，主要在試圖理解你在前世是怎麼樣的人。我們已經介紹過南月交點的宮位和星座、與南月交點合相的行星，還有南月交點的主宰行星。現在我們應該更注重故事的情節。

沒有行星相位

　　南月交點很可能沒有任何相位，除了永遠跟它形成對分相的北月交點。那我們要如何解釋？很顯然地，這裡沒有太多的故事情節！我們如果希望能浮現更多細節，這顯然很令人挫折，但這裡很重要的是，不要「急著找資訊」，反而要想一下，**缺少資訊其實意味著什麼？**

　　在這種情形，我們缺少很多情節和發展的資料。這樣的人生，相對而言，沒有太多事情發生。這也許就是你看到的結果。有時會出現某些情境，雖然充斥著整個人生，但卻完全沒有結果。舉個例子，南月交點在處女座六宮，與土星合相，沒有任何其他相位。你在前世生而奴隸，至死也是奴隸。沒有「發生」任何事。故事就是如此。這裡的解讀就是：這裡有一種隱藏的業力弱點，讓你陷入相似的「卡關」狀態，就長遠來看，你必需適應，即使現代社會根本不需要這種奴役。

　　永遠不要過度解讀，超越這些符號能支持的範圍。而是要深入思考，它要告訴你什麼。

　　這裡有一種很有用的技巧：如果南月交點沒有任何相位，就要更注意南月交點主宰行星的相位，它們通常能補充情節遺失的動力。

強硬相位

　　南月交點的任何相位都能點亮某部分的前世傳說。「輕鬆的」相位——像是三分相、六分相——通常不像它們聽起來這麼輕鬆！我們會在下一章專門討論。讓我們先看一下**強硬相位**。對此，我主要指的是**四分相**和**對分相**。你

也可以把我的介紹應用在一些比較強硬的小相位，像是一百五十度或一百三十五度的相位等。

我之前已經提過，我主要是運用「主要的」托勒密（Ptolemaic）相位，因為它們讓人無法抗拒地產生共鳴。通常，這些相位能給我足夠的資訊，遠超過我的預期。對我而言，比較合理的做法是，只有在「無相位」的狀況裡再納入考慮一些比較小的相位。

無論是哪一種情形，**任何行星與南月交點形成強硬相位，在某一個前世，某件事情已造成你的問題。**如果要用傳統占星學悲觀的說法就是，這件事情讓你**感到痛苦**。這可能代表讓你感到苦惱或痛不欲生。無論是哪一種狀況，都在你身上留下痛苦的印記。到了這一世，這個行星的鬼魂仍糾纏著你。它的傷害還未被解決。你等於先刷宇宙信用卡消費，現在是時候還債了。

✳ 把行星擬人化

當我們反省自己在今生遇到的麻煩、痛苦和挑戰時，馬上就會發現很多故事都是圍繞著別人打轉。愛和友誼是偉大的禮物，生命如果沒有它們，真的難以下嚥。不過，我們絕大部分的挫折和戲碼也是和別人有關：夥伴、對手、敵人、老師、愛人、小孩和父母。

當你看到一個行星與南月交點形成四分相或對分相時，一開始可以從這裡著手：另一個人在前世帶給你一個問題。這個訣竅不一定總是管用，但通常可以馬上揭開一個故事主軸。

有時這一類的「擬人化」的詮釋，顯然很誘人。也許是金星（愛情）在七宮（伴侶關係），與你十宮的南月交點形成四分相。你可以解讀成一段婚姻或一段愛情韻事，干擾了你的職業抱負（十宮）。

但有些時候，將行星「擬人化」，就沒這麼有趣了。試想四宮的太陽與你十宮的南月交點/金星合相形成對分相。其中一種解讀就是你的職業抱負（十宮）是成為藝術家（金星），卻被一位強勢的、苛求的父親型人物反對（太陽在四宮）。

如果把這個「造成痛苦的」行星擬人化，讓你覺得太勉強或不自然，或是看似無法提供你任何方向，那就放棄。除了人之外，還有其他事情會為我們帶來麻煩！像是源自於二宮的痛苦？那就試想一下金錢的問題。如果南月交點在九宮，與十二宮的某個行星形成四分相呢？那你可能試圖飛往巴西，但發生墜機！

我們的目標永遠是聆聽星盤揭露關於前世的所有訊息，加以平衡整合。整合的結果能包含所有訊息，不去捏造任何主軸，只是盡可能地用最輕鬆、最不勉強的方式安置在其中。

這世界上當然會發生非常奇怪的事。但我們會認為奇怪，是因為這些事不常發生。推敲前世的故事時，最好不要對想像或輕信有太多質疑。這兩者都很可能是正確的。它們只是遵循「平均法則」。

我已經提過，本章的重點會放在四分相和對分相。我們現在看到的所有內容，都能用於這兩個相位──而它們有很多重複之處。試圖清楚分辨四分相和對分相，只是一種理論上的戰果，而非實際經驗。它們都當然有一些不同，但是共同點是一種抗拒、苦惱和麻煩的感覺。我們現在就來討論它們的特點。

✳ 行星與月交點形成四分相

任何行星與南月交點形成四分相，自然也與北月交點形成四分相。但這是兩個不同的相位，我們也有不同的詮釋。當我們在討論南月交點時，我們會獲

得一些資訊，顯示在前世限制我們的事物。當我們在討論北月交點時，我們會看到的訊息，顯示一個人該如何進行自己的演化。

當一個行星與南月交點形成四分相：

- 在前世，有某件事或某個人讓你困擾或限制你；某件事「意外打擊你」，你覺得這件事是不公平或不尋常的；發生某件攻擊你的事；某件事惹怒你，讓你覺得受到侵犯。
- 這個行星代表的問題在前世沒有被解決。
- 因為某個「省略的步驟」，導致問題沒有獲得解決。你在這一世必須做對或清除它，才能繼續往前走（「省略的步驟」是傑佛利・沃夫・格林創造的說法。）
- 這個行星在前世「懸而未決」。它會重複過去，還是助你邁向未來？

假設你有金星—天王星合相，與你的南月交點形成四分相。這可能被解讀成你在前世，可能曾被某個你愛的人（金星）突然拋棄（天王星）。這件事為你帶來「意外的打擊」，你覺得這不公平，不尋常。

想當然耳，你到這一世可能會有一些未解決的問題，跟類似的拋棄有關。如果深入解讀，就會發現這些問題跟愛（金星）與自由（天王星）總是很難取得平衡有關。在過去的業力裡，你也許因為太黏或太依賴伴侶，把對方逼走。也可能是你自己無法許下明確的承諾，選擇一個能反映這個問題的人結為連理。

當中有很多的可能性。但無論是哪種情形，問題都在於「省略的步驟」。你在開始自由探索北月交點的目的時，需要先開始認真面對這個問題，有效地解決它。它已經陰魂不散地跟著你，讓你一定得這麼做，別無他法。它已經耗費你太多精力和信念。

而這裡的功課就是「懸而未決」。你會重複老舊的業力故事？還是你會追求充滿活力的夥伴關係，尊重個人的差異，但也需要自己的空間？而且無論北月交點的功課是什麼，這些關係都會帶給你重要的協助。

關於行星與月交點軸線形成四分相，這裡有幾項準則。南月交點和北月交點的特質，以及更多的背景，可以讓我們的詮釋更生動、更明確。不過這些基本準則，也都很強調細節。

✷ 行星與南月交點形成對分相

行星與南月交點形成對分相，當然就與北月交點合相！當我們把它看成與南月交點形成對分相時，可以看出它們在前世故事扮演的角色。它們與北月交點合相，當然也代表就業力的難題而言，它們有如正面的「藥方」或「補救」。我們會對此稍做討論。

一個行星與南月交點形成對分相，基本上有兩種方式表現，要看該相位的特質而定。直接的說法是，這可能是某件事在前世對你造成難以承受的障礙：也就是「現實的磚瓦牆」。另一種觀點是，這可能是你不計報酬地渴望某件事，但你從未達成。這種另類的解讀是因為任何在你南月交點對面的東西，都代表它會盡可能地離你遠一點。你也要記得，這個對分相也是一種很經典的浪漫。這就是有名的「不是冤家不聚首」。這個想法已經用一宮與七宮的關係的形式，銘記在占星的石碑上。

針對與南月交點的對分相，我們如何分辨這兩種可能的詮釋架構？整體而言，當這個與南月交點合相的行星看起來「困難」或「糟糕」，那就要傾向於解釋成令你無力招架的現實，對你造成傷害。如果看起來比較溫和又甜美，就把它看成你渴望的某種東西。

　　冥王星與南月交點對分相？印尼喀拉喀托火山爆發那一天，你可能剛好在山上享受野餐。或是你曾經待過廣島或納粹的達豪集中營。你無能為力：那就是現實的磚牆。

　　也許是木星與南月交點對分相？你會因為永如虛幻的財富或成功日益憔悴。如果是金星呢？你會愛上得不到的人，這種渴望可能會變成一種病態。它會在靈魂裡留下飢渴的印記，強烈到可以穿越死亡，然後再生。

　　這個行星當然也與北月交點合相，但我們會用不同的方式解讀。這個行星已經成為北月交點最主要的一部分，而演化目標就是表現它最高層的潛力。冥王星與北月交點合相呢？這裡的演化需求是做一些非常深刻的內心功課，也許是悲傷的功課。也許你曾經身處過達豪集中營，就不難理解這件事。

　　木星與北月交點合相呢？你的靈魂需要一場勝利！達成某種成功或富饒已成為一種靈性的命令，你已經渴望它一輩子了。如今，你眼前有一條最有效率的靈性演化高速公路，你只要滋養飢餓的人——並且看看自己在飽足一頓後有何感受。

　　金星呢？最重要的基礎就是體驗自己是值得愛的。以此為基礎，我們再建立長久的親密。在前世，你對浪漫的渴望，耗盡了你的尊嚴與自我價值。

　　再次提醒，這些縮圖般的解釋只是一種架構，讓我們對南月交點對分相的行為產生某種感覺。而我們必須運用所有演化的典範，整合所有的線索後，細節才會一一浮現。

✳ 分辨四分相和對分相的行為

　　這裡有一種假設很有用，當一個行星與南月交點形成對分相時，代表某件

你完全無法逃避的事，但當一個行星與南月交點形成四分相時，代表一件你曾經避開的事，而你也比較能意識到這件事。人們可能會待在一段破壞人生的婚姻或工作裡，基本上，他們其實可以離開的。你如果處於這樣的困境，卻沒有離開，到了下一世，你的星盤上就會出現月交點的四分相。但是沉船、炸彈爆炸、病魔戰勝、颶風重創海岸，你如果曾受到這樣的影響，就不可能因爲想法不同就避開這一切，這到了下一世，就會顯示成星盤上的對分相。

所以，四分相比較傾向於憤怒和挫折，對分相比較傾向於絕望。

✳ 投射

我們在第三章討論過，一個行星如果與月交點形成四分相或對分相，代表它在前世曾帶給我們某種傷害，所以我們會討厭它！這是個問題，因爲我們其實需要和它攜手結盟才能往前走。如果是**四分相**，這代表省略的一步；如果是**對分相**，則代表演化的目標。我們必須收回自己的投射。

假設我們有太陽、木星和金星的合相在二宮，與南月交點形成對分相。在前世，富裕可能是遙不可及的事。我們當時如果長期貧困，這一世可能需要一些興旺的體驗。不過，當時富有、美麗和有權勢這些事，令我們深感困擾。所以到了這一世，我們可能會發現腦海中不停縈繞著一個古老的承諾：「我永遠不可能有錢！我只是務實。耶穌說，富人上天堂，比駱駝穿過針眼還難。我每天感謝主，能過著如此簡單的日子！」

如果這些話裡有眞正的超越，就不會有限制的業力參雜其中。但我們看到這些話很容易激起人們對於物質比較富裕的人的憤慨。如果你曾在前世體驗裡超越該問題……那這個問題就不會出現在你的月交點相位裡。

我們會簡單介紹每個行星與南月交點形成四分相或對分相的表現。我們

會先考慮四分相和對分相的共同基礎，只會在需要非常貼切的描述時，才會做
出區別。

✳ 上升點／下降點和南月交點形成強硬相位

苦惱：我們最好把出生星盤中這個水平軸線視為單一的符號，具體呈現
自我與他者的對立。一方面想做真實的自己，另一方面，又要顯得貼心、討喜，
試圖在這兩者之間找到平衡。

當有行星與月交點軸形成四分相時，代表苦惱就是在前世無法取得這種
平衡。我們只要看一下南月交點的本質是偏向自私還是自我犧牲，就很容易確
定這個翹翹板在這一世會偏向哪一邊。

前世未解決的事：在關係和獨立中找到適當平衡。

可能的投射：對於「太依賴」或「太自私、無法託付」的人表現過度的憤
怒。

解決方法：建立一段有承諾、同時有喘息空間的關係，尋找真正平等的伴
侶關係。

實例：四分相：墨西哥前總統費利佩‧卡德隆（Felipe Calderón），上升天蠍座；美
國心理學家拉姆‧達斯（Ram Dass），上升巨蟹座；美國將軍喬治‧巴頓（George
Patton），上升雙子座；美國女星茱莉亞‧羅伯茲（Julia Roberts），上升巨蟹座；英
國查爾斯王子（Prince Charles），上升獅子座。

對分相：美國鄉村音樂歌手強尼‧凱許（Johnny Cash），上升雙魚座；美國新聞記
者比爾‧摩爾斯（Bill Moyers），上升寶瓶座；加拿大女詩人瑪麗恩‧伍德曼
（Marion Woodman），上升射手座；美國女傳記作家柯蒂‧凱利（Kitty Kelley），

上升處女座；法國印象派畫家皮耶——奧古斯特·雷諾瓦（Pierre-Auguste Renoir），上升寶瓶座；美國女演員奈琳·夏特納（Nerine Shatner），上升天秤座；畫家梵谷的弟弟西奧·梵谷（Theodorus Van Gogh），上升牡羊座。

✳ 子午軸線與月交點形成強硬相位

苦惱：我們最好把天頂／天底軸線視為單一完整的符號。它代表外在世界與內在世界的對立，顯示了一個人對於公眾生活及家庭需求之間的緊張。這也包括了對外的責任，以及向內反省、簡單、隱私和照顧自己的驅力，兩者之間的爭辯。

當月交點與該軸線形成四分相時，代表在前世曾因這個難題感到煩惱。如果想要判斷哪一邊的份量比較重，可以檢視南月交點的本質——它指的方向為何？是家庭生活，還是事業或公共責任？

前世未解決的事：必須在公開及私人生活之間、內心世界和公共責任之間，建立持久且互相支持的平衡。

可能的投射：對所謂「太有野心」（渴望權力，在意地位）的人，或是「太溫馴的人」（軟弱、沒有自信、事不關己）感到憤怒，加以批判。

解決方法：建立並兼顧有意義的事業，以及穩固的「家」的感覺。

實例：四分相：美國鄉村音樂歌手強尼·凱許（Johnny Cash），月交點與射手座天頂四分相；義大利時尚大師喬治·亞曼尼（Giorgio Armani），月交點與金牛座天頂四分相；德國物理學家維爾納·海森堡（Werner Heisenberg），月交點與獅子座天頂四分相；墨西哥壁畫之父迪亞哥·里維拉（Diego Rivera），月交點與雙子座天頂四分相。

對分相：美國前第一千金雀兒喜‧柯林頓（Chelsea Clinton），天頂獅子座；美國天文學家卡爾‧薩根（Carl Sagan），天頂寶瓶座；美國女星梅莉‧史翠普（Meryl Streep），天頂牡羊座；義大利作家伊塔羅‧卡爾維諾（Italo Calvino），天頂處女座；法國時尚設計師可可‧香奈兒（Coco Chanel），天頂天秤座；美國電影導演法蘭西斯‧福特‧柯波拉（Francis Ford Coppola），天頂天蠍座；美國前第一夫人愛蓮娜‧羅斯福（Eleanor Roosevelt），天頂天秤座。

✳ 太陽與南月交點形成強硬相位

苦惱：在這個相位裡，把太陽擬人化會是比較好的開始。在前世，你可能被拉進別人的生命「軌道」，因此失去自己的身分意識和動力。這個人可能擁有一些引人注目的世俗權力或權威，或非常有魅力，讓你無法抗拒。就個人色彩較少的觀點來看，這個相位的太陽可能代表你的人生被某些壓倒性的、改變生命的環境定義──可能是政治或社會革命。你可以透過太陽的星座和相位來縮小範圍。

前世未解決的事：在那樣的一生後，靈魂會失去方向，無法靠自己創造願景或動力。當事人的自我有如真空狀態。這可能導致「迷途羔羊症候群」或彌補性的強迫心態，不斷誇大自我。

可能的投射：對掌權或獲得關注的人出現仇恨、憤怒或忌妒的感受。

解決方法：正面發展自我。對於有這個相位的人，我們能說出最害人的一句話就是：靈性等於無我。這個靈魂反而應該積極培養自己做主的能力，甚至有時要自私一點──換言之，就是重視自我。

實例：四分相：英國女偵探小說作家阿嘉莎‧克莉絲蒂（Agatha Christie），（太陽在，以下省略）處女座十二宮；美國歌手艾瑞克‧克萊普頓（Eric Clapton），牡羊座

六宮；美國社交名媛小說家賽爾妲．費茲傑羅（Zelda Fitzgerald），獅子座十二宮；美國太空人約翰．葛倫（John Glenn），巨蟹座八宮；美國吉他手吉米．亨德里克斯（Jimi Hendrix），射手座十一宮；美國爵士女歌手比莉．哈樂黛（Billie Holiday），牡羊座二宮；美國牧師比爾．威爾森（Bill Wilson），射手座二宮；英國物理學家艾薩克．牛頓（Isaac Newton），摩羯座，出生時間不確定；義大利男高音魯契亞諾．帕華洛帝（Luciano Pavarotti），天秤座三宮。

對分相：美國心理學家拉姆．達斯（Ram Dass），（太陽在，以下省略）牡羊座十宮；英國「披頭四」主唱約翰．藍儂（John Lennon），天秤座六宮；英國女權主義者安妮．貝贊特（Annie Besant），天秤座七宮；美國病理學家傑克．凱沃基安（Jack Kevorkian），雙子座，出生時間不確定；美國精神科醫師伊莉莎白．庫伯勒——羅絲（Elizabeth KublerRoss），巨蟹座五宮；德國哲學家卡爾．馬克思（Karl Marx），金牛座二宮；美國前第一夫人愛蓮娜．羅斯福（Eleanor Roosevelt），天秤座十宮。

✳ 月亮與南月交點形成強硬相位

苦惱：如果我們將月亮擬人化，我們就會想到家庭，或是更明確一點，是母親在前世對你造成挑戰性的影響。也許你完全受限於親族期望你扮演的角色。也許你覺得沒有自己的空間，感到窒息，或是被過度保護。也許你無法負荷爲人父母的責任和要求。

就比較非個人的領域而言，這可能是造成你苦惱的情感風暴，而這些強烈的影響會被月亮所在的宮位和星座象徵的外在情境加劇。

前世未解決的事：當月亮在這個位置時，代表有前世殘存的情緒。通常也很容易被有「親族關係」的人的需求限制，但這可能指的不是血緣上的親人。

可能的投射：會對提供照料的人產生矛盾、情緒化的依賴和憤怒。

解決方法：吸收正面、忠誠的家庭經驗，同時尊重一個人的個體性和天生的差異。願意滋養自我。

實例：四分相：英國「滾石」樂團主唱米克·傑格（Mick Jagger），（月亮在，以下省略）金牛座十二宮；美國太空人約翰·葛倫（John Glenn），摩羯座二宮；美國前總統巴拉克·歐巴馬（Barack Obama），雙子座四宮；美國創作歌手吉姆·莫里森（Jim Morrison），金牛座三宮；義大利設計師吉安尼·凡賽斯（Gianni Versace），雙魚座四宮；美國劇作家田納西·威廉斯（Tennessee Williams），寶瓶座一宮；美國電影演員、導演克林·伊斯威特（Clint Eastwood），獅子座九宮；法國大革命時期政治家馬克西米連·羅伯斯比爾（Maximilien de Robespierre），牡羊座二宮。

對分相：英國前首相東尼·布萊爾（Tony Blair），寶瓶座十宮；《愛拉傳奇》作者、美國作家珍·奧爾（Jean Auel），摩羯座五宮；美國連環殺人魔「山姆之子」大衛·伯科維茨（David Berkowitz），寶瓶座三宮；英國查爾斯王儲（Prince Charles），金牛座十宮；美國廣播名人拉什·林博（Rush Limbaugh），雙魚座二宮；美國殺人魔查爾斯·曼森（Charles Manson），寶瓶座十宮；西班牙畫家巴勃羅·畢卡索（Pablo Picasso），射手座五宮；美國宗教領袖吉姆·瓊斯（Jim Jones），牡羊座三宮；美國兒童選美皇后瓊貝妮特·藍西（JonBenét Ramsey），寶瓶座，出生時間不確定。

✳ 水星與南月交點形成強硬相位

苦惱：你問任何一位律師都知道，「令人信服」和「正確」完全是兩回事。在前世，你可能被一位你認為比自己更聰明或更有見識的人所迷惑。你可能被這個人的教育程度震懾。也許你根本就被戲弄了：水星可以是一位詐騙高手或

說謊家。對方可能曾是你的兄弟姊妹，而你在典型的手足對立裡敗居下風。就比較非個人的層面來看，在那一世，你可能因為缺乏教育，阻礙達成你的目的。你覺得自己說話沒有份量。

前世未解決的事：懷疑自己的智力和意見表達。這可能顯示成心智層面的抑制或沒有發揮潛能。當事人很容易對教育、正確性和心智權威產生彌補性的迷戀。

可能的投射：強烈批評「知識份子」或「蠢人」。

解決方法：透過與老師或學習知識的同儕討論，找到自己真正的見解。

實例：四分相：美國社交名媛小說家賽爾妲·費茲傑羅（Zelda Fitzgerald），（水星在，以下省略）獅子座一宮；美國吉他手吉米·亨德里克斯（Jimi Hendrix），射手座十一宮；美國爵士樂鋼琴家塞隆尼斯·孟克（Thelonious Monk），天秤座四宮；美國紀錄片導演麥可·摩爾（Michael Moore），牡羊座九宮；美國前總統理查·尼克森（Richard M. Nixon），摩羯座四宮；美國民權領袖麥爾坎·X（Malcolm X），金牛座四宮；美國天文學家卡爾·薩根（Carl Sagan），天蠍座六宮；美國非裔女作家馬雅·安傑洛（Maya Angelou），雙魚座八宮；美國詩人歌手巴布·狄倫（Bob Dylan），雙子座七宮；瑞士心理學家卡爾·榮格（Carl Jung），巨蟹座五宮。

對分相：美國靈媒艾德格·凱西（Edgar Cayce），雙魚座七宮；英國「滾石」樂團主唱米克·傑格（Mick Jagger），獅子座四宮；美國天主教作家多瑪斯·牟敦（Thomas Merton），寶瓶座十二宮；英國女權主義者安妮·貝贊特（Annie Besant），天秤座七宮；美國金融家約翰·皮爾龐特·摩根（J. Pierpont. Morgan），牡羊座二宮；法國海洋探險家雅克·庫斯托（Jacques Cousteau），金牛座八宮；美國歌手伯克·巴卡拉克（Burt Bacharach），雙子座三宮。

✳ 金星與南月交點形成強硬相位

苦惱：我們無須贅言，愛的過程並不可靠、順利。愛可能帶給我們痛苦，像是心碎的痛、無法被滿足的渴望、生離死別或是沒有任何可能性。只要聽一下鄉村西部音樂，就能馬上理解這個領域的內容。在前世，你會被這類事物困擾。此外，我們也要留意，金星代表創造力、優雅和藝術。在前世，當事人的這些部分可能被妨礙或禁止，也可能受到嘲弄。

前世未解決的事：會有傷神、有如浪漫悲劇的感受，好像少了另一個人自己就不完整。需要覺得自己是漂亮的，因為自己的創造力和優雅而出名。

可能的投射：對於「談戀愛很幸運的人」，或是有魅力的人，會有酸葡萄的批判心理，或是盲目的、單方面的崇拜和渴望。會對「藝術家」或一般靈敏又有教養的人感到憤怒。會嫉妒看似被愛或與另一半感情水乳交融的人，因而產生憤怒。

解決方法：確實做好成熟的愛的功課。通常這都會實際變成與一位前世就鎖定的人，建立一份成功的關係。主張並表達自己具有創意的想法。

實例：四分相：美國爵士樂演奏家邁爾士·戴維斯（Miles Davis），（水星在，以下省略）牡羊座十一宮；美國女星梅莉·史翠普（Meryl Streep），巨蟹座十二宮；美國非裔女作家馬雅·安傑洛（Maya Angelou），雙魚座八宮；美國男演員麥特·狄倫（Matt Dillon），牡羊座二宮；英國女作家 J. K. 羅琳（J. K. Rowling），處女座，出生時間不確定；美國變性人克里絲汀·約根森（Christine Jorgensen），牡羊座十宮；美國傳教歌手吉米·斯瓦加（Jimmy Swaggart），牡羊座四宮；瑞士心理學家卡爾·榮格（Carl Jung），巨蟹座六宮。

對分相：美國靈媒艾德格·凱西（Edgar Cayce），雙魚座八宮；第十七世大寶法王

噶瑪巴（The 17th Karmapa），金牛座十一宮，如果出生時間準確；美國爵士樂大師艾靈頓公爵（Duke Ellington），牡羊座二宮；美國恐怖份子蒂莫西·麥克維（Timothy McVeigh），牡羊座十一宮；美國情色男演員約翰·韋恩·鮑比特（John Wayne Bobbitt），金牛座十一宮；美國女歌手康妮·弗朗西斯（Connie Francis），射手座十二宮；美國女星琥碧·戈柏（Whoopi Goldberg），射手座十宮；義大利影帝馬切洛·馬斯楚安尼（Marcello Mastroianni），獅子座八宮；美國獨立音樂家特倫特·雷澤諾（Trent Reznor），雙子座五宮。

✳ 火星與南月交點形成強硬相位

苦惱：簡而言之，就是暴力。曾經被殺死、傷害或傷殘，甚至被這些事情的威脅操弄擺佈，導致在靈魂裡留下深刻的傷口。暴力不一定是肉體的，但這往往是一開始了解狀況最簡單的想法。言語虐待、嘲笑、羞辱也會留下印記。而且你要記得，在現實生活裡，好人並非總是贏家。

前世未解決的事：暴怒、可怕的恐懼、無力感、憤怒。

可能的投射：矛盾地覺得「所有暴力的人都應該被拖出去槍斃」。害怕力量。害怕恐懼。害怕被注意。

解決方法：這些人必須體驗自己的力量和勇氣。體能的冒險非常有幫助，允許他們生氣的關係也是有益的，武術或武器訓練也有加分效果。他們必須恢復內心戰士的勇氣。他們的演化並不需要體驗暴力，而是需要體驗自我防衛的能力——體驗一種「如果越線就很危險」的感受。

實例：四分相：美國太空人約翰·葛倫（John Glenn），（火星在，以下省略）巨蟹座八宮；美國作家厄尼斯特·海明威（Ernest Hemingway），處女座一宮，英國「滾石」樂團主唱米克·傑格（Mick Jagger），金牛座十二宮；美國鋼琴家肯尼·柯克蘭

（Kenny Kirkland），處女座十二宮；西藏精神領袖達賴喇嘛（Dalai Lama），天秤座四宮；美國職棒首位非裔球員傑基・羅賓森（Jackie Robinson），雙魚座七宮；美國劇作家田納西・威廉斯（Tennessee Williams），寶瓶座一宮；美國前副總統艾爾・高爾（Al Gore），獅子座一宮；美國兒童選美皇后瓊貝妮特・藍西（JonBenét Ramsey），金牛座，出生時間不確定。美國傳教歌手吉米・斯瓦加（Jimmy Swaggart），牡羊座四宮；美國奧修運動發起人巴關・希瑞・羅傑尼希（Bhagwan Shree Rajneesh），摩羯座七宮；美國獨立音樂家特倫特・雷澤諾（Trent Reznor），處女座八宮。

對分相：德國科學家亞伯特・愛因斯坦（Albert Einstein），摩羯座七宮；美國創作歌手傑瑞・賈西亞（Jerry Garcia），處女座十一宮；英國皇家海軍中將威廉・布萊（William Bligh），天秤座三宮；美國電影導演克林・伊斯威特（Clint Eastwood），牡羊座六宮；美國鄉村藍調歌手漢克・威廉斯（Hank Williams），處女座二宮；美國作家加里森・凱勒（Garrison Keillor），處女座一宮。

✳ 木星與南月交點形成強硬相位

苦惱：木星是萬神之王，所以這可能意味著在前世，某些具有至高權威的人曾帶給你麻煩，就像「你無法跟整個政府對抗」。就比較非個人的層面來看，這代表豐富、魅力、「明星的力量」、繁榮、名聲和地位，這都是人類自我天生渴望的事物。看著別人得到這些，自己卻得不到，就是一種木星的苦惱。如果南月交點的故事暗示著特權和地位，那就可能出現依附在靈魂牢籠的問題，像是上癮的症狀。

前世未解決的事：渴望名聲、金錢或權力。渴望被關注、被認真對待。

可能的投射：嫉妒令人欽羨地位的人，這有時會偽裝成批判的憤怒。幻想「一夜致富」。迷戀有魅力的人、富人或名人。

解決方法：需要實際創造一些有意義的成就，因此被注意，獲得讚美。這通常需要透過一些信奉冒險的行動。

實例：美國心理學家拉姆·達斯（Ram Dass），（木星在，以下省略）巨蟹座一宮；第十七世大寶法王噶瑪巴（The 17th Karmapa），寶瓶座九宮，如果出生時間正確；美國前總統理查·尼克森（Richard M. Nixon），摩羯座四宮；俄羅斯總理弗拉迪米爾·普丁（Vladimir Putin），金牛座七宮；美國天文學家卡爾·薩根（Carl Sagan），天蠍座六宮；美國男星克里斯多福·李維（Christopher Reeve），金牛座四宮；美國宗教領袖吉姆·瓊斯（Jim Jones），巨蟹座七宮；美國女作家安·萊絲（Anne Rice），雙子座，出生時間不確定。

對分相：美國社交名媛小說家賽爾妲·費茲傑羅（Zelda Fitzgerald），射手座五宮；墨西哥女畫家芙烈達·卡蘿（Frida Kahlo），巨蟹座十一宮；美國流行樂天后瑪丹娜（Madonna），天秤座二宮；美國天主教作家托馬斯·默頓（Thomas Merton），寶瓶座十二宮；美國將軍喬治·巴頓（George Patton），處女座四宮；美國獨立音樂家特倫特·雷澤諾（Trent Reznor），雙子座五宮。

✷ 土星與南月交點形成強硬相位

苦惱：強硬、實際的限制是土星的領域。這可能是銀行戶頭沒錢。船沉了，但我們距離岸邊還有兩百英哩。在刺骨的嚴寒中受凍。沒有食物。將軍失去理智，但我們違背命令就會被槍斃。這些都可能是土星與南月交點形成強硬相位象徵的事。也可能是被逃避不了的職責折磨，永無止盡。回顧歷史，人類會奮起應付一些不可思議的挑戰，忍受永無止盡的苦難。這都是土星主管的事。

前世未解決的事：徒勞無功或前路茫茫的苦撐；無意識的沮喪；服刑般的自我犧牲。

可能的投射：這些人可能在宇宙的大畫布上投射冷漠無情，甚至是主動的敵意。當事人會認為權威者是冷漠的、不會回應的。

解決方法：優秀的工作成果。努力掙得的成功。順利通過龐大、駭人的挑戰。堅持努力登上山頂，走到你正在寫的小說的最後篇章，走到聖壇之前。

實例：四分相：愛爾蘭探險家歐內斯特·沙克爾頓爵士（Sir Ernest Shackleton），（土星在，以下省略）寶瓶座，出生時間不確定；非裔美國人權運動者麥爾坎·X（Malcolm X），天蠍座十宮；十五世紀義大利政治學者馬基維利（Machiavelli），金牛座二宮。美國心理學家拉姆·達斯（Ram Dass），摩羯座七宮；美國作家史蒂芬·金（Stephen King），獅子座二宮；英國搖滾音樂家保羅·麥卡尼（Paul McCartney），雙子座九宮；東埔寨前總理波布（Pol Pot），天蠍座，出生時間不確定；英國女作家J. K. 羅琳（J. K. Rowling），雙魚座，出生時間不確定；美國前副總統艾爾·高爾（Al Gore），獅子座一宮；法國生物學家路易·巴斯德（Louis Pasteur），金牛座八宮；美國作家加里森·凱勒（Garrison Keillor），雙子座十宮。

對分相：美國恐怖份子蒂莫西·麥克維 （Timothy McVeigh），牡羊座十一宮；愛爾蘭詩人威廉·巴特勒·葉慈（William Butler Yeats），天秤座八宮；美國男演員亨弗萊·鮑嘉（Humphrey Bogart），射手座八宮，出生時間存疑；美國靈媒艾德格·凱西（Edgar Cayce），雙魚座七宮。

✴ 天王星與南月交點形成強硬相位

苦惱：「地震和閃電」是天王星最好的比喻。它們代表任何能突然帶來重創的事物，原貌會被完全改變。你在前世可能遇到震驚的事，像是經濟意外垮臺、腿跛了、伴侶跑了、發生革命，殺人兇手突襲。你可能被某個不受法律限制或超出社會契約界線的人惹惱或征服。也可能是被拋棄。

　　前世未解決的事：你被留在一個瞠目結舌的震驚狀態。你「離開」了，但你沒有哭，也沒有好好進行療癒，很可能是因爲你沒時間這麼做。也很可能是猝死。

　　可能的投射：你常常仍處於過度緊戒的狀態，常會投射成對不穩定的焦慮感，或是害怕一切會失去控制。會對製造混亂的人、罪犯、闖禍者、局外人和被拋棄的人感到不自在。

　　解決方法：更進一步地活出自我，這代表培養自給自足的感覺，知道自己的身份不需要仰賴任何外在的社會或實際條件。

實例：四分相：俄國凱薩琳大帝（Catherine the Great），（天王星在，以下省略）天蠍座八宮；美國創作歌手傑瑞‧賈西亞（Jerry Garcia），雙子座八宮；美國吉他手吉米‧亨德里克斯（Jimi Hendrix），雙子座五宮；德國前納粹黨領袖阿道夫‧希特勒（Adolph Hitler），天秤座十二宮；英國搖滾音樂家保羅‧麥卡尼（Paul McCartney），雙子座九宮；美國前第一千金雀兒喜‧柯林頓（Chelsea Clinton），天蠍座一宮；西班牙畫家巴勃羅‧畢卡索（Pablo Picasso），處女座二宮；英國女作家J. K. 羅琳（J. K. Rowling），處女座，出生時間不確定；美國神話學家約瑟夫‧坎伯（Joseph Campbell），射手座三宮；美國傳教歌手吉米‧斯瓦加（Jimmy Swaggart），牡羊座四宮；美國作家加里森‧凱勒（Garrison Keillor），雙子座十宮；加拿大男歌手李奧納多‧柯恩（Leonard Cohen），金牛座八宮。

對分相：英國黛安娜王妃（Princess Diana），獅子座八宮；義大利設計師吉安尼‧凡賽斯（Gianni Versace），雙子座七宮；美國前總統喬治‧W‧布希（George W. Bush），雙子座十一宮；美國前總統比爾‧柯林頓（Bill Clinton），雙子座九宮；美國心理學家拉姆‧達斯（Ram Dass），牡羊座十宮；美國社交名媛小說家賽爾妲‧費茲傑羅（Zelda Fitzgerald），射手座四宮；美國爵士樂女歌手比‧哈樂黛（Billie

Holiday），寶瓶座一宮；美國爵士樂鋼琴家比利‧史崔洪（Billy Strayhorn），寶瓶座三宮；美國替代醫學倡導者迪帕克‧喬布拉（Deepak Chopra），雙子座四宮；美國宗教領袖吉姆‧瓊斯（Jim Jones），牡羊座三宮；美國導演史蒂芬‧史匹柏（Steven Spielberg），雙子座十二宮；英國生物學家查爾斯‧達爾文（Charles Darwin），天蠍座，出生時間不確定；法國女歌手依蒂‧琵雅芙（Edith Piaf），寶瓶座三宮；美國前總統巴拉克‧歐巴馬（Barack Obama），獅子座七宮。

✳ 海王星與南月交點形成強硬相位

　　苦惱：烏托邦式的理想主義會把我們捲入一種境地，當遇到現實時，夢想就垮了。這代表你在前世可能認同某些集體的社會或靈性夢想，卻因此造成傷害。若以比較個人的層面來看，海王星代表對某些人懷抱著一種不切實際的浪漫信仰，最後證明它不如預期的美好。這也意味著密集強烈的靈性練習，特別是強調無私和自我犧牲的靈性練習，可能會讓一個人進展得太快、太超前，有如服了迷幻藥一樣。最後，這可能也代表古老的靈魂陷阱，像是麻醉和酒精等。這可能代表任何物質，也許是非法的，或是社會可以接受的，而這些會模糊了我們一出生就努力進入的物質世界的道路。海王星的強硬相位也可能代表在前世曾有這些上癮和依賴的經驗。

　　前世未解決的事：無法清楚實現自我，自我處於模糊狀態，導致靈魂門戶大開，容易被危險的事物影響，通常會失去動力、專注力和洞察力。

　　可能的投射：渴望一些承諾能為生命帶來意義和神奇的外在因素，例如靈性導師、「答案」和信仰系統。可能會過度相信這樣的說法：美國搖滾偶像「貓王」隨時可能在幽浮裡甦醒，改變我們的DNA，讓地球恢復充滿平靜、愛和理解的狀態。

　　解決方法：需要投入一種正面、健康的關係，其中包含某種靈性練習。這

些練習可能看起來有宗教意味，但一定包括駕馭創造力。幻想的經驗，超脫外界的環境和旁觀者，都可以解決阻礙。

實例：四分相：德國物理學家亞伯特·愛因斯坦（Albert Einstein），（海王星在，以下省略）金牛座十一宮；墨西哥前總統費利佩·卡德隆（Felipe Calderón），天蠍座一宮；美國作家厄尼斯特·海明威（Ernest Hemingway），雙子座十宮；美國紀錄片導演麥可·摩爾（Michael Moore），天秤座三宮；美國牧師比爾·威爾森（Bill Wilson），雙子座九宮；美國脫口秀作家歐普拉·溫弗雷（Oprah Winfrey），天秤座十宮；美國心理學家蒂莫西·利里（Timothy Leary），獅子座八宮。

對分相：美國女演員洛琳·白考兒（Lauren Bacall），獅子座二宮；美國女企業家瑪莎·史都華（Martha Stewart），處女座十一宮；美國詩人歌手巴布·狄倫（Bob Dylan），處女座九宮；美國攝影師琳達·麥卡尼（Linda McCartney），處女座十一宮；英國詩人威廉·布萊克（William Blake），獅子座二宮；美國女作家安·萊絲（Anne Rice），處女座，出生時間不確定。

✳ 冥王星與南月交點形成強硬相位

　　苦惱：當冥王星與南月交點形成強硬相位時，「夢魘」是很貼切的說法。生命充滿了極其恐怖的可能性：一些我們連想都不敢想的艱困磨人的遭遇、痛苦的疾病、施虐的暴力和意外，還有迷失的靈魂的邪惡行徑。我們大部分人都很幸運，從來沒有體驗過這些。但有些人曾經體驗過，而且你如果在前世也有這樣的經驗，這一世的星盤就會出現冥王星與南月交點的強硬相位。

　　你曾觸及這兩件事：顛覆性的災難，或是徹底的邪惡。有些人不解「受害者」的意義，而在這裡，這個詞一定能派上用場。

　　前世未解決的事：壓抑的記憶。當人類面對極端的狀況時，會把這個經

驗轉入無意識裡。我們可能永遠不記得關於前世的確切現實，但心裡仍會存在著某種恐懼、憤怒或病態，在這一世，對我們的心智平衡造成負面影響。

可能的投射：一味相信有陰謀或即將發生的災難，彷彿惡魔正在逼近。這可能導致全面的不信任感，甚至末日感。

解決方法：需要進行一場深刻的冥王星之旅，深入黑暗世界。有些人可能會從薩滿的文化傳統裡找到失落的一頁，將此稱為靈魂回溯。其他人可能會把這稱為心理治療，如果夠深入的話。這裡的重點在於，直接喚醒某一個明確的前世是很困難的，但這已經足以碰觸到壓抑的情感，像是恐懼、憤怒、羞恥和悲哀，即使我們不知道它們的源頭。回溯前世的技巧，像是羅傑‧伍爾格（Roger Woolger）和其他人的開創性作法，將會非常有幫助。

實例：四分相：美國女歌手蒂娜‧透娜（Tina Turner），（冥王星在，以下省略）獅子座十二宮；美國心理學家拉姆‧達斯（Ram Dass），巨蟹座一宮；美國白宮前實習生莫妮卡‧陸文斯基（Monica Lewinsky），天秤座十二宮；墨西哥壁畫家迪亞哥‧里維拉（Diego Rivera），雙子座十宮；美國牧師比爾‧威爾森（Bill Wilson），雙子座八宮；英國女作家 J. K. 羅琳（J. K. Rowling），處女座，出生時間不確定；美國前副總統艾爾‧高爾（Al Gore），獅子座一宮；美國宗教領袖吉姆‧瓊斯（Jim Jones），巨蟹座七宮。

對分相：美國變性人克里絲汀‧約根森（Christine Jorgensen），巨蟹座十二宮；美國爵士樂演奏家邁爾士‧戴維斯（Miles Davis），巨蟹座二宮；美國爵士樂作曲家約翰‧柯川（John Coltrane），巨蟹座五宮；美國創作歌手吉姆‧莫里森（Jim Morrison），獅子座六宮；美國詩人羅伯特‧布萊（Robert Bly），巨蟹座七宮；美國女星瑪麗蓮‧夢露（Marilyn Monroe），巨蟹座十一宮；美國詩人艾倫‧金斯堡（Allen Ginsberg），巨蟹座四宮，南月交點在五宮宮頭。

第十一章

行星與南月交點形成柔和相位

長久以來，占星師們都認為行星之間形成六十度和一百二十度象徵和諧。然而，過度簡化這個基本的真理，把「和諧」視同於「好」，其實是不好的傾向。兩個年輕人剛擁有一輛很炫的新車，決定試試「死神彎角」，「看我們能開多快」，買新車和試車之間可能有一種完美的和諧。但也許這也就是「死神彎角」的命名來源。

和諧就只是和諧。我們可能在蠢事裡、在懶惰時或在暴力中表現得很和諧。當然我們也能在友誼和支持中展現和諧。

當我們在討論南月交點的的三分相或六分相時，要特別留意這所有的可能性，這將會很有用。此外，就像與月交點形成的所有相位一樣，我們也要知道，**比較黑暗的詮釋，通常都能得到更多的資訊**。所以從占星符號浮現出的業力，通常都包含前世未解決的問題，如同今生仍在流血的傷口。即使是所謂的「好相位」，我們也要特別留意負面的象徵，我們最終能從中找到的正面的療癒方法。

基本上，柔和相位有兩種運作方式：

與月交點形成的柔和相位，代表人、才華或情況，能在我們歷經考驗時給予我們支持或安慰。我們會對這些帶有一種未解決的感情、依賴或虧欠感。

與月交點形成的柔和相位，代表讓我們「陷入麻煩」的人或情況，這些是我們無法抵抗的誘惑。

在我自己的運用裡，我主要專注在合相、四分相和對分相。這些可以告訴我故事裡比較生動的部分，而比較柔和的相位能補充一些細節。我最可能在沒有比較強硬的相位時運用柔和相位——當我必須更用力一點「擠壓」這張星盤，從中生出一個故事時！

不過當月交點完全沒有任何強硬相位，但有一堆三分相和六分相時，也可能出現一個重要的變數。這裡的訊息基本上就是，在前世，所有事都太過容易。你可以想像一個已經四十歲的、被寵壞的有錢「孩子」，這輩子從來沒有動動手指做過一件事。這就像一個完美的奢侈享樂者，適應一種完全沒有挑戰的現實生活，我們不難想像這會有什麼業力後果。在接下來的一世，這樣的業力很容易在星盤上透過月交點柔和相位呈現。

✳ 上升點／下降點與南月交點形成柔和相位

以人的層面而言，上升點／下降點軸線關係通常與人無關。這不像行星一樣具有「性格」，所以它的功能比較偏向**情境**和**心理**層面。

就情境的組合而言，上升點／下降點軸線代表的未解決的業力，與如何在付出和得到之間、必要的自私和慷慨之間找到正確的平衡有關。既然相位是和諧的，就強烈暗示無論出現哪種失衡，我們都不會受到挑戰，或是不必去面對它。

如果業力故事的其他部分暗示自私，我們可能用過度冷漠來避免問題。如果月交點的故事象徵付出和自我犧牲，也會有過度的表現——可能會有一位讓我們臣服的、苛求的伴侶。

根據上述的邏輯，這裡最容易出現的未解決的情感連結，不是付出太多，就是付出太少。

這個相位的蘊含力量，就是我們已經向強勢的榜樣學習過付出與給予，而這也符合我們上述的情境。

這裡的更高層次在於，我們可以從愛自己或愛別人的矛盾中，學會敏銳地感受自己的方式。

實例：印度上師帕拉宏撒‧尤迦南達（Paramahansa Yogananda），上升處女座；美國導演法蘭西斯‧福特‧柯波拉（Francis Ford Coppola），上升摩羯座；西班牙畫家薩爾瓦多‧達利（Salvador Dali），上升巨蟹座；《花花公子》雜誌創辦人休‧海夫納（Hugh Hefner），上升處女座。美國作家史蒂芬‧金（Stephen King），上升巨蟹座。

✳ 子午線與南月交點形成柔和相位

以人的層面而言，天頂／天底軸線不像行星一樣擁有「性格」，功能比較偏向情境和心理層面。

就情境的組合而言，**子午線**象徵的**未解決的業力**與平衡有關，這指的是家庭生活與事業之間的平衡，個人與公共責任之間的平衡，以及家庭生活的喜悅以及有意義的世俗工作帶來的滿足之間的平衡。由於這裡的相位是和諧的，這強烈暗示無論出現哪種失衡，我們都不會受到挑戰，或是不必去面對

它。如果月交點故事的其他部分象徵家庭或關係的主題，我們可能就會犧牲事業。如果其他部分比較傾向公眾和使命，我們就會把家庭拋到腦後。無論是哪一種情形，我們都不必爲此負責。

根據上述的邏輯，這裡未解決的情感連結的弱點在於，你很容易放棄事業或犧牲家庭。

這個相位的蘊含力量，就是我們已經向強勢的榜樣學習如何建立家庭基礎，或是創造世俗地位，而這也符合我們上述的邏輯。

這裡更高的層次在於找到平衡，一邊是人類對根源的古老需求，還有一個不計較世俗財富、我們可以稱爲家的地方，另一邊是當我們在爲所屬的群體和文化的福祉做更多努力，因而讓人生有某種意義的需求。

實例：美國人權主義運動領袖馬丁·路德·金恩（Martin Luther King），天頂摩羯座；美國天主教作家多瑪斯·牟敦（Thomas Merton），天頂射手座；英國喜劇演員彼得·塞勒斯（Peter Sellers），天頂雙子座；美國電視主播丹·拉瑟（Dan Rather），天頂寶瓶座；美國拳擊手穆罕默德·阿里（Muhammad Ali），天頂金牛座；西班牙作曲家帕布羅·卡薩爾斯（Pablo Casals），天頂金牛座；美國舞蹈家伊莎朵拉·鄧肯（Isadora Duncan），天頂摩羯座。

✴ 太陽與南月交點形成柔和相位

就我們所知，以人的層面而言，太陽永遠代表一位權威人士，可以對你的人生施展極大的權力和影響力。當有這個柔和相位時，這樣的人與你有良性的關係——至少表面上看起來是如此。當然，你的許多決定都是由對方決定。你可能不假思索地把一切都交給此人看管。

就情境的組合而言，太陽代表一種無法抗拒的力量，你必須拋棄所有的顧慮去配合。像是經濟循環、集體運動，任何這種無法抵抗的「重力」。不過在這裡，這些發展能帶給你一些好處。它們會帶著你往前走。

這裡未解決的情感會帶來的弱點在於，你可能像羊群一樣，盲目地依賴外在的、充滿魅力的、無法抗拒的勢力，失去了自我中心。你對另一個人的幻想可能遮蔽了自己的靈魂、價值和創造力。你甚至可能毫無怨言或痛苦，就放棄了自由的寶藏。這個相位的蘊含力量就是，我們已經向強勢的模範學習過魅力和領導才華。

這裡更高的層次在於，避開身為追隨者的安逸誘惑，展現領導能力——至少是自己人生的領導權。

實例：美國新聞記者比爾‧摩爾斯（Bill Moyers），（太陽在，以下省略）雙子座四宮；。美國總統富蘭克林‧德拉諾‧羅斯福（Franklin Delano Roosevelt），寶瓶座五宮；美國職棒首位非裔球員傑基‧羅賓森（Jackie Robinson），寶瓶座六宮；美國作家史蒂芬‧金（Stephen King），處女座三宮；美國人權主義運動領袖馬丁‧路德‧金恩（Martin Luther King），摩羯座九宮。

✳ 月亮與南月交點形成柔和相位

就我們所知，以人的層面而言，月亮指的就是實際的母親。但就整體而言，這裡的月亮象徵任何一位在前世滋養你的人。你主觀地認為這個人非常溫柔，當然也提供你真正的愛。不過我們一定要跟這種過度保護、悉心照料、以及無意培養出依賴所導致的負面影響交手。愛一個人會放棄自己的權力和自主，這顯然並不總是壞事。不過在這種相位裡，這隻小鳥待在巢裡太久了。

就情境的組合而言，月亮最常指的是家庭或宗族。即使在今日，這些仍對

我們的人生有巨大的影響力。而在過去，影響力更大。由於是柔和相位，我們並不會面對痛苦的、失能的前世家庭趨力，而是模糊的個體性，當你毫無疑問地愛著「自己人」，你就永遠不會懷疑自己被期望扮演的角色是否正確。

當有這個相位出現時，我們也必須考慮這個人在前世很弱勢，因為受到這樣的「滋養」和「支持」，會讓人變得軟弱，對痛苦過度反應。

這個相位未解決的情感連結的弱點在於，自己人生該走的路，會併入別人的期望和需求裡，而對方是我們想要奉獻和有感情的人，這可能是「家庭」，無論我們如何定義。這也可能出現自我耽溺、逃避成人現實的問題。

這個相位的蘊含力量就是，我們已經向強勢的模範學習過「為人父母」的行為和敏銳。

更高的層次在於，對於需求必須展現固執的特質，像是設定界線、保有自主權和自由，忽視不恰當或過度的期望和要求。

實例：英國「披頭四」主唱約翰・藍儂（John Lennon），（月亮在，以下省略）寶瓶座十一宮；西藏精神領袖達賴喇嘛（Dalai Lama），處女座三宮；美國鋼琴家肯尼・柯克蘭（Kenny Kirkland），寶瓶座五宮；法國女歌手依蒂・琵雅芙（Edith Piaf），雙子座七宮；美國白宮前實習生莫妮卡・陸文斯基（Monica Lewinsky），金牛座七宮；美國將軍喬治・巴頓（George Patton），摩羯座八宮；美國女星茱莉亞・羅伯茲（Julia Roberts），獅子座二宮。

✷ 水星與南月交點形成柔和相位

以人的層面而言，水星代表一位你在前世有和諧關係的老師或學生。儘管我們馬上就知道你可能像鸚鵡一樣模仿這位老師，或是很著迷於迷惑學生

的過程！這種認知能力，即使是在概念理解的學術世界裡，也可能充滿誘惑；我們可能把知識當成智慧，這也是另一個陷阱。水星也可能代表一位好朋友，你與他有重要的交談，但同樣也有潛藏的陷阱。這也可能象徵一位你鍾愛的前世手足。

就情境的組合而言，水星代表任何傳播知識的情境或機制。這可能是實際的書本。你可以回想，在過去數百年來，有多少人曾經在文學裡找到安慰，轉移注意力，即使他們的世界正在瓦解。儘管媒體存在的歷史比較短，但整體情形是一樣的。水星也代表任何過度忙碌、分散注意力和快速改變的情境。

這個相位未解決的情感連結的弱點就是：隨性的迷戀、對話、老師、娛樂和媒體，這些可能看起來很光鮮亮麗，很吸引人，但最後只會讓我們分心，遠離更深層、更重要的事。這裡蘊含的力量在於，我們已經向強勢的模範學過精準的思考和溝通技巧。

更高層次在於，將注意力轉為向內聆聽靈魂平靜、微弱的聲音，跟隨它的指示。

實例：美國爵士樂演奏家邁爾士·戴維斯（Miles Davis），（水星在，以下省略）金牛座十二宮；德國科學家亞伯特·愛因斯坦（Albert Einstein），牡羊座十宮；美國企業家、微軟創辦人比爾·蓋茲（Bill Gates），天秤座四宮；美國女企業家瑪莎·史都華（Martha Stewart），巨蟹座九宮；美國高爾夫球名將老虎·伍茲（Tiger Woods），摩羯座五宮；法國電影導演尚盧·高達（Jean——Luc Godard），射手座三宮；美國作家L·羅恩·賀伯德（L. Ron Hubbard），雙魚座三宮；美國宗教領袖大衛·考雷什（David Koresh），獅子座十一宮。

✳ 金星與南月交點形成柔和相位

　　以人的層面而言，金星代表鍾愛的人。這種愛可能是浪漫的戀愛，也可能只是朋友之間甜美的感情。當金星與南月交點形成柔和相位時，對方會帶著令人安慰的、放鬆的光環出現。若論到誘惑這個字的意義，這裡的誘惑是沒有任何剝削或蓄意的惡念。當我們看一位展現金星特質的人時，難免看不到他或她的缺點。這可能單純只是友誼的善意和慷慨，但也可能夾雜了逐漸的幻滅——與一個得體的人有一段美好的關係，但就是緣分已盡。

　　如果這裡的月交點故事的主軸與藝術或創造力有關，這個金星可能代表一位有創造力的伴侶，或是一種藝術的影響力。

　　就情境的組合而言，金星代表優雅的環境。禮儀和得體是主軸，也可能有舒適安逸。整體而言，這與舒適的物質環境有關，充滿優雅的氣息。這可能會讓人墮落，變得慵懶。這可能代表滋長虛榮和膚淺的環境。

　　這個相位未解決的情感連結是某種永遠無法在現實世界裡存活的浪漫和美學的理想主義。

　　更高的層次在於願意投入做一些困難且奇怪的努力，以創造真正的親密性——要預期會遇到困難，這只是與另一個有缺點的人親近時很正常、真實的現實，僅此而已，沒有什麼更糟糕的。這個相位也常很渴望在藝術及創造上的獨立，希望能更「原始」，更直接地表達自己，少些矯飾。

　　這裡蘊含的力量在於，我們已經向強勢的模範學過建立關係、「公共關係」和外交，也許還學習過藝術。

實例：美國創作歌手傑瑞·賈西亞（Jerry Garcia），（金星在，以下省略）巨蟹座九

宮；德國前納粹黨領袖阿道夫‧希特勒（Adolph Hitler），金牛座七宮；美國天主教作家多瑪斯‧牟敦（Thomas Merton），射手座九宮；美國紀錄片導演麥可‧摩爾（Michael Moore），射手座九宮；美國總統富蘭克林‧德拉諾‧羅斯福（Franklin Delano Roosevelt），寶瓶座五宮；美國前總統巴拉克‧歐巴馬（Barack Obama），巨蟹座五宮；美國男星政治家阿諾‧史瓦辛格（Arnold Schwarzenegger），巨蟹座一宮；美國女藝術家喬治亞‧歐姬芙（Georgia O'Keeffe），天秤座，出生時間不確定；美國女偵探小說家蘇‧葛拉芙頓（Sue Grafton），雙子座三宮；德國音樂家路德維希‧范‧貝多芬（Ludwig van Beethoven），摩羯座，出生時間不確定。

✳ 火星與南月交點形成柔和相位

以人的層面而言，在柔和相位時，其實不太適合把火星直接聯想成敵人，儘管其中可能有一些友善的對立和競爭成分。想像你在下棋或其他形式的競爭裡遇到「可敬的對手」。或是可以簡單地把火星想像成一位同伴，一個在必須爭輸贏的狀況裡跟你站在同一邊的人。這裡最明顯的想像就是戰爭，同樣遭遇這種不幸的人會培養出生死與共的忠誠關係。

就情境的組合而言，火星永遠意味著壓力和興奮激動。呈柔和相位時，當然還是有某種程度的興奮緊張——令人暈眩的勝利、發洩暴怒時的全然能量，性激情的滿足和釋放。

這裡未解決的情感連結在於，會對生命抱持極端的看法。會對興奮激動和戲劇化上癮。這個相位蘊含的力量在於，我們已經向強勢的模範學習過勇氣和意志的力量。知道如何達成真正的出色成就的要求，付出巨大的精力作為代價。

更高的層次在於，整合運用穩定保存的勇氣和活力，不需要不斷地去測試和體驗它。

實例：美國脫口秀主持人歐普拉·溫弗雷（Oprah Winfrey），（火星在，以下省略）天蠍座十一宮；美國變性人克里絲汀·約根森（Christine Jorgensen），射手座十宮；德國前納粹黨領袖阿道夫·希特勒（Adolph Hitler），金牛座七宮；美國慈善企業家比爾·蓋茲（Bill Gates），天秤座四宮；美國小說家法蘭西斯·史考特（F. Scott Fitzgerald），雙子座五宮；美國爵士樂演奏家邁爾士·戴維斯（Miles Davis），雙魚座十一宮；美國女偵探作家蘇·葛拉芙頓（Sue Grafton），雙子座三宮。

✴ 木星與南月點形成柔和相位

就我們所知，以人的層面而言，木星代表你在前世認識的一個權威人物，或是你認為地位高於自己的人。在柔和相位裡，你可能會對這個人有某種感情，對方可能是一位值得敬愛的國王、主教或老闆。

我們能預期這份感情是互相的。這個人可能直接慷慨地對待你。他或她可能是一位贊助人。這可能會留下一種因比較而生出的單調和平庸感受，就像一個普通路人，拿自己跟好萊塢光芒四射的明星一比，常覺得自己平凡無味。

就情境的組合而言，木星象徵各種感官的富足：金錢、權力、奢華，渴望獲得充分滿足的生活。

柔和相位代表用熱情活出這些「大器度日」的元素，如今「回歸平淡」，感覺就像洩了氣的氣球。心理學家佛洛伊德曾說：「性趨力（libido，又稱「利比多」）永遠不會忘記愉悅。」由儉入奢易，由奢入儉難。

這裡未解決的情感連結就是，一切得來容易的業力背景，伴隨特權出現的良性自我膨脹，也可能出現整體胃口過大的傾向。

這裡蘊含的力量在於，我們已經向強勢的模範學習過自信和自我價值感。覺得成功是很自然的，也是可以預期的，而非意料之外或無法達成的。

這個相位更高的層次在於，能下定決心持續努力，注意人們的侮辱、誤解和抗拒。成功不會來得這麼快，但仍是可以達成的，而且這樣的成功，會比因為特權和幸運帶來的懶洋洋的勝利更加甜美。

實例：美國創作歌手傑瑞‧賈西亞（Jerry Garcia），（木星在，以下省略）巨蟹座九宮；英國搖滾音樂家保羅‧麥卡尼（Paul McCartney），巨蟹座十宮；美國爵士樂大師艾靈頓公爵（Duke Ellington），天蠍座九宮；美國男星小道格拉斯‧範朋克（Douglas Fairbanks Jr.），天秤座九宮；美國心理學家蒂莫西‧利里（Timothy Leary），處女座九宮；美國作家加里森‧凱勒（Garrison Keillor），巨蟹座十一宮。

✳ 土星與南月交點形成柔和相位

就我們所知，以人的層面而言，土星常指的是前世的父親。我們和前世父親的關係有些複雜，或是有未解決的心結，這是很正常的。就這裡的柔和相位而言，我們必須考慮土星的控制和保護特質。

你在前世因父親變得手無縛雞之力，不過因為是三分相或六分相，所以你對這樣的關係可能覺得很自在。父親的嚴格限制讓你覺得安全。如果延伸土星代表父親的意義，這可能代表任何威嚴的權威人士，情感有些疏離，但永遠可靠。就靈性的背景來看，這可能代表一位上師或指導老師。

就情境的組合而言，土星意味著困難、短缺、限制和「湊合將就」。既然是柔和相位，我們必須讓這些狀況的嚴厲解讀，變得稍微溫和一點。在前世，你可能會可以接受這些限制，甚至覺得很自在。

　　爲什麼一個工人階級出身的小孩,會拒絕上常春藤名校的獎學金,選擇和朋友一起上州立大學?爲什麼有很多囚犯出獄後感到茫然,失去方向,過一兩年後還是回到牢裡?限制可以令人自在,沒有威脅。

　　這個相位未解決的情感連結在於**對限制的適應**。這個人的態度底層可能有一種特別的、無意識的或不自覺的憂鬱,這是一種悲觀被動,但假裝成毫無怨言的務實主義。

　　這裡的蘊含的力量在於,我們已經向強勢的模範學過堅忍、耐心和謙卑。

　　這個相位更高的層次在於,掌控土星的能量,駕馭載滿更偉大、更有野心、更寬廣的夢想的戰車。

實例:美國男星克里斯多福·李維(Christopher Reeve),(土星在,以下省略)天秤座九宮;美國替代醫學倡導者迪帕克·喬布拉(Deepak Chopra),獅子座六宮;義大利設計師吉安尼·凡賽斯(Gianni Versace),獅子座九宮;美國流行音樂天后瑪丹娜(Madonna),射手座四宮;墨西哥女畫家芙烈達·卡蘿(Frida Kahlo),雙魚座八宮;德國物理學家亞伯特·愛因斯坦(Albert Einstein),牡羊座十宮;美國爵士樂演奏家邁爾士·戴維斯(Miles Davis),天蠍座六宮。

✴ 天王星與南月交點形成柔和相位

　　以人的層面而言,天王星代表媽媽告誡我們的「壞影響」。媽媽的話也許是對的,雖然我們也具有敏銳度,知道這個相位代表一個人支持我們質疑權威,過程是有幫助的,能帶來解放的,或是支持我們踏出社會制約的範圍。我們會自發性地、熱情地被「法外之徒」或他們所代表的自由吸引,即使這會讓我們快速墮落。

就情境的設定而言，天王星象徵各種「革命」。事情會改變，有時是爆炸性的，出乎意料的，而且還像一陣惡風，所到之處，沒有人好過。這個水壩在前世曾經潰堤。社會秩序瓦解。你看到了自己的重要機會，及時把握。

這裡未解決的情感連結就是「狂野的一面」。你很可能有一夜致富的想法，取巧行事。你會對人類大部分事件和發展的正常緩慢步調感到不耐煩。

這個相位蘊含的力量就是，我們已經從強勢的模範身上見識到真正的天才──這是「法外之徒」這個字最好的意義，這些人改變了我們對天才的基本臆測，進而改變這個世界。

更高的層次在於在你承擔的所有事情裡，表現誠實、真實和正直。把注意力放在天才的「**實質內容**」，而非表面。

實例：西班牙電影導演佩德羅・阿莫多瓦（Pedro Almodovar），（天王星在，以下省略）巨蟹座一宮；美國男演員麥特・狄倫（Matt Dillon），處女座七宮；美國詩人歌手巴布・狄倫（Bob Dylan），金牛座五宮；美國女藝術家喬治亞・歐姬芙（Georgia O' Keeffe），天秤座，出生時間不確定；法國占星家丹恩・魯依爾（Dane Rudhyar），天蠍座十一宮；愛爾蘭詩人威廉・巴特勒・葉慈（William Butler Yeats），雙子座五宮；德意志神學家馬丁・路德（Martin Luther），射手座四宮；法國大革命時期政治家馬克西米連・羅伯斯比爾（Maximilien de Robespierre），雙魚座一宮。

✳ 海王星與南月交點形成柔和相位

以人的層面而言，海王星代表一個無法與自我活出正常關係的人。就低層而言，這可能是逃避主義者：酒醉、上癮，還有這些通常會創造的「超驗的」不負責任。就高層而言，這象徵了真正的靈媒或靈性導師。就一般而言，這裡的

海王星代表有創意的人、喜歡幻想的人、理想主義的同好,或是靈修的朋友,這裡的主題是誘人的超現實,而且可能是毫無根據的。

就情境的設定而言,海王星象徵振奮、啓發但不一定扎實的信仰系統、運動或狀況,通常非常令人著迷,伴隨著幻想,當然還有幻滅。這可能是放縱、逃避和尋歡的時代精神,像是廢除君主制之前的英國,或是一九六○年代末期的北美和歐洲。

這裡未解決的情感連結在於,渴望活在另一個世界,裡面充滿美得不切實、即刻的滿足,即使要付出幻想和自我毀滅的代價也在所不惜。

這裡蘊含的力量就是,我們已經向強勢的模範學過創造力、心靈的敏銳度和理想主義。我們可能曾經跟真正靈性出眾的人接觸過。

更高的層次在於,用每日的靈性和創造紀律,讓這種靈感能聚焦並落實。心智可能受到啓發,但卻沒有持續的決心。最重要的是專一的紀律。

實例:美國小說家法蘭西斯·史考特(F. Scott Fitzgerald),(海王星在,以下省略)雙子座五宮;美國導演史蒂芬·史匹柏(Steven Spielberg),天秤座四宮;美國男星克里斯多福·李維(Christopher Reeve),天秤座九宮;美國企業家比爾·蓋茲(Bill Gates),天秤座四宮;美國鋼琴家肯尼·柯克蘭(Kenny Kirkland),天秤座二宮;美國將軍喬治·巴頓(George Patton),金牛座十二宮;印度德蕾莎修女(Mother Teresa),巨蟹座,出生時間不確定。

✳ 冥王星與南月交點形成柔和相位

以人的層面而言,冥王星的柔和相位可能代表一位替我們守密的人——一位親信或顧問。這也可能是我們一起經歷某個極端經驗的人,好比一起倖

存的人、夥伴或共同被告人。這也可能代表一個人，賣給我們需要的槍、毒品或性。這種人既恐怖又有吸引力；我們會在夜晚會面；我們比較會在月光下、街燈下想到他們，而非在光天化日下。

就情境的設定而言，冥王星通常代表有如夢魘或令人驚嚇的事。如果是比較柔和的相位，我們必須添加一點軟性的元素：我們人類喜歡禁忌帶來的活力。想像一些賣座電影的主題：暴力、前衛的性愛、報復……

這個相位未解決的情感連結在於，極端和打破禁忌帶來的興奮。

這個相位蘊含的力量就是，我們已經從強勢的模範身上或在經驗中，見識到常被壓抑和否認的事物。正如英國詩人威廉·布萊克曾說，「離經叛道是通往智慧宮殿的必經之路。」

更高的層次在於，打破自己投入這些極端熱情事物的幻想，專注地把這些事物帶來的同情和理解的禮物，傳遞給別人。

實例：美國男星國湯姆·威茲（Tom Waits），（冥王星在，以下省略）獅子座八宮；美國作家亨利·大衛·梭羅（Henry David Thoreau），雙魚座，出生時間不確定；美國導演史蒂芬·史匹柏（Steven Spielberg），獅子座二宮；英國「披頭四」主唱約翰·藍儂（John Lennon），獅子座五宮；美國小說家法蘭西斯·史考特·費茲傑羅（F. Scott Fitzgerald），雙子座五宮；義大利設計師吉安尼·凡賽斯（Gianni Versace），獅子座九宮；美國作曲家弗蘭克·扎帕（Frank Zappa），獅子座，出生時間不確定；美國替代醫學倡導者迪帕克·喬布拉（Deepak Chopra），獅子座六宮。

第十二章

正確的態度

占星學既是一門科學，也是藝術。身為一門科學，占星學根據的是觀察人類生活的模式，還有它們與天文星象的關係。身為一門藝術，它永遠真成且溫和地，為療癒提供灌溉和滋養。

我們的介紹到目前為止大部分都可以用科學理解。就像所有的科學一樣，你可以自行檢查，看看是否靈驗。

我們的假設相當清楚簡單：透過以往發現的分析技巧浮現的前世故事，會在今生留下印記。你無法直接用絕對科學的方式回到過去，確認你的前世，但你肯定知道今生經驗的現實。你可以觀察這些現實，把觀察到的結果，與自己的月交點故事產生連結，如果能緊密契合，你就有了自己的證據。

你不需要有任何信仰的驟變，才能看到演化占星學和你人生的關聯性。你甚至不需要相信有輪迴轉世這件事，只要客觀地觀察自己人生的現象，並與演化占星學的預測做比較。

這些觀察可能令人氣餒，甚至可能驚人到令人崩潰。想像一下，你告訴一個人，對方曾是納粹監獄的獄卒，或是一名強暴犯，又或是西班牙宗教裁判所

裡一名施虐者。

我們很容易透過占星符號,產生符合這些前世現實的象徵比喻。其實,占星符號的力量在於,它可以如實代表任何可以理解的人類狀態,包括最恐怖的狀態。但另一方面,**占星學會受限於字彙,任何字彙可能都不足以描述占星學。**

在幾年前,演化占星圈前流傳一個故事。一位很出色且認真的占星班男學生談到爲一名女子做諮商的經驗。他顯然不是很喜歡那名女子,當他談到如何用X光般的眼光「揭穿」她的內心狀態,我很懷疑他是否正確分析這名女子的問題。分析的技巧非常有用,也不難學,但是這就像所有工具一樣,運用的人才是更有智慧的。其他學生當場質疑這位男學生使用「揭穿」這個字眼。他們做得很好,我也很質疑!

我們的動機是要「揭穿」人們嗎?我們要很謹慎,不能在諮商時被個人的自我左右。當然,分析「正確」的感覺是很好的。我們都很樂在其中。**但是我們對正確的天生渴望——這在本質上並非壞事——需要結合助人的同理心,要能對別人的人生帶來正面的改變才行。**

我有一次授課時也遇到問題。我當時隨機抽出一名學生做分析。被抽中的女學生有冥王星與南月交點合相。這通常代表一個人在前世曾捲入一些黑暗的事物裡,而且常是他們自己的選擇。我在分析時強調她前世意圖的正當性,輕輕帶過她造成的傷害,即使在她的例子裡,她可能曾經下令殺死另一個人。

我之後被質疑,說我對她太溫和,但我不後悔自己的選擇。這世間顯然不缺邪惡的事,但相較之下,很少人是主動想做壞事。

　　例如，即使我偷東西是爲了養活小孩，但不可否認我還是在進行「偷竊」這個負面行爲。但我可能想的是孩子在挨餓，而不是幸災樂禍地看著被我偷搶的人又氣又無奈。甚至是納粹集中營的警衛、強暴犯或西班牙宗教裁判所裡的施虐者，都相信他們的作爲最終是善的，或是至少曾經試圖合理化自己的行爲。

　　這裡的重點在於，讓人們充滿罪惡感和羞恥，很少能幫助他們。**沒有人會因爲被「揭穿」而得到幫助。**我們所做的只是進入一個人的前世的主觀現實，盡可能地帶著同情指出這些行爲的後果。我們會試著讓這個人保有尊嚴，鼓勵他或她覺得自己值得更一步的演化成長。

　　我想表達的是，依我所見，從傳統占星學到演化占星學，就像從闊刀換成戰略性核武。請委婉運用你這個新武器！

關於用語

　　在接下來的內容中，當我們提到「業力模式」時，就等同於我們之前介紹技巧時提到的「南月交點」或「月交點模式」。這些用詞只簡略表示我們在整本書裡介紹的更廣泛的、整合的占星符號。換言之，這其實複雜多了，不僅是南月交點！南月交點只是進入迷宮的通道。只運用南月交點，就像光是根據性別來解釋一個人的心理狀態。所以，當我們說「南月交點」或「月交點模式」時，其實指的不只是南月交點，還有南月交點的主宰行星、相位，以及與北月交點的對立關係等等。

　　最完美的分析，必須以前世的源頭的角度，徹底完整認識星盤中所有的符號。必須用這種角度來看所有行星，包括與月交點無直接關聯性的行星，就

像我們在第一章的做法。簡而言之，**沒有任何星盤裡的符號是獨立存在或隨機出現的。我們要探索的是整張星盤。**

南月交點

✳ 接受南月交點的必然性

如果你的妹妹在星期二表明要戒菸，當她星期四突然很想抽一根菸時，你應該不意外。她如果說，她覺得自己很糟糕，竟然還想抽菸，旁人通常會安慰她。我們會說：「你星期二開始有抽過菸嗎？」如果她說：「大概一百根吧——在我的想像裡。」我們會恭喜她成功了。我們是真心的，因為積習很難打破，她已經做得很好了。即使她破戒在星期六晚上抽了一根，我們還是會繼續鼓勵她戒菸。失敗沒什麼可恥的，只要她不放棄，星期天就是她的重生的第一天。一陣子後，她的菸癮可能會消失，不過沒有這麼快、這麼容易。

我們都很清楚，所以我們毫不費力就會對這樣的人生出同情心。這個國度的地圖已經很完善了。人們早在數千年前就已經在其中探索無數次了。壞習慣的歷史不勝枚舉，說不完的。

業力模式遠比菸癮更加根深蒂固。就個人而言，根據我們前面的技巧所揭露的，我從來沒有遇到任何人在這輩子都不曾展現過前世未解決問題的印記。對我們大部分人而言，必須花一輩子才能打破這些模式——其實，我們也許可以說，這就是為什麼我們會有今生這一世。即便只是意識到這些模式，也是了不起的靈性成就。光是變得能意識到它們，而且很珍惜，就比逃避要好得多了。

基於上述理由，我們第一個帶有同理心的原則就是：**接受月交點結構揭**

露你的業力模式，在今生一定會出現。不要因此感到羞恥。只要學著觀察它，
就會是一個好的開始。

我們的第二個原則就是，**盡可能地覺察你的業力模式。你要對此感到警
覺。即使你能控制它，也要確定你的力量能夠戰勝習氣。而這種力量總有一天
會勝出。**

這兩個原則就是基柱。當你跳出理論，實際走上你的演化道路時，你必須
依靠這兩個基柱。

還有一個技巧可以幫你解開南月交點的安眠咒語。讓我們繼續探索吧。

✳ 讓南月交點成為送給他人的禮物

南月交點不完全是黑暗的。如果你曾經是西班牙宗教裁判所的施虐者，
就會非常理解人類在極端狀態時的心理運作。無論你從中學到什麼，這種理
解本身並不邪惡。你如果曾經是納粹監獄的獄卒，就會非常清楚一個人的良
心會如何受到社會影響。你如果曾經是強暴犯，你就會十分瞭解未解決的憤
怒，可以讓一個人的靈魂墮落到什麼程度。這些理解都可能發揮用處。

這裡當然有最恐怖和極端的例子。你根據星盤推論的前世故事，大部分
都不會這麼戲劇化。南月交點在雙子座？你可能很健談，思維敏捷。問題的核
心是，你因此讓自己陷入迷惑，抓不到重點，但雙子座本身並沒有錯。在演化
占星學的諮商脈絡裡，我們必須知道，現在要超越過去關於雙子座的看法、假
設和行為模式，而這些都會觸動靈魂今生的演化目的。

就理論而言，我們知道一般最有用的方法就是對業力模式做出負面的揣
測，但我們必須記住，其中可能還是有很多正面的元素。在諮商的脈絡裡，我

們不會強調這些正面的元素。這聽起來很刻意，直到我們知道**諮商師的目的是要幫助一個人戰勝其與南月交點模式的連結**。我們如果讚美這些模式，就無法打敗它們！但是實際上，過去不可能全是負面的。即使在最黑暗的情節裡，我們也可能從錯誤中學習到一些東西。

這裡的重點很簡單，**重複自己的業力模式，對你並無益處 —— 你充其量已經學會這些功課，不必再學一次 —— 但你可以利用這些模式來支持別人。**例如南月交點在雙子座，你可以幫忙人學英文，或是幫人潤飾小說的手稿。那在西班牙宗教裁判所的施虐者呢？你可以幫忙受害者，或是幫忙施虐者治癒自己身上的恐怖傷口。

接受南月交點行為模式的必然性，讓它們成為我們給予別人的禮物、支持和慷慨。

透過這種方式，你會放下自己與它們的連結，並由此鋪出一條完全放下它們的路。

這種策略很優雅。我們不能直接對抗業力模式根深蒂固的力量，但是我們可以對抗自己認同這些模式的傾向。

當我們不再認同時，就能在這個模式裡抽走自我的份量。我們不會再自私地想像，這些行為能為自己帶來好處。今生，我們唯一能獲得滿足的慾望，大部分都是利他的。即便我們執著地認為，自己可以因這種利他的高尚行為獲得讚美和肯定……嗯，這裡唯一的好消息就是，我們至少能用對別人的關心來美化天生的自戀。

英國占星家丹恩‧魯伊爾（Dane Rudhygr）在他的專述《行星與月交點》，以犧牲的觀點來描述南月交點。「犧牲有很多種，有些毫無意義，甚至自

私或受虐傾向的。但是犧牲的眞實意義是『變得神聖』，這指的是將自己的想法和行爲奉獻給上帝或人類——或是給某個特定族群、文化或理想。這意味著拱手讓出自我意志。」

再提醒一次，我們不能直接對抗南月交點，但這就像我們不再需要的耐用全套餐具一樣，我們可以送給別人。

我們在第五章，曾簡單討論過美國脫口秀名嘴歐普拉的星盤。她的南月交點是巨蟹座在七宮。根據這一點分析，我們知道她前世大部分都是被一段關係（七宮）定義。她讓出自主權和力量，或是這些被拿走了。巨蟹座與家庭生活有關，所以這段關係很可能是婚姻，雖然這也可能是其他的家庭關係，因爲涉入太深，變得不健康。南月交點與天王星合相，這暗示歐普拉當時很反抗，突破了傳統的家庭和婚姻架構。這是好消息，但這也成爲一種業力模式，她的親密和私人生活的不穩定，延續到今生。

不過她在今生把這種戲碼變成一種禮物。她充分且正面地示範了我們的準則。她幫助數百萬白天待在家裡看電視的人，脫離二次元的心智懶惰、心靈乏味，或是可能不想再繼續的現實。歐普拉帶給他們書籍、想法和希望。

因此，她部分的「逃獄」業力模式變成一種禮物。業力模式仍在她的私人生活裡上演，但是她不再那麼執著，比起她百分之百投入自己的戲碼少了很多。

歐普拉的業力故事當然很複雜，不是短短幾百字就能說完。不過，她爲了這種策略性慷慨做了出色且正面的示範。

✳ 耐心

　　想像體育館的地板油膩膩的，正中央有一個火刑柱。你身上綁了一條橡皮帶，另一端綁在刑柱上。你如果掙扎逃跑，就會拉長這條橡皮帶，遠離這個火刑柱。不過只要停止掙扎十秒鐘，你就會彈回去，因為地板很油滑，你的努力就白費了。

　　這就是業力的運作方式。每次當你心不在焉、失去警覺時，業力就會把你拉回過去的模式、想法和態度。這是自動自發，屢試不爽的。**如果關掉自我察覺，你的演化目的若是一時鬆動，業力馬上就會開始消耗你的人生。**只有勤奮持續的努力，你才可以遠離業力。

　　這些就是讓你提不起勁的青菜。吃下去，青菜對你有益。

　　準備好吃點心了嗎？

　　彈性會隨著時間疲乏。想像一下，一條再也穿不住的舊內褲，老是會往下掉。你的業力橡皮帶也會慢慢變弱——但前提是你必須不斷拉它。你的警覺和努力，一定要比無心的橡皮帶更堅持不懈。

　　這些準則原本就存在於大自然的外在法則和心靈的內在法則之中。這也許不是我們最喜歡的準則，但它們也不會消失。沒有人不努力就能演化。我們如果沒有自我紀律、努力、謙虛地自我檢視，不能在最終還是相信自己，就沒有辦法演化，而最重要的是耐心。

　　無論如何，我們可以辦到的，我們是夠強壯的。

　　這種矛盾且易變的態度，既謙虛又驕傲地相信自己的靈魂力量，就是推動我們爬上靈性山巔的引擎，一次只能往上爬一步。當你在探索演化占星學

緊密嚙合的齒輪時，你要找到自己的平衡，並用這種態度影響你的個案和朋友。

北月交點

到目前為止，我們都在討論南月交點，以及與它有關的符號的正確態度。現在把焦點轉到等式的另一端：北月交點，以及它代表的業力潛力。我們該用什麼態度看待北月交點，才是最有幫助的？

無須贅言，北月交點在南月交點的對面。我們必須掌握的重點全都直接來自於簡單的觀察。南月交點是過去；北月交點是未來。南月交點代表我們所熟悉的，北月交點代表我們很陌生的。南月交點代表我們很聰慧的部分；北月交點則是我們很笨拙的部分，或者至少是沒有經驗的——這兩者看起來通常沒什麼分別。

南月交點代表習慣性的；北月交點則等待我們去發掘。南月交點令人覺得安全；北月交點則讓人覺得不安全，毫無根據，因此也是危險的。我們在南月交點的領域優雅，游刃有餘；在北月交點的領域則顯得笨拙，應付不來。南月交點令人乏味；北月交點則充滿生氣。

臨終那一刻，一個人如果是根據南月交點的傾向，以及與它有關的符號過了一生，那麼當他此時回頭看，無論外界覺得他有多麼成功，這個人都會覺得空虛，沒有意義。

臨終那一刻，一個人如果這輩子都在追求北月交點以及其符號象徵的潛力，那麼他此時回頭看，就會覺得充滿意義且豐富，而從直覺和超驗的觀點來

看，會覺得這是「走了一格條確的路」。

你死的時候，想要覺得很美好，還是覺得很糟糕？很遺憾，我們的文化很懼怕死亡，連去想要「如何死」，都是一種禁忌。但還有比這更根本的問題嗎？我們遲早都得面對死亡的課題。**避開南月交點的黑暗魔力，發展北月交點令人暈眩的不確定和脆弱，就能平靜地、篤定地脫離死亡的迴圈**。這是一種非常珍貴的寶藏，我們不能任由恐懼或從眾心態作祟而不去這麼做。

逃避，只是因為它讓你覺得不自然，不代表這對你是件壞事！當我們在建立對北月交點的正確態度時，這是很重要的一點。我們能信任這種不自然的感覺，了解到這只是因為我們對它不熟悉。

你無法避開這種基本準則。當我們開始做任何事時，其實不太知道自己在做什麼。就文化而言，我們已經讓「自然的」這個字變成某種暗語。如果一件事是「舒服、自然的」，代表對你是件好事。如果是不舒服、不自然的，就要很小心了。

就我個人而言，把這種概念套用於自己的身體或生態系統，是非常有用的態度。不過就個人心理學的層次而言，這就更複雜了。對一個酒鬼而言，沒有什麼比喝一杯更自然的事了。對一個依賴心很強的人而言，欣然贊同，不假思索地順從他人，是再自然不過的事了。打破上述任何一種模式，都會覺得完全陌生、奇怪、危險且笨拙，而你在此時可能會發現，這就是我們用來描述北月交點的字眼。

它們都代表「不自然」。

業力是一種習慣，而習慣是熟悉的。做北月交點的功課是一件不自然的事。這不只需要極大的勇氣，也要有隨機應變的意願，願意面對尷尬，願意覺

得不安全和脆弱。

美國「垮掉世代」詩人艾倫·金斯堡（Allen Ginsberg）的南月交點在摩羯座十一宮，代表他的業力模式就是，透過一個社會團體或階級（十一宮）來定義自己，特色就是得體、「思想正確」和合群的嚴格規定（摩羯座）。他南月交點的主宰行星土星是天蠍座，位於八宮，這提供我們更多細節——這些前世的社會壓迫，讓他覺得格格不入，或是憂鬱（土星），而這大部分都是因為沒有表達（又是土星）的性慾望（八宮）的禁忌（天蠍座）。此外，冥王星在四宮巨蟹座，與南月交點形成對分相，面對「他無法應付的現實的磚瓦牆」，是來自他當時原生家庭（四宮和巨蟹座）的有害的靈性制約（冥王星）。

金斯堡的北月交點在五宮巨蟹座。他這一世「不自然」的功課就是，如母親般溫柔且慈愛地「滋養」自己（巨蟹座），特別是要用酒神風格的享樂（五宮）來療癒自己扭曲的關係。正確且毫不害臊地面對自己的性向，是他很重要的一步。就整體而言，在實現五宮北月交點的潛力時，創造力和自我表達是非常重要的元素——而當北月交點與冥王星合相時，金斯堡的創作必須包含「有禮社會」認為的所有禁忌和無法接受的事。

我非常清楚記得在一九七〇年代初期，我在杜克大學座無虛席的大禮堂裡，聽金斯堡朗誦他的詩作。當他開始朗讀他太過寫實且充滿濃烈男同志色彩的情色詩作時，臺下聽眾的身體語言是很有趣的。我只能想像這一場「不自然」的旅程，把金斯堡帶上舞臺——他在自己的長詩《嚎叫》裡，重新闡述了自己想說的話，一個「天使容顏般的嬉皮渴望著古代羽化昇仙般，在機械夜晚連接向星辰發電機」。

金斯堡的月亮是雙魚座，在十二宮。由於月亮是他北月交點的主宰行星，我們知道他演化計畫裡另一個「不自然」的部分，就是要探索神祕主義、意識

狀態的改變，朝著神性的直接知識及體驗邁進。這都展現在他對迷幻藥的迷戀，也許更持久的是他對佛教和印度教的探索。

當我們沿著月交點軸提升自己時，常會引發一些同步的神奇事件，最引人注目的例子之一，就是金斯堡在紐約招計程車時，竟然「巧遇」西藏丘揚創巴仁波切（Chögyam Trungpa Rinpoche）也要搭計程車！丘揚創巴是一位讚譽過實、極具爭議的仁波切。而這次事件觸動了金斯堡一輩子的佛教修行。

✳ 醫學

如果南月交點代表靈魂的病灶，北月交點就是能治癒它的藥。這種關係裡潛藏著一種根本上的圓滿：如果你能掌握重點，就會發現南月交點和北月交點的完美互補，永遠都是陰陽和諧的運作。

雖然有點駭人聽聞，但我們如果把南月交點比喻成毒藥，那麼北月交點就是它完美的解藥。或是就像占星師蜜雪兒·路汀（Michael Lutin）曾在課堂上引用「戒酒無名會」的比喻，「南月交點是酒瓶，而北月交點就是（匿名）戒酒會」。

南月交點在牡羊座會如何？仍帶有熱情的習性，非常容易生氣。解藥是什麼？天秤座的平靜、寬容、美學和優雅。

南月交點在四宮，代表陷在自己的內心世界裡，也可能被家庭牽絆。那麼它的解藥是什麼？找一份工作！離開家，進入大千世界，為自己找到一個有意義的棲身之地。

這些都是非常簡單的「解藥」例子，主要是根據對面星座及宮位之間明顯的對立性。徹底了解這種對立性，是學習演化占星學一個很重要的基礎——

其實對所有的占星學都是如此。

我們已經在第六章和第七章仔細介紹過這種互補的對立性。如果你真想進入演化占星學這個獨特的理解架構，請將那些內容牢記在心。

當我們再更深入一點，北月交點的解藥就會變得更複雜，不那麼明顯，必須根據一個人的需求加以客製化。詩人金斯堡就是很好的例子。他的業力困境有非常精準的細節，我們當然是用更豐富、更全面的方式才能掌握到這一點，而不只是根據北月交點在摩羯座、十一宮。所以，我們對金斯堡的北月交點解藥的理解，就會更聚焦、更細膩，而不只是對於巨蟹座或五宮的解讀。當我們再把位於十二宮雙魚座的月亮（北月交點主宰行星）納入考量，就會更清楚了。

至於第四章的另一個例子，我們更深入討論過李‧哈維‧奧斯華（Lee Harvey Oswald）的星盤。我們當然也能明確找到藥方，治療他在前世遭受的重大創傷。

再提醒一次，儘管我們把「南月交點」稱為業力，「北月交點」是解藥，但這裡有非常重要的一點，我們必須記住這些只是一個更廣泛的理論觀點的簡稱而已，而這個觀點，最後可以完美地涵括星盤裡的所有元素。

在這本書的最後，我們會示範深入分析五位重要人士的星盤。而在第十四章，我們會介紹如何整合的明確步驟。

換言之，如果你覺得還無法掌握星盤的全貌，別害怕，我們會辦到的！

問題的核心在於：**北月交點是解藥，只要服用，就會有效**。但你必須服用它。你必須延伸我們之前提到的橡皮帶，你必須不斷地延伸它，直到它彈性疲

乏，就會獲得釋放。

時間沒有辦法做到這件事。只有你自己才辦得到。

✴ 北月交點只是個「好點子」

北月交點本身沒有任何力量。關於這一點，它跟占星學其他所有的符號不同。其他占星學符號都有一個確定且無法避免的準則：這些符號一定會用某種方式出現在你的人生裡。這是一種能量，所以無法被創造，也無法被毀滅，只能改變形式，不可能消失。你的水星、太陽和金星，都是如此。它們都「注定」會用某種形式出現在你的人生裡，只是看你如何運用它們。南月交點也是如此。依此來看，南月交點的運作就像行星，它有力量，也有慣性。

不過這些都不適用於北月交點。**北交點什麼都不是，就只是一個很棒的點子，你可以接受它，也可以忽略它**。它是被你自己的盲目和執著遮蔽的好點子，光是連看到它都很困難（記住我們對北月交點的關鍵字：不熟悉的、奇怪的、危險的、笨拙的、外來的、不自然的⋯⋯）。

星盤裡的所有符號都有「自動」顯示機制。**只有北月交點，你必須用意念觸動它**。否則它仍是沉滯不動，不好也不壞，甚至感受不到它的存在。

北月交點就像是當你快要渴死時，想起放在後車廂的一瓶水。它就像你忘記放在最上層抽屜的中獎樂透彩券。它就像你的牢房一扇沒有上鎖的門，距離你席地而睡的地方只有三公尺。

✴ 自我接受

當我看到北月交點在雙魚座、十二宮或與海王星合相時，我常會告訴我的個案：「你今生的目的就是開悟」。他們聽到都會眼睛一亮！我的個案通常

都是具有細膩靈性的人——也都很清楚在這一世閉眼之前，都不太可能達到彌賽亞的意識狀態。當然就實際而言，開悟是何等困難，預測一個人會獲得啓蒙，實在是令人是半信半疑。

不過這種說法的確引起我的個案的注意，然後我就會說出眞正的重點。我會請他們想像冥想了一千世。我會請他們想像，當他們每次坐下來冥想時，會帶著一種謙卑的篤定，知道這一次絕對無法達到「開悟」。我會要求他們思考這種篤定重複一千次的影響力。

謙卑是很基本的靈性價值，所有宗教的神祕傳統都很尊崇這一點。在上帝之城裡，放下自以爲是和自我迷戀這件事，肯定會被放在中央廣場——無論我們如何閒晃，一定會不斷地經過它。

不過，所有的神祕傳統也會提出另一種相反抵銷的準則：我們已經在那裡了。萬物一體。我們都是基督的一部分。所有人都已具備佛性。我（Atman）和梵（Brahman）是一體的。蘇非派旋轉的苦行僧會消融虛假幻象的自我，與阿拉合爲一體。美國印第安原住民拉科塔蘇族人在悶熱的木屋裡，唱誦「萬物相連」（Aho Mitakuye Oyasin）時，就是肯定他們與星辰和松鼠的連結。

你可以自行選擇。這些都在講一樣的事：一種清楚到無法承受的事。這就是神祕主義永遠的矛盾：你必須不屈不撓奮力地向前走，但你又已經在那裡了。

如果你只接受後者，你就會變得自我膨脹，可能還很懶散。你如果只相信前者，最後就會很氣餒，像一個崩潰的奴隸。

相似之處：

　　演化占星學可以精準恐怖地描述我們困在其中的靈魂牢籠。但是要小心，它並沒有「揭穿」你！你若只注重南月交點，是很危險的。它可能令你心碎。

　　你要堅定、帶著希望地重視北月交點的訊息，藉此來平衡上述的危險。無論如何，要與北月交點和它的主宰行星合作，保持信念！不要忽略你能做到的這個事實，答案已經在你的靈魂裡面。你要抹去南月交點的幻想和扭曲，讓光線從窗戶透進來。你和開悟之間其實只有一扇窗，上面只有一丁點油污而已。藏傳佛教徒稱這為「金剛慢」，要培養它。我們也可以把這簡單稱之為信念。這是對抗失望和羞恥的藥方。這是**眞實接受自我的靈魂**。

　　而就長遠來看，無論是外在世界，或是你心靈原始瘋狂的深刻邪惡，都無法動搖你的眞實自性。

第十三章

當業力的浪潮迸裂

你在很久以前的某一世，曾在古代巴比倫市生活過。有一天，你漫步穿越市集。在那個星期，你經營的駱駝出租生意興隆，腰間的錢袋裝滿銅板，叮噹作響。你覺得一切都很順利，內心感謝眾神保佑，然後才轉過一個街角，就遇到一個悲慘的痲瘋病患者，穿著破破爛爛，跟你乞討。他十分醜陋，你之前看過他，每次看到都會轉身離開，心中生厭。

不過今天你的心境有些不同。你的感恩之情變成慷慨，慷慨又生出同情。你掏出一些銅板給他，然後望著他的眼睛，在他的雙眸中看到一個人。他也看到你望著他。在那一剎那，你們靈魂對望。他開心地收下銅板，但他更深的感激是來自於你送給他的真實禮物：看穿自己的外表，看到自己最根本的人性。

到了今生，這位痲瘋病患者是比爾·蓋茲。而他覺得，他欠你一個銅板。

這是好的業力！

這當然是我編造的故事。我不知道比爾·蓋茲前世是否曾是痲瘋病患者。不過我非常肯定，他過去一定常常受到別人的慷慨對待。這種慷慨行為是很

美好的事，但也建立了業力的不平衡。我們覺得必須予以回報。

這就像許多超自然的事，我們不需要證據就願意相信。你可以思考一下自己的日常生活，如果在下雨天開車爆胎，有位陌生人停下來幫助你，你會有什麼感覺？當然是感激，而且也會渴望能回報對方幫你這個忙。這也是業力，只是在比較短的時間內發生。

我猜比爾·蓋茲偶爾會遇到一些人，讓他湧起無法言喻的感激。你如果真的是那位巴比倫駱駝商人，曾經凝視過當時曾是痲瘋病患者的比爾·蓋茲，那恭喜，你現在可幸運了！

但是這裡用「幸運」來形容，並不是個完美的字眼，幸運意味著宇宙中某種偶然，但偶然根本是虛構的。你跟比爾·蓋茲就只是需要重新平衡兩人之間的業力。就表面上來看，他是莫名其妙對你慷慨。按照一般現實的邏輯，會這樣描述你們之間的往來，但你們都覺得並非如此。甚至比爾·蓋茲給了你一百萬美元，還會覺得自在、喜悅，鬆了口氣，感到釋放。你當然也會很開心，但在內心深處，你一點也不覺得拿他的禮物有什麼好彆扭的，你會覺得理所當然。你如果有任何愚蠢的感受，心裡想著：「我不能收下這個……」，這其實是你的社會化在作祟。在你內心靜默時，你會跟比爾·蓋茲有類似的感受：自在、喜悅、鬆一口氣，如釋重負。你們兩個都卸下了重擔，債已經還清。

所以，你何時才會真的遇到比爾·蓋茲？你應該在行事曆的哪一天做記號？你很久以前的慷慨行為，在你的靈魂和他的靈魂之間建立了某種緊密或潛在的能量。這股能量什麼時候才會爆發？業力何時才會成熟？

業力的浪潮何時才會迸裂？

　　這裡有一個不錯的臆測試，那就是當木星行運通過你的南月交點時。與此同時，比爾‧蓋茲的星盤中也出現類似的擴張和「月交點」的能量。這在占星學上有很多可能性，而本章就是要更進一步研究這些可能性。而它們的共通點就是，**月交點軸或是與月交點軸最相關的點出現一些刺激，此時，業力的果就要出現了。**

　　順便一提，一九九九年當木星行運與比爾‧蓋茲的南月交點形成六分相時，他的確受到感動，展現極大的慷慨。在那一年年初，他捐給「國際愛滋病疫苗倡議」一大筆錢。同年九月，他又捐出史上最大筆的學術捐款——十億美元，旨在幫助弱勢學生接受教育。

　　你的業力很複雜，每個人的都是。你可能在比爾‧蓋茲還是貧困受苦的痲瘋病患者時，對他慷慨解囊。但你也可能偷過東西、殺過人，譏笑跛子或被流放的人，或是你曾毒死有錢人，壓迫貧民。業力這口井可是很深的，有如萬花筒。這就像加拿大辛尼布萊克娛樂公司（Cineplex）一樣，什麼影片都有，並非所有的影片都來自於迪士尼製片廠。

　　當一個行星行運與你的月交點形成相位時，這就像你透過一片有色的濾片凝視業力的萬花筒。萬花筒的光會先穿透這個濾片才進入你的眼簾，顯現在世間。如果是木星與月交點形成相位，那麼你看到的業力顯現，就會有木星的色彩：美好的！至少是閃閃發光的，或許也是慷慨的。宇宙的確欠你一件事：你曾慷慨對待它的一位子民，這必須獲得平衡。

　　但如果你對宇宙的子民很苛刻呢？也許當火星與你的月交點形成相位時，某個粗心的駕駛切入你行駛的車道，讓你差點撞上一輛卡車。大概五分

鐘，令人痛苦的腎上腺素和憤怒就消失了。沒什麼大礙，但這也並非偶然。你如果侵犯別人，無論是在昨天還是前世，侵犯一定會回頭找上你。這不只是一個好觀念，還是一種「法則」。而火星很可能就會觸動這樣的業力顯現。

當十八世紀，英國男子佛萊契・克里斯汀（Fletcher Christian）從船長威廉・布萊（William Bligh）手中奪走「HMS邦蒂號」（HMS Bounty），並將布萊趕走時，行運的火星正通過布萊的北月交點。當南非人權領袖尼爾森・曼德拉一九六二年八月被關入獄，展開他長達二十七年的囚禁生活時，行運的火星與他的南月交點形成對分相。

同理而論，每一個行星都有特定的調性或特質，當它與你的月交點形成相位時，都會有特定的業力顯現。試想你的南月交點散發出白光——這裡的「白」不代表純淨，比較像是多重性：這裡有人類有彩虹般的所有色彩，從最深的到最淺的都有。一個行星的「有色濾片」會與月交點或相關的點形成相位。而業力的白光會暫時呈現出這個色調。

你這一生所有可能的業力都已經時機成熟，這些業力會逐漸地被調整顯現在一生的際遇裡。你會經歷你在過去創造的一切，這些創造也許是善意的，也許是惡意的，也許很奇怪，也可能很美妙。

✴ 些許的調整

星盤裡的一切都源自於業力，沒有什麼是偶然的。但我們已經知道，業力不會比人生更井然有序。我們透過對月交點的分析，學習找到最精髓、最關鍵的前世故事。我們會根據這個故事建立核心的認知。但我們永遠必須承認，這裡會有一些「未收尾的地方」。

舉個例子，你的冥王星可能在三宮。我們知道，一般認為這個相位代表前

世有一些不眞實的言論的問題。可能是你說謊或被騙。無論如何，誠實這件事來來去去，都會是你這一生很重要的演化主題。

　　三宮的冥王星可能與月交點軸沒有任何直接相位。它可能並沒有主宰任何月交點。換言之，它不是月交點相位的重要部分。它只是讓我們片面瞄一眼業力的深井。我們可能沒有足夠的資訊，根據它來建立一個眞實的故事軸線，雖然我們還是可能用某種方式，讓它跟主要月交點故事之間建立有意義的連結。

　　無論是哪種情形，冥王星就像你星盤裡的其他元素，代表潛在業力能量的場域。任何行運、推運或太陽弧相位，都會讓它有機會用深藏的冥王星議題來提升你的靈性，或是只是重複一些根深蒂固的業力模式：不是你說謊，就是某人對你說謊。

　　這裡的主要月交點故事如果是某種親密關係裡的欺騙。假設南月交點是雙魚座在五宮，與七宮的海王星形成四分相，那麼我們很容易就能把三宮的冥王星（說謊）與故事主軸（親密關係的欺騙）串在一起。你不需要有任何直接的相位連結，就能看出這一點。

　　理解這個關聯性時，我們就知道當本命的（出生星盤的）冥王星被行運或推運觸動時，我們就能給予更精準的建議。我們知道將有機會用誠實來澄清一切（或是重複說謊或欺騙的模式），而這很可能發生在親密的人際互動裡。我們也會知道，在前世，比較可能是別人對我們說謊，而不是我們自己說謊——這是這個例子特定的業力性質。這裡隱藏的業力是被騙，而非自己是騙子。我們可以事先警告我們的個案。我們可鼓勵對方在這段時間提出一些尖銳的問題。此時，業力已經成熟了。

　　我們在此又看到了同一件事：當我們不再只是「單一因素的分析」，而是

盡可能地整合整張星盤的訊息時，我們就能更深入理解。這不只適用於演化占星學，也適用於任何一種占星學。

當業力的浪潮破碎時，我們會用上占星學所有的「預測」技巧。我自己是依賴行運（transit）、二次推運（Secondary Progression）和太陽弧（solar arc）。

這裡有兩類的基本刺激必須考慮在內。它們同樣有效，也同樣重要。

首先，考慮對月交點軸、月交點主宰行星、任何與月交點形成重要相位的行星的刺激。

其次，考慮月交點本身的移動。

月交點軸的刺激

當行運的水星通過你的南月交點時，通常都會有顯而易見的占星事件發生，儘管只會持續幾天。凡是跟水星有關，你永遠會看到自己變得比較忙，有更多溝通或媒體事件，更多的焦躁不安。你也許會在此時讀一本輪迴轉世的書。也許這就是為何你此時正在讀這本書！也許，無論你知不知道，你的守護天使將會聽到你「說話的方式跟一八七五年你在巴黎時一模一樣」。這時很可能發生與溝通有關的事，當下可能有一種很奇特的熟悉感或宿命感。

當琳達・崔普（Linda Tripp）背叛朋友莫妮卡・陸文斯基（Monica Lewinsky），戴著竊聽器，錄下陸文斯基基於信任才講出的姊妹淘對話，行運的水星正與莫妮卡的南月交點形成對分相。

當行運的冥王星通過你的南月交點，或是南月交點的主宰行星時，這將永遠改變你的一生。這是比水星行運嚴肅許多的占星事件，讓你有機會真正消化演化的重點。有個實例供你參考：當美國心理學家拉姆‧達斯（Ram Dass）一九九七年二月十九日突然中風，他自己震撼不已，當時行運的冥王星剛好與他南月交點的主宰行星金星形成四分相。

大部分的占星師在替個案做年度解盤時，甚至不會提到水星的行運。不過演化占星學的占星師絕對不敢忽視冥王星的行運。不過你要考慮一點：就日常生活而言，每一件事都很真實，也都有影響力。唯一的差異點是，冥王星有很多時間運作！所以冥王星的行運有足夠的時間發展出深度和複雜的意義。

這是很重要的一點：行運冥王星不只比行運水星更具影響力，**當人類的意識與行星的能量交互作用時，事件發生得越慢，就越具影響力**。最好的全面確認方法就是，觀察當推運或太陽弧的水星通過你的南月交點時：事件發生得非常慢，但的確會在你的人生留下重要印記。對拿破崙而言，當太陽弧的水星與他的月交點軸形成四分相時，就發生了滑鐵盧事件！

在所有類型的占星學裡，避免「被資訊淹沒」是很重要的一點。我們必須做一些策略性的「除雜草」。我們如果嘗試同時間運用太多相位，大腦就會過熱，然後就失去興趣，關上心門。這是很悲慘的，因為我們的心很擅長整合。因此，我在此建議，只專注討論對月交點和其主宰行星真正重要的刺激。

我自己在運用時有一個清單。我還是要強調，這並非聖典箴言，只是為你的討論提供實際的起跳點。我們必須考慮移動的行星與月交點的接觸。

行運：木星、土星、天王星、海王星和冥王星。還要留意日益顯目的鬩神星（Eris）！

二次推運：太陽、月亮、水星、金星、火星、上升點和天頂。

太陽弧：所有行星（要知道，太陽弧的太陽就等於二次推運的太陽）。這裡有很多方法考慮推運的天頂。我會同時使用太陽弧的天頂和二次推運的天頂。我有很長一段時間，推薦要比較留意太陽弧的天頂。不過最近，我重新思考這種做法，發現我比較喜歡使用二次推運的天頂。

✳ 月交點移位對星盤帶來的刺激

比起行運、推運和太陽弧對月交點軸造成的直接刺激，月交點的移位的刺激相較減輕很多。此時我們只會看月交點軸繞著星盤的移位。當月交點移位時，自然會與出生星盤（本命盤）的行星形成相位，用潛在的業力影響這些行星。這裡有三種可能性。

行運的月交點軸。平均每六千七百九十三・三九天，也就是平均十八・五九九七年，月交點軸就會完整繞完黃道一圈。南月交點會回到牡羊座零度，換言之，這大概是略多於十八年七個月。月交點平均每一年半通過一個星座。所以一般人的生命歷程裡，南月交點行運會與你星盤中的每個行星合相四或五次（次數因人而異）。

不要認為這些月交點的行運每次都會發生大事，它們常常在你沒有留意時就過去了。如果要我假裝每個相位都具有業力的重要性，這就太勉強了。就深層而言，它們可能都具有某些演化的意義。不過依照我的經驗，月交點行運有時會有非常顯著的關聯性，極具啟發性，其他時候則很平淡，頂多是為其他重要事件增添更多的背景。

要記住我們「除雜草」的主要原則：**移動越慢的，就越重要。**月交點軸只要約三個月就會移動五度——容許度是二・五度（一個星座的十二分之一）。這

時間並非很長。

　　太陽弧月交點軸。在三個「月交點移位」的技巧裡，我認為這種方法最具有一致性，最可靠。太陽弧月交點每年大概會移動一度。它們有很多時間培養深度和複雜度，從其他占星事件裡挑選出「助力」。此外，太陽弧的移位通常非常**事件導向**。畢竟，它們深刻的本質裡有太陽的積極色彩。**太陽與自我關心的事物**有關，而人心靈的發展，基本上比較關乎於更深層的過程。太陽與細微的內心發展比較無關，所以當我們在衡量業力何時顯現時，太陽弧很適合接下這個任務。當太陽弧的月交點與一個本命行星形成相位時，特別是與月交點故事有關的相位時，你就要當心了，業力已經果熟蒂落了。

　　二次推運月交點軸。這個月交點移位的方法有一個悲劇的缺陷。它在人的一生沒有太大的作用，因為它實在移動得太慢。除非我們從非常廣泛的角度來看，否則不太能派上用場。對於長壽的一生，月交點可能推進五度。不過，當它的相位非常準確，或是變換星座時——儘管平均每六個或每八個人裡，只有一個人會遇到這種情形，就值得特別注意了。這就等於月交點推進到一個新宮位。但此時你會有另一個問題：除非你的出生時間非常準確，否則你無法知道宮頭的精準位置。出生時間一分鐘的誤差，宮頭位置就會有四分之一度的差距——雖然不多，但是足以讓月交點進入一個新宮位的時間點出現四年多的誤差。

　　就我的作法而言，當我在運用直覺「除雜草」時，只留下可以控制的重要元素時，基本上推運的月交點都會被犧牲。我通常不會運用它，除非是我在思考自己的人生，或是我非常珍愛、非常熟悉的人的人生，我才會觀察它。

✳ 何時不要「除雜草」

　　「除雜草」原則有一個很大的例外。這與「事件盤」有關。假設你剛遇到

你的真愛。你當然想知道你們相遇那天的星象。在這樣的星盤裡，甚至連快速移動的行星都息息相關。舉個例子，當阿諾·史瓦辛格娶瑪莉亞·席瑞佛（Maria Shriver）為妻時，行運的金星與他本命的北月交點幾乎是準確合相。當歐普拉脫口秀在一九九六年九月八日播出第一集時，行運的北月交點與歐普拉的太陽形成三分相，也與她的金星形成三分相。

這裡的關鍵在於，我們不是試圖事先提醒個案會遇到什麼樣的演化挑戰，是業力的波浪早已碎裂了，而我們知道這是何時發生的。即使是移動快速的行星現在也凍結在時間裡，我們準確知道它們的位置。如果說，你剛剛遇到的人真是你的真愛，你無疑會找到各種主要（也就是移動緩慢）的占星事件，與你們的相遇有直接的關聯性。

這也不一定與月交點有關，舉個例子，也許是你推運的金星，與本命的太陽形成主要相位。不過你很可能會看到有某件事與我們在本章探討的內容有關——會有一些與月交點有關的重大刺激。

你也可能發現「螢火蟲般」的小事件也很忙碌：行運的金星與你七宮的南月交點形成三分相，行運的水星碰上你的北月交點。這些「引動」的行運相位通常可以準確到數天之內。看似是它們實際加速了業力的浪潮碎裂。但是這裡唯一的問題是，它們的數量實在多到我們幾乎無法事先運用。

假設你推運的金星即將與南月交點形成相位。這可能會在幾年內發揮影響力，而這可能代表遇到「莫名熟悉的人」。在這兩年期間，實際上會有數百個「螢火蟲般」的行運相位。所有相位都「印有你的名字」——或是在一顆心裡印了兩個名字。我們可以再進一步稍微改變我們的技巧，然後更精準地預測有哪些「螢火蟲」行運相位，最可能引動重大事件。

舉個例子，當一個主要相位接近完全精準時，你很自然會考慮比較快的

行運。事情正在加溫。也可能是有很多快速的行運，全都聚集在特定的一天，你就要在行事曆上做記號了。

　　雖然這些「微調」的技巧相當合理有用，但也不完全可靠。我個人是覺得，這比較偏向於「討掌聲」的占星範疇，太注重實際的預測。但是，我認為，對一個人更有幫助的是，專注於一個比較長期的、針對月交點的重要刺激，其所賦予的更深層演化意義。這樣你可以幫助自己或你的個案，無論這些事件何時發生，都能盡量地從中獲益。

✳ 當行運通過推運時

　　你可以回頭檢視這輩子的重大事件，特別是有標準「業力」色彩的，那些讓你覺得「命中註定」的事件。幾乎一定會發現這些事件與我們上述討論的內容有關，也就是對出生星盤（本命盤）的影響力。

　　你可能會看到像是「太陽弧南月交點與行運的冥王星合相」這種相位。這些「移動對移動」的事件是非常有影響力的相位，人生重大事件發生時通常都會出現。我相信這些相位，但我並沒有太常運用它們，因為就演化的觀點來看，出生星盤的基本架構，就已經說出了一個非常明確的前世故事。當這些明確的潛力被引動時，我們可以非常精準——也非常有益地——分析這些課題。我們會整體歸納許多行星的證據。這裡的關鍵在於，當有某個東西（行運、推運或太陽弧）通過星盤時，就會全面引動非常精準、仔細的本命盤潛力。

　　我們如果檢視「移動對移動」的相位，例如，一個行運觸動一個太陽弧或推運時，我們會失去更深層的精準度。它們都並非直接深植於本命星盤的縝密網絡裡。

　　有時我的確會重複檢視這種移動對移動的相位，像是你的背包在克羅埃

西亞杜布羅夫尼克的火車站被偷了，這當然很肯定與行運的土星與你太陽弧南月交點在九宮有關。

這種符號象徵很適用，而我們的確可以即時警告你預防這件事。你能保住背包當然是最好的！不過也許我們最好要了解，為何這個背包一開始會被偷──答案就在出生星盤裡。

✳ 為月交點上色

當行運的土星觸動一個敏感的占星相位時，我們都知道將得面對嚴酷的事實。我們知道，任何健康正面的反應都需要自律和努力。我們不應該期待「幸運」或搭便車。我們知道此時的正確行動會邁向成熟──而在內心最深處，我們已經準備好成長，超越針對本命行星象徵的生命領域的過時反應。我們也應該了解，如果我們不回應土星比較高層的召喚，就會經歷土星的黑暗面，其中混雜了不幸、失望和靈魂倦怠。

換言之，我們很清楚知道土星會讓什麼浮出檯面。我們還可以更進一步根據土星的力量、弱點和終極的演化目的，將它昇華。難怪我們的祖先會把行星視為天神，因為它們都具有個性。

我們可以用同樣的方式分析觸動月交點的行運、推運和太陽弧嗎？可以，但程序有一點不同。這都取決於一個關鍵問題：南月交點到底代表什麼？我們知道，它基本上代表你對前世一些未解決的問題，仍有情感或態度的連結。就是這樣。但到底是哪些問題呢？是暴力？悲觀？傲慢？失望？業力有太多的可能性，我們對於南月交點的基本定義實在太模糊，沒有太大的用處。這就是月交點與行星之間的基本差異。你很清楚行星的本質，但是月交點只是粗略的描述。你必須替它上色。

　　也許你的南月交點是在天秤座十二宮，你的業力盲點與懶散、逃避，或任由別人來替自己作主有關。也許你的南月交點是牡羊座在一宮，你的業力連結就剛好相反：權威、控制、獨立和力量。這兩個南月交點，被行運、推運或太陽弧觸動時，表現就會像金星和火星一樣截然不同！

　　就整體而言，這種全面性的思考是占星學裡一種很好的練習，而你如果要做到這樣的演化分析，這也是非常重要的。月交點不像行星一樣，可以提供許多本質的資訊。不過你如果把它們放在出生星盤裡看，就能讀到很多訊息。

✳ 用相位的容許度來「除雜草」

　　我們的心智就像英勇的小戰士，當他們被困在一個問題裡，就會堅持不放棄，百般苦思。只要問問任何學過微積分或希臘文動詞變化的人，就知道這是什麼滋味了。但是，其實是人的心把一切整合在一起。試著去想一位你最親近的朋友。你知道他的很多事，但你想到的不是這些。當你想到他時，會有一種「感覺」。他的本質像是觸動了你的心弦。你感受到他的所有事，都會聚合在這種感覺裡。這就是我說的「人心的整合」。關於這個朋友所有的事實、記憶和印象，都會在你內心的和弦裡一起舞動。

　　當你在看一張星盤時，必須找到這個和弦，這就是占星學準確的精髓。

　　如果太注重單一的事實，就不可能找到它。如果沒有任何事實根據，當然也不可能！**占星學需要走心智和心靈間的中間道路。現代占星學的指導中最大的弱點，也許就是過度集中在「心智」能量，犧牲了詩意和靈魂。**

　　我們如果想要找回平衡，只需要在一堆事實和細節底下，控制對於心智的過度刺激。如果要做到這一點，我們就必須做一些「除雜草」，這我在前面已經強調了。最有用的有效控制方法，就看我們如何運用相位和容許度。

　　我在這裡寫的一切，基本上都只有一個簡單的概念：在某個時刻，我們的資訊實在太多了！我們必須認出這個時間點——這很容易，因爲我們的心靈會在此時當機。星盤開始看起來像是僞裝成抽象數學的密碼，不再像是你的朋友了。

　　當我們在運用和捨棄事實時，也必須非常有系統，而關鍵顯然就在於注意最重要的事。

　　當我們運用「容許度」時，我們知道當兩個行星越接近準確的九十度，這個四分相就會表現得越強烈。我們也知道，當還有十度、甚至十度以上才形成準確的四分相時，我們就已經有感覺了。當我們檢查行運與月交點軸線的相位時，我們允許十度的容許度，很可能就已經發現一些事了。

　　與月交點形成四分相顯然有兩個點，一個是在月交點之前的九十度，一個是月交點之後的九十度。如果一個點會影響二十度（準確九十度的前後各十度），我們就很清楚地發現有四十／三百六十度的機會，一個行星與月交點形成四分相，就是九分之一的機率。十度的容許度是有根據的，雖然比一般的容許度寬，但通常很有用。我們可以感受到它。如果我們把容許度從十度減爲五度，我們就減少一半的四分相。

　　這麼做是有策略的，我們除去了比較沒有影響力的相位，只留下比較強烈的（更精準的）相位，這樣就少了許多困惑，因爲不用考慮太多。你的腦袋不會取用所有能量，你的心才可以多一點呼吸空間。

　　我們可以稍微調整這種方法，知道並非所有行星都是同樣重要的。這裡會有兩個因素交互作用：

首先，我們通常會給星盤中比較重要的行星較大的容許度。其次，更重要

的是一個移動較慢的行星，通常容許度較小。

如果我們給行運的水星十度的容許度，這個相位頂多影響長達數週。但我們如果給推運的太陽十度的容許度，影響就長達二十年！現實的感受可能真是如此，但我們如果能把注意力放在推運影響力最強烈的那幾年，我們的解讀就會更有重點，更有力道。

我們如果只看代表推運太陽事件最高峰的那一年，解讀就會更加獨到。

我不想在此給你明確的容許度建議，只想鼓勵你試著在能感受這張星盤的狀態下，容許度能有多寬。如果感受不到了，那就縮小你的容許度！

在你實際開始時，我會建議不要注意任何移動很快的行運相位，然後給比較沉重、比較慢的事件二‧五度（一個星座的十二分之一）的容許度。

最具張力的時間點高峰，會從這些混合使用的容許度中躍然而出，然後就會有一個穩定的基礎了。你可以只根據這些資訊做出有用的分析。如果可以維持這種「全觀」的感覺，那就繼續，然後增添一些技巧的細節。

相位

要用哪些相位？一百三十五度的相位令你焦慮，而一百五十度的相位會強迫你去適應，五分相和七分相通常會帶來天使的造訪和靈感的繆思。

許多占星師很熱愛相位，會分析它們更細微的差異，也有很好的結果。例如水星是牡羊座十五度，土星是處女座九度，這是一個一百五十度的相位，有六度的容許度，還是一個準確的雙七分相？其實兩者都是，而這偶爾也會成為

占星研討會裡激烈爭論的源頭，而我通常都不會加入戰局。

　　我個人的偏好是盡可能維持簡單，這樣也才更貼近靈魂。在百分之九十五的時間，我只用五個相位：合相、六分相、四分相、三分相和對分相。這些相位是以整數來分割一個圓，這代表六個六分相、四個四分相、三個三分相和兩個對分相，就等於一個完美的黃道，沒有任何餘數──一直維持一樣的度數。當然你也可以說三十度的半六分相也是如此，但此外就沒了。

　　不過再強調一次，這並非金科玉律，只是我的風格而已。我覺得這五個相位最具影響力，也是最必須的。如果需要更多資訊，我會延伸進入相位的祕傳經典。不過到目前為止，這五種托勒密相位總能滿足我的需求，足以向我的個案提供有意義的解釋。

　　在這些相位裡，力量是有分等級的。合相的能量最強，其次是對分相、四分相、三分相和六分相。

　　在實際運用時，如果有任何移動緩慢的行星與月交點或月交點的主宰行星，形成合相、四分相或對分相，我一定會特別留意並加以分析。這些「強硬」相位通常代表業力的波浪會用徹底的、顛覆的方式碎裂。這代表會有重要的事情發生。

　　若是形成的是三分相和六分相，戲劇性和緊張就不會這麼明顯。這往往代表一個機會，容易在演化之路上向前一步。

　　我們向前邁進所需的資源已經到位，門也已經開啟。但這裡的麻煩在於，我們可能在渾渾噩噩中錯失這個機會！三分相和六分相也代表特別容易向後退步，落入老舊業力模式的魔掌。這些所謂的「好」相位也可能有悲劇傾向：它們喜愛「輕鬆」，勝過於對它們有利的事物！顯然在演化的路程上，老舊

的「好」與「壞」，並不是特別有幫助。

　　當你進入占星學這個分支時，一個很好的經驗法則就是利用行運、推運和太陽弧，只注重合相、四分相和對分相，容許度是二·五度。這可以讓你看到事情的核心而不會錯過最重要的部分。

　　但如果沒有任何相位呢？你可以放寬容許度，利用更細微的相位，但一個比較好的建議是，再多花一點時間研究過去與未來，找到合乎我們標準的資訊。現在發生的一切都是整合過去的課題，爲未來的挑戰做準備。

　　這些都是分析業力波浪碎裂的基本技巧。我們接下來會介紹五個實例，將可以看到更多相關的實際應用。

第十四章

將一切拼湊起來

盡可能簡化事情，但不是簡略。──亞伯特・愛因斯坦

你被這些月交點分析技巧的複雜嚇到了嗎？它們的確很複雜，就讓它們保持這樣吧！我們要聽愛因斯坦教授的話。如果我們讓方法顯得簡單，但失去真實性，我們就必須在這套系統的深度和正確性上付出巨大代價。

好了，壞消息擺在眼前，接下來就再介紹一種有秩序的方法，幫助我們有效率地遊走於這些複雜的技巧中。當然，你如果已經熟悉心理占星學，就一定能輕易掌握這些技巧。

所有的占星學都有同樣的誘人陷阱：片面的詮釋。

「我是獅子座，告訴我，我是什麼樣的人。」回答這樣的問題是很危險的！其實有很多害羞的獅子座，有豐富的月亮能量，而太陽是位於四宮。當然也有如熱核般的獅子座，上升在射手座，月亮在牡羊座，而天王星與星盤裡的一切都有相位。

占星師可以把「獅子座」講成一種原型的準則，但如果愚蠢地想像這地球上只有十二種人格，那就要求老天保佑了。

「獅子座」有扎實的抽象意義，但它的人性意義──對特定一個人的個

人性意義——就要檢視整個占星的背景才能找到專屬的意義。這適用於所有的占星符號，包括月交點和月交點各種的調整因素。

當我們學習占星時，一開始會無法避免地、很自然地熟用各種基本說法，包括星座、行星、宮位和相位的一般意義。這是很好的，也是必要的。沒有人可以省略這一步，就像我們如果不能流利地運用母語，就不可能接受教育。

不過到了這個階段，會出現各式各樣災難性的誘惑，比如說「抄捷徑」。你現在手中就握了一個！我的意思是：在本書的前面幾章，我提供你很多庫存資訊，介紹各種月交點位置的意義。你的南月交點在三宮嗎？你不需要讀這所有冗長的介紹，只要翻到第七章，照本宣科就好。海王星與你的月交點軸形成四分相？只要查閱第十章就可以了。

這些捷徑是簡單學會占星學的食譜，而且通常是錯的，至少是會造成誤導的。這種剪下、貼上的方法很快就會形成最致命的謊言：模稜兩可。你如果是海王星與月交點軸形成四分相，或是你的南月交點在三宮，的確會有各種相關的原型事實。你可以從這本書裡學到一些有關這些位置，還有關於你自己的東西。但到最後，你明明可以拉風地開著自己全新的保時捷跑車，卻只落得開一輛租賃車。

不要這樣！你要像愛因斯坦：**盡量簡化演化占星學，但不是簡略。這裡的底線在於，你必須檢視星盤裡的每一個符號**。這得需要一些練習。一種有系統的詮釋方法是很有幫助的，這主要是讓你維持平穩，否則很容易被一大堆資訊淹沒。我們接下來會介紹這樣的方法。

當然，你一定得先有基礎，而這是透過了解每個占星符號的抽象意義後的片面知識累積出來的——這就是為何要有前面的章節，因為它們就像你的發射臺，而你的知識、智慧和想像力，就是火箭。

事物的核心

十二星座、十二宮……另外看你如何計算，還有十個左右的行星。再加上兩個月交點。總共有三十六個象徵符號。加在一起，它們能描述人類已知宇宙裡的所有一切。關於現在、過去與可能的未來，這所有幾乎無限的可能性，都被保留在這三十六個宇宙寶盒裡。

這可是很龐大的寶盒。

簡單的陳述，就是直指事物核心的關鍵。每個符號代表的意義都非常廣泛。每個都是包含廣泛的可能意義的原型領域。

簡單想一下，你的南月交點在摩羯座。即使這只是一個符號，但實際展現的可能性卻是如此廣泛，不過任何人在這個可能性的銀河裡，頂多只能展現少數幾個原子而已。那麼到底是哪些原子？光知道南月交點在摩羯座，並不能回答這個問題。所以先不要結束這個問題！盡量簡化這個問題，但不是簡略。

現在我們假設，你的摩羯座的南月交點在二宮。二宮就像摩羯座一樣，這也是我們三十四個基本原型「寶盒」的其中一個。它也代表廣泛的可能性，你不可能一次把這些可能性都搬上檯面。

你現在可能認為問題變得加倍棘手了。你知道南月交點在摩羯座，代表無以數計不同的事。知道南月交點在二宮，也是如此。所以把它們都加在一起，很想哭，對吧？

不，其實並非如此……南月交點是告訴你一個包含摩羯座和二宮的**業力故事**。這並非讓事情更複雜，而是縮小可能性的範圍。真正的故事現在必須通過兩個測驗。

　　你想要找住在俄亥俄州的某個人，你只知道這個人是女的，這並不能大幅縮小你的尋找範圍。俄亥俄州有一半人口都是女的。現在再加一個過濾條件：你在找的這名女子是金髮。這就很有幫助了！知道這個人是女的，就像知道她的南月交點的星座。「她是金髮」就像知道南月交點的宮位。但你仍然一團混亂。俄亥俄州有很多金髮女子。

　　如果你知道她住在克里夫蘭市呢？（南月交點的主宰行星在哪一宮？）住在該市的南區呢？（南月交點主宰行星是什麼星座？）你就會有些概念了。

　　只知道南月交點在摩羯座時，你的確會被資訊淹沒，這是可以理解的。當你列出可能象徵的摩羯座議題時，不免覺得昏頭轉向。為了應付這種感覺，就很容易犯錯。你會無意中決定想要簡化事情，但這實在太早了。關於摩羯座，你很確定的一件事就是「偉大的工作」。所以你判定，在前世，這個人一定做過某件非常龐大又令人印象深刻的事。你忽略了摩羯座可能代表的其他事物。你忘記了它原型領域裡的其他部分。

　　這個錯誤可能會鼓勵你，讓你覺得自己已經在正軌上了。但你不只排除了很多摩羯座可能代表的事物，甚至沒讓二宮說一句話。

　　在業力分析裡，二宮的主要心理意義是**自我懷疑**和**不安全感**。就物質層面而言，這與**金錢**有關——或者其實是**能支持我們生存的資源**。現在，根據你對摩羯座意味「偉大的工作」的猜測，幾乎逼著你決定這個前世故事的重點，就是透過努力而累積大量財富的「偉大工作」。

　　的確可能是如此。當我們把摩羯座和二宮結合在一起時，這是其中一種相當真實的表現方式。不過當你想到摩羯座時，能再開放一點，就會保留更多可能性，不會驟下結論。

偉大的工作，這是肯定的。這就是摩羯座。但是趨炎附勢、限制、病態的謹慎和不會求救，這也都是摩羯座的主題，只是屬於比較黑暗的原型領域。把這些觀念與二宮的自我懷疑混在一起，其他的想法就出現了：也許這個人在前世因為自我懷疑沒有而發揮潛力，但不開心地把永無止盡、機械化的有效率的責任，合理化成「財務需求」，藉此掩飾自己的失敗。

如果你想讓詮釋更加豐富，關鍵就在於**保留每一個符號的所有可能性，然後結合它們。**換言之，在你做出結論前，先讓它變得非常複雜。先把所有的證據都攤在檯面上，然後再開始點名俄亥俄州所有的陌生女子。

我們只用星座和宮位就能描述這麼多內容。這是一個好的開始，但是當然，南月交點至少會有一個主宰行星，而有百分之九十的機會，這個主宰行星會替你混合的解讀增加另一個星座和宮位。這個原則適用於檯面上所有的可能性，也請保留這些可能性。請注意，這不代表你確定了南月交點的星座和宮位後，就把注意力轉移到南月交點的主宰行星！在能力範圍內，你還是要保留所有的可能性，讓它們同時發言，努力聽出整合的訊息。

當然，當我們繼續討論與月交點形成相位的行星和其他因素時，也要繼續應用同樣的推理方法，讓它們都能各自表述。你要消化它們說的話，然後看它們刮起的風是吹向何方。

要同時利用與月交點故事有關的所有符號，當中所浮現任何可能的意義。你要讓每個符號的原型領域都同時敞開，找到這些領域重複、互相強化，或是指出共同敘述的地方。

這個過程並不容易，但遠比它聽起來的容易。我們接下來會討論為何如此。

「直覺」是你的致勝王牌

我如果忽然點名你最要好的女性朋友，你心裡馬上會有一種感覺。不到一秒鐘內，你的身體和心智系統裡就會響起某種情緒的和弦，你的腦海裡可能也會出現這位朋友的影像。但我希望你專注在心的立即感受。

這是什麼感覺？這就像你根據對這個朋友的所有印象，憑直覺做出的情感結論。稍後，就會出現關於她的特定事實和記憶。我如果開始問你有關她的細節，你馬上就會開始搜尋具體資訊的巨大資料庫──你們在哪認識、她目前的關係狀態、她最討厭的事、她最喜歡的音樂、她的水星、她的月亮⋯⋯這個清單幾乎是沒有盡頭的。但我要談的不是這些事實的清單，我要談的是你的身體和心智系統裡立即響起的情感和弦。

就在那一瞬間，你會感覺所有零碎的事實整合形成一個結論。

這種現象的社會捷徑就是，我們會用兩種方式感受這個世界：透過心來整合，還有透過頭腦去認知。頭腦裡充滿事實的資訊，心則充滿針對這所有資訊、立即存在的情感總合。（就占星學而言，我們可以把頭腦和心轉換成太陽和月亮，而這兩種風格的認知過程分別由雙子座和射手座代表。）

你的致勝王牌就是你可以**在心的層次**上進行月交點的分析。你可以認識這些符號，就像認識你的朋友一樣。換句話說，你可以在身體裡和心智層面感受他們。保留這些龐大的原型領域，維持開放心態，前景並不可怕。我們如果試圖只用腦袋，心智就會凍結。絞緊腦汁過度運用智力，通常都沒什麼結果，但是我們的心卻可以處理這件事。

在分析月交點，或是任何形式的占星學時，**直覺之心必須參與這個過程**。只有心才能應付這些巨大的原型領域的資料，而不會將它們過度簡化。

　　這當然是一種很令人開心的想法，不過不要濫用它，這裡可沒有允許你逃避動腦！再想一下你最好的朋友。她的名字在你心中喚醒的情感和弦，是你長時間醞釀創造的傑作。這是經過多年聆聽、相親相愛和分享累積的結果。我們都曾被騙子和誘惑者冒犯，才認識二十分鐘就假裝是我們的親信。沒有人能這麼快就真正認識你，他們必須努力一段時間，這就是朋友互相尊重的方式。透過這種方式，我們才知道自己是被愛的——有人認為我們值得這份努力，依此採取行動。

　　我們的心會透過**學習、記憶、觀察和經驗**的心智紀律，慢慢認識星座符號的原型領域。直覺的漩渦會從努力認知學習的基礎向上飛舞旋轉。

　　再提醒一次，請務必小心本書前面的章節！要試著避免受到誘惑，專心推敲我的描述。我深信我在這裡提供的資訊，能讓你對與月交點分析最相關的占星符號，有正確且基本的了解，但它們都是處於真空狀態，現實並不是這樣運作的。你的南月交點如果與水星合相，那就閱讀相關的介紹，然後再檢查一下你星盤裡的其他線索。我針對你的南月交點與水星合相的敘述，有一部分會在星盤的其他地方被重複十遍，有一部分根本就不符合。不符合的部分會消失，或是至少會被淡化，不再是重點。

宇宙和意識的關聯

　　我們住在物質宇宙，但也活在靈魂的內心世界裡。這兩個世界是根據同樣的法則架構而成，兩者會產生共鳴。我們內心及外在發生的事會相互反映。我們這裡想表達的是共時性的概念。舉個例子，也許因為內在演化的考量，你現在應該要去愛爾蘭的丁格爾半島一趟。不過你可能甚至從來沒想過這件

事。你可能「偶然」在書店，注意到一本介紹愛爾蘭的書。然後就在同一天，有一個朋友給你鑰匙，去丁格爾半島的小屋度假。這時宇宙和意識在共舞，也許兩者根本不像表面上看到的那樣分離。

儘管如此，內在原型世界和外在物質世界還是有一個非常基本的差異：內在世界簡單多了。當然，我們的腦袋是很複雜的。假設在你的腦海裡，出現「黃色」的原型事實。這世上有多少黃色的東西？假設在你的腦海裡，出現「惡棍」的原型事實，在文學創作、電影、歷史和政治裡有多少惡棍？

占星學可以進入宇宙的核心原型架構。當你喚起「摩羯座」時，就像進入很深的含水土層。而當其中的水從一個人的靈魂升起時，就會變得更加複雜。等水到達地球表面，顯現成物質時，複雜性就會爆發成數不清的多樣變化。所以原型的摩羯座一點也不簡單，但遠比所有摩羯座在外在世界可以代表的事物簡單多了，這包括政府、藍圖、諸如鐵道轉轍工人的機械控制人員、商業計劃、礦業、山羊、管理規則、整體經濟、毛蕊花屬、保守的商業套裝、收藏你的硬碟資料的組織、社會責任、鎮壓的暴君、陡峭無法進入的山區、苔原、實際的輪廓、冷藏箱……你應該有概念了。

這裡的底線在於，當你運用**以心為主**的整合方法時，你若只處理摩羯座的心態，而非試圖把摩羯座所有可能的物質表現都放在腦海裡，這樣就會簡單多了！當你的人生被摩羯座的原型領域**觸動**時，我們可以百分之百確定有些摩羯座的物質顯現會成為故事的一部分。但到底這代表是「苔原」還是「社會責任」？實在很難說。

這一切都解釋了為什麼走心理路線的占星學，通常會比注重物質、「預測」的占星學更可信。心理領域比物質世界簡單，而原型領域又比心理領域簡單。多元性是出自整體，而物質層面是從精神層面浮現。這種永恆的哲學真理

也成爲演化占星師很好的指引。當我們把注意力放在所有月交點符號的心理或原型意義時，會做得更好。

分析南月交點的十二步驟

分析一張出生星盤當然有很多方法。在接下來的作戰計劃裡，我無意武斷——這只是一套對我很適用的實用建議。我鼓勵各位嘗試看看對你而言是否適用。

但我可以篤定地說，發展某種全盤的計劃或策略是有幫助的，因爲月交點軸衍伸的資訊量實在非常龐大，即使我們只研究這些資訊的心理和原型面向，仍是多得驚人。即使是用心去詮釋，還是會發現在整合這些資訊時，心有餘而力不足。一定要有優先順序，要先打造最根本的基岩，之後如果你的身心靈還有餘力，再用牽牛花和花栗鼠來裝飾風景。

接下來的步驟，是依我一般使用的順序排列。請記住兩個重點。首先，每個步驟都要保持開放性。你要去感受每個步驟，而非努力死背關鍵字。其次，你要特別注意每個位置或相位所有的限制的、負面的或破壞的可能性。

步驟一：靜心思考南月交點的星座
找出這個人前世的心理性格和情感歷程的特色。

步驟二：靜心思考南月交點的宮位
找出這個人前世的際遇或環境的特色。

步驟三：靜心思考南月交點主宰行星的星座
爲這個人前世的性格和歷程增添另一個面向。

步驟四：靜心思考南月交點主宰行星的宮位
為此人前世的際遇或環境增添另一個面向，或是發現前世故事重要的一環。

步驟五：是否有行星與南月交點形成合相？
此人在前世是該行星的化身。他或她本身非常認同它，對外也可能如此。

步驟六：是否有行星與南月交點的主宰行星形成合相？
這個行星是很重要的「形容詞」，會擴大、修正我們對這個人前世天性和地位的感受。

現在坐下來感受片刻：這已經有很多資訊了，讓你的心有時間來整合資訊。是否有重複的主題？（舉個例子，水星與南月交點合相，南月交點的主宰行星在雙子座。）是否有任何明顯的對立性、似是而非或矛盾，可能為這個故事增添活力？（一個獨立的天王星人受困在一種處境，必須靠外在的關係來定義自己，例如南月交點或其主宰行星在七宮或十一宮，與天王星合相。）

前面六個步驟建立這個人前世的**身份**。把這些線索湊在一起，感覺它們是一體的。我們有了性格，接下來的步驟就是要發現**情節**。

步驟七：是否有任何行星與南月交點形成對分相？
什麼事情或誰在前世跟這個人對立？什麼事情或對象是該人面對的一道牆？什麼事情或對象是無法獲得或不可能達成的？什麼事情或對象是其渴望的？什麼事情打敗了這個人？

步驟八：是否有任何行星與南月交點形成四分相？
什麼人或事在前世傷害、限制或惹惱這個人？什麼事情懸而未決或沒有取得平衡？這個人被什麼暗算？哪些演化步驟被略過了？

步驟九：假設有行星與南月交點形成四分相或對分相，其中有南月交點的主宰行星嗎？

這個人在前世如何成為自己最糟糕的敵人？什麼樣的選擇可能傷己或傷人？這些前世的舉止可能在今生造成什麼樣的結果？

　　現在，再回顧片刻，吸一口氣。如果有行星與南月交點形成困難相位，你已經揭開一個困難的故事了。這個故事怎麼會這麼慘？當這個故事展開後，這個人會如何遭受心理上或靈魂上的傷害？

　　現在自行評估。這一路來，你已經盡可能搜出這個前世故事，此刻你已經走得夠遠了。路上還有很多石頭可以搬開，不過你已經看到最大的一顆。你要抗拒誘惑，不要認為資訊越多一定就更好，除非你的心還有餘力瀏覽更多複雜的資訊。你做的已經夠了，要聰明地到此為止。我常這樣告訴自己。

　　準備好迎接更多步驟了嗎？

步驟十：是否有任何行星與南月交點形成六分相或三分相？

什麼人或事在前世就是能安慰或支持這個人？什麼人事物會在這個人犯蠢時給予鼓勵或支持？這個人無法抵抗哪些誘惑？誰誘惑或欺騙過這個人？是否有很多的六分相或三分相？如果是，這些事是否太過容易，導致困乏、失去演化的動力？

步驟十一：是否有任何行星與南月交點的主宰行星形成四分相或對分相？

雖然這提供的資訊，不如行星與月交點直接形成的相位，不過與南月交點主宰行星形成的相位，解釋類似步驟七和步驟八。

步驟十二：是否有任何行星與南月交點的主宰行星形成六分相或三分相？

再提醒一次，這些相位不如行星與月交點直接形成的相位，但是解釋類似步

驟十。

　　這十二個步驟可以爲前世故事搭起骨架，而故事會有幫助，也能引起共鳴。就像我們之前提過，你就像從河裡淘金般揭露的故事，只是一個能幫助人的寓言，但只是寓意象徵，而不是如實描述。這個故事類似一段有根據的、困難的業力記憶——而不是隨機的故事。這個故事與此人的今生息息相關，其中有未了結的事、未解決的課題、未償還或未收回的債務、錯誤的信念和人類常見的貪嗔癡。此人將這種模式帶到今生的環境和心理形象裡，很容易在人生無能爲力的鬼打牆和困境中看到它的印記。

　　我們可能不只揭開一個前世故事，接下來可能有更多故事。

　　我們的分析如果停在這裡，就會有一些好玩的結果。我們會知道一個前世在今生重現。但是分析的結果也可能很糟糕。我們基本上已經確定疾病，但還沒有確定藥方。

進入北月交點

　　北月交點就是解藥，就是解方，可以治療我們先前才剛剛定義的前世困境的藥。如果要了解這一點，我們就必須轉換檔次。**我們必須把注意力從過去業力永遠無法改變的定局，轉移進入神奇的領域：當下。**我們可以在這裡創造未來。此時，量子力學的不確定性原理在人類意識的控制下佔了上風。我們要拋棄算命師的無聊「預測」，因爲這僅次於情色作家狹隘的想像力。我們可以有意識地創造未來，熱切地爲此扛起責任。

　　你可以利用北月交點來幫助你掌握南月交點的故事。當我在釐清業力模

式的過程中卡關時，我常發現，如果直接跳到北月交點，就能破解我的混亂。

　　讓我們想像一個非常複雜的狀況，我先用白話寫下來，下一段再翻譯成占星術語：你娶了一個女人，她生病了，她是合法地依賴，基於她的衰弱而別無選擇。你奉獻自己的一生幫助她，犧牲了一個人期望可以從婚姻中得到的喜悅和安慰。你妻子的狀況真的很悲慘，而她的反應也很可怕。她的精神崩潰了，變得愛發牢騷、不懂感激、不斷地抱怨，完全不願意做出一絲努力來減輕你的負擔。你忍受這種如地獄般的生活，直到死亡來接手。

　　假設這就是一個前世。

　　翻譯成占星的語言就是：根據這些經歷反映的未解決的問題，你的南月交點在處女座七宮（婚姻宮裡的僕人）。水星也在處女座，在六宮（又是服務的課題）。南月交點與四宮（家庭）的土星（責任）形成四分相。木星在雙魚座一宮，與你的南月交點形成對分相——那裡就是你的妻子，與你對立。她很專橫（木星）、飽受折磨（雙魚座），還很跋扈，以自我為中心（一宮）。她就是你無法逃避的「現實磚瓦牆」。

　　這個悲哀的故事有很多複雜的道德課題。你的妻子是合法地軟弱，在精神上和心理上都成為你的負擔。你是否應該說：「親愛的，再見！」然後就離家出走？還是你會為了符合社會期待，犧牲自己的人生？用這種激烈的自我犧牲來實踐自己最深刻的婚誓，到底是對是錯？

　　任何提出武斷答案的人，我都沒興趣和他共進晚餐。生命充滿這種必須謹慎對待的難題，絕對遠比《聖經》提到的「十誡」更加複雜。這個狀況的業力是很微妙的。我們如何定調這個南月點故事？前世到底留下了哪些真正的演化課題？

　　答案就問北月交點。了解藥方時，也許就會更進一步了解這個疾病。在這個例子裡，北月交點在雙魚座一宮，與木星合相。你的演化未來顯然是慶祝和豐盛（木星）。你必須更擅長自私（一宮）的藝術，主動體驗能引動神祕突破（雙魚座）的經驗。

　　要你這麼做是很難的，因爲這剛好與來自前世根深蒂固的模式相反，其中充滿了枯燥的勞役和遵守誓言。

　　現在納入所有的資訊，你就能更聚焦去理解這個南月交點故事。我們尊重你前世的承諾和自我犧牲，但是我們也知道這些經驗傷害了你的靈魂，留下了沉默的、逆來順受的失望。你假設自己會是一名奴隸，無論你是否實際有過這個想法，你都殘留著這種強烈的相互依存特質——習慣繞著需要的人打轉，無論這些「需要」有多麼令人質疑。另一個危險是，你極可能在今生陷入物質或家庭的約定，如實地或在能量上反映這個老舊模式。

　　所以，思考北月交點的意義，可以幫助我們釐清，我們應該帶著前世的哪些特質，驕傲地往前走（正直），又該療癒哪些前世的傷口（太多的自我犧牲）。而更好的是，北月交點還能告訴我們療癒的方法。

✳ 分析北月交點的九步驟

　　我再提醒一下，我無意要斷下定論，接下來的內容只是一套分析北月交點的實際步驟。你可以嘗試看看，這些是否適用。隨著經驗累積，你可能會走出一條不同的路。

步驟一：靜心思考北月交點的星座
以這個靈魂試圖培養的基本美德和智慧，找出這個靈魂演化目的的特色。

步驟二：靜心思考北月交交點的宮位

找到這個靈魂能在哪些對外的、行為的人生領域，最有效地學會自己的功課。它必須進入哪個經驗領域，才能做功課？

步驟三：靜心思考北月交點和其主宰行星的星座和宮位

爲這個靈魂的目標增加次要的、支持的面向。這個靈魂如何完美實現它的演化計畫？哪些經驗可以觸動突破？它如何在這一生拿到漂亮的成績？

步驟四：是否有行星與北月交點形成合相？

這個靈魂試圖將什麼核心的行星原型融入自我形象？它應該效法哪些英雄？它應該收回哪些針對特定人士的負面投射？它應該停止羞辱誰？它又應該抵抗哪些人，不要放棄自己的力量？

步驟五：是否有行星與北月交點的主宰行星形成合相？

哪些特質與態度可以有效支持演化的目的？

步驟六：是否有任何行星與北月交點形成四分相？

必須解決哪些問題，才能有機會達成演化的目的？在這一世，如何把這個懸而未決的行星能量任憑北月交點使用，而非重複老舊的戲碼，再次製造老舊的阻撓？這個靈魂必須收回哪些針對特定人士的負面投射？哪些人可能會故意害這個靈魂失足？

　　你現在評估一下自己整合感受的機制，也就是心的狀態，這整個分析過程都仰賴心來完成。你是否有足夠的資訊？也許已經夠了。更多的資訊會讓你不堪負荷嗎？讓你很混亂嗎？你可以就此打住，永遠不要害怕這麼做。

步驟七：是否有任何行星與北月交點形成六分相或三分相？

你有什麼最好的資源能支持演化的功課？誰會是你最好的同修或盟友？

步驟八：是否有任何行星與北月交點的主宰行星形成四分相或對分相？

這個相位的影響力，不如行星與北月交點直接形成的相位。不過，北月交點主宰行星的相位的詮釋，與步驟六雷同。

步驟九：是否有任何行星與北月交點的主宰行星形成六分相或三分相？

如果有，解釋與步驟七雷同。

✳ 最後一些細緻的補充

正如我們在第一章提過，星盤中的一切最終都是業力。星盤中的每一個行星的存在，早在你出生前就有緣由。換句話說，一個行星並不一定要主宰月交點，或是與月交點軸形成相位，才能說這是前世的因所造的果。在演化占星學裡——還有人生中——沒有任何東西是偶然的，也絕對沒有毫無意義的結局。

對於我們而言，業力是很複雜的——當然遠比任何單一的業力故事能傳達的更加複雜。我們全都活過許多世。在每一世都會出現糾葛和假象，也會有演化的突破。若說此生的出生星盤只能述說一個前世故事，這實在不合理。我們反而應該期待星盤背後的星盤，能用許多不相關的片段，來反映某些比較不連貫的東西。

以月交點為主的業力分析，其優美之處就是能直接切入重點。我們可以看到核心——最基本、最相關的業力故事。我們常只說一個故事，但很清楚這代表了很多故事的總結。這種減少是有利的簡化，但仍然只是一種簡化。

我們可以把所有主宰月交點、還有與月交點軸形成相位的行星都納入故事情節，這就是本書在討論的基本方法。我們可以先擱置沒有這些技巧性關聯的行星，認為這與故事情節最不相關。這樣很好！

我們已經知道，整握複雜性是重要的解盤策略。但是有時候，你可以在最後做一些細緻的補充。有時候，你認爲一個與月交點軸沒有關係的行星卻能融入故事。如果是這樣，那就利用它來說故事。

舉個例子，你可能遇到一個從軍的故事，其中充滿死亡與黑暗，就像殺死美國前總統的兇手李‧哈維‧奧斯華。現在讓我們添加土星在七宮，但沒有任何我們討論過的月交點的關聯性。這裡你可以用上一點人類的智慧：打仗的士兵常會面對朋友死去，甚至更糟的際遇。久經沙場後，他們可能會因爲恐懼重複失去的痛苦，變得抗拒跟任何人太過親近。（看到土星在七宮的關聯性了吧？）這些經驗和適應可能熬過了死亡，但卻沒有被解決。而七宮的土星就能在此，細膩優雅地融入故事內容。

不能只因爲一個行星與月交點軸或其主宰行星，沒有技術性的關聯，就把它排除在業力故事之外。

一位占星師可以預測一支股票的表現，或是告訴你，你的皮夾掉在哪裡，或是預測誰會贏了一場大比賽或一場選舉……這些都是有理可據的占星學，而顯然這些預測都是一翻兩瞪眼。在這些領域最好的執業占星師所做的事，其實就像長期的氣象預測。幾乎所有因素都要被列入考慮。

不過其他的占星師，就只能提供寓言。我們會尋找比喻和想像，觸動個案或朋友的認同、反應和釋放。除非我們運用非常具體、毫無心理層面的占星學，否則寓言其實是我們唯一能做的事。

基於這些理由，我們從來不會認爲，任何星盤中只有一個「正確的」月交點故事。我們會認同一份出色的分析——這個故事可以碰撞所有技術性基礎，但仍能觸動人心。我們也能看出一份糟糕的分析，例如故事情節跳得太遠，不懂得拋開不合理的、不適用的片段。

但是，我們知道，這裡的底線永遠都是創造一個故事。這裡永遠都沒有信封裡的「正確答案」，好像我們等著拆開信封，揭曉獲獎的學生是誰。

我們在尋找的前世故事，必須與星盤能提供的所有線索一致，不能漏掉任何線索，也不應該有任何其他我們無法透過技術分析來合理化的意義。

永遠不要認為，只有一種業力故事情節會符合上述的標準。能象徵這些標準的情節太豐富了。這裡有很多「正確答案」，其中只有一個是如實描述了前世的實際遭遇。但是底是哪一個？我們如果不考慮靈性或直覺的訊息，就永遠不可能知道。

那如果我們選錯了故事呢？這裡有數十種可能性，我們可能選到錯的。其實選錯了也沒有表面上看起來這麼糟糕。**我們的目標永遠不是說出事實，而是說出真理**──這是一個更廣泛的概念。我如果說你是打仗的士兵，但其實你是貧民區黑幫的街頭打手，這也不打緊，因為我已點出基本的心理和存在重點。

✳ 將前世故事排序

有時候，星盤的象徵符號會冒出幾個故事，看起來是有演化順序的。如果你依序講述幾個故事，最能符合所有線索的意涵，那就這麼做。我們一生裡常會出現類似的學習過程，但這也可能出現在好幾世。舉個例子，我們因為一些理由從事一份高尚的工作，但與我們的靈魂無關。過了幾年後，我們厭倦了這份工作，於是換工作，還被減薪，但再也不恨禮拜一要上班了。這樣的狀態是一世還是很多世？這種過程可能會經歷很多世，但有些人會學得比較快！

感覺比較像一世的故事，通常比較容易被完成。其他的演化課題比較重大，比較容易會經歷多世，而每一世都在與同樣的核心課題角力。白話一點的

說法就像是，酒鬼終於喝到乾了，變成神祕主義者。只追求權力不顧道德的人，終於知道權力的空虛，成爲追求一些大型利他目標的領導者。門徒變成了上師。殺人兇手放下屠刀，成爲了療癒者。

這會需要數十年，還是數百年？任你詮釋。而基本的重點其實不會受到影響。當我們依序說出數個前世時，通常都很清楚，哪一世的演化程度較低，哪一世的演化程度較高。

你要按照演化階段來說故事。不過你也要夠敏銳，知道看到的表象並不一定是事實。舉個例子，一名女子在慈善活動裡很活躍，被認爲是聖人。但是她的動機其實是出自小我的需求，想要獲得關注和認同。她的慈善工作仍是有益的業力，無論是否有細微的污染滲入其中。但業力就是業力，當她比較黑暗的小我需求的業力成熟時，她下一世可能就會變成自我耽溺、被寵壞、需求無度的人。她會因爲毫不控制表達這些特質而飽受失望，而即便這樣，也是演化前進的一步，儘管表面上看起並非如此。

換言之，你在分析時，要很小心這世界教導你的判斷力。這一世的小偷，在前世可能曾是一名僧侶，倉促發誓要終身守貧。這一世的妓女，可能曾是一名修女，草率發誓要終身守貞。這一世拋棄孩子的媽媽，可能是在前世爲了孩子犧牲自己太多的靈魂。

你現在已經擁有所有基本工具，這都是我在過去十多年成功運用在個案身上的。對我而言，它們已經通過唯一重要的測試：在諮商室裡是否有效，是否切題。它們能幫助人。我很多學生和弟子都用這些工具幫助他們的個案，成效也很好。有些人已經辭掉他們的工作，現在透過提升別人生命的意義維生。你如果也深受吸引，想要朝這條路發展，接下來就需要累積經驗。換言之，就是練習、練習、再練習。這也就是一名街頭音樂家登上紐約卡內基音樂廳的

方法。

　　為了幫助你在這條路上踏出正確的第一步，我們接下來會針對五名特定人士進行深度的業力分析。其中三人是名人，另外兩人具有文化上的重要性。在選擇這五個人時，我刻意不要考慮誰的人生可以「證明」我的理論──早在很久以前，我就知道這個方法可以證明占星學的一切！這些技巧非常健全扎實，我不需要像挑櫻桃一樣，找出可以印證的例子。我挑選這五個人的標準如下：

- 這些人都已活過，也已辭世，其活出的壽命，足以讓我們對他們的人生有些看法。
- 這些人具有相當意義的知名度，未來十年或二十年內的讀者都應認得他們。
- 這些人都充分活出精彩的一生，我們可以立即觀察到他們業力模式的外在表現。

　　在每一個實例裡，我們都可以看到在一生的際遇裡，可以在比較黑暗的角落裡感受到過去的鬼魂徘徊不散。至少在其中一個實例裡，我們可以看到同樣重複的黑暗太陽，曾出現在另一片悲慘的昨日天空裡。而在其他實例裡，我們可以看到演化所散發的光芒！

第十五章

阿嘉莎‧克莉絲蒂
（Agatha Christie）

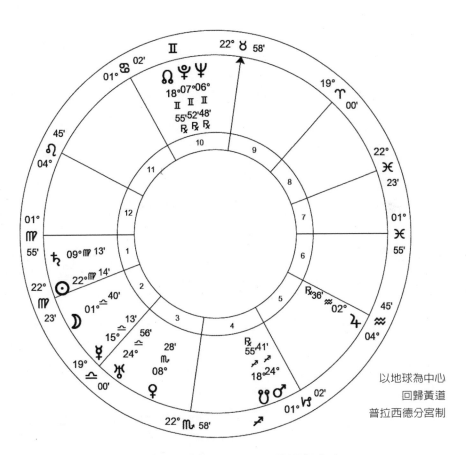

1980/09/15，4:00AM-GMT，英國托奇市

羅登評比：A

　　她的書被印了四十億本。她常被形容爲史上最暢銷作家。她的戲劇創作《捕鼠器》(*The Mousetrap*)一九五二年十一月二十五日在倫敦首演,創下史上公演時間最長紀錄,至今仍大受歡迎,就像她的寫作一樣。

　　但是阿嘉莎·克莉絲蒂最著名的是謀殺懸疑小說。她的創作落實了英國作家亞瑟·柯南·道爾爵士(Sir Arthur Conan Doyle)發起的風格。她筆下總是光鮮登場的比利時偵探赫丘勒·白羅(Hercule Poirot),留著兩撇如蠟般發亮的八字鬍,擁有出色的推理能力,百分之百演活了「亞森羅蘋」的原型。

　　當白羅在阿嘉莎一九七五年小說的《謝幕》(*The Curtain*)中被賜死後,美國《紐約時報》唯一一次替虛構人物刊登訃聞,可見阿嘉莎作品當時的暢銷度。她另一個討喜的角色女偵探珍·瑪波(Jane Marple)跟白羅一樣出色,但迷人多了,深受大西洋兩岸的中產階級年長女性喜愛,雙眸散發淘氣的光芒。

　　現在讀阿嘉莎·克莉絲蒂的懸疑小說,你要是覺得裡面充滿老哏,這是可以被諒解的。我們後來才發現,這些樣板模式大部分都是她創造的!我們可以說,現今沒有一個懸疑小說作家沒有受惠於她的盛大洗禮。

　　阿嘉莎·克莉絲蒂誕生在英國南部德文郡。她的母親是英國人,父親是美國股票交易員,在她十一歲時辭世。他們的物質生活很優渥。阿嘉莎十六歲時曾去法國巴黎「德萊頓女士養成學校」學習鋼琴和聲樂。她在一九一四年嫁給英國飛行員阿奇博爾德·克莉絲蒂上校(Colonel Archibald Christie),並在一九一九年八月生下女兒羅莎琳德(Rosalind)。一九二○年十月,她的第一本小說《斯泰爾斯莊園奇案》(*The Mysterious Affair at Style*)登場,頗受好評。她是在一九一六年開始創作,當時行運的天王星和推運的太陽與她的北月交點形成三分相。當這本書問世時,她南月交點的主宰行星木星隨著太陽弧進入七宮。

一九二六年十二月八日，當行運的太陽與她的南月交點合相時，她消失了十天。當時她已經名氣鼎盛，在媒體掀起話題。很多人認為這是她為了搏版面，刻意製造的鬧劇，但她個人的說法可能比較接近事實。這其實是一次克制的、非常私人的精神崩潰，因為她的丈夫有外遇。

她住進一間旅館，用他的婚外情對象的名字「搞失蹤」——當我們繼續深入討論時，要記住這件奇怪的事。這件事過後不久，他們的婚姻在一九二八年破裂，當時行運的土星在她的南月交點附近來回通過。

阿嘉莎‧克莉絲蒂在一九三○年再婚，對象是小她十四歲的考古學家馬克思‧馬洛溫爵士（Sir Max Mallowan）。這段婚姻顯然有一段幸福時光，不過後來也有過一段黑暗期，因為她的第二任丈夫開始不斷外遇。拜馬洛溫的工作所賜，她常有機會去中東旅行，成為她日後很多小說的場景。她是在土耳其伊斯坦堡寫下自己最暢銷的小說《東方快車謀殺案》，在一九三四年出版，當時太陽弧南月交點與她的月亮形成三分相，並與她北月交點的主宰行星木星合相。

一九七一年，阿嘉莎‧克莉絲蒂獲頒大英帝國勳章。一九七六年一月，在英國安祥辭世。

就占星學而言，阿嘉莎‧克莉絲蒂是太陽處女座，上升也是處女座。因此，水星主宰她的命盤，也支配她的太陽。她有天王星和金星這兩個行星在三宮（溝通），還有冥王星和海王星這兩個行星在十宮的雙子座，還形成緊密的合相。若說這是個多產的暢銷作家的星盤，沒有任何占星師會覺得意外。「懸疑」本來就是冥王星和天蠍座的領域。她的冥王星在十宮，而她三宮的金星在天蠍座，我們很容易為我們已知的事實找到占星的依據：她是個寫懸疑小說的多產作家。

現在讓我們看看，演化占星學是否能帶我們更深入阿嘉莎·克莉絲蒂的靈魂。

她的南月交點在射手座四宮，與火星合相。射手座是「吉普賽人」。它是火象的，不太能忍受控制或限制。渴望探索，渴望看看這個世界，渴望學習，渴望擴張——這些都是射手座的特質。火星也是類似如此，本質也是火，還落在火象星座射手座。這也暗示了在前世具有火爆、探險的精神，反抗外界的限制，抱持著「不自由毋寧死」的態度。請注意精力旺盛的月交點願景，還有她「雙重」處女座比較謹慎的特質，兩者之間存在著基本的緊張。

因此，阿嘉莎的南月交點，以及與南月交點合相的行星，都是以活潑、打破界線的字眼來形容她前世的本質。我強調「本質」，是因為一個人的「本質」是由行星和星座描述的。它們反映了我們是什麼樣的人，包括我們的風格、愛好和能量。

但你如果想知道阿嘉莎當時在做什麼，就必須看相關的宮位。它們能看出環境，還有一生經歷的「樣貌」。

阿嘉莎的南月交點在四宮：家、家庭和居家環境。再提醒一下這裡的衝突：自由、熱情、渴望體驗的人，卻發現自己受限於家庭生活。她是如此熱切，十足的吉普賽性格，還有火星加持，卻困在一個家裡。她不只深感挫敗，還很憤怒（火星）。這種配置的感覺，就像一隻潛伏在獸籠裡的老虎，伺機而動，或是一隻老鷹的鷹爪被拴在地上。我會想到比喻就是，一顆炸彈將在銅牆鐵壁的房間裡爆炸。

她必須花很多力氣才能控制這把火。到底是什麼事情，讓阿嘉莎在前世如此受困，如此以家為主？

按照我們的程序，接下來要看南月交點的主宰行星。現在我們的問題至少已經有了一個答案。射手座的主宰行星是木星，木星逆行落在五宮寶瓶座。我們知道，這可以為她前世的身份意識增加「另一個面向」，或是可以為她的身份意識增加「故事的另一章」。按照傳統，五宮與小孩有關——當我們的第一個暗示是家庭（南月交點在四宮）時，很自然會馬上想到小孩。我們在找的就是這種串連起來的比喻。在這個例子裡，我們也可以設想是很多小孩——木星有擴張傾向，一群人也符合寶瓶座的特質。

我們再加上一個因素，之前已經顯示阿嘉莎充滿熱情——這是她「火熱的」火星和南月交點合相的訊息之一。而射手座有先跳火坑再環看四周的傾向。那她跳去哪了？跳到一個家裡。跳進四宮裡。你把這兩組因素（火星和南月交點、家庭和四宮）結合在一起，也別忘了「避孕」這件事是到近幾十年才較不具危險，而你馬上就會想到，阿嘉莎發現自己是因為孩子被綁在家裡。

她這輩子只生了一個孩子，而且是在結婚五年之後，而且在第二段婚姻沒有子女，這無疑與前世有些原因。在現代，這樣的選擇不會引人側目，不過在她的時代，這種選擇並不尋常。當時人們通常有更多孩子，而且當時社會根深蒂固又普遍的想法，也是支持人們多生一點。

然而在前世，孩子卻是阿嘉莎的牢房門上的那道鎖。

五宮也有其他的意義。愛情、創造力、慶祝和放蕩。讓我們把這些拋到腦後。它們的確也是五宮的原型領域，不過讓我們先擱著吧。與南月交點的相位呢？如果可以的話，讓我們再添加更多描述。與南月交點形成強硬相位的行星通常能幫得上忙。它提供了情節的勇氣。

冥王星與海王星的合相十分誘人，幾乎快與南月交點形成對分相，不過這個相位有點太寬，不太能派上用場，還需再推進十一或十二度才能合相。當我

們理解這個故事的主要動力後，我們可以再回頭利用這個相位來「微調」。

　　然而，這裡的太陽是毫不含糊的，它在二宮處女座宮頭，與南月交點形成有三度容許度的四分相。我們現在看到了這個故事另一個主要元素。太陽永遠代表我們生命中必須服從的某種力量。這有時代表一種無法負荷也無以倫比的道德義務，某種我們就是無法轉過身去，置之不理的事。舉個例子，可能是一位極需幫助的摯友。

　　有時太陽也代表一種被迫的環境，而我們在其中無力可施。船要沉了，而我們離岸還有一百英里。但是分析太陽，最常使用的最好切入點就是把它想成一位極具說服力的權威人士，某個能「掌控」我們的人，我們必須聽他的話。

　　讓我們從後面這個角度切入，看看這能發展出什麼故事。

　　阿嘉莎的生活圈是家庭，她覺得自己被綁住了。部分的約束是來自於對孩子的愛。但是這裡的太陽，也很容易被解釋成她的伴侶。像這樣的「家庭」故事情節，我們很自然會考慮伴侶。這裡的南月交點讓她看起來像位隱士嗎？我們不考慮這個可能性。但是根據這個故事的家庭場景，很自然會把太陽想成丈夫或妻子。

　　關於這位伴侶，我們有什麼說法？首先，他或她有主宰（太陽）的權威，也很可能有苛求、挑惕的特質——這是處女座的黑暗面之一：永遠不滿足、永遠在挑剔和批評。若說「所有的處女座都是這樣」，這並不公平，但是在演化占星學裡，我們試圖搜出前世未解決的問題。我們的出發點不會是每個星座符號最高層次的表現——恰好相反。

　　所以在前世，阿嘉莎的伴侶控制慾很強，也很挑剔。這是一個開始。太陽

在二宮宮頭。這位伴侶可能非常在乎錢。這看不出來是特別富有或貧困，只有在意和擔憂（處女座）。

如果再擴大太陽的解釋，這也可能代表被迫的環境，我們可以推測阿嘉莎的處境，多少充滿無法忽視或應付的財務課題——這是很常見的家庭狀況。小孩必須有食物吃，還有很多需求。

處女座也代表自我懷疑，這種特質是因為受制於不可能或無法達到的標準。從心理學角度，二宮與無法勝任的感覺、「缺乏足夠能力」的感覺有關。如果太陽代表伴侶，我們現在就有更深入、重要的解析：這個伴侶雖然控制慾很強，但是很沒安全感，自覺能力不足，會在內心自我批判。他或她擁有權力的王牌，但本質上並不像阿嘉莎如此強悍。

到現在為止，我都用他或她來描述阿嘉莎前世的伴侶。我們現在是否可以稍微縮小範圍？試圖用行星來確定性別，其實是很不牢靠的。雖然有時很明顯，但你永遠無法百分之百確定。很顯然地，一個死於軍事行動的前世故事，可能代表是男性，而死於難產的故事，一定比較可能是女性。對於金星代表女性，火星代表男性的說法，一定要抱持懷疑，這一定有例外。

在這裡，基於阿嘉莎有一個火象的火星與南月交點合相，我會認為我們在討論的前世，她是男性——所以她可能是一位丈夫和父親。在這裡，太陽自然會變成女性，也就是阿嘉莎苛求的、自我中心的、挑剔的，又非常沒有安全感的妻子。

更深入一點，射手座代表哲學、宗教和信仰。整體而言，這有一種道德特質。有基於阿嘉莎的南月交點在射手座，我們可以假設她在前世，非常認同自己強烈的是非觀念。這種道德架構也顯然受到四宮價值觀的限制：家庭，還有「綁在一起的結」。她建立了一種家庭式的宗教。她投入了由火星代表的、戰

士原型的熱情和過火的特質：如果有需要的話，她會為家庭犧牲生命。這種家庭承諾有一種強大的道德權威，但不要把這與愛搞混了。這裡沒有柔軟的連結感，而是因道德責任產生猛烈和自我犧牲的感受。這在本質上當然不是幸福。我們已經知道，她就像一隻困在家庭責任獸籠裡的老虎蠢蠢欲動：憤怒，也不快樂。但我們現在可以替這個獸籠增加另一道柵欄：無論她（或他）有什麼感受，都要遵守道德承諾，「為家庭做對的事」。

　　現在退回到前面幾段，我們提出的問題：在前世，是什麼把阿嘉莎自由的靈魂困在家庭裡？我們現在已經有三個答案，三者都相關。首先，孩子。其次，一位苛求、不安又貧乏的伴侶，極盡操縱之能事。第三，強迫的道德義務感。

　　這些都是靈魂牢籠的柵欄，讓她感到憤怒（火星）。但是這顆炸彈是在一間銅牆鐵壁的房間內爆炸。

　　現在讓我們切入黑暗的核心，火星的本性是「殺戮之慾」。比較好的說法是，人性中有時想要殺人的部分，被稱為「火星」。無論何時，當你想要打一個人時，你的火星就出現了。

　　我會假設，阿嘉莎在這個由道德和實際限制打造而成的銅牆鐵壁的房間裡，對「他的」妻子累積了高度克制（四宮）的憤怒（火象的火星）。我覺得她從來沒有直接或對外表達這份憤怒──它被留在四宮內，被三個靈魂牢籠的柵欄抑制下來。

　　我會假設，她在今生把這種未解決和未釋放的謀殺幻想表達在小說裡。阿嘉莎的小說和戲劇在矯飾的英文表面下，故事通常都是描述「值得尊敬的好人」彼此殺害，而且手段往往非常恐怖。

　　不過我們還是有東西擱著沒管：五宮的其他意義，這裡有阿嘉莎南月交

點的主宰行星木星，代表愛情、創造力、慶祝和放蕩。

當一個熱情的男人困在我們上述的環境裡，他會怎麼做？他如何活下去？他會如何抒發自己？他也許用生活基本的愉悅來安慰自己：食物、酒、玩具、遊戲、運動和友誼。這裡沒有跡象顯示前世有上癮的問題，例如與海王星沒有主要相位。但我懷疑阿嘉莎當時非常縱情享樂。

當木星在寶瓶座時，有打破規則的傾向。它是反抗者。如果把這個元素加進來，我們可以想像他「在性方面也有些離經叛道」？這裡有個永遠要記得的重點，當我們討論輪迴轉世時，我們處理的是歷史。性這件事永遠不會消失——否則我們就不會出現了！但性這件事，非常順著習俗和信仰走，不同的時期，通常都會有獨特的性的道德觀。男性通常享受不同的性愉悅、規範和期望，優於女性。好在最為人詬病的「雙重標準」，如今在許多地方已經消失。嫖妓和賣淫通常是被默許的，這是「男人必須做的事」，只要別說出口，而且之後還會回家，這是被默許的。

木星熱愛過度：五宮喜愛享樂；寶瓶座喜歡「狂野行事」。這所有的暗示都符合阿嘉莎的業力故事。當這個木星主宰她的南月交點時，我合理地猜測阿嘉莎在物質和現實層面忠於家庭，但「他」在性方面是不忠的。

好奇的、愛好探險的（三宮）的天蠍座金星，與南月交點主宰行星木星形成四分相，又支持了上述的推測。天蠍座和金星都代表性慾，而在這裡，金星與南月交點主宰行星又形成四分相，我們可以想見它們會「製造麻煩」。

關於性的推測，我們還有更多支持的證據，但不是根據占星學。讓我們看一下阿嘉莎一生的實際際遇。她的第一段婚姻因為老公有外遇而破裂。而她的第二段婚姻，一開始雖然很光鮮歡樂，但她的丈夫還是有很多婚外情。他一直跟阿嘉莎在一起，但是在阿嘉莎死後，他就娶了長久相伴的情人為妻。

業力常常只是重複一樣的模式，但是有時候，我們「種什麼因，得什麼果」。我相信阿嘉莎男女關係雜亂的業力已經成熟，惡業終有報。還記得當她「失蹤」時，她用丈夫愛人的名字入住旅館。她為什麼認同這個愛人？她和這兩位不忠實的男人在性方面有什麼共鳴？

關於南月交點主宰行星木星在五宮，我們還有更多元素要考慮：創造力。我認為還有一種比較健康的方式，阿嘉莎跟一個糟糕的妻子困在地獄般的婚姻裡，就是透過某種藝術表達熬過來的。

有多少吉他是賣給搖滾巨星的？比例是多少？一本小說起了頭，最後被寫完的比例是多少？更別提出版的了。人們是為了喜悅而創造，這有時就足夠了。我猜想，阿嘉莎在前世可能有過一些簡單的創造樂趣。創造也可以分散注意力。

我們現在可以再深入一點。冥王星與海王星合相在雙子座十宮，與南月交點差一點形成對分相。我們可以放心地忽略這個相位，不過星盤裡的一切都有意義——即使是差一點的相位。讓我們先從一個錯的假設開始——假設這個對分相很接近，必須考慮。那麼這代表什麼？

在「浩瀚世界」有一道現實的磚瓦牆，這是無法應付的某個東西，也許這是阿嘉莎渴望的東西。這會是什麼渴望？兩個行星都在雙子座。這是一個不可能達成的渴望，渴望被人聽到。聽到什麼？也許是海王星的幻想和想像，或是冥王星的嚴酷真相，也許還很驚人。然而，輿論和文化一直堅定地反對這樣的表達。這些東西沒有被表達。輿論和文化（十宮）就是現實的磚瓦牆。

別忘了，這個「對分相」不夠緊密，無法真正發揮能量。為了糾正我們的「錯誤假設」，我們現在必須為這個詮釋稍微降溫。我們可以合理地說，阿嘉莎在前世，偶爾會希望外界能聽到她的幻想，但馬上就會把這些幻想推開，

認為這是不可能的，無法達成的。這個「對分相」在故事的詮釋裡只佔非常小的一部分。這只為阿嘉莎前世的創造力添加渴望的漩渦。我可以想見，「他」可能會為孩子編造床邊故事，而且是只有他的孩子聽過的偉大故事。

當我們的分析進入下一個層次時，冥王星與海王星會為十宮雙子座的北月交點添加比較嚴肅的色彩。阿嘉莎來到這一世，有一個無法自拔的靈魂目的，希望自己的聲音能被聽見，而且是被非常多人聽見。這可能是她的靈魂傷口的解藥。她曾經很憤怒，徹底厭倦被困住。如今，她該擺脫家庭，進入廣闊的世界。她現在可以毫不掩飾地述說冥王星的真相，訴說困在傳統、婚姻和為人父母責任中的感受。

水星是北月交點的主宰行星，位在二宮的天秤座。阿嘉莎需要向自己證明自己，可以成為藝術的（天秤座）傳聲筒（水星）。而這裡有無法切割的證據，就是她想要利用想像和幻想（海王星），針對社會和家庭動力裡一些比較黑暗的可能性，清楚表達冥王星風格的觀點。

這裡有一個重要的「省略的一步」，擋住了阿嘉莎的路：太陽與她的月交點軸形成四分相。她如果想要活出北月交點的目標，首先必須創造一個自我。在前世，她把太多的力量和權威交到伴侶手上。她在重要、改變生命的事務上，放棄了自己天生的自主權，只敢作主享受一些膚淺、非法的愉悅，而這些其實只是為了維持現狀穩定——維持困住的狀態。到最後，這只是製造了更多的憤怒，而且可以想見，這些憤怒還會隨著罪惡感發酵，越來越糟。

此外，阿嘉莎也對「妻子」有負面投射，認為這個角色就是很苛求，非常自我。她曾傲慢地，顯然也非常想劃清界線地說，為了達到更高的道德境界，「我絕對不會那樣自我又苛求！」這種負面的篤定其實意味著，她要透過道德和哲學角度，來合理化困在家庭牢籠這件事。她假設這把自我道德合理化的

大傘可以延伸遮蓋她自己延伸的「有節制的慰藉」，透過各式各樣逃避的放縱，包括性和其他。

這一切都必須被修正。

阿嘉莎必須主張自己太陽的權利，必須自私，要求她自己需要的東西。你可以問問任何作家：如果你沒有某種程度的自私，不可能在寫作這門技藝上有所成就。否則你永遠沒有時間寫。處女座代表技術與技巧。阿嘉莎前世省略的一步，有其中一部分是沒有磨練雕琢她的技巧，在這個例子裡，她的技能是寫作。然後到了這一世，她就在眾目睽睽的世界舞臺上，誠實地卸下她從前世帶來的極大的負荷，那就是對一個讓她無法展翅高飛、導致她敗壞的「好家庭」，充滿壓抑的、想要殺人的憤怒。

光是「談一談」這件事，都會讓她好過很多！這裡的見解其實非常簡單，也很平凡。我們壓抑的憤怒才是真正的靈魂毒藥。把它釋放，化為文字，別放在心裡，我們都知道這有幫助。即使不能達成共識，這還是有助於消除隔閡。沒有處理的憤怒會阻礙愛，會把一顆心鎖上。而我們甚至不需要伴侶與我們有共識，光是讓對方聽到自己的心聲，往往就夠了。

我們有些人會在餐桌上的談話中獲得療癒，釐清過程。阿嘉莎的北月交點在十宮，這到頭來催生成了四十億本書。

第十六章

比爾·威爾森
（Bill Wilson）

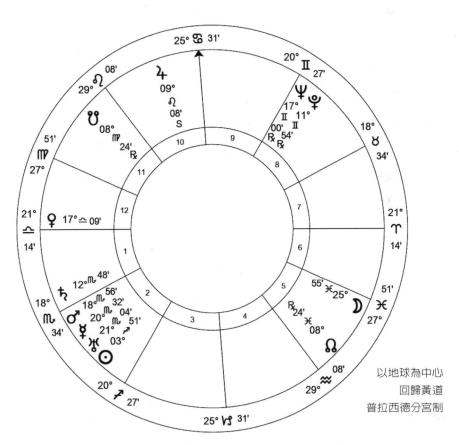

1895/11/26，3:22 AM-EST，美國佛蒙特州多塞特市

羅登評比：B（出生時間「約清晨三點」，後校正爲清晨三點二十二分）

　　在過去一百年，比爾·威爾森以匿名方式影響人的比例應是舉世無敵。他做的事拯救了無數生命，甚至還包括數不盡的靈魂。不過除非你曾經直接或間接參加過他創立的團體，否則你甚至可能從來沒有聽過他，而這部分也是他的主意。他就是匿名戒酒會的創辦人。

　　威爾森二十歲出頭時在軍中服役。當時正值第一次世界大戰，他喝了人生的第一杯酒。當時他太陽弧的海王星和金星，加上推運的上升點，都與南月交點愉快地消磨了一段六分相時光。

　　眾所皆知，變成酒鬼是很容易的事，他發現只要一杯下肚，就能讓他在社交場合裡舌燦蓮花，因此他很快就對酒精上癮。在一九一九年至一九二五年間，他娶妻成家，也成為成功的證卷分析師，但酒精還是造成可預見的傷害——他的事業垮臺了。他經歷了很多次不成功的戒酒，包括住院治療，最後終於戒酒成功，最後一次喝酒是一九三四年十二月十一日。

　　幾個月後，在一九三五年五月十二日那天下午五點鐘，他在俄亥俄州阿克倫市認識一位名為「鮑伯博士」的男士。很多人認為這是匿名戒酒會的「誕生時刻」，雖然這種說法還是模糊，許多加入匿名戒酒會的人會在六月的某一天慶祝這個組織的誕生。不過在五月十二日那一天，行運的土星與威爾森的北月交點幾乎形成合相，行運的海王星也很靠近他的南月交點。此外，行運的南月交點幾乎與他的天頂形成合相，行運的水星與他的交點軸形成四分相。很顯然地，業力已經成熟了。

　　順帶一提，威爾森出生的時間據說是「清晨三點左右」，不過占星師唐娜·庫寧漢（Donna Cunningham）將這校正為清晨三點二十二分。因為他生命事件發生的時間，真的更符合三點二十二分，勝過於三點左右。

　　這本書的主要關心的是業力分析。我們很快就會發現，上癮並不是威爾

森前世趨力最主要的根本課題，而是痛苦和羞恥。但是我們可以很簡單地講一下他的雙魚座月亮——我們知道雙魚座的「神祕」可以顯現成為「酒鬼」，除非這個人已經學會用正面的方法處理自己的敏感。月亮位於五宮宮尾，這可能與「放蕩」有關。可能有逃避傾向的海王星與月亮形成四分相。此外，金星主宰了這張星盤，而金星永遠都在追求釋放壓力，而且在許多有上癮傾向的人的星盤裡扮演的重要角色，勝過許多占星師的認知。金星也在十二宮，強調了神祕／酗酒的主題。最後，威爾森是太陽射手座，木星與太陽形成三分相，這更顯示他可能因為過度這件事受到傷害。

　　任何一位占星師拿到這張星盤時，得知當事人有物質濫用的問題時，一點也不會意外。但是演化占星師可以看到什麼訊息，是傳統占星師會遺漏的呢？

業力

　　南月交點在處女座十一宮。若以前世的背景來看，我們可以看出威爾森迫切想要具備能力，展現效率，而且可能扮演某種「服務」的角色。他常陷入苦惱和焦慮，充滿自我懷疑。這都是處女座的訊息。

　　南月交點在十一宮，威爾斯前世是在團體裡展現自我，他會和團體隨波逐流，根據團體裡的角色來定義自己——這就是十一宮的意義。當我們整合處女座的「服務」原型和十一宮的象徵意義時，我們可以知道他在團體裡扮演從屬的角色。他會遵守上級的指導或命令。就某種意義來看，他是「穿制服」的人，雖然到目前為止，我們看不出這是否為軍服。到目前為止，這也可能是一支棒球隊！我們只知道他屬於一個團體，努力想要勝任扮演自己的角色，必須

聽令某人。

　　二宮天蠍座的水星主宰了南月交點。我們現在有重要進展了！水星隸屬於一個星群，與天王星緊密合相，非常靠近火星，與土星相距不到八度。這裡可以獲得很多資訊。

　　我們先勾勒出一個大場景：一開始從處女座南月交點推測的自我懷疑的主題，現在又被南月交點位於二宮的主宰行星強調。當一張星盤的某個主題一再如此重複時，就像增加了驚嘆號。我們必須用強調的語氣來傳達這些符號的意義。所以在前世，威爾森是一位被擊敗的、無法應付麻煩的男性。

　　在月交點的分析裡，天蠍座常代生命的極端面向——死亡、背叛、打破禁忌，以及性方面的狂暴。換言之，任何打敗威爾森的事情，你我也可能無法負荷！要注意，這裡沒有任何跡象迫使我們認為威爾森在前世很軟弱或膽小。他曾挺身對抗某種強大事物，而那可能擊敗任何人。

　　我們現在要針對與南月交點合相的三個行星，賦予明確意義。這三個行星會為他前世的身份意識添加三種不同的面向。天王星是地震和閃電之王。火星是戰神。土星通常代表失敗、絕望和不可能。威爾森的南月交點顯然讓我們把注意力放在一則非常戲劇化的故事。別忘了，根據他的南月交點，我們已經知道他會隨波逐流，在這種爆發性的處境裡扮演從屬或功能性的角色。

　　土星是這三個帶來改變的行星中最弱的一個，這完全是因為它距離南月交點的主宰行星水星最遠。它呼應了「命令」和「職責」的概念，更加強化了這些主題。命令和職責已經銘記在他的身份意識之中。

　　火星非常有力，因為與水星距離不到三度。火星也在天蠍座，是其傳統的主宰行星。你要記得，南月交點的主宰行星一定可以提供關於這個人前世身份

意識的資訊。威爾森其實是士兵？火星當然有這個意思，就像我們稍早討論過的李・哈維・奧斯華的星盤。威爾森當然是處於一種競爭狀態，其中充滿狂熱的憤怒、憤慨，可能還有暴力。

天王星距離水星不到一度，因此成爲最強烈的改變標誌：威爾森認同反抗者的原型。他違反規則。他挺身與權威對抗。他惹了麻煩。這就是天王星會做的事。

天王星的主題極度強烈。我們無法忽視這一點。現在要看一下，它如何造成不和諧，到目前爲止，所有一切都暗示威爾森在階級制度中扮演從屬的角色，被期許（他自己也期許）要執行職責。不過現在，我們突然看到反抗。

這些主題互相矛盾，但都存在。兩者都是眞的。怎麼可能如此？也許他一開始是順從的，然後反抗。面對這種主題，這種想法很誘人，但我們有點耐性吧，還有一些線索還沒討論。

這裡沒有行星與南月交點形成對分相，不過當我們檢查是否有四分相時，就挖到寶了。二宮射手座的太陽與月交點軸形成四分相，而位於八宮雙子座的冥王星與太陽形成對分相。此外，海王星與冥王星合相，也與月交點軸形成四分相，距離超過八度，但當然足以被列爲考慮因素。

讓我們從太陽開始。太陽永遠代表不能違抗的力量，我們一定得服從它。無論喜歡與否，任何行星都得繞著太陽運轉。同樣地，有些人或狀況，就會要求我們必須關注，必須臣服。它們握有所有的王牌。

舉個例子，你可以嘗試告訴政府你今年不想繳稅，宣稱你根本不相信稅收這件事。在現代，你可以這麼做——但是這種行爲的結果其實是難以想像的——這就是太陽的運作方式。某件本質上無法抗拒、強勢的事或是某個人，

傷害了威爾森。無論是什麼事，是誰，都具有射手座的特質，在此代表過份自信、衝動、擅長哲學層面的合理化，還有自以爲是。

現在回想一下，我們如何看到命令和階級的主題一再重複？我們剛剛討論的太陽，可能就是這些主題的源頭──一種無法否認、無法逃避、具有至高權力的事物控制著威爾森，令他苦惱。

別忘了稍早提到天王星暗示反抗。反抗什麼？也別忘了所有削弱威爾森自信的影響力。現在這個故事看起來像是一隻白費力氣掙扎的老鼠，對抗貓的暴政。像是對一個無法撼動的水庫，累積無益的挫折和慍怒。

冥王星在等待著。冥王星也與月交點軸形成四分相。冥王星永遠會喚起極端和夢魘，特別是位於八宮，等同被特別強調這些能量。八宮是傳統的死亡宮位。當冥王星在八宮時，可能代表恐怖的死亡形式，或是死亡帶來逐漸衰弱、無所不在的心理威脅。

要記住冥王星、八宮和天蠍座的三合一的象徵意義，也要記得威爾森有四個行星在天蠍座，這都是業力故事的一部分。夢魘和恐怖的象徵意義正在升高。占星辭典裡的所有字眼，都在明顯地告訴你，這裡一定有夢魘的存在

冥王星位於雙子座，還有南月交點主宰行星是水星，都與演說有關。所以，挺身而出對權威說出反抗之意，這個主題也越來越明顯。

順帶一提，雙子座也與呼吸有關，又位於死亡宮位，我們不禁想，是因爲直接阻斷呼吸導致生命劃上句點。

最後，海王星與南月交點形成四分相，雖然精準度不如冥王星。威爾森在前世是否淪爲空泛理想主義的受害者？這一直是海王星比較黑暗的可能性之

一。他是否有殉教者情結（別忘了海王星在八宮）？是否容易有酒精或其他物質的問題？這當然也可能是海王星的主題之一。根據威爾森今生的實際遭遇，這種解釋不只很誘人，也非常具有說服力。不過我們還是要強調，這不是故事的主軸。

在月交點位置造成的所有傷害裡，海王星的影響力是最弱的。這張星盤告訴我們，無論他今生的際遇有何暗示，都不要過度強調海王星。永遠都要相信占星符號！

在我們把所有線索串成故事之前，檢查一下南月交點還有什麼支持的相位？十分值得注意的是，一個也沒有——只有一宮天蠍座的土星與南月交點形成六分相。我猜想，在前世，威爾斯有遇到欣賞他的上司，或是上司至少喜歡他的能力和盡責。也許，威爾森比許多人更能安於獨處。

不過這裡最真實的訊息是，當我們尋找支持時，基本上沒有任何助力。這個人是孤立的，在團體中受到排擠。

這世上永遠不缺戰爭。也許讓這個故事化為現實最簡單的方法，就是想像威爾森在前世是一名低階士兵，被迫執行黑暗的暴力（火星；天蠍座）任務，而他開始覺得這應該受到譴責。他內心衝突的感覺不斷升高，最初，他真的只是想要盡忠職守，但是在面對死亡和殺戮時，卻越來越厭惡和震驚。此外，有些能對他施展絕對權威的人，抱持某種「真實信徒」的態度（太陽射手座）。也許還參雜了一些天王星的震驚的情感切割。也許酒精能暫時安慰受傷的良心與敏感，但總有一天，還是會有東西向他反撲，咬他一口。他內心的憤怒沸騰不已，終於挺身而出說出內心話。他反抗了，但徒勞無功。

我懷疑他是因此被吊死。

　　我看不出有什麼理由，非得堅持威爾森的故事與戰爭有關。我只知道他隸屬於一個階級分明的組織，與某些極端的活動有關，會令人想起死亡的氣息，瀕臨禁忌的邊緣。即使天蠍座火星與南月交點主宰行星合相，更加支持我們認為他在前世是個士兵的想法，但我們不需要讓想像力受限於單一可能性，雖然有鑒於他在一九一七年是參加第一次世界大戰的士兵，當時喝下人生的第一杯酒，這種推測也極具意義。

　　我們要讓分析保持誠實及開放性，要留意象徵的細微差異，我也很容易可以想像威爾森前世是一個大企業的小員工，對於一些貪污的作法感到毛骨悚然，最後他可能成為「吹哨者」，然後被永遠地消音。他也可能是犯罪集團的成員，雖然忠於集團，但是也面臨道德層面的震驚，憤怒在內心沸騰翻攪──一定要記得，天王星也代表罪犯。

　　無論是哪一種故事，這裡詮釋的關鍵在於，要注意「絕對的、無法和解的衝突」，這是一種道德狀態，無法作出肯定生命的選擇。一方面，他在道德上無法接受背叛自己的族群，更不用說背叛會帶來的個人影響，令人打從骨子裡感到害怕。另一方面，他越來越覺得疏離又震驚。最後天王星的元素就出現了，暗示「總有一天，有事情會突然崩潰」。這種爆炸性的感覺會因為火星和水星在天王星的暴衝傾向而擴大。這好像他「進退兩難」，「做或不做都該死」。

　　到最後，威爾森沒得選擇，一定會出現自我破壞的態度。酗酒可能在此時偷偷摸摸融入他的行為裡，成為一種「解方」，但跡象顯示，他沒有時間耽溺酒精，淪為社會認定的重度酗酒者。酒精不是前世故事的主軸，痛苦、羞恥、憤怒、憤慨和走投無路才是。

　　有一件事很有趣，在這一世，威爾森第一次受到酒精吸引，是因為他發現

自己如果沒有酒，就很難和別人說話。在前世，他因爲說話讓自己陷入麻煩。天王星型的事情發生得很快。我可以想像他在前世，想說什麼話就脫口而出，而在當時的社會背景裡，他說的話是不能被原諒的，也是致命的。輪迴轉世後，他對隨性脫口而出會有什麼感覺？

那麼關於北月交點呢？北月交點位於雙魚座五宮。上帝這一次把威爾森踢出天堂，跟他說：「我希望你到人世間，開心地玩！」這就是五宮。但是威爾森不知道如何做這件事。他就像所有人一樣，對於自己北月交點象徵的領域，很容易表現得無知。喝一杯威士忌可能讓我們覺得很快樂，但要是喝一整瓶又會有什麼感覺？

五宮深層的意義是喜悅。高層的雙魚座能量與臣服和狂喜有關。威爾森這位男士需要再度爲生命感到著迷。他需要恢復小孩般天眞無邪的特質。我們之前提過，他在前世受過恐怖的折磨，而且是道德上、精神上的折磨。他可以感受到強大惡魔戰勝無能爲力、無用的善良的刺痛。他感受到徹底的疏離，完全沒有支持，也完全沒有人了解。他最後的看法就是冷漠、冷眼看待不公不義。他來到這一世時，還處於靈魂煎熬的狀態。

在深思這一切之後，腦海就會冒出一句熟悉的話：「我需要喝一杯」。在人類史上，很多人都會在一杯酒裡面尋找天眞的慰藉。但是酒並非這一類痛苦的解藥，而且假使我們要求更多酒，這當然會變成另一種痛苦的源頭，而我們很可能不會處理這種痛苦，因爲早在我們來到這人世呼吸第一口氣時，我們就已經背負如此多的痛苦了。

比較高層次的雙魚座是神祕的、靈性的。你們如果對匿名戒酒會有任何了解，就知道這個計畫是繞著臣服於「更高力量」打轉，無論這個原則是否會在個人良知裡找到共鳴。在這一世，威爾森在重複經歷自己未解決的業力比

較痛苦的一面後,看起來就進入了北月交點星座的訊息。他找到自己的「藥方」了,那就是「靈性」。五宮常與創造性的自我表達有關。我們當然不會從藝術角度來看待匿名戒酒會,對一群願意接受的、支持的人「講自己的故事」,是威爾森的「治療」裡非常重要的一部分。五宮也與現在式非常有關,這讓我們想到匿名戒酒會的諺語,「一天一天來」。

　　威爾森推運的天頂與南月交點在一九三九年合相時,他寫完了俗稱「大書」的《匿名酗酒者》(*Alcoholics Anonymous*)。當時,他的太陽弧冥王星也靠近本命的天頂。如果威爾森選擇一條比較輕鬆的道路,這些符號很容易指向一種徹底的墮落,或是那種「足以讓人得到教訓」的死亡。不過他反映了天頂的最高層意義,接下人世間的任務,並在身後留下造福無數生命的禮物。

　　我們可以從威爾森的故事裡找到信仰和勇氣,儘管我們從未有過自我被淹沒的感覺。這個故事講的是一個靈魂跌入個人業力的深淵,再努力再爬出來的過程。威爾森最後終於領會了五宮北月交點的精神喜悅,而且把自己從南月交點學到的功課,變成送給世人的禮物。我們也可以從他的故事裡找到智慧,它教會我們的眼光要超越明顯的表面。酗酒只是他的業力故事的一種表徵,但不是源頭。

　　當我們深刻了解這件事後,我們會對威爾森帶到這一世的傷口心生同情。我們會尊重在很久以前,他那徒勞無益的勇氣曾經撕裂了靈魂,留下無限痛苦。我們也會為這份勇氣喝采,到這一世,它已開花結果,帶來無比的療癒,而這份療癒激起的漣漪會不斷擴散,遠遠超威爾森的人生濱岸。

第十七章

阿道夫·希特勒
（Adolph Hitler）

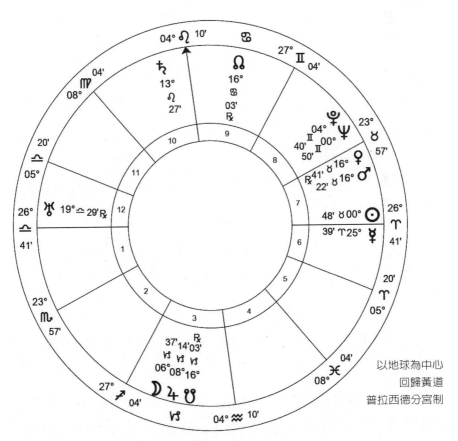

1889/04/20，6:30 PM-LMT，奧地利布勞瑙

羅登評比：AA

　　人類的歷史從來不缺壞人。若要投票選出壞人排行榜，一定要是非常特別的傢伙才能一舉囊括所有選票，登上榜首。有一個人曾經做到這件事。如同愛因斯坦是天才的表率，比爾蓋茲是財富的代言人，希特勒已經成為惡魔化身的標準比喻。有這樣歷史地位的人，背後有什麼樣的業力？

　　希特勒的出生星盤是出了名的容易唬到人。這個星盤被當成範例許多次，大部分剛入門的占星學生都曾學著認出它，以免日後出洋相。

　　但是讓我們誠實地從傳統占星學的觀點來看這張星盤，它並不如預期中的卑鄙低劣。

　　希特勒的太陽是金牛座在七宮——這對太陽而言，並非一個好戰的位置。我們可以想像這個人會用通情達理的、合作的、傾向和平的、傾向解決的、務實的方法處理人際關係。

　　上升星座是天秤座，這再次強調「讓我們好好相處」的態度。金星代表這個和平女神，也是這張星盤的主宰行星，也是位於七宮的金牛座。這個代表愛的行星，很難有比這個好的組合了。

　　月亮在摩羯座，這再次強調實際、落實的主題，還有基本的合理性。月亮與木星合相——這兩個行星在摩羯座合相代表雄心壯志，也會有一些月亮和木星合相常見的心胸廣大和慷慨精神。

　　這是怎麼一回事？根據希特勒一生的事蹟，這個星盤似乎發揮得不太「恰當」。

　　有些占星學努力把這張星盤與它代表的恐怖現實連在一起，就會緊咬著星盤主宰行星金星是逆行，且與火星形成緊密合相。他們還會刻意點出喜歡

控制的土星是具位於有王者象徵的獅子座，落在野心的十宮，與火星和金星的合相形成四分相。

不過，英國喜劇演員查理・卓別林（Charlie Chaplin）也有金星與火星合相在金牛座，與獅子座的土形成四分相！美國遊戲節目主持人梅夫・葛里芬（Merv Griffin）也有這個相位，雖然是位於不同的星座。

饒了我們吧，這該做何解釋？

我們即使用上所有占星學的基本字彙，顯然也無法認出這位充分象徵深刻邪惡和人性墮落的星盤主人就是希特勒。就占星而言，希特勒看起來像是個好人，一個平凡的路人。

有些星盤能讓演化占星學散發真正的光芒，希特勒就是其中之一（還有我們前面討論過的李・哈維・奧斯華）。我們會發現，這裡的業力模式與一般分析出生星盤的「明顯」趨力極為不同，而業力模式總讓人覺得無法否認。我們如果忽略業力模式，解釋就會明顯失準。我們如果能融入業力模式，就能穿透人心。

業力分析通常不會跟傳統分析有明顯不同。為了讓本書內容能真誠且切實，我通常會隨意挑選星盤，以期能反映你實際看到的現實狀況。不過當我想要解釋演化占星學時，我會用希特勒或奧斯華的星盤。如果有占星師忽略了基本的月交點模式，而這又與星盤的傳統觀點截然不同時，他只會不斷地出錯，令自己難堪。

希特勒的**南月交點**在摩羯座，這代表**渴望成就，渴望控制**——而且會為達目的不擇手段。這個南月交點也暗示了潛在的**孤獨、自給自足**的情緒，也許還有寂寞，心裡有些許冷淡的感受。

　　永遠要記得，當我們在分析業力時基本的程序原則就是強調負面！在這整本書裡，這種角度是非常有幫助的，因為按照定義，未解決的業力一定是有問題。

　　南月交點在三宮暗示希特勒前世的心理特質是隨機應變的、反應敏捷的。這確實與語言技巧有關，而我們可以想見這在前世是很明顯的。

　　三宮也有某種非關道德的意味——我們如果能想到這與有原則的、哲學的九宮對立，就會很有幫助。這不代表三宮是「不道德的」，而是強調會對發生的任何事做出立即且實際的反應。當這與摩羯座有關時，即使是三宮的算計特質都會被進一步凸顯。我們的腦海會浮現「狡猾」這兩個字。

　　平心而論，摩羯座常常代表先天就很困難、甚至攸關生存的處境。在前世，希特勒可能發現自己常常為了個人的生存隨機應變。任何曾在街頭討生活的人都知道，道德和哲學的美好並不能用來買甜甜圈。

　　木星與南月交點合相，月亮也與南月交點合相，相距不到十度。「萬神之王」與南月交點合相，又讓我們的理解向前跨一大步。到目前為止，我們已經看到一個街頭流浪兒透過動物般的狡猾來填飽肚子——其實，在靈魂記憶的深井裡，希特勒的業力故事會有這樣的主題。

　　但更迫切的業力是木星。他在前世非常有野心，而他想要成為萬人之上。他渴望物質的財富、榮耀和世俗的權力——這些都是木星代表的事物。如今木星帶來獨特的禮物，修辭和說服（三宮）方面的出色能力，以及算計和策略（摩羯座）的天賦。

　　月亮在落在南月交點相位十度的容許度內。我們要考慮月亮的影響力，也要注意不要因為容許度比較寬就忽略它。月亮就跟木星一樣，也代表希特

勒前世認同的事物，雖然程度比較輕。畢竟，月亮象徵他自己的需求與情感，他無法輕易地讓自己與月亮保持距離。這是月亮的標準概念，而我們在此已經知道這些需求和情感的本質——我們上面已經討論過了：野心、控制和權威。此外，月亮也常與我們的根有重要的關係，就字義而言，這代表我們的家庭、家、種族和土地。這呼應了希特勒迷戀自己虛構的「優越種族」雅利安人。

當然，月亮的本質是滋養的，通常也是溫和的能量。不過在這裡，這些表現因為摩羯座和三宮多少受到限制，兩者都無法為這些能量提供太多支持。此外，我們也要記得，這個合相剛好就顯示了相關的外在限制。木星是慷慨的，但是在摩羯座，快活的野心會變得更重要。

這也是為何他比較不能發揮月亮象徵的滋養元素，而這是月亮最重要的元素。讓我們來研究它，而我們必須再翻開一張牌。這次，我們要翻開王牌了。

土星主宰南月交點，因此也是希特勒故事另一個重要的面向。土星在獅子座十宮。「父親」與「完全控制」的象徵意義（土星）與十宮（世俗權力與公眾權威）會合在代表王者的星座（獅子座）。

你要知道，在占星學裡有兩個代表王者的符號：木星是萬神之王，還有獅子座的獅子，代表萬獸之王。在這裡，木星與南月交點合相，而南月交點的主宰行星是獅子座。希特勒的業力說了兩次「王者」。

此外，我們也常把王者稱為陛下，這當然代表父親，而土星與摩羯座就是占星學代表父親身份的經典符號，所以「王者」和「父親」的元素都有被強化。最後是十宮，雖然不一定直接象徵「王者的」，不過一定與一個群體中的某一個高位有關——或者至少與對高位的渴望有關。

在演化的分析裡，我們會尋找強調的、重複的主題。而到目前為止，我們在希特勒的業力分析裡看到的所有一切，都與攀上高位的慾望有關。我們如果有看到任何的滋養主題，都必須以更廣泛的背景來解讀。

希特勒在前世滋養了自己的野心，還有能支持他實現野心的人。就像美國工人搖滾巨星布魯斯‧史普林斯汀（Bruce Springsteen）所說，「窮人想要有錢。富人想要當國王。而國王直到能統治一切時才會滿意。」

當我們講到「父親」時，也會想到月亮通常與母親的原型有關，這可以替希特勒的業力添加另一個「父母」元素——這裡沒有任何跡象顯示是家裡愉快的父母，不具較為世俗的野心。這裡的「父母」是掌控許多人的大人物，在更大的群體裡身居高位。

在前世，希特勒可能因為某種算計的作風崛起，當上斯洛維尼亞某個小鎮的鎮長。他可能在馬其頓西南部，不擇手段壟斷鞋子或帽子的市場。他也可能是人類史上其他知名暴君——羅馬尼亞弗拉德三世、蒙古成吉思汗、柬埔寨前總理波布或西班牙殖民者埃爾南‧柯爾特斯。

對外而言，這些是截然不同的推測。但是**業力與外在事物並沒有直接關聯，而是關乎覺知、態度、價值和動機**。就內在而言，這些從最庸俗、容易被人遺忘的故事，到留名青史的故事，其實都是一樣的。

我們的下一個步驟就是檢查與南月交點形成的相位。我們不一定能找到，但在這個例子裡，我們馬上發現可以從這個方向找到更多資訊。有一些相位可以考慮，它們可以替我們已揭露的特質，添加情節的元素。

位於十二宮天秤座的天王星，與南月交點形成緊密的四分相。水星與月交點軸形成四分相，剛好落在十度的容許度內。水星是在牡羊座，而我們對這個

水星會比其他如此寬鬆的相位更有信心。因為這個水星的本質就很強，幾乎貼近下降點，與七宮宮頭合相。在下降點，容許度可以更寬。水星與三宮南月交點的本質也能產生共鳴。

通常是合相、四分相和對分相，能提供故事最多資訊，但這裡有一個非常精準、戲劇化的三分相，是金星與火星在七宮金牛座的合相，與南月交點形成三分相。當我們發現金星火星的合相也與南月交點的主宰行星土星形成四分相時，就再度放大這個合相對故事的重要性。現在顯然希特勒有很多前世故事等著我們挖掘。

我們列出所有的月交點相位都有一個共同主題：關係。水星位於七宮（婚姻）宮頭。金星與火星的合相在七宮，而金星是象徵愛的女神。甚至連天王星也在天秤座，這是金星主宰的行星。

有誰能靠自己崛起掌權？造王需要集體努力，這一定會樹敵，也會招攬盟友。別忘了在歷史上，**七宮**不只是**婚姻宮**——也是**公開敵人**的宮位。從這個角度看，在四個行星中，有兩個（金星和火星）與南月交點的關係和諧，兩個（水星和天王星）與南月交點的關係困難。很簡單地，這相對代表了朋友和敵人——雖然我們要比較慎重考慮「朋友」的定義。

火星和金星與南月交點形成三分相，但也與南月交點的主宰行星形成四分相。而且當戰爭之神火星跟金星合相時，通常不一定是支持和諧。所以在希特勒的前世故事裡，我們有清楚的敵人——還有矛盾的朋友。

希特勒需要實際吸引盟友的合作，但這和他摩羯座的孤僻和盲目野心格格不入，形成衝突。金星逆行，更暗示他容易跟有所保留或有所隱瞞的人建立關係。我們充其量看到的是酒肉朋友，或是根據已知個人利益或互相算計建立的關係。我們也透過水星看到公開敵人，對方有相當的制衡能力（水星幾乎

合相下降點），也會對希特勒表現憤怒或競爭（牡羊座）的戰士作風。

　　這讓我們看到十二宮天秤座的天王星，與南月交點形成緊密的四分相。天王星代表驚嚇，與出乎意料、晴天霹靂有關。從敵意的角度分析，十二宮也與**損失**有關。這常代表完全地、悲慘地失去一切：徹底崩潰。當我們把宮位與行星一起聯想，就會發現希特勒業力故事裡的「苦惱」，反映在突然地、無預警地完全失去一切。他的世界在一瞬間瓦解。

　　我們現在還可以加入土星在十宮的經典意義，就是崛起掌權，然後垮臺。這種令人沮喪的預言顯然不一定會實現！不過在這個例子裡，有鑒於土星主宰南交點，我們會注意更黑暗、更可怕的解釋，這是很合理的。當我們看到兩個相位分別肯定同一種想法時，就像在這個例子一樣，你一定要把這個訊息放在心裡：希特勒在前世曾經崛起至巔峰，然後失去一切。

　　我們還有另一個線索：位於天秤座的天王星，這也會加入困難人際關係的整體主題裡，而這是我們已經預見的。希特勒前世的垮臺是因爲一個他不知道的敵人——別忘了在傳統占星學裡，十二宮常代表「祕密敵人」，與七宮的「公開敵人」形成對比。在前世，希特勒是因爲內鬼垮臺。他的世界瞬間爆炸。他在前世可能是自殺結束一生，也可能是被暗殺。

業力成熟時

　　如果要完整分析希特勒的星盤，包括他一生的行運、推運和太陽弧，那會需要寫另一本書。我們在這裡的野心較小。我們與其解開整個故事，不如先替個故事拍一張快照：我認爲在此時已可以說，希特勒的業力已經成熟了。他在一九二一年七月二十九日，他首次以國家社會主義黨黨魁身份登場，牢獄之災

還在前方等著他。那時他還沒寫《我的奮鬥》，但那本書顯然是他的業力模式的浮現。在那一天，希特勒自稱是納粹之王。

當時行運的水星通過他的北月交點——當然與南月交點形成對分相。行運的木星已經快進入與他的南月交點三分相的容許度內，也快與他的金星——火星合相形成三分相。換言之，機會（木星）來敲門了，邀請他說話（水星）。

我們已經看到，這兩個行星與希特勒的月交點軸形成四分相，在這時也被引動。就在他成為黨魁的前兩天，在七月二十七日，行運的火星與他本命的水星形成四分相。就在兩天後，八月一日，行運的水星也與他的天王星形成四分相。七月二十九日剛好落在中間，因此這兩個行運，雖然是比較小的相位，但都在那命中注定的日子發揮作用。

就如一般的原則，通常是要比較重量級的、緩慢的行星才能顯示更宏觀的業力模式。

移動快速的行星只能引動更深沉的主題。行運的冥王星引動了希特勒的野心，而且當時與木星形成對分相，這具有濃厚的業力色彩。與此同時，太陽弧的冥王星與他的月亮形成對分相。因此在他自稱是納粹領袖的那一天，與他本命南交點合相的兩個行星同時接收到來自冥王星的對立！一個是透過行運，另一個是透過太陽弧。有鑒於冥王星偏好從內心深處挖出黑暗，這是兩件不尋常的、重要的大事。業力的浪潮已經碎裂了。

我們要讓這個畫面更完整，行運的海王星（幻想、魅力）正通過十宮，要與他本命的土星、也是南月交點的主宰行星合相。

換言之，這是一場完美的占星風暴。兩個月交點都受到刺激，與它們合相

的行星受到刺激，與它們形成四分相的行星受到刺激。南月交點的主宰行星也
受到刺激。

這再次強調，業力已經成熟了。

希特勒未來可能的業力

　　業力是一種習慣，強迫性地重複模式。我們所有人多少都會重演南月交
點的故事。這是可以理解的，我們必須同情自己。演化之旅是漫長又困難的，
但是一路上有玫瑰、好友和音樂點綴！我們可以看到，希特勒的一生非常符合
他的業力模式。但是他不像阿嘉莎・克莉絲蒂和比爾・威爾森一樣，看不出他
有任何進步。根據他做的事窮凶極惡，我們很容易推想他這個業力的洞挖得
非常深。他之前也曾走過這條黑暗的路，筋疲力盡陷在路旁的溝渠裡。

　　我們之前推論，希特勒在前世，可能是像我們一樣的平凡人，不過若說他
是羅馬尼亞弗拉德三世、蒙古成吉思汗、柬埔寨前總理波布或西班牙殖民者
埃爾南・柯爾特斯，也不是沒有道理的。

　　不過無論如何，我們都能平心而論地說，演化占星學的技巧糾正了我們
傾向把希特勒的星盤，看成溫和又通情達理的！在「善良的」太陽七宮金牛座
和上升天秤座底下，根本藏了另一個完全不同的野獸，人生的計劃完全不同。
**透過傳統占星學看到的這個星盤的「人格」，只是一個靈魂握有的工具，而這
個靈魂曾在一條更黑暗的路上行走。**

　　所以概括而論演化占星學的實用性：讓業力觀點成為傳統心理學方法的
基礎，替它塑形，提供它訊息。讓今生心理的象徵符號與古老的靈魂共舞。你

不只能更深入地解析，也能更正確地看到現實。

　　平心而論，傳統占星學也不完全是錯的。歷史也記錄了希特勒知名的魅力和誘惑力、他對藝術的喜愛、出色的演說天賦——任何一個占星師都會認為這大部分都是真實的，也是可以印證的，不過在這個例子裡，我們只能透過演化占星學保持平衡的觀點。

　　希特勒可能選擇一條更高層的路嗎？這太神祕，超過我能揣測的範圍。我只能知道，如果他是一個學藝術的年輕學生來找我，要我給他一些人生指引，我會跟他說些什麼話。

　　也許，我會很謹慎地用如此直接的字眼描述他的業力故事。這可能會造成傷害。我可能會強調他巨蟹座的北月交點，在經歷了前世的創傷後，在這一世必須休息和療癒。我可能會強調九宮的重要性，還有一個人以其最高價值活出一生的重要性。而我會建議他，巨蟹座的價值將能提供很好的基礎。這暗示了以家庭生活和家庭優先的好處，而在動機的清單上，一定要把它們放在與事業有關的野心之前。我會強調，為了追求最終的幸福，他一定得在親密關係裡，面對前世未解決的溝通課題（水星在七宮牡羊座，與南月交點形成四分相）。這可能包括良好溝通憤怒的情緒。當我們看到與南月交點形成四分相的天王星時，我會鼓勵他非常獨立地（天王星）探索真實的靈性價值和經驗（十二宮），也許是透過藝術，而且某種程度上，一定是透過與一位能信任的夥伴進行親密對話（天秤座）。我會把這些「省略的步驟」列為達成真正目標的必要代價，而這就是根據他至死都深信的價值創造一個溫和、充滿愛的生活——而這些價值就是北月交點巨蟹座在九宮的基本意義。

　　以上這些話都說出了深刻的真理，並用仁慈加以調和。

　　在實際作法中，我會等待訊息——年輕的希特勒說的話，他的身體語言

或動力來源——再擴大討論比較黑暗的主題。如果他給我的訊息是，我可以繼續，結果是利大於弊，我就會提到他的北月交點的主宰行星月亮，與南月交點合相的意義：你如果想要向前走，就必須先回到過去。有些債必須償還，有些眞相必須面對，業力的小雞會在這一世孵化。

　　這些都是眞的。在宇宙某一處的心識流是希特勒必須面對兩種永恆的現實：無法遏止的演化可能性，以及他前世選擇的結果。

第十八章

克里絲汀·約根森

（Christine Jorgensen）

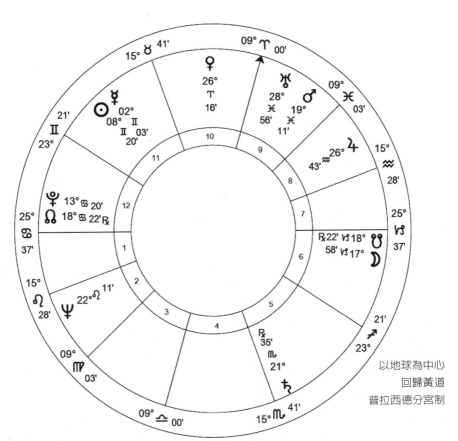

1926/05/30，9:00 AM-EDT，美國紐約市

羅登評比：A

　　克里絲汀・約根森出生時被命名爲喬治・約根森，但他總覺得大自然搞錯了。他在內心覺得自己像個女人。不只是態度和心理，喬治的男性生理機能也沒有正常發育。他在一九五〇年去了丹麥，兩年後回來已變成克里絲汀。

　　媒體爭相報導，他的手術被譽爲史上第一個變性手術。這種說法並不是十分正確。早在一九二〇年代初期，德國就已經出現變性手術，但是在克里絲汀的例子裡，過程中加了一個重要的欠缺元素：女性賀爾蒙。基於這一點，還有一些文化的因素，把克里絲汀稱爲史上第一個變性手術也不爲過。

　　生爲男兒身，但卻有著女性心理，在這樣的生存困境背後有什麼樣的業力？這當然不只是他是個男同志的問題，因爲大多數的男同志都認爲自己是男人，而非女人。

　　在克里絲汀的出生星盤上，南月交點在摩羯座六宮，而且很明顯地與月亮本身有很緊密的合相。

　　過去數千年的歷史，基本上都帶有性別主義的色彩。占星師呼吸的空氣，喝下的水，都有這樣的特質——或是比較善意的講法，他們已經適應了自己出身的文化。在這種背景下，過去有很多占星師——而且悲哀的是，我認爲現在也是如此——都認爲月亮和金星是女性的，而其他所有行星，除了部分小行星，都是男性的。對我而言，這不只是明目張膽地表現性別主義，也是很糟糕的觀察。

　　在歷史上，這世上有少過男性藝術家嗎？他們都是金星的縮影。有少過勇氣十足、火星型的女人嗎？有少過男性的廚師嗎？有少過女性的會計師嗎？所有行星都可以透過任何一種性別來表現自己。這是最根本的現實，我在前面已經提過了。

　　但是根據社會學和文化賦予的性別角色，當我們看到南月交點有明顯的金星或月亮特質時，就認為這是女性的前世故事，這樣的心態並不為過。這針對之前的幾世特別有說服力，這很自然會發生在性別界線更嚴格一致的社會。根據這個南月交點的位置，克里絲汀在某一個前世曾是女性，這是非常有根據的推測。

　　當我們再更進一步時，我們必須認清金星和月亮不是可以互相交換的。在傳統的社會和神祕學背景裡，金星代表女性吸引力、令人沉醉的一面。月亮則會反映多產、孕育、滋養和母性的面向。

　　稍後我們會判斷克里絲汀的南月交點與金星形成四分相。我們在這裡可以肯定地說，金星也屬於這張業力地圖的一部分。追根究底，某種「性感、令人渴望的」女性特質令他苦惱，而他認同的是「滋養、協助」的女性面向。

　　現在情節開始變得沉重，而我們知道必然如此。我們大部分的人都曾以不同的性別輪迴轉世，但從來不會想到去糾正「大自然的錯誤」。所以在很久以前，在某一個前世，關於這一點，一定有事情出了差錯。

　　南月交點在六宮，這是經典的「奴僕」宮位。再加上摩羯座，強調職責和責任。通常最好的作法是從分析南月交點的星座和宮位開始，然後再找出其他調整的行星。

　　在克里絲汀的例子裡，月亮的特質非常顯眼，讓我忍不住直接先討論它。我們馬上可以看到在六宮和摩羯座的職責背景裡，月亮的「滋養」主題有更卑屈的意涵——勤奮工作的摩羯座與奴僕宮位產生強烈的互動，因而產生順從、義務和效率。這位「母親」是因職責和服務而生。她感受到的愛可能是很真誠的，但卻是受到約束才能被愛，必須在謙卑和限制的情況下才能被愛。

　　如果再深入探究，按照標準的方式，我們現在必須考慮南月交點主宰行星的狀況，在這個例子裡是土星。我們知道分析這個行星將能帶個這個故事另一個面向，或另一個章節，重點會放在更深入掌握克里絲汀前世的身份意識（之後再透過形成相位的行星來推敲情節）。

　　土星逆行在天蠍座五宮。五宮常與喜悅和創造力有關，但是這都不符合我們到目前為止看到的主題，也看不出跟土星在天蠍座有什麼關係。傳統上，五宮也是子女宮──我們終於有斬獲了。「母親般的照料」、職責、服務和責任，這些都是當我們提到孩子時，很自然會想到的主題。關於孩子，有很多事要做！我們終於找到一個角度，看出南月交點的主題與土星的主題和諧且合理地並存著：滋養的職責，以及滿足小孩的需求。

　　現在我們的詮釋開始吻合了。

　　不過現在，我們還要留意另一個被強化的主題：天蠍座和五宮本質上都與性有關。性與繁衍有很明顯的關聯性，所以現在馬上出現另一個與孩子有關的主題。不過，五宮的性通常都是婚姻之外的性，或是結婚之前的性。所以，我們先記下這個性的問題，把它放在心裡。

　　有時，當我們在具體呈現一個月交點的故事時，像這樣一個未收尾的訊息就消失了。但有些時候，它會變得很重要。我們要留意一些一開始似乎無法加入整張拼圖的元素。特別是在這個例子裡，這張星盤已經提到這個主題兩次──再提醒一次，五宮和天蠍座都能代表性，而我們也在五宮找到克里絲汀南月交點的主宰行星。

　　不過接下來，我們還有金星與南月交點形成四分相、冥王星與南月交點形成對分相的相位。我們稍後會討論。不過到目前為止，我們已經知道克里絲汀在前世是什麼樣的人。南月交點、南月交點的主宰行星，以及與南月交點合相

的行星，可以釐清這方面的資訊。讓我們評估一下，到目前為止，我們對她的「性格」有什麼樣的理解，然後再看看冥王星和金星能添加什麼樣的情節。

關於她的性格，我們有很好的理由認為，克里絲汀在前世是一位服務他人的女性。所以她有一個或多個主人。她會盡責且溫順地接受指令。而她的任務是很艱困的，永無休止的（摩羯座），傾向於月亮的工作：滋養、哺育、清潔和照顧——與生存有關的日常卑微工作，或是在父權制度下所謂的「女人的工作」。她可能真的是一位奴隸——並不是在棉花田裡，而是在一個家裡。她的職責可能與小孩有關，這可以從五宮的土星獲得印證，而且很可能不是她自己的小孩。

克里絲汀很可能是我們現在所稱的奶媽或女傭。至於她的個性，結合摩羯座（南月交點）和天蠍座（南月交點的主宰行星）的能量結合，代表她天性多少有些嚴肅，甚至可能哀傷或憂鬱。這很合理，因為她無法逃避這種「奴役」，完全沒有出口。對外，她被苛求的環境和永無止盡的責任綁住。於內，她已內化形成「卑微」的自我形象。

僕人會服侍主人。克里絲汀服侍的對象是誰？我們在南月交點的對面發現冥王星，位於十二宮的巨蟹座。這個行星很適合代表一個指使她的人。對分相告訴我們，她的主人是「無法觸及的」，也可能代表她無法應付的「現實的磚瓦牆」。

我們把冥王星擬人化成她的主人。我們之前已經看到，把與月交點形成相位的行星擬人化成實際的人物，這是非常管用的做法。而當我們看到六宮的南月交點時，我們必然會尋找一些關於主人的證據，以及關於主人本性和動機的資訊。

不過，我們也不要忘記，這個對分相的冥王星也可能代表一些與人無關

的事物——她無力應付的可怕的、無法逃避的現實。例如，我們很容易想到這是經濟和社會結構的「磚瓦牆」，導致一個年輕女子居於服務的位置，藉此維持生存。在十七世紀的英國，有多少廚房裡的女傭會想要在街上討生活？有多人可以擁有比維持奴役更好的地位？

現在我們把注意力放在冥王星，認爲這就代表主人本身。這告訴我們什麼訊息？他是「冥王星作風」，個性可能很情緒化、苛求又陰鬱。巨蟹座和十二宮的影響力強烈暗示他可能有所隱藏，有些私密的事，有些事情不爲人知，有些事情無法攤在陽光下。

而他握有所有王牌。他就是現實的磚瓦牆。你只能服從主人，沒什麼可以商量的。

還記得我們前面有一個未收尾的訊息嗎？南月交點的主宰行星土星在天蠍座五宮，帶有性的意涵——但這指的不是婚姻關係裡的性，而是「婚姻之外或之前的性」。當然土星也有職責的意味，無論我們喜歡與否，我們都必須做。現在該把這些爲收尾的訊息融入我們的故事了。

我相信，克里絲汀的主人在前世曾在性方面佔過她的便宜，她覺得無力抵抗他，不是因爲慾望，而是因爲當時狀況的實際「政治」考量。此外，她還被迫保密。揭發這個祕密的結果遠比保密來的更恐怖，更像一場夢魘。現在做一個簡單的確認，我們很自然會反射想到，綜觀人類歷史，在社會、性別和經濟極度不平等的情境裡，女性天生就會面臨這種特別的危險。

關於克里絲汀未解決的業力的情節，我們還有另一個線索。金星位於十宮牡羊座，與南月交點形成四分相。因此，這代表某個在前世令她苦惱的事，而且因此導致有些事情沒有解決。

讓我們從苦惱開始。我們已經看到，在歷史上，金星時常意味著女性，特別是展現希臘女神阿芙蘿黛蒂般的性吸引力和性嚮往的女性。透過這個四分相，我們可以看到這位女性與克里絲汀是敵對的關係。金星在牡羊座又更加強調了這種對立的感覺。這位女性可能很強勢，而且脾氣火爆。當金星在十宮時，她可能有權有勢，擁有地位。她也可能很強悍、很有野心，好與人爭——這些都是十宮牡羊座的特質。

有鑑於克里絲汀是僕人，我們很自然會想到，這個金星代表她的女性主宰者，也就是她的女主人。金星在十宮，非常具體地揭露在克里絲汀的眼中，這位女性的社會階級地位高於自己。這個線索毫無瑕疵地支持「女主人」的詮釋，在考慮所有因素後，這可能是這個相位最簡單的詮釋。此外，這個金星也代表一位強勢的、熱情的女性，很優雅，但可能因為太強悍，很難被認定為美麗。她只有在僕人打擾惹怒她時，或是做不好一些小事時，才會注意到僕人的存在。

我們當然已經在冥王星裡看到主人的形象，而且既然我們已經堅信從金星裡面看到女主人的形象，就更能透過刪去法，支持這裡的冥王星的主人是一位男性。

很有意思的是，冥王星和金星的星座形成四分相，雖然容許度太寬，就技術而言，兩者不足以稱為四分相。但是在我看來，這代表克里絲汀前世的兩位主人之間的關係不和諧，而他們會設法避不見面，藉此避免衝突。克里絲汀與其中一個人形成「四分相」，又與另一人形成「對分相」，讓她成為他們之間某種橋樑。但這是一座破損的橋樑——妻子用壞脾氣和憤怒來荼毒她，丈夫又製造了另一個無法逃避、更徹底又卑鄙的問題。

有任何和諧或支持的元素嗎？土星與南月交點形成六分相。克里絲汀可

能真心喜歡那些小孩。根據我們形容南月交點柔和相位的標準說法，她對小孩的愛「支持她做傻事」。在這個例子裡，她對小孩的愛可能成為另一個不要讓局面失衡、維持扮演保護角色的原因。

火星也與九宮雙魚座的北月交點形成六分相。她可能從宗教獲得一些安慰，這可以從北月交點的星座和宮位看出端倪。這種宗教可能強調勇敢殉難的美德（火星雙魚座）。基督教和伊斯蘭教都是很好的例子。

當一個行星與南月交點形成四分相時，一定代表前世有某件事未解決，如果我們要往北月交點的目標前進，我們一定得體驗或糾正這件事。與南月交點形成四分相最困難的一點在於，在現實世界裡，我們會對令自己苦惱的人或事感到憤怒。所以我們很難收回投射，在自己身上找到這樣的能量。

你想像自己處於克里絲汀的位置，你認為女主人會如何看待你？她的打扮精雕細琢，你可能還幫她著裝，對她的衣服、化妝和珠寶瞭若指掌。你甚至可能偷偷試穿戴過一兩次，很害怕她會回來，看到你穿她的東西。她對你非常嚴厲，通常都對你視若無睹。她像高傲的女神，世故又優雅，對你來說太遙遠，而你知道自己永遠也無法成為那樣。你渴望那樣的魅力，但又很怕自己有這樣的渴望。

到了這一世，克里絲汀必須解決這個未解決的問題——找到自己與希臘女神阿芙蘿黛蒂（Aphrodite）的關係。可是身為男人，如果不動手術，根本辦不到！也許我們必須做點翻譯，把阿芙蘿黛蒂稱為「酒神戴歐尼修斯」（Dionysus）或「太陽神阿波羅」（Apollo）。

男人也可以很虛榮，渴望性的崇拜，克里絲汀的生命中有些神祕難解的事，我不會宣稱我能理解。不過有一件事我很清楚，這個結合多種元素的金星，是她前世省略的一步。她現在必須面對，必須去做。基於某些原因，她必

須用實際的形式，融合希臘女神阿芙蘿黛蒂的女性特質。也許這是因為她對月亮原型最根本的責任感。

　　有趣的是，她在手術之後，並不能單單滿足於過著一般女性的平靜日子。她想要自己魅力四射。她想要被關注。當她從丹麥返國時，她成為媒體焦點。當行運的天王星與她的北月交點合相時，《紐約每日郵報》大篇幅報導：「前美國大兵變成金髮美女」。她變成餐館歌手，穿著閃亮的禮服。她會唱《我樂於當個女孩》這種歌，然後在最後壓軸時換上神力女超人的服裝（試想一下金星牡羊座！）。

　　她「未解決的課題」不只是一般女性化的想法，而是非常明確表現十宮牡羊座的純粹、自信、顯露於色的阿芙蘿黛蒂能量。

　　當然，克里絲汀當時也承受很多笑話的攻擊，其中一個常聽到的就是，「她去了一趟國外（aboard），變成一個娘兒們（a board）」。但是我們還是佩服她的勇氣和激烈，從她女主人那個醜老太婆身上，找回自己與致命女神原型的關係。

　　冥王星也代表另一個更激烈的挑戰，無論是從本質上而言，還是透過對分相。冥王星總是象徵了生命必須給予的最黑暗的潛能。當冥王星與南月交點形成對分相時，代表一個人在前世曾經面對過恐怖的事。到了這一世，那個夢魘仍然原封未動，非常強烈。根據克里絲汀月交點的結構，我們認為冥王星代表對她性虐待、性剝削的主人。

　　當我們誠實討論冥王星時，我們一定要準備面對不舒服──這就是冥王星的本質，還有它代表的事物。我們能想到最黑暗的男性能量的表現，就是能徹底地、毫無疑問地掌控生育的、月亮的女性能量──這種女性能量是否要仰賴男性才能生存？我們若是過了十二歲，就一定知道答案。

然而，根據精神不變的法則，如果想要療癒冥王星代表的未解決的課題，就必須收回投射。但是克里絲汀要如何與男性能量和平相處，當她知道這其實就是撒旦的化身？根據她的現實遭遇，她又如何認為自己的感覺只是一種「心理投射」。（一個在達豪集中營的猶太人如何原諒納粹？一個在傷膝河大屠殺的拉科塔族人如何原諒白人？）

關於這類的問題有很多答案。但我們先用同理心看待這些問題代表的窮凶極惡。表現在克里絲汀業力特徵裡的傷痛經驗，不只真的對她的靈魂造成直接傷害，而且還粉碎了她的尊嚴和自我價值感。她被「金星女性能量」（她的女主人）的化身排拒，還被男性能量（她的男主人）性剝削。

根據這樣的前世經驗，你可以想像當她輪迴轉世成為男兒身時的震驚！這就是「喬治」‧約根森一出生就面對的狀況。試想他對自己的陰莖的憤怒和心理恐懼。他的男性生理特徵發育受到阻礙，其實是根深蒂固業力模式造成的生理影響。這些業力印記就是如此徹底，如此深刻。

克里絲汀是一個很極端的故事。我們可預見，月交點的故事也會很極端。在認識她的實際處境時，占星學的重點在於這些力量的互動。首先，她由衷認同受傷的女性能量。其次，她對與男性有關的事物具有深刻憎惡和恐懼。再者，她省略的一步就是，自己沒有公開鼓吹金星令人渴望的一面。

北月交點落在十二宮巨蟹座。這些符號讓我們把注意力轉移到克里絲汀基本的再生和演化可能性的主題。巨蟹座代表自我照料和療癒的需求。經歷傷痛後，我們很自然地需要安靜，需要讓自己與外界保持一點距離。我們可能比較想待在家裡，而非出門。我們有時就是需要哭一會兒。這些都是巨蟹座的特徵——也是克里絲汀療癒的方式之一。

十二宮也會邀請我們走上靈性修行之路，又或是像巨蟹座一樣，縮回自己

的殼內。克里絲汀最終會是在這些方向裡獲得療癒。

但是還不僅如此。還有一個重點是，北月交點的主宰行星月亮，與南月交點合相。所以她的接下來的演化，必須要重新走過一次自己的業力故事。當北月交點的主宰行星在南月交點時，通往未來的路會穿越過去。克里絲汀如果要進化超越我們之前提到的靈魂牢籠，就必須走回頭路，直接面對月亮的傷口。這些傷口沒有這麼簡單就「過去」。她必須從不同的觀點再度活出這齣戲碼的元素。

當我們看到冥王星與她的北月交點合相時，這個主題又重複出現。我們在這裡看到冥王星的另一個面向，不同於與南月交點形成對分相。這裡不再是黑暗冥王星象徵的野獸，我們現在看到更高層的表現：冥王星這位心理大師，這位薩滿會引導我們進入地府，然後再次回來，找回我們被偷走的部分靈魂。當月亮主宰北月交點，但與南月交點合相時，冥王星告訴我們，克里絲汀必須把過去再活一次。這就是冥王星的任務：誠實挖掘心理歷史的地層，把它當成這一生或前世的素材。

此外，我們已經知道金星是「省略的一步」。克里絲汀為了向前走，為了能獲得療癒，首先必須體驗純然的金星力量。她需要成為神力女超人。她必須在榮耀、掌聲和關注的療癒光芒中，讓自己的羞恥消散無蹤。之後她才會變得夠強壯，能去進行內心的冥王星功課──超越、原諒和賦予力量。

克里絲汀成功了嗎？這個過程真的需要動變性手術嗎？我不能評判這些，而且說句真心話，我也不認為你可以！身為一位演化占星師，我只能說，她與兩種性別都有很一些很深刻的、未解決的功課。

我還會補充，根據她過去業力受到的羞辱，她繼續向前的路就在於感覺自己具有充滿能量的、擁有權力的可能性。這必須在她理解之後，在自己的療

癒方向做出徹底的、冥王星式的自由選擇。這也代表最終極的藥方來自於巨蟹座北月交點最高層的表現，向帶著這樣傷口的靈魂說：「我愛你，因為你值得。」

　　肉體與靈性、身體與心智的互動是很複雜的現象。若是忽略這其中的任何元素，都是很愚蠢的。外顯的物質世界最終都是從輪迴轉世、不斷學習的心智出發的。它就在那裡，在深刻的意念裡，一定會出現我們最基本的功課。

　　而如果實際穿上一套神力女超人的服裝，能對心智有正面的影響，那就把披肩和閃亮的鞋子也都穿上吧。

第十九章

卡爾·古斯塔夫·榮格
（Carl Gustav Jung）

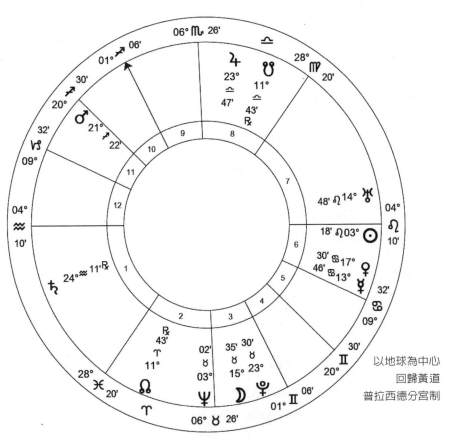

1875/07/26，7:32 PM GMT，瑞士凱斯威爾

羅登評比：A

心理學這個行業大概只有一百年的歷史。任何研究早期心理學的人都會不斷看到兩個人名：西格蒙德・佛洛伊德（Sigmund Freud）和卡爾・古斯塔夫・榮格（Carl Gustav Jung）。他們獨樹一格，各有天才之處。

佛洛伊德先出現。不過大部分現代心理學占星師都覺得跟榮格更有共鳴，更像同路人。榮格就和我們一樣喜歡象徵主義。這個世界、心智，還有所有曾經發生的故事，一切都如夢一般等著他解讀。他本身就是占星師。也許更重要的是，他在二十世紀創造了一個具有說服力的古老男巫原型。當這把巫師之火可能被熄滅時，他讓火焰繼續燃燒。

沒有榮格，心理占星學可能完全不存在，是他為我們現今的地位建立基礎，帶領我們走出算命的黑暗，給了我們方向。就我個人而言，我自知我在心智和靈性上受惠於榮格，對他的虧欠遠多於對任何鑽研占星學的前輩們。

榮格的極致天才充分展現在他的出生星盤裡。他的上升是寶瓶座，星盤的主宰行星天王星就在對面的下降點。他「老者」的人格面具反映在一宮的土星──而這是他在這世上的「記號」，他的人格面具。你常看榮格年輕時的照片嗎？他當然曾經年輕過，但歷史希望能記住他如百花盛開的土星老年。土星也在寶瓶座，這是另一個天才的象徵，融合了美麗的男巫原型。

太陽在獅子座，這是王者的星座，但是在六宮，意味著他感覺與其他歷史上神話製造者有血統關聯，也代表他對於純勞務的工作駕輕就熟，而這個特質也獲得強勢土星的呼應。

我絕對不會想把榮格所有的著作都扛在背上！但如果我必須扛著它們走一千英里，才能讓它們流傳下來，我就會做。它們是聖書，對我的靈魂而言有如珍寶。榮格的三宮（寫作、教學）有月亮與冥王星合相在金牛座。粗獷的、務實的本能，尊重「原始」，而且能犀利穿透事物表面的能力，這些全都展現在

這個相位裡。

　　所以榮格誕生之前是哪一個偉大的靈魂？他如何帶著天賦來到這世上？而且，為了符合我們的目的，他生來必須面對哪些未解決的業力課題？隨便造神是很危險的，而這也不是我們的目的。我們想要更赤裸地檢視榮格，從這個男人，這個演化中的靈魂去看，而不是模範人物。他帶了什麼包袱來到這世上？

　　我們要分析業力時，一定是從南月交點開始。榮格的南月交點是天秤座，在八宮宮頭。我們知道，這裡有兩個巨大的原型領域——星座和宮位——互相交錯也互相加強，而我們會在此找到故事的主軸。

　　天秤座：平衡、優雅、禮貌、文明的價值、關係、美學、創造技巧、對矛盾和模稜兩可的包容，與人融洽相處的能力。

　　八宮：死亡、洞悉心理的能力、清醒面對死亡、性的連結、複雜的人際互動、繼承、天生的魅力或世俗的權力、與魔法或薩滿領域的接觸。

　　這些特質都很有幫助。我們可以看到當榮格在當心理分析師時，展現其中大部分是好的特質。但是當南月交點在這裡，我們知道，我們永遠必須留意陰暗面，這是他自己的用語。南月交點基本上代表我們受傷但無法放下的地方，也因此受限。最簡單的說法就是，這永遠代表我們前世做錯的事，或是我們想要糾正錯誤時遭受的傷害。而演化占星學最可靠的實用原則就是，我們至少會在今生的際遇裡看到這些未解決課題的印記。我們通常會看到其中一大部分根本就像是全盤重演。

　　所以讓我們用更謹慎、更批判的方式重新匡列天秤座和八宮的特質：

天秤座：猶豫和躊躇不前、無法選擇、無法許諾或忠於一種路線、高度敏感和緊張、虛榮、關係的戲劇化、依賴、懶散和怠惰、不誠懇的奉承，沉溺於舒適、偽善。

八宮：情緒化、獨善其身、病態、對死亡有迷戀般的恐懼、炫耀權勢、源於剝削的誘惑、性方面的強迫性和戲劇性、欺騙和背叛。

我們當然很肯定榮格的一生裡有許多上述的正面和中性的特質，但我們相信一些比較黑暗的特質也會發揮存在感。

我們看到了哪些模式？絕對是關係的課題。這對天秤座和八宮都很重要。這裡還有天秤座的優雅和禮貌，而八宮通常都代表權力，當然還有繼承和「他人的錢」。這也暗示在前世，榮格已經很熟悉社交方面的安逸和地位，這可能是透過躋身上流社會的婚姻，或是出身上流階層，與「門當戶對」的對象結婚。當天秤座與八宮的特質互相交錯、互相加強時，就會浮現這些想法。

在現實生活裡，榮格的母親出身富裕家庭，但他的父親是瑞士歸正教會的窮牧師。榮格的成長過程心懷謙卑，不過他很確定自己從小就擁有兩種人格。其一就是他外表的模樣——瑞士的小學生。而另一個很顯然的就是「尊貴、權威、具有影響力的十八世紀的男人」。（榮格在《榮格自傳：回憶·夢·省思》說過這個故事。）我懷疑這其實是業力的記憶。

在一九〇三年情人節當天，榮格娶艾瑪·勞珍巴克（Emma Rauschenbach）為妻。艾瑪出身瑞士富裕家庭。他追求她七年。在結婚當天，他二十七歲，太陽弧月亮與本命的南月交點形成三分相，剛出相位零·五度。「繼承」財富和地位的業力將面臨報應。

天秤座會看到他者的觀點。在親密八宮的現實裡，觀點常會受到挑戰，這

完全是因為我們大聲嚷嚷自己的傷口、需要和恐懼。當南月交點在這個位置時，清楚意味著榮格在前世不只享受過社交方面舒適的親密，而且還是「深刻的」親密。這代表了複雜的親密性，充滿原始的情感，以及來自雙方父母過去的陰影。這條親密之路並不容易，至少在一開始是跌跌撞撞的。

根據南月交點的棘手本質，我們不會認為榮格在前世總能成功地處理這些人際關係的挑戰——其實親密關係的失敗將會是這個分析中最重要的主題。不過，加分的是，榮格的確在前世非常直接地經歷過這些風暴。他無疑從中學習成長，也知道如何避免傷害。他的確走過這條熱情的道路，而疤痕和智慧就是證據。

我相信榮格前世體驗過這種複雜的性親密的心理大雜燴，為他這一世的天賦奠定了重要基礎。這就是為何他知道阿尼瑪（anima）和阿尼瑪斯（animas）、情結、原型的夢、人格面具和陰影等。在這一世前，他曾經在自己和對方身上，近距離地見過它們。

我們不能排除榮格曾經受過玄學的訓練。這對一般大眾而言，顯然是很小眾的主題，但這是八宮象徵意義中很重要的核心部分。若要論神祕主義，我們要看十二宮，但若要論黑魔法和白魔法、占卜、薩滿主義、巫術和「力量」，就是八宮的領域。榮格一生公開的經歷，可以支持這種解釋，雖然這種解釋會令人陌生，充滿異國情調。榮格對鍊金術、占星學、薩滿主義這些「邊緣」或「玄學」的傳統非常著迷。

接下來還有更多線索。我們這才剛開始。

讓我們把注意力轉向南月交點的主宰行星。當南月交點在天秤座時，我們就會注意金星，金星位於六宮宮頭巨蟹座，與五宮的水星合相。這其中有很多訊息。我們可以從中為詮釋添加許多細節，並找到焦點。

　　巨蟹座就是螃蟹，是靠著殼才能生存的生物。就心理層面而言，這代表永遠必須捍衛自己的敏感。他們很脆弱，所以必須在自己和殘酷的現實世界之間豎起一道牆。所以巨蟹座很自然會傾向家和家庭。害羞也是巨蟹座很常見的特質，至少在社交方面有些謹慎。由於是水象星座，所以是充滿情感的，再加上金星，所以這是愛的情感，特別是有浪漫性質的愛。我們再把巨蟹座與大自然母親的滋養原型連結，就會與仁慈、迫切渴望幫助、滋養和支持他人有關。金星在六宮，馬上強調了幫助這個主題，六宮一般代表了服務和支持的角色。

　　我們這裡是否有矛盾之處？前面我們提到象徵優雅、佔有社交優勢的婚姻、體面的社會地位。現在又我們看到僕人？

　　破解這個矛盾的關鍵在於，要更豐富了解六宮的意涵。不是所有的「僕人」的社會地位都很低。我們可能位於社交金字塔的頂端，但還是要聽令於人。其實在某方面，地位越高，命令就越嚴厲。誰在日常生活中比較自由？是單親勞工媽媽的小孩，還是總統的小孩？是遊牧移工還是七四七噴射機的共同駕駛？

　　六宮也代表家族血統的羈絆。我們會在年長者的帶領下接觸傳統，然後被期許能延續傳統。當巨蟹座和所有象徵婚姻的符號湊在一起時，在榮格的身上，這可能代表一種與維持社會地位有關的家族傳統。這也可能是一些藝術或工藝的傳統。

　　我們前面根據榮格南月交點在八宮，推測他在前世可能接觸過玄學的傳統。現在我們可以對此再深入討論。當金星從六宮主宰南月交點時，我們看到榮格處於「接受命令」的位置。就某種意義而言，他是「僕人」。那麼在薩滿主義的背景裡，這代表什麼意思？我們馬上想到巫師的門徒。那在傳授玄學的學校裡呢？榮格可能是新生。

八宮也與性有關，不過這也可能有其他意義。當有金星的元素加入時，要是忽略情色情愫的暗潮流動，那就太假正經了。有很多玄學傳統會有意識地接受並利用性能量——古印度《慾經》，還有一些威卡教和道教的分派，就是很明顯的例子。還有東方的譚崔修練，性有時會扮演次要角色。我們也可以想到現代西方修改版的「譚崔」，以及相關的幻覺、幻滅和潛力。我強烈懷疑，榮格在前世曾經接受過這類傳統的啓發和訓練。

現在要檢視一下，我們搜集線索的進度了。我們已經有一個「好的婚姻」。我們也看到一個從屬的角色，但有一些社會地位。我們還有性感的巫術。換句話說，這些資訊根本就是風馬牛不相及。但不要擔心！這就是我們在這個階段希望看到的。

記住，我們分析策略的重點就是，盡可能把所有可能的象徵都放在檯面上，越久越好。我們必須看到全貌，才能有把握決定哪個是主軸，哪些可以放心捨棄。讓我們繼續分析。我們還有更多東西要掌握。

雖然並不十分牢靠，但傳統上都把金星視爲女性。我們一直強調，現代占星師必須根據現實改變性別角色和期望，而這基本上意味著，在現代，任何行星都能具體代表任何性別的人。

不過在歷史上並非如此。當我們看到一個強勢的金星與南月交點合相時，我們一定要記住這個前世，若回到歷史去看，當時的年代是「男孩總會是男人，女人一定曾經是女孩」。所以，當我們把這當成前世是女性來處理時，通常都很有成效——但要記住，這也很可能是一位男性藝術家或外交官。也可能是一位男同性戀。

換句話說，我們現在檢視的榮格的前世，可能是一位女性，同時有女性的經驗。

這裡還有更多線索。此外，金星與水星的合相在巨蟹座，但是在五宮，而非六宮，這也會影響金星。當一個行星與南月交點主宰行星合相時，就像替一個名詞增添形容詞。我們都知道榮格是「金星人」，現在又知道這是五宮的金星人，還有水星的色彩。現在來看看，這能添加什麼資訊。

這裡的水星暗示榮格充滿好奇心，熱衷學習，也許是一位學生。他喜歡體驗和刺激。就卜卦占星學而言，水星常代表年輕人。跟年長者相比，年輕人比較浮躁，步調比較快，而且往往比較熱衷追求新經驗，這些都是水星與年輕人有關的基本原因。

但這裡很重要的是，別忘了水星也可能代表其他可能性，就像金星不一定永遠代表女性。水星可能是送報生，可能是語言學家，也可能是小偷。但有些經驗是只限於年輕人的。這時跳出最明顯的可能性之一就是求偶，而我們會發現求偶和戀愛都是五宮很重要的元素，所以這個主題又被強化了。無論何時，當我們看到主題被強化時，都要嚴肅看待。

當這裡加入水星的元素時，很有幫助的思考方向是，要記住我們討論的榮格可能是一位年輕人——這代表在前世，他在人生早期就已留下重要的生命經驗。根據我們到目前為止看到強烈的關係傾向，並把範圍設定在從代表從屬地位的六宮，把榮格想像成一位年輕人，是很符合整體背景的。年輕人通常都會被比自己年長的人頤指氣使。這種想像很容易融入漸漸出現的所有比喻裡，而且也符合我們正在尋找的方向。

金星與天秤座的原型與對稱、散發魅力的平衡有關。我們會發現，它們的表現令人賞心悅目。榮格在前世的外貌可能很迷人。更深入一點，我們大部分人很早就知道「漂亮」和「性感」的差異。我們都知道漂亮不一定性感，性感也不一定漂亮。但是榮格在前世是兩者兼具。八宮代表性感，金星和天秤座則

是「漂亮」。所以我們有很多理由足以相信榮格很有吸引力，而這張星盤如此努力地讓我們看到這個元素，就代表這個訊息很重要。

我們如果認爲榮格曾是一位女性，就可以增加第三個特點。就冷靜的臨床觀點來看，大部分異性戀男性認爲一位具有性魅力的女性，都具有代表生物生育的特質——窈窕的曲線、胸部、盛開的青春、看起來不曾生過孩子，諸如此類。而且生育是巨蟹座的領域，代表榮格業力的金星和水星也都是巨蟹座。即使他前世身爲男性，這也常代表他對異性戀的女性而言是一位「好丈夫」。

這個世界非常重視肉體吸引力的特質。不過，運用你的智慧自問：是否有些危險與年輕、女性、具有特權又有性魅力有關？她可能被當作一種獎賞或戰利品？或是把這想成一位具有同樣特質的男性呢？這是否可能指的是，無論是哪一種性別，他或她都具有「特權」的地位，但是受限於命令和奴役？

在我們得出任何明顯的推論之前，先檢查一下，我們是否還能爲這一堆訊息添加更多線索。請牢記，我們的策略就是把所有的線索攤在檯面上，然後再做出確定的結論。

這裡是否有任何行星與南月交點合相？木星距離十二度，對我們的解讀而言太陽較遠，但也很符合我們討論的特權課題。這讓我們對自己的詮釋更有信心，但僅止於此。

是否有任何行星與南月交點形成強硬相位？我們很熟悉的金星水星合相與南月交點形成四分相。這讓我們不得不從第二種觀點來看待這兩個行星。水星與南月交點非常接近準確的正相位，只差幾度。金星距離比較遠，但仍在接近六度的容許度內。我們在看到一件在前世爲榮格帶來麻煩的事，讓他苦惱的事。

　　讓我們先關注金星。它在這裡顯然扮演了雙重角色——南月交點的主宰行星，還與月交點軸形成四分相。我們可以繼續運用到目前為止發現的所有線索，但是透過這個四分相，還有更多可以發掘的。對於初學者而言，我們馬上知道，可以為一個想法加上另一個驚嘆號，意即榮格的業力基本上就是金星人。因為在月交點的分析裡，金星已經出現兩次。

　　按照形式，掌管南月交點的主宰行星（或是與南月交點合相的行星）可以為我們前世的身份意識提供一些資訊。這與我們的價值觀、動機和自我形象有關。這也攸關我們如何看待別人，以及別人對我們有何期待。

　　按照形式，與南月交點形成四分相的行星，曾為我們製造麻煩。它令我們痛苦、攻擊我們、令我們困擾。這通常代表一個人跟我們有敵對關係，或是挑戰我們。無論這個行星代表什麼課題，我們都知道在前世結束時，這個課題沒有被解決。所以到了這一世，它還徘徊不去，懸而未決。我們必須面對它，收回對它的負面投射，用有益的方式整合它的能量，建構前世省略的一步。我們如果想要往前走，就必須先把它做好。

　　在榮格的星盤裡，金星扮演了雙重角色。它同時代表了前世的他，也代表了令他痛苦的事。因此，是他在傷害自己。他為自己製造麻煩。他搬石頭砸自己的腳。換句話說，他是自己最糟的敵人。

　　此外，榮格為自己創造的麻煩帶有金星本質。我們必須清楚理解一件事，那就是很多人因為情場失足，讓自己陷入困境！其實，我們如果有一點智慧和成熟度，就很容易知道這些錯誤只是人生學習曲線的一小段。每個人都要犯點錯才會成長。你如果在甜美的十六歲時，在一週內跟兩個人接吻，這可能不會出現在你下一世的南月交點裡！換言之，我們必須檢視一些更複雜、更緊張的事物，遠勝過於年輕時單純的性實驗。有很多方式，會讓我們因為性而陷入

危險。這裡的根本課題是什麼？

　　我們先從對金星的了解開始。金星是巨蟹座在六宮。這可能代表儡人的魅力，但是順從的（六宮），也可能有些害羞（巨蟹座）。這裡有家庭傾向。而家庭，通常都會發號施令。

　　一個「好人家」通常會給可愛年輕的女兒什麼樣的命令？這可能有很多答案，但最可能的就是保持貞潔，避免醜聞，而且最重要的是有一個好婚姻，生兒育女。不要忘了，榮格可能是男性，那這些命令會如何改變？這可能變得不多，雖然可能比較不強調貞潔。而在歷史上，什麼是「適婚年齡」？當然是非常年輕的年齡，至少以我們現代的眼光看待是如此。而榮格順從接受。

　　他可能發現自己還在青澀年紀就已「結了好姻緣」。這裡還有兩個生育的象徵——金星在巨蟹座，水星也在巨蟹座，落在五宮（小孩）。當金星在六宮奴僕宮，榮格必須服侍三個主人：小孩、配偶和家庭。

　　很多人會在婚姻和爲人父母中找到滿足感。但是榮格在前世並非如此。記得他因爲金星「痛苦」。渴望體驗熱情、赤裸和轉化的親密——這是南月交點在天秤座八宮的根本意義——這與他被設定成爲一個美麗與服務的理想個體正好衝突，無論他是男性或女性皆然。他也被認爲是「可愛的」，也可能會被摸頭稱讚。

　　這裡還有另一個基本的緊張狀態，也有些複雜。接下來讓我們攤開兩手，看看兩手各自拿了什麼籌碼。

　　在右手這邊，這裡有許多符號強烈象徵忠於家庭、盡責和忠誠。八宮的性是很深刻的。這裡沒有逢場作戲的性愛。天秤座會想要討好，也代表持久的伴侶關係。巨蟹座有家庭傾向，要慢慢地打開心房。六宮則是會遵守規則。

在左手這邊，我們可以在水星上看到高度好奇的特質，這會修飾他的金星。水星想要經驗和知識。在五宮，它會被求偶的獻殷勤吸引，會被互相揭露、互相著迷的極度興奮的過程吸引。它會回應自然出現的需求，回應年輕人開始整合自己性能力的行為：實驗、廣泛的經驗、試水溫。

我們現在歸納這裡的平衡狀態，結論是左手會勝過於右手。但我們可能漏掉一個重點：我們分析的基礎，永遠都是以星座和宮位來論南月交點的位置。榮格的靈魂目的是體驗我們稍早提到的熱情的、心理和性的親密性。這股慾望是不會消失的，也不可能在「門當戶對的婚姻」裡獲得滿足，尤其這個婚姻基本上是榮格前世的父母選擇的，而不是根據他天生慾望做的決定。

此外，榮格在前世是天秤座、金星人，他（或是她！）志在取悅他人。特別是加入了六宮元素，我們會看到順從的特質。而根據當時的現實狀況，一個魅力四射的年輕人可能會收到哪些「命令」？還記得金星與月交點形成四分相：美貌（金星）和善良（巨蟹座）在這裡成為困擾。榮格如何拒絕別人熱情的懇求？特別是他們提供的正是自己內心渴望的東西？此時右手和左手打了起來，而左手贏了，至少偶爾是如此的。

不過最後我們在檯面上還有一個線索，絕對能讓天秤偏向「左手」。那就是金星，南月交點的主宰行星，也與南月交點形成四分相。榮格是自己最糟的敵人。這個戰場是由金星、天秤座和八宮畫出界線。榮格用石頭砸自己腳的戰場就是性。

還記得我們一開始分析時，思考天秤座南月交點時，曾把「關係的戲碼」放在清單上。而在八宮的環境裡，我們列出了獨善其身、誘惑和性的強迫性。當然，我們還點名很多其他概念，不過在整體分析背景裡，這些是被強調的。

這裡還有一個重點：基於我們前面提過的原因，我們不能完全確定這個

前世是否為女性。這裡有強烈的金星和巨蟹座特質，的確會讓我們用這個方向詮釋，而這可能是對的。

　　不過把榮格的前世想為男性，這麼做比較吸引我。我的理由很簡單，如果說，按照歷史現實而言，在大部分的文化裡，社會通常比較能接受男人的婚外情，淫亂無度，勝過於對女人的包容。那我發現，這裡缺乏強烈的天王星特質，與業力的符號有直接關係。如果是女人這麼做，我們可以預期會有社會譴責（天王星）。但是男人放浪不羈，通常比較不會受到譴責。注意一下，整體而言，榮格的星盤當然有高度的天王星色彩！不過，天王星在業力分析裡，只跟南月交點形成六分相，看起來他身處的社會裡，其實是支持婚姻外的不忠。當然會有些社會，預期男女兩性都能對婚姻不忠，不過由知名的「雙重標準」主宰的社會，顯然比較多。

　　你現在對榮格前世的性別很困惑？你要重新看待你的困惑，把這視為一種理解。他的星盤無論從哪個性別看都有可信的論點。我們的目標是想出一個能符合所有事實的故事，不要增加任何我們不能證實的象徵意義，並且捨棄不重要的部分。我的結論是，兩種性別都有可能。榮格曾當過男人，也當過女人，而且這些象徵符號很可能至少反映了兩世。我們可能看到了這些複雜的性的長期業力模式，而榮格曾經從兩個性別體驗過這種模式。

　　現在要來確認現實是否忠實反映了星盤。榮格娶艾瑪‧勞珍巴克為妻，提升了社會地位，直到她一九五五年離世。他們育有五名子女。在這段維持五十二年的婚姻裡，榮格公開出軌，至少與兩位前病患有長期的婚外情，一位是莎賓娜‧史碧爾埃（Sabina Spielrein），一位更有名的是托妮‧沃爾夫（Toni Wolff）。

　　榮格與沃爾夫在一九一四年開始他們的關係。他的太陽弧金星在一九一

三年九月與他的土星形成對分相，這想必強化了潛伏在他靈魂中對浪漫和性渴望的業力傾向。

他們的關係一直延續到一九四〇年代，換言之，持續了三十年。我們可以在這裡看到榮格古怪、模糊的業力特徵——天秤座、巨蟹座，以及八宮的忠貞，與更狂野、比較淫亂的元素混合在一起。而他們的婚外情也持續很久，比許多婚姻都長。但是即使在這段婚外情裡，榮格也不忠實，還是有其他女人。

艾瑪·榮格一開始因為榮格與沃爾夫的關係崩潰，但是對外，她平靜地接受這件事。沃爾格甚至常常在週日到榮格家共進晚餐——我們又看到這段婚外情古怪的家庭（巨蟹座）特質。不過當沃爾夫一九五三年辭世時，榮格沒有參加她的喪禮。他們因為榮格研究鍊金術而分開，而這也是榮格在多年前與佛洛伊德分道揚鑣的原因，這我們稍後再談。

提到鍊金術，就回到我們的「玄學」課題——這個假設是，榮格在前世曾以門徒（位於六宮的南月交點主宰行星）和學生（水星）的身份，獲得某種玄學的力量（八宮南月交點），而其中的啟發包括帶有神聖的性的元素（八宮，金星主題）。

有人可能駁斥這種詮釋太「怪異」。以統計學的角度看來，解讀成為比較傳統的婚姻和性，顯然是比較可能的情節。在一般的花園派對裡，浪子應該會比薩滿初階弟子來得多吧！而且我們也有可靠的證據支持傳統角度的分析。我們已經看到，在榮格的私生活裡，業力的婚姻和性的課題環環相扣。所以這是正確的，它們已經通過事實查核。

但比較異國情調的玄學傳授也是有證據的。在現實生活裡，榮格是巫師——一個身處於「科學時代」的千變萬化的人，對玄學的事物著迷，覺得親近。佛洛伊德逼榮格放棄「玄學主義的黑浪潮」。但榮格拒絕，這也是他們決

裂的主要原因之一。榮格三十年的愛人沃爾夫擔心他會因爲對鍊金術的迷戀，傷害自己的聲譽──他就因此拋棄她，連她的喪禮都沒有出席。

沃爾夫可能是對的！如今，在學術界，如迷宮老鼠般的心理學主流，多半會忽略榮格。就某些方面而言，他的確因爲自己忠於玄學和人類靈性的領域，犧牲了自己的歷史地位。即使是在現今學術界的榮格派，也傾向於淡化榮格對於占星學那份徹底的、終其一生的著迷──就我的經驗而言，對於這個話題，他們會像小孩子拍拍榮格的頭，就輕輕帶過。

無論如何，這裡的重點在於我們有實際證據，足以合理地說，榮格在前世曾是一名玄學初階弟子。這可以從業力分析和他的現實遭遇獲得印證。這也能通過查核。

我們從中學到什麼？首先，我稍早提過，我認爲至少看到了兩或三個前世。我懷疑玄學初階弟子的那一世比較早發生。

當我們在做業力分析時，我們永遠會去揭露來自前世的問題和未解決的課題。我會假設不成熟的、神聖的性傳授，基本上會刺激榮格在一個正常、傳統的婚姻稱職表現。透過老師的影響，他體驗了一種靈性的性愛，要是沒有那位老師，他是無法體驗到的。這爲他打開通往玄學智慧的大門，但也讓他過度渴望一種性經驗，而這是這世上任何處於個人意識狀態的伴侶都無法給他的。

他追求這個至少兩至三世──包括他身爲榮格的這一世，還有我們用比較傳統角度解讀的一或二世。

我們很容易從榮格身上認出一個我們都知道的原型──巫師的學徒涉入自己無法應付的深水區。這曾發生在米老鼠身上，發生在美國作家卡洛斯·卡

斯塔尼達（Carlos Castaneda）身上，而我相信這也發生在榮格身上。

榮格能如何往前走？

金星在六宮巨蟹座最高層、最純淨的表現就是謙卑地、忠誠地爲家庭奉獻。我馬上要強調一點，占星學可不是主張禁慾的。占星學也擅於正面描述一些會讓害羞的人臉紅的性愛方式，例如，試想一下金星與天王星、木星合相在五宮雙子座！但在榮格的例子裡，我們看到這樣的金星配置，最理想的解讀就是穩定、持續的關係。這就是金星在六宮和巨蟹座的本質。

但是別忘了，金星與榮格的月交點形成四分相。這代表省略的步驟，他在前世沒有解決、沒有去做或沒有做對的一件事，而這件事到了這一世還在他生命中縈繞不散。榮格如果想完成更高層的靈性目的，就必須處理這省略的步驟。他必須實際地體驗自己，正確地支持一位伴侶和一個家庭。他需要這樣的尊嚴。他需要這種純男人的體驗，而這裡所謂的「男人」，是跟「男孩」對比。

傳統心理占星師會正確地指出，打破規則的天王星掌管榮格的星盤，位於七宮婚姻宮宮頭。這通常會被視爲代表親密關係的不穩定。對此，我完全沒有異議！這個組合的確與婚姻中不傳統的選擇有關，也常常暗示反抗與承諾有關的苛責。顯然，即使在美滿的婚姻裡，榮格也會比大部分的人需要更多「空間」。

我們如果繼續用傳統角度分析，那麼即使戲劇化的天王星的位置眞的很突出，還是有其他抑制的因素存在。榮格有一個天性保守、自我控制的強勢土星、一個喜歡穩定的金牛座月亮，再加上出生星盤整體而言都是固定星座，這都與這顆有力的天王星形成緊張關係。

我們把所有元素整合分析，這對一個有經驗的傳統占星師而言，實在很

難確定榮格到底是會在婚姻裡面經歷不穩定還是一個穩定婚姻，裡面有些不尋常的獨立和焦躁色彩。

不過，從演化的觀點來看，我們知道榮格的天王星在「省略步驟」的金星、還有其他隱藏的業力模式裡有強力的盟友。當傳統占星學的分析曖昧不明時，「星盤背後的星盤」會選邊站，而這通常是突破性的一票。而在榮格的例子裡，從最基本的一生經歷來看，當然是那個比較狂野的表現。

榮格的例子對啓發了很多人，包括我在內。雖然說出來令人不舒服，但是我們必須留意，他在親密行爲裡有種根本的冷靜，甚至是殘酷。他讓妻子艾瑪經歷感情折磨。他讓自己的愛人成爲週日家庭晚餐的常客。而經過了三十年的親密關係後，他因爲職業上的意見分歧拋棄愛人，還沒去參加她的喪禮。而她還不是他的唯一愛人。在他的生命裡，還有其他的親密對象。榮格讓很多人心頭淌血，心碎不已。

在榮格一生經歷的拼圖裡，還有一個拼片，就是他與母親愛蜜莉（Emilie）的關係。她很情緒化也很憂鬱，當榮格還是孩子時，她常一個人待在房間裡很長時間「與靈溝通」。榮格在《榮格自傳：回憶‧夢‧省思》寫過，因爲母親，他認爲女性有種「天生的不可靠」，他把這稱爲「我一開始的障礙」。

人們可以從傳統心理學的觀點，讓這個訊息顯得十分合理。但從業力的觀點呢？如果在我們討論的前世裡，榮格是女性，那麼她認爲自己「天生不可靠」。如果他是男性，他會認爲女性是會騙人的，是可以被拋棄的。

無論我們如何看待這個月交點故事，榮格已經有很多世浸淫在陰影面的鍊金術大烹鍋裡。就靈性而言，我們可以說他是快速成長，但大部分被迫快速成長的人通常也都會帶著傷害。他潛入黑暗，或是被捲入黑暗。他再出現時變

得更有智慧——但也帶著傷口。而他在前世的生命終點時，還沒有解決這些課題。它們仍具有相當的動力，而他明顯帶著它們來到這一世。

　　一如往常，這股業力動力最終的解藥就在北月交點裡。在這榮格的例子裡，北月交點位於二宮宮頭牡羊座。講到二宮，這永遠意味著「向自己證明自己」的需求。這裡必須留意一種基本的不安全感，這種不安全感與牡羊座的原型有關：獨立的的戰士，全身散發自給自足的光芒。牡羊座與象徵合夥關係的天秤座對立，基本上是很自我的。榮格最重要的是必須整合理解，知道自己可以在親密關係外獨立存在。這對他而言是很陌生、完全不同路數的想法。他對自己和人生認定的想法——換言之，就是南月交點——都意味著性的親密性其實就是人生的目的。矛盾的是，他對性的力量抱著過度的信念，反而讓他無法體驗到親密性。他在另一個人身上尋找的性親密實在太多了，根本沒有人能滿足他。

　　換個角度看，連他自己都無法滿足自己。

　　當婚姻無法滿足這個不可能的需求時，榮格就嘗試在更多元、更寬廣的經驗中獲得滿足，而他也失敗了。

　　那他應該如何是好？答案就在更超越的牡羊座的自給自足，對性愛少一些浪漫想法。通往這條答案的路，我們已經說過，必須通過他省略的步驟——也就是金星——水星在巨蟹座的合相。這講的是對一位伴侶的無條件的承諾（巨蟹座），也許還有對他們的孩子（又是巨蟹座，加上水星在五宮）。我們稍早提過，這是一種純男性的神祕，必須表現出來。

　　榮格最合適的伴侶必須與他在心智上勢均力敵，她必須完全能在與榮格的對話中把持自己。這裡有水星的元素，形塑被省略的金星自然的表現方式。在艾瑪身上，榮格擁有一位忠實的妻子和他五個孩子的母親。也許在沃爾夫

身上，他找到了心智的夥伴，或是比較接近這一類的關係。其他人則是填補裂縫，讓他能暫時紓解強迫性的業力飢渴。換言之，他把這些元素片段都拼湊在一起。

但這不應該是「片段」，這不是巨蟹座的方式。

在我看來，若是說從榮格這一世演化目的來看，他的人生很失敗，這並不公平。即使在親密關係中，他把自己終極目標的元素「拼湊起來」，至少是嘗試著朝對的方向踏出一步。他還是跟艾瑪在一起，直到她辭世。他還是跟沃爾夫維持很長的關係。此外，更重要的是，我們要想起他達成牡羊座獨立的核心重點——證明自己不需要被「生命給予的」性愛戲碼限制，也不需要獲得任何「主人」的允許。這裡有證據證明他在這些前線上大幅推進，關於後者，我們目睹了他與佛洛伊德的決裂。

業力故事的重力場會吸引我們從榮格的親密關係、婚姻，以及性方面的成敗，來思考他的人生，這些都是業力的課題。當然，他的生命不僅如此，而大部分都與北月交點的進展直接有關。當然他勇敢地開創一個新領域（牡羊座），透過創造大量的工作來證明自己（二宮）。此外，火星是他北月交點的主宰行星，位於射手座十宮。這代表他牡羊座獨立的演化表現及發展有一個重要的領域，就是事業——或是另一種更好的說法就是，他在這世上的使命。在這裡，他受邀對抗所有攻擊者（火星），捍衛一套熱切信守的信仰和準則（射手座），並且要在世界的舞臺上這麼做。我認為平心而論，他的確踏出了這一步。在一個非常黑暗的時刻，他讓這世界安全免於「神祕論的黑色浪潮」，為此我深深感謝他！

最終，沒有任何占星師可以對另一個人的人生蓋棺論定。這不是占星師分析的目的。它真正的目的只是為另一個靈魂，拿著一面清晰的鏡子，讓這靈魂

自己下定論。

　　榮格的教誨非常純粹，也很有力量。但他跟我們一樣，都是凡人，也許正因如此，他的教誨才能有如此的影響力和眞實性。

第二十章

結論：在解讀詮釋之外

當我還是個孩子時，我接觸的占星學都只是描述。你可以透過星座的行為特徵認出星座。摩羯座穿套裝，處女座會按照數字排列東西，獅子座很高傲，寶瓶座會穿紫色的衣服……到現在，我只知道這麼愚蠢的東西當時可以勾住我，唯一的理由就是這讓我覺得有點神祕。不過即使在十三歲時，我都知道那一類的占星學有多瑣碎——而且不只瑣碎，很多描述還是錯的！

我是走「科學路線」的小孩，主要還是對天文學有興趣。而在科學的世界裡，你很難在書上找到一句話裡既有「占星學」，但又沒有「迷信」這個字。在我身旁的人們都對占星學不屑一顧，沒有人會鼓勵我多想。

但無論如何，占星學就在我的骨子裡，變成我的嗜好。我如果想要在占星學的世界裡贏得人氣，我現在就會寫：「然後我發現在那愚蠢的太陽星座的占星學背後，有豐富的、具有說服力的占星學世界，其中有嚴肅的技巧，散發理智的光芒。」但這是在說謊。其實，我發現的是，當技術性占星學的填字遊戲謎語變得更嚴苛時，我在一九六○年代接觸到的嚴肅的占星學，其實跟小時候接觸的愚蠢的太陽星座，並沒有什麼不同：它只是描述，然後做出武斷的預測，結論常常太瑣碎——但仍有很多錯誤。（平心而論，當時有更好的占星學，但我不知道去哪找，它被埋藏在深處。）

　　不過我仍繼續研究占星學。我開始蒐集占星學的經驗，闔上書本，打開我的心，然後開始接觸我的朋友，看他們的出生星盤。就像我在第一本書《內在的天空》（*The Inner Sky*）寫到，我發現即使書本會用靜態的方式描述人，但人會不斷改變和成長。這個很簡單的觀察就像催化劑。有某個東西「喀擦」一聲，喚醒我吸收的所有的傳統占星學，將它重整，賦予它生命。

　　這個過程花了幾年的時間，但當我回頭看時，其實非常簡單。我現在可以用一句話重述：

　　在我讀過的占星文獻裡，我已經知道獅子座自視非凡（壞事），但我也知道，獅子座可以很多采多姿，很有創造力（好事）。大部分當時關於星座的描述都符合這個模式——參雜一點死板的、令人尷尬的特質，加上一點鼓勵的、帶有希望的可能性和美德。而多年前我理解了一件事：我可以接受壞事和好事，然後在連續的演化裡安排它們。

　　我們在生命一開始非常脆弱，無法抵抗壞事，但漸漸地，透過自己的努力（這是選擇性的），我們可以更靠近好事。在其他時候，我們可以用上一點同情的心理學想法來支持自己。

　　舉個例子，獅子座表現得很自視非凡，其實是因為他們內心的不安全感，而他們可以透過真實地、創造性地表達自我來應付它。瞧！正是如此。

　　對我來說，占星學突然從無法言喻，變成充滿建設性。我可以根據一個人星盤的配置，提醒他們自己的黑暗面，幫他們鎖定更高層的境界。這種方式運作地非常好，人們都很喜歡，因為這可以幫到他們。所以到我二十八歲生日那天，我辭掉了正職工作。

　　哈利路亞。

而更快樂的是，我發現自己努力學習的傳統占星學，其實還是非常有用。一切的努力都是值得的。這只是需要一點催化的洞見——一個精準的意識演化的系統——來點燃導火線。即使經過這麼多年，我的做法更細膩，但那份快樂的領悟仍是一樣的：半夜舉燈苦讀傳統占星學，遠非浪費時間，那是基本功。

如今占星學的世界騷動不安，其中有很多獨特的占星學爭相成為主流。現代心理占星學、吠陀或印度占星學、傳統占星學、希臘占星學、文藝復興占星學、宇宙生物學、恆星系統、天王星占星學。這些不同的派別通常都存在著尖銳差異。不過對我而言，各種不同的傳統只要是帶著愛與仁慈，我都不會磨刀霍霍攻擊它們。只要是正確使用，它們似乎都能有好的結果。我是在現代心理占星學的全盛期成長。這是我學會最基本的占星語言。我是根據這個基礎來建立自己的演化占星學派別。我懷疑如果我年輕時學的是印度占星學，我會把演化的技巧與印度占星學結合。這可能更容易，因為印度占星學源自於更抽象的印度傳統。

我使用的演化占星學有很多基本重要的細節——這就是本書討論的內容。但是這不只是一套技巧，還是一種哲學，或是一種理解人生的方式。

就實際層面而言，演化占星學是根據簡單、客觀地觀察我們在生命歷程中的學習、成長和改變。因為我們直接經歷過，所以幾乎毫無異議。不過，光是這種觀察，就會推翻完全靜態的、描述性的占星學。處女座可以克服批評；摩羯座可以停止控制慾望；月亮在四宮天蠍座、又與冥王星形成四分相的人，可以克服母親的課題，而其中有些人根本沒有母親的課題！

所以個人的演化其實不屬於哲學領域，雖然很多哲學都把這當成基礎。沒有人可以眼睜睜地否認這件事。當我們提出一個更大的問題時，演化占星學

才會進入個人信仰的領域：你為什麼有這張獨特的星盤，有這些盲點或惡行，還有這些明確的演化可能性？我們在此為了本書的目的，認定這是輪迴轉世的結果。就如在第二章提過，我們有很好的理由接受這種說法，而任何人如果想要駁斥輪迴轉世是迷信，也有很多客觀的事實可以反駁。

但是平心而論，輪迴轉世是一種信念。當然還有其他方式賦予生命意義。對於不相信我們經歷多生多世的人，我們還是很歡迎他們進入演化占星學的世界。演化占星學的實際應用和關聯性是可以單獨成立的，不需要提到前世。

現在已非常明顯看到，實際上，會被演化占星學吸引的人，通常都能接受輪迴轉世。就社會而言，如今是一個瑜伽士、冥想者，以及形而上學者的世界，人們會被東方宗教、（一再）投胎為異教徒的說法吸引，對神祕派基督教徒、蘇菲派舞者、靈異研究者和卡巴拉派一知半解。這裡宛如演化占星學的原生環境，很龐大、充滿活力、不斷成長，還樂趣無窮。作為占星學世界擴展的一部分，演化占星學提供了很適合的哲學和文化背景。

但是對於很多人而言，並非如此。當然，身為一位占星師，我必須尊重人類的多元性。我們不是要改變人們的想法，只要求一個公平的聽証。對我們而言，以下五個基本重點非常簡單。

- 透過演化分析指出的未解決的前世課題，會表現在現世。
- 通常這些未解的課題和趨勢，無法透過其他傳統占星學的分析檢視得知。
- 這些重點都很細膩，常常徹底改變了一張星盤詮釋的論調。
- 我們可以超越這些課題和趨勢，而星盤會告訴我們如何做到。
- 理解這些未解決課題的方式之一，就是把它們視為前世的殘留物。

我們的詮釋與現實並不會分道揚鑣，因為這些技巧直接地、無法否認地

符合人們活出的故事。這是可以觀察且真實不虛的。占星學所有的分派都在做這件事，但演化占星學常看到它們遺漏的元素。

依我個人經驗，就整體而言，占星界對演化占星學抱持開放接受的態度。參加我們課程的人數令人振奮，書的銷售也獲得迴響。我們的學生活躍投入占星執業，充滿生機。但這個領域也難免樹敵。我們很歡迎強烈質疑的人，因為他們讓我們變得更強。

有人會搖搖頭，然後說：「他們都是假貨……他們每個人都認為自己是埃及豔后。」還會意有所指地使個眼色。這不過是在八卦一些瑣碎小事。他們沒有一個人能捍衛自己的惡意胡說。

更令人挫折的是，有些人會排斥演化占星學，替它扣上無法證實的帽子。「你可以任意描述前世，誰可以證明你是錯的？」這種說法當然成立，但是完全偏離正題，這是我們上述五點已經證實的。演化占星學是我遇過最能證實的占星學。

我在談論演化占星學時，有如一個統一的系統。但我要強調，而且是很開心地強調，並非如此。我在導論中提到，我與傑佛利‧格林的合作，他的技巧方法，絕對是極致的天才之作，而且是原創的。他跟我的方法也有明顯差異，雖然我們強調的目標是一致的。

我在前面提到，演化占星學「不只是一套技巧，也是一種哲學，更是一種認識生命的方式。」格林和我的看法相同，所以在他因病改為兼職之前，我們非常密切合作了兩至三年。我們各自擁有廣博的教學計劃，而我很樂見彼此有很多共同的學生。我發現，我們兩個系統之間的互補長短非常令人興奮，而我聽到格林也有同感。我們曾有些愉快時光，想像自己已是退休的老傢伙，而我們的學生承襲了我們的精華——甚至青出於藍。

　　我在這本書一開始，提到了占星師雷蒙·梅利曼，他目前是國際占星研究協會主席，而據我所知，也是演化占星學一詞的創始者。他的技巧和我及格林截然不同。我曾熱切投入研究他的技巧，足以做出評斷，並將它們融入我的技巧裡。

　　而我知道，雷蒙非常大器，樂見各方廣泛使用演化占星學這個用語，他大可說這是「自己的品牌」。他也意識到，這遠不僅於任何單一人士。我為此深深感謝他。而在最近一場研討會上，我有幸遇到珍·史匹勒（Jan Spiller），她是暢銷書《宇宙之愛：從靈魂占星揭露親密關係的奧祕》（Cosmic Love: Secrets of the Astrology of Intimacy Revealed）的作者，這是關於月交點一本非常受歡迎的主流書籍。

　　她的技巧也與我的不同，但她也認同演化占星學是核心的「哲學或認識生命的方式」。出於好奇，我問她是否認為自己是一位演化占星師。她說，她沒有很積極運用這種用詞，但抱持非常開放的態度。當她聽完我的介紹後，知道這個用詞很恰當。

　　有越來越多人很適合這個用詞，我覺得必須在此列出一些名字，特別是一些繼而後起的年輕占星師，他們已經發表這個領域的著作，進行教學。不過本書的重點並非這份名單。

　　在上一世代，我未曾謀面的馬汀·舒曼（Martin Shulman），曾經從輪迴轉世的觀點對月交點做過一些重要的研究。

　　在史蒂芬·阿若優（Stephen Arroyo）的論述裡，也明顯可見同樣基本的哲學觀。在一或兩個世代之前，我們偶爾可以在英國占星家丹恩·魯伊爾（Dane Rudhyar）的著作裡窺見這些觀點。跟魯伊爾約莫同期的占星師，還有愛麗絲·貝利（Alice Bailey）、基督教神智學派或伊莎貝爾·希奇（Isabel

Hickey)。他們都沒有用「演化占星學」這種說法，但我認為他們都屬於同一派。

這裡的重點在於，演化占星學的領域是充滿生氣的，多元的，正在蓬勃發展。現代西方占星師一直渴望能找到一致的哲學基礎。但有很長一段時間，完全沒有任何哲學基礎，淪為單純的描述而已。無論表面上看起來有多麼廣博精深，但是底下都是不可知的無神論：我們一群愚蠢的人，在這有如情境喜劇的隨機宇宙裡，經歷一些可以預測的人生起伏。不過透過演化占星學，這個系統有了意義。它添加了心理和存在意義的正確解讀，宛如聖代冰淇淋最頂端的唯一櫻桃。

演化占星學會變成單一的、一致的、統一的系統嗎？我不太希望如此——在我聽來，這就像末日的開始！它必須走出自己在談論的演化之路。這比較像是一場整合占星學和形而上學的運動，而非嚴格定義的技巧。因此，我認為它是開放式的。我懷疑在下一個世紀，這些技巧是否會聚焦融合。而且一定會有很多新的技巧出現。

我在此想略作思考，我們的下一步會怎麼走。此刻，我正處於第二次土星回歸，也要進入祖父的人生循環。我認為《昨日的天空》就像我第一本書《內在的天空》的夥伴。我是在第一次土星回歸、展開中年時寫下第一本書。

就某種意義而言，這本書包含我如今的領悟，在第一本書裡都只有提示而已。這本書完整了整個架構。在我心裡，《內在的天空》和《昨日的天空》形成了我對占星出生星盤的理解的基礎——有如個人心理運作和靈魂更廣大的演化目的的鍊金術融合。年輕和中年時的熱情，以及它們激起的所有心理，都是演化系統中最天然的勇氣。我們可以在其中非常直接地體驗自己的業力。這是我們不知道自己正在做的夢，一個人如此難從這個夢中甦醒。《內在的天

空》大部分的內容都在這個範圍內，希望它也指出一條穿越夢境的道路。

　　我現在已經進入人生最後三分之一的階段，自然冷靜很多，也清醒一些。生命之水少了些波動，也比較沉澱清澈。現在更能以結構、元素的角度記住自己的人生戲碼，模式也自然浮現。

　　《昨日的天空》來自於我靈魂中漸漸露出、更加成熟的一部分，從赤裸的短暫生命裡吸取更廣泛的生命意義。我從這個「祖父」的觀點，可以臆測演化占星學下一步會怎麼走——這不只是我個人興趣的趨勢，也是關乎我離世之後會發展出的東西，而此刻的我，正如紀伯倫（Kahlil Gibran）多年前曾說過的，正在「風上歇息片刻」。

身體演化占星學

　　我如果必須挑惕自己的系統，最大的問題就是缺乏對肉體的關注。很多健康問題背後都有業力——舉一個很典型的例子，前世被吊死的人到了這一世，常常很容易喉嚨痛。我們如果在前世是被刺死的，這一世出生可能會有胎記。

　　我可以想像演化占星學對於健康及有關肉體的事物，有非常多的應用：提前警告有問題的部位，診斷，甚至是療癒和預防。

　　首先浮現腦海的是，治療和預防措施的應用時機。憑我的直覺，我相信只要我們朝著北月交點的「藥方」和決心前進，很多隱藏的病因都能被消滅。我在此不是要宣揚任何疾病的一次元觀點，但有很多身體狀況不是源自於生物化學，而是古老的心智，然後反映在肉體上面，這是千真萬確的。

有很多人對醫學占星學做過很好的研究——我想到英格麗·奈曼（Ingrid Naiman）。傑夫·格林對此也貢獻甚多。諾爾·泰爾（Noel Tyl）的《重大疾病的占星時機》（The Astrological Timing of Critical Illness），也有幫助，深入切題。我的學生羅伯特·費尼根（Robert Finnegan）博士正在著手寫一本書，結合他接受的西方醫學訓練，以及對演化占星學原則的深入理解，這也令我十分興奮。我還要介紹金姆·麥利（Kim Marie）的研究，他跟隨格林學習占星多年。我很確定還有許多其他占星師投入這個領域——但如我說過，這不是我特別熟悉的占星領域。

我自己的北月交點是在金牛座（身體意識），而且位於六宮（健康與疾病），我可能是世上最後一個適合領導這方面研究的占星師——不過參與投入這個領域，對我是件好事，所以沒人說得準。至於這是否可能發生，眼前已有同步的條件準備就位：我被環境吸引積極持續參與整合醫學運動。也許有一天，當我的靈魂向前稍微前進幾寸之際，我可能就有足夠的勇氣，對這個領域有所貢獻。

而在此刻，我只能把身體演化占星學列為持續研究的下一個金礦。

催眠回溯和出神

我在第二章「為何相信輪迴轉世」裡提過羅傑·沃格（Roger Woolger）和伴侶派翠西亞·沃爾許（Patricia Walsh）的研究。基本上，羅傑是利用視覺化技巧助人進入前世記憶的先驅者。我稍早提過，派翠西亞曾接受格林的訓練。是她開始將占星業力分析的結果，與人們催眠回溯的實際內容連結在一起。她現在正在寫一本書。據我所知，她至今只發表過一篇文章「前世治療的

占星評述」（Astrology Observation from Past Life Theory），刊登在二
〇〇六年獅子座號《ISAR國際占星師》期刊（*International Astrologer, the
Journal of the International Society for Astrological Research*），第三十五冊，
第三篇。這篇文章精準仔細地描述透過出神方法取得的前世記憶的結果，與
演化占星學分析結果的關聯性。

　　單純就邏輯的角度來看，當兩個截然不同的系統得出相同結論時，總是
非常吸引人的。證明輪迴轉世或演化占星學可能永遠都是難以理解的目標，
不過如果有一位占星師坐在一個房間裡解讀一張星盤的業力模式，而在另一
個房間，有人透過回溯技巧導出類似的故事，這就會讓懷疑論者非常頭痛了。
就像沃爾許已經證明的，眼前發生的事正是如此。

　　更重要的是，回溯論者和演化占星師可以互相學習。我們可以從個人的
現實遭遇來測試演化的假設。若要舉一個明確的例子，試想一下確定前世性
別這個惱人的問題。在這本書裡，我推測金星常代表前世出生時是女性，火星
則代表男性。我也提到，我對這種觀點帶有猶豫，但實際解盤時常依此論。如
果在催眠回溯裡，人們一起的故事明顯適合業力模式的概述，但是性別似乎
不按牌理出牌……那我們就要學會丟掉金星/火星的觀點！或是如果剛好相
反，那就要信任它。第二意見永遠是有幫助的。

　　就支持輪迴轉世的角度來看，催眠回溯和出神可能是西方世界裡最有成
效的訓練。這凸顯了海倫·瓦姆巴赫（Helen Wambach）、布萊恩·L·魏斯
（Brian L. Weiss）、彼得·瑞姆斯特（Peter Ramster），以及我在第二章提
過的所有人的研究。我自己沒有接受過羅傑·沃格的「深層記憶過程」訓練，
因為我太忙於個案、寫作、教學和練習。但我非常期待，當有一百人接受過兩
種訓練，然後開始比較兩邊的筆記時，會有什麼結果。

通靈

　　「預知力」是眞實存在的。不過如果你不相信，幾乎不可能與靈異現象領域有任何接觸。它就像占星學一樣，很棘手，很難用科學方式來證明，但是每一個例子都很吸引人。有很多通靈與前世有關，像是從「阿卡西紀錄」（Akashic Record）找回故事——這是宇宙的記憶，儲存所有一切，沒有任何事會被遺忘。我在第二章也提過艾德格·凱西（Edgar Cayce）做的事，這是非常獨特的例子。在西方世界裡，在大部分不同規模的社群裡，都有靈媒的存在。

　　靈媒工作，就如同我稍早提到的催眠回溯，基本的重點都是一樣的。重點在於我們能衡量、並有文獻證明靈媒與演化占星師的同異之處，依此，各自的領域能獨立確認或質疑對方的結果。如果結果是確認的，這將十分有說服力，可以爲兩種模式增加更多可信度，吸引更多人投入研究。更寶貴的是，我們還能獲得更多知識——也包括錯誤的知識。輪迴轉世的「資料」是很棘手的。靈媒可以幫助演化占星師加強並釐清技巧。

　　我們常說，每個人都帶有一點靈異體質。當我們從演化占星學的角度來解析自己的星盤時，必然會激發直覺。占星符號可以勾起一連串更仔細、更明確的前世記憶。對大多數的人而言，這樣的直覺顯然常會被各種扭曲的事物影響，而這可能從我們從五歲看的電影開始！不過，還是有數百名演化占星師在比對自己的直覺經驗，以後很可能會出現有用的訊息模式。

　　現在把這種看法與另一種看法連結。當我在寫這本書時，剛好聽到有一組占星塔羅牌專門設計要喚醒前世記憶。這套卡片是由英格麗·齊奈爾（Ingrid Zinnel）、彼得·歐本（Peter Orban）和席亞·魏勒（Thea Weller）設計，而這些「象徵」卡片把占星符號與歐洲神話主題連結。我們很多人顯然

活在非歐洲的文化裡，不過這些卡看來很適合透過催化喚醒前世的記憶，與
演化占星學結合。

占星擇地

你前世到底是在哪裡生活？據我個人所知，沒有任何可靠的占星技巧可
以回答這個問題，不過我相信，的確有這樣的技巧。因為已經有占星家發展出
一套方法，知道我們這一世會在地球上任何地點做出什麼實際反應。我認為
這些方法的背後帶有業力主題，期待會有新的發現。

這裡有兩種基本的占星擇地技巧，分別是占星地圖學（Astrocartography）
和地平空間占星學（Local Space Astrology）。兩者都會產生一組穿越地球
的「行星線」──這些線非常符合我們這一世居住過或曾去過的地方。這些
線也可以看出我們在這些地方的經驗。占星地圖學非常複雜，顯然超過本書
的範圍，不過我猜想，這也與前世生活的地點有關。

我個人只有隨興嘗試「演化占星擇地」。我用自己的業力直覺，比較我的
占星地圖。我有更深入研究身旁比較親近的人，還有願意跟我一起嘗試的人。
結果非常有趣，占星地圖有些真的能「正中目標」，與我們對重要前世的地點
產生直覺上的共鳴，但也有很多失準。在比較傳統的應用裡，它似乎會遺漏重
要的地點連結。

我覺得占星擇地是另一塊金礦，等待有人出現，一起去探索它。就像一個
社群，把目前的擇地技巧運用在演化的問題上，這將產生豐富的結果。

我強調「社群」，因為如果不是眾人投入，就只是玩玩而已。那麼對我而

言，就單純只是偶爾「準確」而已的技巧。要是這樣就認定可以適用於別人身上，就太危險了。我們需要很多占星師來比對筆記。這就是一個領域會進步的不變定律。

佛教和印度教的修行

這兩種靈性傳統讓輪迴轉世認知的火焰燃燒了數千年。我在前言提過，如果沒有站在這些佛教傳承者的肩膀上，領悟深廣的見解，我無法寫出這本書。而佛教與印度教的關係，就如同基督教與猶太教。在這兩種宗教裡，後者都是源自於後者，帶有前者的印記。所以我也很感謝古印度智者的傳承者，雖然我比較沒有直接接觸。

占星師不需要規定個案和學生信仰系統。這不是我在此的目的，我也沒打算把所有占星師都變成催眠回溯者、治療者或靈媒。但這裡有我最珍貴的寶石：東方靈性傳統已經長期探索微妙的因果定律，而這就是業力與再生的基礎。它們提供了我準則和哲學，而我用個案的現實人生加以檢測，它們都通過了測試。

在西方，一個人如果拿到了心理學博士學位，就會被社會公認為是心理健康問題的專家。不過經過許多論證，這樣的人可能明顯地不理智，危險、無法維持關係、冷酷或沒有愛心，諸如此類。這是很可悲的大災難，而同樣的災難也可能發生在演化占星學的領域。

任何聰明的人都能學會這些技巧，當一個人具有能力時，可能帶來可怕的傷害，就像心地不好的心理學家一樣。當我們具有業力分析的知識時，可能會毀了一個人。我們可能打擊一個人，讓他或她感到羞恥、失去力量。這是很

神聖的知識，因此也帶有危險。在過去，這種知識可能會被保密，只有被啓發的人才知道。

佛教和印度教也是學術傳統。而這些學問開展成更廣泛的心智訓練：冥想、服務，以及對其他人產生無害的愛心。

我期望演化占星學未來能依循更進一步整合的靈性模式，而非危險的、一次元的西方學術門路。演化占星學如果沒有更廣泛的靈性背景讓它扎根，賦予它穩定性，對靈魂而言，會是一劑無法承受的強效藥。

不過到目前為止，我受到鼓舞，也深具信心。我認識的演化占星師，大部分都有某種靈性修行。他們不一定是佛教徒或印度教徒，有些是基督徒。還有許多人會追隨美洲原住民的路線。也有很多瑜伽士，還有很多人會冥想。有些是穆斯林背景——按照目前世界的對立發展，他們特別受到歡迎。任何人的路線的性質，都是私人的事。而我很樂見演化占星學這個圈子正在走的方向。

結語

我無法證明接下來要說的話，但我直覺發展成為本書基礎的準則，其實只是記起某件事，而非創造它。我相信關於大部分的準則的知識，過去早已存在。

不過很確定的是，在占星學的歷史上，之前沒有任何關於這些特別技巧的紀錄。從占星學的學術角度來看，它們是新出現的。無論價值如何，它們都是由一群占星師共同創造的，它們大部分都是在北美，跨越兩或三個世代。

但我的直覺告訴我，這很令人質疑。

我們的確知道一種令人模糊聯想到現代形式的個人占星學，有些突然地在兩千三百年前的古希臘世界出現。這是大家公認人們所知的占星學的開始。印度占星學宣稱他們的系統更加古老，來自至少兩萬五千年前。西方歷史學者已全面推翻此說。

埃及和墨西哥的金字塔、巨石陣、吳哥窟、紐格萊奇墓和蒂亞瓦納科……這些都是存在於石頭裡的證據，證明我們的祖先與天象有強烈的連結。除非我們想像他們是在做純科學性的研究，我們必須承認，這就是最廣泛的占星學：感覺天上存在著一些對我們具有意義的訊息。我們的祖先強烈感受到這一點，因此用石頭和土打造了巨大的紀念碑，反映天體的結構。

有些特立獨行的學者相信，在一般人們相信的歷史之前，地球上還有另一個文明，在上一次冰河時代末期、大約一萬一千年前被劇烈的地殼變動毀滅——基本上就是突如其來的洪水，還有海平面上升，導致海岸被淹沒。他們的論點乍聽之下虛假不實，其實並非如此——如果你有興趣的話，可以上網搜一下葛瑞姆·漢卡克（Graham Hancock）的資料，讀上半小時。

我不會在這裡歸納整理他的研究，但我要說，這實在令人印象深刻。無論我個人對這些內容有什麼未受過訓練的看法，漢卡克詳盡的研究說服了我。我不是學者，但我也不愚昧。以此為背景，印度占星學聲稱個人占星學的起源更加古老，對我來說也十分可信。我尊重他們，也接受他們的說法。

我們在此可以更深入探討。

東方和西方都有神祕學派，特色都是把神祕的教誨傳授給一些被認為準備好的學生。這些教誨都沒有文字紀錄，即使有也非常少，因為擔心會落入未

被啓發的人手中，進而造成傷害。舉個例子，就像現代的密宗佛教。

耶穌基督也說過一些比較深藏的祕密，之後只有門徒才知道。時至今日，我們還不清楚希臘的厄琉息斯（Eleusinian）祕儀學校傳授的內容，也不知道德魯伊教導侍僧的內容。

我相信，在歷史上隨處可見，只要有占星學、輪迴轉世信仰和神祕學派聚合的地方，演化占星學的核心準則──還有一些目前未知的深奧占星準則──就能生生不息。

我相信，這個寶貴的傳承曾被打斷過許多次，但總會又自行串連起來。這如何辦到？首先，這些準則就像科學準則，只是人們提出正確的問題，就會一次又一次地再次被發現，它們都被隱藏在平常的見解裡，並不像某種祕密的信號交換。一個人只要徹底的觀察和連結，就可以重新發現它們。其次，透過輪迴轉世，曾經擁有這些知識的人會再度回到人間──新瓶裝舊酒，可以徹底翻新這門知識。

演化占星學現在進入復興時期，未來充滿光明。我可以想像未來的占星歷史學家會歸功於我──或是傑佛利·格林、珍·史匹勒、馬汀·舒曼和雷·梅利曼，認爲我們「發明」或「原創」這些技巧。我不能替別人發表意見，但是我會對歷史學家這樣的看法一笑置之。就主觀而言，我眞心認爲自己沒有創造任何東西……只是想起來而已。

很多年前，當人們問我投入占星學多少年了，我常會眨眨眼說，「四千年」。如今我眞心認爲這個數字可能非常正確。附加的好處是，這也會讓我自覺有如這個領域的年輕人。

我自己的南月交點是在天蠍座（祕密），位於十二宮（靈性）宮頭。這個符

號帶有任何月交點結構都有的恐怖的精神糞土，但也符合前世曾受到神祕學傳統啟發的象徵。我感覺自己一直坐在大師們的腳下。其實在今生，這種奢侈的賜福也有幾次傳來回音，餘音繞樑。業力就如往常地重複著。

我覺得，這些靈性大師有時會放下一切，對「我」本人產生個人興趣。我平心而論，這種想法會讓我心中充滿切忌自負、必須謙卑的想法。這些大師的智慧遠勝於我，至今仍是如此。要讓一個人放下自我最快的方式，莫過於坐在一個毫無疑問、顯然超越你千年的人面前。

我還有火星與水星合相在三宮宮頭（教學、演說），與我的月交點形成緊密的四分相——這個相位代表我未解決的前世困擾，也是我這一世必須面對的「省略的步驟」。別擔心，我不會在這裡要你聽我冗長的、自我陶醉的解釋我的業力。我想要直接切入底線：在前世，我曾誤用我的聲音（三宮）、我的理智（水星），還有我傳達具渲染力熱情的口語技巧（火星與水星合相）。

此外，按照我們的理論，我是「自己最糟糕的敵人」。會跳出這個結論，是因為火星就傳統而言是天蠍座的主宰行星，同時主宰我的南月交點，也與南月交點形成緊密的四分相。在前世，我讓自己陷入痛苦。我是自己最糟糕的敵人。

更明確的說法是，我現在已經知道，我曾讓自己的聲音和理智達成一個非常黑暗的目的：用基督教合理化原住民的刑求虐待，據今所知，推論應該是西班牙征服美洲阿茲特克帝國時期的墨西哥族原住民。我一開始不知道自己與邪惡的牽連，花了一點時間才明瞭。

當我二十二歲時，瑪麗安·史塔尼斯（Marian Starnes）告訴我，我可能在這一生的晚期失去聽覺。她是一位睿智、充滿愛心的靈媒，是我真正第一位靈性導師。她說原因是我「在上一世，沒有辦法面對人們的尖叫聲」。這一

字一句都是她的話，僅此而已。我現在知道了，瑪麗安太仁慈不忍說出的話。我不能面對的是，忍受受刑者的聲音——這種刑求，是我身爲基督徒震驚看到阿茲特克人執行活人祭祀，以神學角度去合理化的說法。我自己並沒有對人刑求，但卻對那些執行刑求的人給予鼓勵、支持，以及教會的祝福。

這一切都是以耶穌之名。

如今我年近六十，我已經戴了好幾年助聽器。瑪麗安說對了。侵蝕性的耳聾是我這一世最大的夢魘。業力已經成熟了。

從傳統占星學的角度，火星（麻煩）傷害了我的水星（聽力），位於三宮（又代表聽力和溝通）。這非常正確——我在小時候甚至有說話障礙——但是傳統的詮釋遺漏了很多東西。它遺漏了我的耳聾的原因，其實是有意義的。

讓我再加一點奇怪的轉折。自我開始寫這本書起，即使我的教學讓我去過世界各地，但是我唯一固定造訪的國家就是墨西哥。我也在那裡教學，大部分就在墨西哥市，在那裡上過很多次課。依照週遭環境的指示，我住宿的區域，正是歷史上擊敗阿茲特克族的西班牙統治者住的地區。

這裡還有另一個意外轉折，我的占星著作已經被翻譯成至少十二種語言，從英語的觀點，有些語言非常晦澀難解——土耳其語、羅馬尼亞語、荷蘭語、捷克語、義大利語，甚至還有中文。但是從來沒有被翻譯成西班牙語。彷彿就業力而言，在那個語言裡，我的聲音還是禁止被聽見。

而西班牙語是除了英語之外，我唯一能眞正完全溝通的語言。

就像所有有行星與月交點形成四分相的人一樣，我的業力難題的解決方式，端看我如何解決省略的步驟。我現在必須用水星（在摩羯座）和火星（在

寶瓶座）來實現我的演化目的，否則我又會落入老舊的模式裡。我熱情的「傳教士的聲音」懸而未決。就靈性層面而言，當我看到自然法則的真理時，無論會有什麼實際的結果，我必須把它說出來——這才是正確表達我的火星／水星的相位。

我必須把我熱情的聲音用在北月交點，落入金牛座（對自然法則的本能意識），位於尊重傳承的六宮。所以在此，我對於走在我前方的老師，還有傳授我知識、教我如何正確看待知識的老師，深深一鞠躬，獻上我的敬意。

我保證會愉悅地繼續傳承這個火焰，只要我的雙眸還能承受這個短暫的光芒，就會讓它一直燃燒發光。

而我也感激地向你們致上敬意，你們可以把這團火焰繼續帶往人類的未來。謝謝你。

這把火焰就在我寫本書的精神裡。

字字句句都是我所知的至高真理。

史蒂芬・佛瑞斯特
加州博雷戈泉
二〇〇八年四月二十七日

國家圖書館出版品預行編目資料

昨日的天空：從南北月交點洞悉前世，指引今生方向
Yesterday's Sky: Astrology and Reincarnation/ 塔拉．
史蒂芬‧佛瑞斯特著；韓沁林譯． -- 初版． -- 臺北市：
商周出版：英屬蓋曼群島商家庭傳媒股份有限公司城
邦分公司發行 , 民 109.02
　　416 面；17×23 公分
譯自 : Yesterday's Sky: Astrology and Reincarnation
ISBN 978-986-92880-1-9（平裝）

1. 占星

292.22　　　　　　　　　　　　　　110002018

BF6037

昨日的天空：

從南北月交點洞悉前世，指引今生方向
Yesterday's Sky: Astrology and Reincarnation

作　　　者／史蒂芬‧佛瑞斯特（Steven Forrest）	企劃選書‧責任編輯／韋孟岑
譯　　　者／韓沁林	

版　　　權／黃淑敏、吳亭儀、邱珮芸
行 銷 業 務／黃崇華、張媖茜、賴晏汝
總 編 輯／何宜珍
總 經 理／彭之琬
發 行 人／何飛鵬
法 律 顧 問／元禾法律事務所　王子文律師
出　　　版／商周出版
　　　　　　臺北市 104 中山區民生東路二段 141 號 9 樓
　　　　　　電話：(02) 2500-7008　傳真：(02) 2500-7759
　　　　　　E-mail：bwp.service@cite.com.tw
　　　　　　Blog：http://bwp25007008.pixnet.net./blog
發　　　行／英屬蓋曼群島商家庭傳媒股份有限公司城邦分公司
　　　　　　臺北市 104 中山區民生東路二段 141 號 2 樓
　　　　　　書蟲客服專線：(02)2500-7718、(02) 2500-7719
　　　　　　服務時間：週一至週五上午 09:30-12:00；下午 13:30-17:00
　　　　　　24 小時傳真專線：(02) 2500-1990；(02) 2500-1991
　　　　　　劃撥帳號：19863813　戶名：書蟲股份有限公司
　　　　　　讀者服務信箱：service@readingclub.com.tw
　　　　　　城邦讀書花園：www.cite.com.tw
香 港 發 行 所／城邦（香港）出版集團有限公司
　　　　　　香港灣仔駱克道 193 號超商業中心 1 樓
　　　　　　電話：(852) 25086231 傳真：(852) 25789337
　　　　　　E-mailL：hkcite@biznetvigator.com
馬 新 發 行 所／城邦 (馬新) 出版集團【Cité (M) Sdn. Bhd】
　　　　　　41, Jalan Radin Anum, Bandar Baru Sri Petaling,
　　　　　　57000 Kuala Lumpur, Malaysia.
　　　　　　電話：(603)90578822　傳真：(603)90576622
　　　　　　E-mail：cite@cite.com.my

封 面 設 計／季曉彤
排　　　版／菩薩蠻數位文化有限公司
印　　　刷／卡樂彩色製版印刷有限公司
經 銷 商／聯合發行股份有限公司
　　　　　　電話：(02)2917-8022　傳真：(02)2911-0053

■ 2021 年（民 110）03 月 04 日初版　　　　　　Printed in Taiwan
　　　　　　　　　　　　　　　　　　　　　　著作權所有，翻印必究
定　　　價 620 元

ISBN　978-986-92880-1-9（平裝）

城邦讀書花園
www.cite.com.tw